Leibniz e a Linguagem (I)

línguas naturais, etimologia e história

William de Siqueira Piauí

Leibniz e a Linguagem (I)

línguas naturais, etimologia e história

KOTTER
EDITORIAL

Editor
Sálvio Nienkötter

Editor-adjunto
Raul Kevin

Produção
Cristiane Nienkötter, Raul K. Souza e Maria Luiza de Carvalho Rodrigues

Capa
Paula Villa Nova

Editoração
Fernando Ribeiro

Dados Internacionais de Catalogação na Publicação (CIP)
Andreia de Almeida CRB-8/7889

Piauí, William de Siqueira
Leibniz e a Linguagem : línguas naturais, etimologia e história / William de Siqueira Piauí. –- Curitiba : Kotter Editorial, 2019.
272 p.

ISBN 978-65-80103-02-7

1. Leibniz, Gottfried Wilhelm, Freiherr von, 1646-1716 2. Linguagem e línguas - Filosofia I. Título

19-0195 CDD 401

Texto adequado às novas regras do acordo ortográfico de 1990, em vigor no Brasil desde 2009.

Rua das Cerejeiras, 194
CEP: 82700-510 — Curitiba — PR
Tel. +55(41) 3585-5161
www.kotter.com.br | contato@kotter.com.br

1ª edição
2019

Sumário

Apresentação

Como ficará claro já no sumário, o presente livro é uma obra em que reunimos esforços que vinham sendo feitos há pouco mais de dez anos, isto é, desde que iniciamos as traduções da **Teodiceia** e dos **Novos ensaios**, em 2008, para a compreensão do tema Linguagem sobre o qual Leibniz trabalhou praticamente a vida toda. O que fizemos aqui foi selecionar certos textos, em geral já há algum tempo traduzidos por nós, em que o alemão, ao tratar especialmente do problema da significação e a partir principalmente do que podemos chamar de estudo etimológico das línguas naturais ou históricas, vai, por um lado, reafirmando os princípios gerais de seu sistema filosófico e de sua filosofia da linguagem, por outro, explicitando certas consequências políticas do modo como pensava sua História ou Cronologia Universal. Por esse motivo preferimos nomear este pequeno trabalho e primeiro volume de **Leibniz e a Linguagem (I): línguas naturais, etimologia e história**, deixando para outro momento as considerações que o alemão fez mais diretamente relacionadas ao estudo daquilo que ele gostava de chamar de o alfabeto dos pensamentos humanos ou mais diretamente associado às línguas artificiais, o qual pretendemos nomear de **Leibniz e a Linguagem (II): línguas artificiais, lógica e matemática** e que não deve demorar para ficar pronto.

Também ficará claro o motivo de não termos de nos estender nesta apresentação, o aparato de notas que fizemos às traduções mais os textos que vem em seguida, estes também em geral já há algum tempo publicados, devem ser suficientes, por um lado, para mostrar que tratamos mais pontual e especificamente dos assuntos que vão surgindo nos próprios textos que selecionamos, por outro, que buscamos explicitar certas hipóteses interpretativas ou sugerir relações com certos autores e temas mais contemporâneos. Um dos motivos principais que nos levou a especificar com mais detalhes certas obras e autores mencionados pelo próprio Leibniz foi justamente para que nosso texto pudesse ser tomado como um primeiro guia às futuras pesquisas e traduções para o português de textos que digam respeito ao tema Linguagem desse filósofo que escreveu muitíssimo sobre ele. Vale lembrar que a hipótese que assumimos de saída foi que a caracterização do estudo da linguagem apresentada no capítulo final dos **Novos ensaios**, em resposta à semiótica proposta por Locke, permite sim organizar a vasta e variada produção de Leibniz sobre a Linguagem e também foi esse o outro motivo que nos levou a dividir nosso estudo em dois volumes. Tendo em vista os muitos trabalhos que têm procurado esclarecer os variados termos em que se deu a controvérsia Leibniz-Locke por conta de seus ensaios; podemos dizer que também foi nossa pretensão oferecer um recorte da controvérsia no que diz respeito principalmente ao que é desenvolvido nos capítulos I a III do livro III dos ensaios de ambos, por esse motivo, diríamos que o texto central da presente coletânea é a parte dos **Novos ensaios** e os outros são como que esclarecimentos do que Leibniz parece de fato pretender ali; dito de outra forma, a presente coletânea pretende ser uma introdução à leitura dos capítulos I a III do livro III dos **Novos ensaios** mantendo o pano de fundo da controvérsia com Locke.

Por fim, gostaria de agradecer às pessoas que contribuíram diretamente para a elaboração da presente obra, minha querida amiga e sempre professora Olga Pombo do Centro de Filosofia da Ciência de Lisboa (CFCUL), certamente uma das mais importantes investigadoras em língua portuguesa do tema Linguagem em Leibniz e que nos ajudou a elaborar um primeiro dossiê sobre o presente tema, à tradutora Juliana Cecci Silva com quem fizemos inúmeros trabalhos de tradução e dos quais, por enquanto, apenas uma pequena parte se encontra publicada, ao meu amigo e ex-orientando de mestrado Húdson Canuto com quem tive muitas conversas sobre várias passagens de difícil tradução e ao meu amigo Daniel Soares Silveira, aluno de mestrado junto ao PPGF-UFS, que ajudou a escrever a parte sobre a crítica de Locke a Filmer. Gostaria de agradecer muitíssimo à amiga Vivianne de Castilho Moreira, por ter aceitado supervisionar meu trabalho de capacitação, sem o que a presente obra jamais estaria pronta, e nos convidado a publicar na presente editora, ela que escreveu um **Leibniz e a linguagem** que também marca esse princípio de investigação em língua portuguesa do Brasil; aos meus colegas do Departamento de Filosofia da Universidade de Sergipe (DFL-UFS) que autorizaram minha saída por cerca de três meses para capacitação e finalização da presente obra, aos alunos de graduação e pós-graduação do PPGF e DFL da UFS que fizeram várias observações nas aulas que deram origem ao presente trabalho e à CAPES que financiou uma grande parte de sua publicação. A todos peço desculpas pelos vários erros e dos mais variados tipos que certamente constam no presente trabalho, que o tempo permita que possamos seguir conversando e aprimorando os estudos sobre Leibniz, que certamente é um dos filósofos mais importantes da história, e sobre esse tema filosófico por excelência e tão vasto que é a Linguagem.

William de Siqueira Piauí
São Cristóvão, 25 de janeiro de 2019

I

4 cartas de Sparvenfeld

Tradução e notas: Juliana Cecci Silva e William de Siqueira Piauí.

[1] Carta de Leibniz a Lesarvenfeld de 6 de Dezembro de 1695[1]

A pretensão de Piasecius e de Praetorius em seu **Orbis Gothicus**[2] e de alguns outros que acreditavam que os godos foram sármatas ou eslavos é ridícula e você julga muito bem, Sr. [Sparvenfeld], que todos estes povos foram germânicos[3] conferindo à essa denominação (*appellation*)[4] toda a abrangência

1 Apresentamos aqui a tradução de quatro cartas do filósofo alemão G. W. Leibniz (1646-1716) ao linguista sueco Johan Gabriel Sparvenfeld (ou Sparwenfeldt, 1655-1727) datadas de 6 de dezembro de 1695, 29 de janeiro de 1697, (talvez) 29 de novembro de 1697 e 7 de abril de 1699; foram feitas a partir da obra **Allgemeiner, politischer und historischer Briefwechsel** (Hanover: Hrsg. von Leibniz Archiv der Niedersächsischen Landesbibliothek, vol. 15, 1923 (vol. 12, pp. 566-70)) e **L'Harmonie des Langues**, edição apresentada, traduzida e comentada por Marc Crépon (Paris: Éditions du Seuil, Janeiro 2000 (carta XVII p. 158 e carta XX p. 163)). A importância dessas cartas se deve, sobretudo, à busca de evidências para a defesa da hipótese segundo a qual as origens das nações podem ser compreendidas a partir das línguas, das etimologias das palavras ou uso das línguas. Todo esse trabalho de Leibniz evidencia que não se tratava mais da época do **Crátilo** de Platão (427-347 a.C.) e que a discussão sobre se as línguas são por natureza (opinião do personagem Crátilo) ou *ex instituto* (por convenção, opinião do personagem Hermógenes) e, a partir do que estabelece o último capítulo dos **Nouveaux essais sur l'entendement humain** (doravante **N.E.**), da diferença entre a ciência de raciocinar, de julgar e inventar e as etimologias das palavras ou uso das línguas tinha de passar pelas novas descobertas da etimologia e filologia, ou melhor, da história das línguas e das nações; hipótese e diferenciação que motivarão muitas outras cartas de Leibniz e, como se poderá verificar no decorrer das notas e das outras traduções que apresentaremos a seguir, principalmente, os capítulos I e II, do livro III ("*Des Mots*") dos **N.E.**, de 1704, os §§ 136-143 dos **Essais de Teodicée** (doravante **E.T.**), o **Brevis designatio meditationum de originibus gentium ductis potissimum ex indicio linguarum (Breve plano das reflexões sobre as origens dos povos traçado principalmente a partir das indicações [contidas] nas línguas**, doravante **Brevis**), ambos de 1710, o **De origine francorum (A origem dos franceses**, doravante **De origine**), de 1715, dentre outros. O que, por fim, fez soar um tanto ridículas as desatualizadas observações do filósofo inglês John Locke que, no livro III ("*Of Words*") do seu **An essay concerning human understanding (Um ensaio sobre o entendimento humano**, 1690), não fazem qualquer menção a este imenso trabalho, obra de tradutores, linguistas, geógrafos, historiadores, cronistas, teólogos, botânicos, biólogos etc, que vinha sendo feito na época.

2 Leibniz se refere a Paulus Salodius Piasecius (ou Piasecki, 1579-1649), bispo de Chelm, e a Matthaeus Praetorius (1635-1704), pastor protestante que escreveu a obra **Orbis Gothicus (Mundo gótico)** entre os anos 1688 e 1689.

3 Certamente é esse o principal motivo na insistência do diálogo com Sparvenfeld e na divulgação de seus resultados, ou seja, ambos parecem ver nos germanos ou nos celto-citas a origem das nações e era nesse sentido que caminhavam suas "induções".

4 A este respeito, Leibniz fará a seguinte observação no **Brevis**: "eu assumo o seguinte axioma: 'todos os nomes que chamamos de próprios foram, algum dia, denominações (*appellativa*)'", cf. também **N.E.** III, III, §1. Nesse sentido, o termo *appellation*, referente ao termo latino *appellatio*, que traduzimos por "denominação", equivale ao termo "apelativos", isso é, substantivos comuns ou termos gerais que denominam classes de seres definidas por um conjunto constante de propriedades comuns.

que lhe conferia Tácito[5], e que a conexão das línguas requer. Pois, como você observa muito bem: o antigo alemão esteve mais próximo ao sueco.

Um sábio amigo[6] me fez observar que *Han* (*ille*) e *Hon* (para nós *Hun*) (*illa*) se tornaram, entre os alemães, os nomes do galo e da galinha, tendo em vista que originariamente eles eram artigos, como ainda o são para vocês [, suecos]; daí que não devamos nos espantar tanto com o fato de ainda hoje, em algumas províncias da Alemanha, o pássaro macho ser chamado de *Hahn* e a fêmea de *Sihe*. Acontece que *He und Sie*, como diz o povo (isso é, *Er und Sie* segundo o estilo moderno do qual nos servimos ao escrever), é *ille* e *illa*[7].

Eu incentivei um amigo a trabalhar em um *Glossarium Saxonicum*[8]. Ele investiga muitas palavras antigas a partir dos manuscritos e da linguagem do povo; a isso ele acrescenta o **Lexicum Scandicum** de Verelius[9], bem como os dicionários anglo-saxônicos e conta com contribuições [vindas] do Norte. Sou da opinião que as línguas são úteis principalmente para conhecermos a conexão das nações[10]. Mas todos aqueles que pretendem extrair algo de valor de alguns

5 Leibniz se refere ao romano Públio (ou Caio) Cornélio Tácito (c. 55-120 d.C.). Este historiador, o qual exerceu, dentre outras, as funções de orador e cônsul, é autor de **Germânia**, obra considerada incrivelmente precisa para a época por apresentar uma descrição minuciosa desta região e de seus povos. A este respeito, Leibniz também lembrará no **Brevis** que: "Tácito considerou os sármatas a partir dos germanos próximos; e, assim, ele evidenciou ter compreendido [, sob esta designação,] os povos que depois foram chamados de 'eslavônicos', nos quais incluímos os russos, os poloneses, os boêmios, os moravos, os búlgaros, os dálmatas (os de hoje, evidentemente) e outros eslavos habitantes do mar Adriático". Tendo em vista fazer a origem das nações remontarem, novamente, aos germanos ou celto-citas será um dos historiadores preferidos de Leibniz, assumirá papel fundamental para a formulação de uma das hipóteses da sede dos francos no §XVII do **De origine**.

6 Não conseguimos saber a qual "sábio amigo" Leibniz se refere.

7 Mantivemos os termos nórdicos e latinos a fim de explicitar o caráter alusivo das explicações etimológicas de Leibniz. No alemão contemporâneo, *Hahn* ainda significa 'galo' e *Huhn* 'galinha'; enquanto, em latim, *ille* significa 'ele, aquele' e *illa* 'ela, aquela'.

8 No **Brevis**, Leibniz menciona outros dois investigadores importantes da língua germânica que vale lembrar aqui: Gerardus Meierus (ou Meyer; 1646-1708), teólogo, filósofo e linguista de Bremen que, certamente, foi um de seus correspondentes mais importantes e que compôs o tal **Glossarium linguae saxonicae**; e Johan Schilter (1632-1705), jurisconsulto e historiador que escreveu um **Thesaurus antiquitarum teutonicarum**, publicado apenas em 1728; na mesma obra, Leibniz lamenta a morte de ambos.

9 Leibniz se refere ao sueco Olaus ou Olof Veleius (1618-1682), autor das obras **Epitomarum Historiæ Svio-Gothicæ libri quattuor** e **Gothorum extra patrium gestarum libri duo** que, dos anos 1672 a 1681, polemizou com o alemão Johnnes Schefferus (1621-1679), autor da obra **Lapponia: id est, regionis lapponum et gentis nova et verissima descriptio** (1673); a polêmica se deu por conta de defenderem posições contrárias quanto à localização do templo de Uppsala, na Suécia.

10 Mais acima, no início da carta, Leibniz falou da *connexion des langues* e agora formula uma de suas hipóteses gerais segundo a qual aquela permitiria compreender a *connexion des nations*; vale

dialetos novos específicos[11], como Goropius[12] [extrai] do flamengo moderno e [Matthaeus] Praetorius do polonês, zombam de nós, ou farão com que sejam zombados. O sueco é para nós [, alemães,] de certo modo aquilo que o islandês é para vocês [, suecos]; pois quanto mais os países estão afastados, melhor conservam as antigas línguas[13]. Seria bom, entretanto, aprofundar-se também nas línguas eslavas; parece que você, Sr. [Sparvenfeld], já o fez tendo lançado luz inclusive às trevas, isso é, aos moscovitas[14]. Com efeito, uma das coisas

lembrar que não se trata de resgatar, contra Locke, "a origem de todas as noções e conhecimentos" (*the original of all our notions and knowledge*, **An essay concerning human understanding**, III, I, §5), o que vai ficar mais claro nas notas que fizemos aos **N.E.** de Leibniz. Tanto o **Brevis** quanto **De origine** serão a própria expressão dessa hipótese, de tal maneira que no primeiro essa tese aparecerá do seguinte modo: "Visto que as 'origens dos povos' [mais] remotos estão **para além da História**, as 'línguas', em seu lugar, são os monumentos dos [povos] antigos" (grifo nosso). A busca de evidências para a defesa da hipótese segundo a qual as origens das nações podem ser compreendidas a partir das línguas será o motivo do pedido de Leibniz a Sparvenfeld no final da presente carta. Este "para além da História", que abre espaço para fabuladores e que muitas vezes se associa à licença poética daqueles que escrevem as origens mitológicas das nações, em oposição aos verdadeiros historiadores, talvez se associe à perda da unidade das línguas após a inundação, o dilúvio, como diz o final da carta. Nos **N.E.**, parte do fundamento da unidade das línguas que permitiria compreender a unidade perdida das nações é expresso do seguinte modo: "não há nada nisso que combata e que não favoreça preferivelmente a opinião da origem comum de todas as nações, e de uma [única] língua radical e primitiva. (...) se tivéssemos a língua primitiva em sua pureza, ou conservado suficientemente para ser reconhecível, seria preciso que aí aparecessem os motivos das conexões, sejam físicas, sejam de uma instituição arbitrária [*ex instituto*], sábia e digna do primeiro autor" (**N.E.**, livro III, cap. II, § 1). O que significa que a conexão que serve de base para a ligação entre as nações tem um fundamento que compreende as línguas em geral. Não foi atoa, portanto, que Chomsky viu em Leibniz umas das principais expressões de uma linguística inatista. De qualquer modo, até certo ponto ao menos, tal hipótese permitiria pensar que mesmo a diversidade das línguas não foge ao "princípio de razão suficiente" – e vale lembrar que na carta de 29 de novembro de 1697 Leibniz afirmará que "não existe nada sem razão" – e à "harmonia preestabelecida", que parecem estar expressas em uma infinidade de onomatopeias conservadas nas línguas, evidências históricas daquela unidade, perdida para a História, das nações mais primitivas e da existência de uma única raça e única língua radical primitiva.

11 As investigações que tomam como ponto de partida os *dialectes nouveaux particuliers* estariam na contramão da hipótese de uma única língua primitiva; no **Brevis**, Leibniz esclarece que "devido ao intervalo entre os tempos e, do mesmo modo, entre os lugares, primeiro os dialetos e por fim as línguas são mudadas", por isso é preciso ir aos registros mais antigos das línguas e não aos dialetos. Exato fundamento para o fato do dialeto dos antigos godos ser tão diferente do germânico moderno (cf. também: **N. E.**, livro III, cap. II, § 1).

12 Trata-se do médico e estudioso do flamengo Jean Bécan van Gorp (1518-1572), conhecido como Goropius Becanus; por conta de suas etimologias "estranhas e frequentemente ridículas", Leibniz chega a produzir o neologismo "goropisar" (cf. **N.E.**, Livro III, cap. II, § 1); suas pesquisas sobre a antiguidade das línguas germânicas se encontram na obra **Hermathena**, publicada em 1580.

13 Eis uma hipótese referente ao estudo das conexões entre as nações e línguas que foi corroborada inúmeras vezes, as investigações de Darwin na Ilha Galápagos seguiram o mesmo raciocínio.

14 Leibniz se refere aos habitantes de Moscou; ele fará a mesma observação no **Brevis** e lembrará que, com muita facilidade, os vênedos, antigo povo eslavo, se apresentavam como intérpretes dos moscovitas.

que me causa espanto é o fato de povos vizinhos frequentemente possuírem línguas tão diferentes; é o caso dos germanos e dos eslavos. Pode ser que os antigos povos que estavam entre os dois e que faziam uma passagem menos abrupta de uma língua à outra tenham sido exterminados. O que os eslavos têm em comum entre eles e em comparação aos povos germanos (excetuo os termos das artes e semelhantes acepções modernas tomadas da Alemanha) deve parecer ainda mais antigo. Como, por exemplo, teu *Van* ou *Fan*, que também está no **Codex Argenteus**[15], e o *Pan* dos croatas ou outros eslavos, pois, o que hoje significa *diabo* para vocês, aparentemente significava um deus ou senhor para os seus ancestrais, mais ou menos como o demônio dos gregos é considerado hoje [somente] pela parte má. A língua de Biscaia[16] também me causou surpresa, sendo tão diferente das outras línguas modernas da Europa, bem mais que a língua do País de Gales que muito se aproxima da germânica.

Estou muito satisfeito em saber que a linguagem dos samoiedos é próxima da dos lapões. Eu gostaria de poder saber algo mais sobre a língua dos calmucos, dos mongóis e do Turquistão, e de outros povos cíticos. Talvez se possa obter amostras disso por intermédio dos mercadores que traficam entre os moscovitas. Os eruditos falaram muito do parentesco do persa com o germânico, mas, querendo examiná-lo de perto, descobri as palavras semelhantes em menor número do que eu acreditara[17]. É verdade que, nos casos em que não se conhece as línguas a fundo, normalmente não seria possível fazer com que as semelhanças [ou similitudes] surgissem. Os viajantes asseguram

15 Considerado o apóstolo dos godos, o bispo Úlfilas (do gótico Wulfila, c.310-383) foi o criador do **Codex argenteus** "O livro de prata", um famoso documento manuscrito feito em letras prateadas e que contém parte da "tradução" da Bíblia para a língua gótica; a partir dos caracteres criados pelo próprio Úlfilas.

16 Província espanhola situada ao norte do País Basco.

17 A partir do **Brevis**, podemos nomear pelo menos dois dos eruditos a quem Leibniz faz referência aqui; lá ele afirma: "não pude encontrar no 'persa' tanto germânico quanto Elichmann [e] Saumaise disseram, com uma quase exceção da [palavra] *God*". Leibniz se referiria ao médico alemão Johann Elichmann (c. 1600-1639) e ao humanista francês Claude Saumaise (1588-1653), ambos filólogos com interesse pelas línguas orientais. Num estudo de 1640, Elichmann já havia usado a expressão *ex eadem origine* (a partir de uma origem ou fonte comum) ao se referir às línguas europeias indo-iranianas; este médico alemão foi um dos primeiros a afirmar a existência de um parentesco entre o germano e o persa; ainda que muito pouco tenha publicado em vida, as suas ideias tiveram alguma difusão nos meios eruditos, em especial sua tese de que há uma raiz comum para as línguas iraniana, alemã e grega; e é óbvio que tal ideia influenciou determinantemente Leibniz.

que existem províncias que ainda falam o antigo persa, [que é] bem diferente do moderno, mas talvez seja apenas um outro dialeto. Sem dúvida, você terá motivos para julgar, Sr. [Sparvenfeld], que a língua do Turquistão deve ser bastante universal[18], e bastante próxima da [língua] cítica, mas não sei se, com essa palavra 'cítica'[19], na qual você diz que muitas palavras góticas também se encontram, você [não] quer dizer alguma língua moderna.

O público ficará contente de ver um dia seu mapa da Sibéria e eu lhe sou grato quanto àquele que você me enviou com antecedência. Não podemos saber por intermédio dos moscovitas se o mar faz fronteira com a Tartária[20]? Tendo mais a afirmar isso do que a acreditar que este país se liga à América.

Por você ter tamanho conhecimento das línguas, peço-lhe que me diga algo sobre as consequências que tira disso para as origens das nações[21]. O Sr.

18 Essa afirmação não deixa dúvidas de que Leibniz busca investigar as evidências da existência de uma língua (histórica e não-artificial) a mais universal, o que coincidiria com a mais primitiva e de uma única nação original; por isso mesmo, tal investigação busca aquilo que, talvez, fundamentaria a própria "língua de Adão" e, a esse respeito, o **Brevis** tem início com a seguinte observação: "De fato, as línguas nem surgiram *ex instituto* [nem], por assim dizer, foram estabelecidas por alguma lei, mas por um certo ímpeto natural nascido dos homens que assim ajustam as paixões aos sons. Eu excluo [desta caracterização] as 'línguas artificiais' (...), nas línguas nascidas pouco a pouco conforme a ocasião, os vocábulos surgem a partir da analogia do som emitido (*vox*) com as paixões (*affectus*); de tal forma que a sensação acompanha a coisa. Tenho para mim que não foi de outro modo que 'Adão' atribuiu os nomes". Trata-se, evidentemente, de parte da resposta à "questão das escolas", "*this whole mystery of genera and species*", referente ao significado das palavras ser arbitrário – *ex instituto* ou por convenção – ou a partir de uma necessidade natural (cf. **N.E.**, livro III, cap I e II), lembrada pelo filósofo inglês John Locke (1632-1704) em seu **Um ensaio sobre o entendimento humano** (III, III, §9) e que, como em parte já o indicamos, fora o tema do diálogo **Crátilo** (383a) de Platão (427-347 a.C.) e parte do **De interpretatione** (16a 20) de Aristóteles (385-322 a.C.); tal questão foi bastante debatida pelos filósofos, especialmente depois da associação a outro problema formulado por Porfírio (233-310) em seu **Isagoge**, a partir da qual que se origina a "Querela dos Universais" que, em termos muito semelhante, será discutida por Leibniz a partir do capítulo III do livro III dos **N.E.**, isso é, segundo a opinião de Locke, após a discussão dos aspectos mais materiais das palavras.

19 É o que Leibniz vai esclarecer no **Brevis** especialmente a partir das páginas 6 e7.

20 Corresponde aproximadamente à região que, hoje em dia, é chamada de Sibéria; o interesse de Leibniz por mapas se justifica principalmente por conta do trabalho que está fazendo se associar ao dos antigos, e muitos serão mencionados aqui, cronistas ou geógrafos-historiadores, como se pode depreender de seu imenso projeto de escrever uma História ou Crônica Universal.

21 Portanto, todo problema é que o momento histórico original talvez esteja, como ele próprio dirá a seguir, "num passado muito longínquo"; por isso mesmo, o ponto de partida mais firme para traçar a história das conexões das línguas, mas que não impede a conjectura da existência de uma língua original que fosse até Adão ou aos de sua raça, tem de ser o momento imediatamente posterior ao dilúvio. Nesse sentido, Leibniz afirmará no **Brevis**: "Dividimos, não incorretamente, as línguas derivadas de uma [língua] antiga largamente difundida em duas espécies: as 'japéticas', como assim foram chamadas, e as 'aramaicas'. As japéticas difundiram-se pela [região] setentrional, as aramaicas [pela] meridional, de fato, considero toda a nossa Europa [como pertencente à região]

Bengt Skytte[22] me disse um dia que ele reunira as raízes de um grande número de línguas, mas eu não sei se isso se perdeu. O Sr. Sternhielm[23] tinha intenções semelhantes. É uma grande questão se a sua Suécia foi habitada antes que a nossa Alemanha[24]. Se a terra foi inundada, os países das montanhas, ao que tudo indica, teriam sido habitados mais prontamente[25]. Mas talvez isso esteja num passado muito longínquo. E quanto ao que se aproxima mais dos nossos conhecimentos, os povos germânicos da Escandinávia parecem ter vindo da Alemanha e, em seguida, ter passado pela Suécia e pela Noruega, de onde expulsaram os habitantes anteriores, os quais, aparentemente, eram de uma nação próxima a dos finos e lapões – com os quais têm parentesco – e parecem ter sido os *indigenae septentrionis*[26]. Mas, em troca, o Norte nos deixou desde essa época colônias, e pode ser que nossos saxões tenham sido normandos[27] de origem, ainda mais que o antigo dialeto saxão é extremamente próximo daquele

setentrional. Daí que se as setentrionais se referem a Japhé, as meridionais, não sem razão, serão atribuídas aos descendentes de [seus] irmãos 'Sem' e 'Cam'". A partir da tradição bíblica ou da "História Santa", como estabelece nos **N.E.** III, II, §1, que considerava todos os povos do mundo como descendentes dos três filhos de Noé, ou seja, Sem, Cam e Japhé, os descendentes de Japhé teriam se dispersado pelas margens do Mediterrâneo, da Europa e da Ásia Menor, pelo norte da Europa e por uma parte considerável da Ásia mais ao Ocidente; por isso, Japhé seria considerado o ancestral dos diferentes ramos da grande família indo-germânica. Portanto, seria das línguas jaféticas, como quer Leibniz, que derivam a língua dos cíticos ou citas e a dos celtas, consequentemente, todas as línguas europeias; não será sem razão, pois, que ele buscará as evidências históricas da conexão entre a língua germânica e a celto cítica, e é justamente por conta da defesa dessa hipótese que o linguista brasileiro Mattoso Câmara Jr. (*in*: **História da linguística**. Petrópolis: Vozes, 1979, p. 26) considerou Leibniz como um dos mais importantes fundadores da Linguística Histórico-Comparativa.

22 O sueco Bengt Skytte (1614-1683), autor de um **Sol praecipuarum linguarum subolarium**, encontrou-se com Leibniz em 1667.

23 Leibniz se refere ao autor do livro **Anticluverius, sive Scriptum brevi Johanni Cluverio** (publicado em 1685), o sueco Georg Stiernhielm (c. 1592-1672); nesse livro, Stiernhielm sustenta a tese de que a origem e a sede mais antiga dos godos estão na Escandinávia, o que vai contra a opinião de Philipp Clüver (ou Cluverio, 1580-1622), historiador-geógrafo alemão considerado o fundador da Geografia Histórica, que, no livro **Germaniae antiquae libri tres**, publicado em 1616, situava os godos na antiga Germânia.

24 Apesar de ambas as conjecturas serem consideradas bastante plausíveis, Leibniz oferece aqui uma razão para desconsiderar o fato que a língua sueca, a de Sparvenfeld, seria mais antiga que a germânica: o fato de a Suécia estar em uma região mais alta daria, por conta do dilúvio, a "falsa" impressão de que ali estaria a língua mais primitiva; com isso Leibniz atingia a hipótese básica da obra **Atlantida**, do também sueco Olaus Johannis Rudbeck (1630-1702), quanto a este último e sua obra vide nota mais à frente.

25 Eis a hipótese que mostra a importância de adventos semelhantes ao dilúvio.

26 Os mais nativos das terras do Norte.

27 Lê-se aqui "normando" em seu sentido etimológico: "homem do Norte".

do Norte. Você mesmo o reconheceu em muitas palavras do antigo alemão, e se tiver alguma coletânea desses [antigos vocábulos][28], eu lhe pedirei um dia.

[2] Carta de Leibniz a Lesarvenfeld de 29 de janeiro de 1697[29]

Envio-lhe [junto com essa carta], que você vê, também a passagem do prefácio colocado antes da edição póstuma das **Origine francese ou étymologies** do falecido Sr. Ménage[30]. Foi-me assegurado que o padre Besnier é o autor desse prefácio e o conhecimento que ele obteve com você [Sparvenfeld] o confirma; talvez o que há de mais justo em tal prefácio seja o que diz sobre seu mérito. Pois, no mais, ainda que pareça conter erudição, parece-me igualmente que existem poucas coisas dignas colocadas na apresentação de um livro do Sr. Ménage. A obra **Menagianas**[31] atribuiu a este erudito homem ter dito que Aristóteles escreveu etimologias. O padre Besnier acredita que o Sr. Ménage, ou algum crítico holandês[32] em quem ele confiasse, teria corrigido ou considerado mal a passagem de um [autor] antigo que afirmou ter Aristóteles escrito **Nomina barbarica (As leis dos bárbaros)** e a teria trocado apenas por **Nomina [Os nomes]**. Como se '*Nomina*' fosse encontrado nas versões latinas do que não

28 É assim que, no **Brevis**, Leibniz irá se referir às "amostras" conservadas por Heródoto (484-425 a.C.) quanto aos povos cíticos.

29 A presente tradução foi feita a partir da obra **L'Harmonie des Langues**, edição apresentada, traduzida e comentada por Marc Crépon. Paris: Éditions du Seuil, Janeiro 2000, carta XVII p. 158. O trabalho de crítica que Leibniz fará nessa carta é muito semelhante ao que ele fará após o §XVII do **De origine** quanto aos historiadores de índole menos germânica que querem estabelecer as origens das nações europeias em outros povos que não os germânicos ou celto-citas.

30 Gilles Ménage (1613-1692) escreveu a obra **Origines de la langue française**, publicada em 1650, reeditada dois anos após sua morte com o nome **Dictionnaire étymologique de la langue française**, a qual foram acrescentados os textos "As origens francesas" de Mr. Pierre de Caseneuve (1591-1652), "Discurso sobre a ciência das etimologias" do padre jesuíta Pierre Besnier (1648-1705) – ao qual Leibniz certamente está se referindo – e uma lista de nomes de santos organizada segundo suas origens pelo abade francês Claude Chastelain (1639-1712). Vale lembrar que, em 1715, Leibniz termina de escrever seu **De origine francorum**, no qual retomará de modo mais sistemático as críticas que faz aqui.

31 Em 1693, sob a direção de Antoine Galland (1646-1715), é publicada a obra **Menagiana**, uma espécie de ontologia dos pensamentos de G. Ménage; obra criticada pelo viajante e médico francês Pierre-François Bernier (1620-1688) em sua obra **Anti-menagiana**, também de 1693. Se não estamos enganados, Leibniz confunde os autores Besnier e Bernier.

32 Não conseguimos saber quem seria esse crítico holandês, mesmo porque, como se verá, nessa época muitos são os autores que desenvolviam esse tipo de pesquisa e poderiam ter feito tal crítica.

está senão no grego; ou como se o Sr. Ménage, ou algum crítico holandês, pudesse ser capaz de uma semelhante bobagem. Ele despreza o **Etymologicon** de Gerard Jean Vossius[33] e os trabalhos do Sr. Meninski[34], mas, entretanto, fala com ar de estima a respeito de alguns livros italianos e espanhóis que não a merecem nem um pouco[35]; no que ele mantém a índole de sua nação que tem costume de fazer caso mesmo das bagatelas que vêm da Itália e da Espanha, e facilmente não faz jus àquilo que vem da Alemanha, da Inglaterra, da Holanda ou dos países ainda mais setentrionais. E este padre faz para si uma imagem engraçada ao crer que os etimologistas ingleses ficam tristes com o fato de que a língua deles retira muitas palavras da francesa, enquanto eu sei que os ingleses se vangloriam de ter enriquecido sua língua a partir de pilhagem de muitas outras. Ao falar dos dinamarqueses, ele se engana em lhes atribuir o **Magog Arameus**; quanto a isso, ele diz que o autor dinamarquês não lhe é conhecido senão por este título de seu livro o qual ele considera bizarro. No entanto, seu autor é o Sr. Stiernhielm e não vejo por que este título seja mais bizarro que aquele **Phaleg** de Borchart[36]. Enfim, é uma grande pena que o próprio Sr. Ménage não tenha feito [ele mesmo] um prefácio à sua obra, nós teríamos descoberto aí muitas coisas belas. Este padre Besnier certamente possui muito espírito, mas ele vai um pouco rápido [demais] e lembro-me que quando eu estava em Paris, quando seu projeto impresso de **La réunion des**

33 Gerrit Janszoon Vos ou Gérard Jean Vossius (1577-1649) nasceu em Heidelberg, escreveu as obras **Historia pelagiana sive Historiae de controversies quas Pelagius ejusque reliquiae moverunt** (1618) e **Etymologicum linguae Latinae** (1662).

34 François de Mesgnien Meninski (1623-1698) escreveu um **Thesaurus linguarum orientalium**, publicado em 1680.

35 Sobre quem seriam os autores mais apropriados para tratar das origens das línguas dos espanhóis e dos italianos, cf. **Brevis**, p. 9 da versão original.

36 Assim como Sparvenfeld, Georg Stiernhielm (1598-1672) era sueco; Stiernhielm ficou conhecido por seus estudos comparativos do gótico e das línguas escandinavas apresentados em sua obra **Magog aramæo-gothicus, sive origines vocabularum in linguis paenia omnibus, ex lingua svetica veteri**. Leibniz se refere também ao pastor huguenote Samuel Borchardt (1599-1677) que escreveu em dois volumes a obra **Geographia sacra seu Phaleg et Canaan**, mencionada há pouco apenas como **Phaleg**, obra publicada em 1646.

langues podia ser visto, o Sr. Huet[37] me dizia que tal [projeto] só poderia vir de um aventureiro. [...][38]

Eu consegui um fragmento da gramática dos tártaros [vinda] da China. Seus caracteres são engraçados, não expressam as coisas como os dos chineses, nem como as nossas letras, mas [expressam] as sílabas de uma maneira bastante singular. Eu gostaria muito de um dia poder aprender mais particularidades das línguas dos povos da Tartária e como elas diferem [da língua] dos siberianos, dos czircasses, dos calmucos, dos mongóis, dos usbeques, e dos lamas da China[39]. Asseguraram-me que a língua dos húngaros ainda se encontra perto do mar Cáspio. Quando considero as descrições que os antigos faziam dos hunos e as que os viajantes nos fazem dos calmucos, parece-me que é um mesmo povo. Isso porque tanto a uns quanto aos outros [é atribuído] um rosto achatado e largo e olhos extremamente pequenos, e a localização tem relação da mesma forma.

Eu não sei se a língua dos calmucos tem relação com a língua do Turquestão, como aquela dos tártaros da Criméia, cuja língua, como eu acredito, possui bastante concordância com aquela dos turcos. Se você souber algo a esse respeito, peço-lhe que me diga sua opinião sobre a conexão das línguas[40]. No

37 Leibniz se refere ao francês Pierre Daniel Huet (1630-1721); Huet participou ativamente no embate conhecido como a Querela dos antigos e dos modernos, ou Querela dos clássicos e modernos, que teve início na Academia Francesa.

38 Em acordo com a coletânea a partir da qual extraímos os originais, o sinal "[...]" marca as partes suprimidas da carta.

39 Não conseguimos saber a que povo se refere o vocábulo 'czircasses' (na próxima carta aparecem os termos 'tschircasses' e 'czeremisses', que também não conseguimos saber exatamente a que povo se referem, talvez se refiram ao mesmo povo); os "calmucos" são um povo de origem mongólica, também conhecido por mongóis ocidentais, fundaram um império na Ásia central no séc. XV e atualmente habitam regiões da Sibéria, China e Mongólia; os "usbecs", ou "massagetas", são um povo da Cítia de origem iraniana que se fixou no nordeste da Europa, entre o mar Cáspio e o mar de Aral. Leibniz também se refere à parte dos habitantes do que hoje chamamos de Tibete (por conta da sonoridade, talvez esteja se referindo ao grupo étnico que hoje chamamos de *lhobas*); mais à frente, Leibniz mencionará o "grande Lama", certamente uma referência a um dos Dalai Lamas que era o líder político e espiritual daquele país.

40 Como dissemos na nota de abertura das cartas, o principal motivo da troca de cartas entre Leibniz e Sparvenfeld se associa à defesa da hipótese geral segundo a qual a conexão das línguas permitiria compreender a *connexion des nations* e mesmo das raças, como disse antes, e a harmonia, como lembrará em seguida, entre as línguas, o que nos levaria a uma única nação, raça e língua a celto-cita e dos filhos de Noé. As traduções aqui reunidas são todas a própria expressão dessa hipótese.

apêndice de sua gramática russa, o senhor Ludolf[41] usa a expressão '*buchartzi*', mercadores mahometanos que vêm desde a Sibéria; acredito que são os usbeques de Bochara. Se é verdade que os calmucos, assim como os mongóis e os tártaros da China, seguem o grande Lama, em matéria de religião, é possível que ainda exista relação [entre] as línguas e as origens desses povos. Se não for apenas o formato e a constituição dos corpos que se encontram diferentes demais entre eles. Lembro-me de ter lido em algum lugar (mas não saberia encontrá-lo)[42] que um certo viajante tinha dividido os homens em determinadas tribos, raças ou classes. Ele atribuiu uma raça particular aos samoiedos, uma outra aos chineses e povos vizinhos, uma outra aos negros, ainda uma outra aos cafres e hotentotes. Na América há ainda uma diferença maravilhosa, por exemplo, entre os galibis ou caribes, que têm muito valor e mesmo espírito, e entre aqueles do Paraguai que parecem ser crianças ou colegiais durante toda vida; isso não impede que todos os homens que habitam esse planeta não sejam todos de uma mesma raça que foi alterada pelos diferentes climas, tal como vemos os animais e as plantas mudarem de natureza e se tornarem melhores ou degenerarem[43]. Aguardamos uma obra póstuma do padre Thomasin[44] da oratória, na qual ele pretende nos fornecer a harmonia das línguas e, ao relacioná-las todas com o hebraico, mostrar que o gênero humano veio todo ele de Adão. É uma grande e bela empreitada essa da [busca pela] harmonia das

41 A obra que Leibniz menciona, a **Grammatica Russica**, foi escrita em latim por Heinrich Wilhelm Ludolf (1655-1710) e publicada em 1696.

42 Talvez Leibniz esteja pensando, sem lembrar exatamente, no que afirmava o antropólogo François Bernier, já mencionado mais acima.

43 Podemos perceber aqui marcas da opinião de Leibniz para quem este é "o melhor dos mundos possíveis"; o que também significa que o mundo, com tudo o que ele contém, se encaminha para o melhor. Seria interessante relacionar o modo como Leibniz pensa a história da origem das línguas com os modos como Jean-Baptiste Lamarck (1744-1829) e Charles Darwin (1809-1882) pensaram a história natural, ou melhor, a história da origem e o desenvolvimento das espécies; o que até certo ponto fizemos no nosso artigo "Leibniz e Darwin: história, religião e biologia". Vale lembrar que, quando escreveu essas cartas, Leibniz já havia escrito ao menos o prefácio de sua obra **Protogaea**, onde ele considerava a pré-história até antes da criação do homem, obra da qual um resumo havia sido publicado nas **Acta eruditorum** de 1693. Todo esse trabalho evidencia a consideração da **Bíblia** ou **História Santa**, como uma obra de História, daí as muitas lembranças de estudos sobre ela, edições críticas, traduções etc contemporâneos de Leibniz.

44 Leibniz se refere ao padre francês oratoriano Louis Thomassin d'Eynac (1619-1695), que escreveu a obra **Glossarium universale hebraicum** e só foi publicada dois anos após sua morte, isso é, em 1697. Sobre a língua de Adão; cf. a Carta a Sparvenfeld de 07/04/1699, os **N.E.**, livro II, cap. XXIX, §7, livro III, cap. II, §1 e cap. VI, §27; e o **Brevis**, p. 2 da versão original.

línguas, mas duvido que esse padre, por mais erudito e trabalhador que ele (seja), tenha conseguido tratar dignamente dessa matéria; atualmente, só conheço você, Sr. [Sparvenfeld], que pode conferir a isso todas as luzes necessárias. Além da erudição e da [capacidade de] julgamento, você fez grandes viagens, conhece as línguas antigas e modernas e sozinho pôde cruzar os [povos] orientais com os do Norte, sem ser influenciado por opiniões ultrajantes, tais como as de alguns de teus senhores. Eu bem compreendo que seu tempo, seus compromissos de corte e seus afazeres não lhe permitirão realizar um trabalho tão grande quanto o assunto mereceria, mas bastaria que você nos desse um *ristretto*[45] de muitas de suas belas observações e meditações, que forneçam luzes que outros possam seguir.

Hanôver, 29 de janeiro 1697.

[3] Carta de Leibniz a Lesarvenfeld de 29 de novembro (?) 1697[46]

Eu gostaria muito de saber o que você acha da língua cantábrica, ou vascona; ela parece bem diferente das outras, dado que a língua do País de Gales e dos pequenos bretões é metade germânica ou no mínimo [metade] céltica. Se seu dicionário harmônico esclavônio[47] se parece com uma gramática, eu mesmo me poria a estudá-lo, pois vejo a importância dessa língua.

45 Isso mostra que, certamente, Leibniz já tinha em mente escrever algo semelhante, isso é, uma pequena ou breve (um *ristretto*) consideração em torno da origem e conexão das línguas e nações, daí o título da obra de 1710 ser **Brevis designatio meditationum de originibus gentium ductis potissimum ex indicio linguarum**. Na verdade, além das muitas cartas que Leibniz escreveu sobre o assunto, tomando para si o tal trabalho, o projeto de escrever tal resumo também é mencionado, na fala de Filaleto, no §2, cap. II, livro III, dos **N.E.**

46 A presente tradução foi feita a partir da obra **L'Harmonie des Langues**, edição apresentada, traduzida e comentada por Marc Crépon. Paris: Éditions du Seuil, Janeiro 2000, carta XX, p. 163.

47 Segundo Marc Crepón (*op. cit.*, p. 151, nota 1), a partir de 1695 Leibniz trocou várias cartas com Sparvenfeld; essas trocas devem ter se intensificado após ter terminado a redação dos **N.E.**, já que lá (especialmente no livro III, cap. I a III) o sueco não é mencionado, o que faria a confecção desse início do livro III ter ocorrido pouco antes de 1995; coisa semelhante vai acontecer com o conhecimento da existência do documento da Lei sálica do **De origine**, que certamente não se deu antes de 1710, dado que não é mencionado nem mesmo no **Brevis**. Como já lembramos, Sparvenfeld escreveu um **Lexicon Slavonicum**, ao qual Leibniz se refere aqui, e fez um famoso mapa da Sibéria, de 1709 a 1712, justamente por seu vasto conhecimento de várias línguas e nações, ele

O Sr. Witsen[48] tinha me comunicado que, no que se refere à língua, os usbeques combinam muito com os persas; sabe-se, aliás, que persas e partos são a mesma coisa. E acredita-se que os partos sejam cíticos de origem. O Sr. Witsen me comunicou ainda que os mongóis e os calmucos falam quase a mesma língua. Eu imagino que os permianos siberianos e outros povos semelhantes devem ter línguas próprias, diferentes da russa. Observou-se entre os permianos ou nas proximidades dessas regiões palavras que se aproximam das dos camponeses da Livônia. Isso confirma minha opinião de que os povos, dos lapões até os tártaros situados do outro lado do mar Cáspio, eram de uma raça próxima, à qual é necessário associar os finos, estiones e livônios, permianos, samoiedos etc, e mesmo os húngaros que habitavam entre a Sibéria e o mar Cáspio.

Você tem certeza, Sr. [Sparvenfeld], que em sua base a língua dos calmucos e mongóis combina com aquela do turquestão e dos turcos, e que ambas combinam com as dos tártaros e crimeus? Se você possui algumas particularidades a esse respeito peço-lhe que me coloque a par; quanto aos tschircasses, eu tinha imaginado que sua própria língua deveria também diferir da russa como aquela dos czeremisses ao longo do Volga. Também gostaria muito de saber se os búlgaros vindos da Bulgária foram uma raça esclava, ou de uma outra espécie; e na Bulgária moderna encontra-se ainda algum traço de sua antiga língua. Eu tenho um dicionário da língua georgiana impresso em Roma *a la propaganda*; essa língua me parece extremamente diferente de todas as outras, exceto por aquilo que a religião e o comércio lhe trouxeram dos gregos e dos latinos. Quanto às outras línguas vizinhas da Ibéria Colchida e, em uma palavra, as dos países entre o mar Cáspio e o Ponto Euxino, não estou nenhum pouco informado. Gostaria que Chardin[49], que percorreu esses

passa a trabalhar para a Academia de Ciências de Berlim na elaboração de um alfabeto universal, talvez a partir do também seu **Vocabularium Germanico-turcico-arábico-persicum**.

48 O holandês Nicolaas Witsen (1641-1717) foi, dentre outras coisas, um dos diretores da Companhia Holandesa das Índias Orientais e, por conta do conhecimento adquirido em suas muitas viagens, fez um mapa detalhado da parte setentrional e oriental da Europa e da Ásia, desde a Nova Zembla (no extremo norte da Rússia) até a China.

49 Jean Chardin (1643-1713), viajante e escritor francês, mais um dos muitos orientalistas que serão mencionados, ficou famoso por narrar em sua obra **Voyages de monsieur le chevalier Chardin en Perse et autres lieux de l'Orient** suas viagens à Pérsia e ao Oriente no fim do séc. XVII

países, tivesse nos fornecido algumas amostras dessas línguas. Mas é isso que os viajantes raramente fazem. E os antigos o fazem ainda menos. Plínio[50], ao dizer que os romanos tratavam dos seus afazeres na *Dioscuria ville* do Ponto Euxino, graças a cem e tantos outros intérpretes, deveria nos conservar algumas palavras dessas línguas. É também estranho o quanto a língua armênia difere das outras. Há um homem erudito que afirma que ela tem relação com a antiga língua egípcia[51]. Se isso se verificasse, seria uma bela descoberta [...].

Eu vi e folheei o livro de Schriekius Rodornius[52], no qual há muita leitura, mas não um julgamento adequado; e ele é extravagante, sobretudo quando explica os nomes próprios das pessoas e lugares a partir do teutão. No entanto, é bem verdade [que a língua] teutônica com frequência expressa muito bem a natureza das coisas e pode ser melhor que a própria hebraica[53]. Observei amostras disso com frequência. L, por exemplo, significa um movimento doce e tranquilo, [daí] *lassen, lieben, leben, lied, lind, lallen, wallen, wollen*; para nossos camponeses *leye* é *liquescere* e está de acordo com o grego *luω Solvo*, e eles se servem dela para dizer que a neve ou o gelo derrete *Solvitur acris hyems*. R significa movimento violento, como *rinnen, rennen, rad, rauben, ruffen, Rhenus, Rhodanus*. Pois o velho céltico e o teutão eram sem muita concordância, e uma boa parte do latim vem, sem dúvida, do céltico, como uma parte do grego vem dos getas e do Ponto Euxino. Seria preciso, primeiramente, estabelecer a partir de uma boa indução[54] a força das letras isoladas e, em seguida, passar

e início do XVIII; trata-se de mais uma evidência da importância que a literatura dos viajantes assumia para a defesa das hipóteses de Leibniz.

50 Leibniz se refere a Plínio (23-79 d.C.), o velho, que escreveu a famosa enciclopédia **Naturalis Historia** (**Historia natural**).

51 Talvez Leibniz esteja se referindo a Andreas Acoluthus (1654-1704), professor de teologia e orientalista alemão, com quem Leibniz se correspondeu. Cf. **Brevis**, pp. 4 e 5 da versão original.

52 Em 1614, Adrianus Rodornius Scrieckius (1560-1621) publicou a obra **Originum rerumque Celticarum et Belgicarum**.

53 Como ficará claro especialmente nos **N.E.** e **E.T.**, Leibniz se apropriará da narrativa bíblica a partir do deslocamento da importância dos filhos de Noé, de Jafé em vez de Sem, mas também da corrupção e imperfeição da língua hebraica em oposição às celto-citas como a teutônica, que também parece estar mais próxima do natural.

54 É seguindo esse método, mais a onomatopeização que será mencionada a seguir, que é possível restabelecer os motivos físicos da criação até certo ponto 'universal' de determinados vocábulos, daí de estabelecer certa teoria da significação, ao modo do **Crátilo** de Platão, a partir dos aspectos materiais das palavras (cf. **N.E.**, III, II, §2), motivos e rastros da união, harmonia ou conexão das línguas e nações; eis também a motivação científica à qual já fizemos referência, de qualquer modo é também o resultado desse trabalho de filólogo e etimólogo que servirá para corroborar certas

às combinações. [A combinação] Sp, por exemplo, significa em teutão alguma penetração ou algo capaz de penetrar, [daí] *Spiz, Spiess, Spate, Spada, Spur, Spund, Spliter, spannen, sperren, spalten, Spelta, Spindel, Spinnen*[55]. Ouvi dizer que Claubergius[56], filósofo erudito cujos escritos sobre a filosofia cartesiana são conhecidos, quis trabalhar em filosofia tendo como base a língua teutônica e que ele mandou imprimir algumas folhas para servir de amostra. Um dos meus amigos[57] as possui, mas eu ainda não as vi. Ele teria sido adequado para aprofundar essa matéria. No que diz respeito às vogais, considero ***a*** e ***u*** como os dois sons extremos, tal como o claro e o escuro na pintura. Aqueles que estão entre os dois são como as cores médias. Como não existe nada sem razão[58], não duvido nem um pouco que quando os homens deram nomes às coisas, eles só fizeram seguir suas paixões [ou sentimentos] e imaginações quando o objeto as excitava e quando não as tinham expressas por sons que tinham relação com isso; imagino que não só Adão[59], mas também os outros homens, com frequência, quiseram *onomatopoiein*[60] quando encontravam novos objetos e, embora acredite que muitas palavras vêm de uma língua primitiva, [acredito] que muitas outras tenham sido inventadas a partir do encontro de nações ou raças.

Hanôver, 29 de novembro (?) 1697.

hipóteses históricas quanto á antiguidade das Casas da Europa, como veremos expressamente no **De origine**.

55 Em muitas outras cartas Leibniz repete esse tipo de consideração e, como já o dissemos, faz o mesmo no capítulo II, do livro III, dos **N.E.** e nas primeiras páginas do **Brevis**.

56 Leibniz se refere ao filósofo alemão Johannes (ou Johann) Clauberg (1622-1665) que, dentre outros, escreveu uma **Logica vetus et nova** e um breve ensaio intitulado **Ars etymologica teutonum**, do qual se trata aqui, a associação com a disciplina Lógica confirmam o plano feito no último capítulo dos **N.E.**. Naquele breve ensaio, o autor anunciava a redação de uma grande obra sobre a língua alemã, o **De causis linguae germanicae**; o manuscrito dessa obra inacabada, da qual se perderam as pistas no início do século XVIII, seria composto de cinco volumes.

57 Não conseguimos saber a quem Leibniz se refere.

58 Quanto ao "princípio de razão suficiente", ao qual já fizemos referência em nota anterior, cf. também **Monadologia**, §32.

59 Do que seguiremos falando em outras notas, Leibniz lembra aqui uma discussão importante em sua época: Seria possível remontar à língua de Adão? E como ela seria?

60 Criar onomatopeias, onomatopeizar, cf. o **Brevis** p. 2 da versão original.

[4] Carta de Leibniz a Lesarvenfeld de 7 de abril de 1699[61]

[Sinopse] I. De uma gramática eslava (*Slavonique*). II. Do Sr. Clauberg. III. Do Sr. de la Neville. IV. Das tabelas harmônicas das letras e pronúncias das diversas línguas. V. Do Thomas Smith. VI. Do Sr. Schilter e da origem das letras rúnicas. VII. Da história antiga dos celtas. VIII. Do Sr. Rudbeck. IX. Da arte de decifrar letras [ou expressões].

I. Devo lhe informar [, Sr. Sparvenfeld,] que a pessoa que recomendei está indo ao seu encontro. Espero que você fique satisfeito com isso; e eu lhe expliquei as coisas como se deve. Ele parece ser um rapaz bom e prestativo; conhece bastante latim, segundo o costume dos húngaros e poloneses, e até alguma coisa mais; além disso, ele é bem versado em música[62]. Eu disse a ele que você é curioso no que diz respeito às línguas eslavas (*Esclavonnes*), e o senhor Smith[63] acrescentou que você sabe trabalhar nisso, e que, portanto, ele poderia lhe ser útil também nessa outra coisa. O mesmo Sr. Smith também quer lhe entregar uma carta, e aprova minha recomendação. Se você lhe fornecer do que viver, e algo mais que o necessário, ele ficará satisfeito, na esperança de que com sua recomendação ele até possa um dia conseguir algum emprego ou ascensão. Ele lhe trará o resto do [livro de] Bohorič[64] e a gramática eslava (*Slavonique*) ou [de] caracteres russos, dos quais eu lhe tinha enviado o título, com um outro livreto gramatical dessa natureza e de mesmo caracteres. Mas como essa gramática eslava (*Slavonique*) assim como esse livreto não me

61 A presente tradução foi feita a partir da obra LEBNIZ, Gottfried Wilhem. **Allgemeiner, politischer und historischer Briefwechsel**. Hanover: Hrsg.von Leibniz Archiv der Niedersächsischen Landesbibliothek, vol. 15, 1923 (vol. 12, pp. 566-570), e cotejada com a **L'Harmonie des Langues** (edição apresentada, traduzida e comentada por Marc Crépon. Paris: Éditions du Seuil, Janeiro 2000, pp. 220-224).

62 Não conseguimos saber de quem exatamente se trata.

63 Trata-se, de acordo com o §V da presente carta, do teólogo inglês Thomas Smith (1638-1710), a quem Leibniz havia escrito uma importante carta em fevereiro de 1695.

64 Trata-se do professor protestante esloveno Adam Bohorič ou Adamus Bohontz (1520-1598) que ficou conhecido por ter estabelecido as regras do alfabeto esloveno, ter escrito **Articae horulae succisivae** e a primeira gramática eslovena, publicada na mesma época que a primeira tradução da **Bíblia** para essa língua e que foi feita por Jurij Dalmatin (1547-1598). Leibniz também parece mencionar aqui a **Grammatica Russica**, escrita em latim pelo alemão Heinrich Wilhelm Ludolf (1655-1710) e publicada em 1696 quando ele certamente está escrevendo os **N.E.**

pertencem, será gentil de sua parte me devolvê-los um dia, quando não mais fizer uso deles.

II. Envio-lhe também uma cópia do livreto de Clauberg[65], célebre filósofo cartesiano e professor de Teologia na universidade de Duisburg no distrito de Cleves, que quis se dedicar [ao estudo] das origens da língua alemã, e para tanto deu esse exemplar o qual efetivamente mostra que ele era capaz de produzir algo belo a esse respeito; uma vez que de modo algum ele diz coisas quiméricas[66] nem se arrisca [a dizer].

III. O Nomenclador é estritamente russo, e se refere ao que é corrente em Moscou; é por isso que eu não lho envio. Mas eu não sei qual é a língua local da qual você diz que, se é dela que ele [, o Nomenclador,] trata, eu devo enviá-lo a você. O livro impresso do Sr. de la Neville (já falecido)[67] não contém nada além do manuscrito com exceção à mera dedicatória ao rei da França, a qual revela as intenções do autor, e que ele foi a Moscou como enviado da Polônia só de fachada, mas que na verdade era emissário da França; o que prejudica um pouco a memória do falecido rei da Polônia por, embora fosse aliado do imperador, tê-lo apoiado nisso. Isso faz supor que o Sr. de la Neville diz a verdade, o que, no entanto, não me parece muito garantido, pois ouvi dizer que ele era um pouco falador.

IV. Você me força, Sr. [Sparvenfeld], a emitir e a divulgar uma tabela harmônica[68] das letras e pronuncias das línguas eslavas (*Esclavonnes*), com-

65 Como já o dissemos, vide carta anterior, Leibniz se refere ao filósofo alemão Johannes (ou Johann) Clauberg (1622-1665) que, dentre outras, escreveu uma **Logica vetus et nova** e um breve ensaio intitulado **Ars Etymologica Teutonum**, onde anunciava a redação de uma grande obra sobre a língua alemã, a **De causis linguae germanicae**; o manuscrito inacabado seria composto de cinco volumes.

66 Querendo dizer quem é propenso a ficções ou fábulas que não permitem induções bem fundamentadas; assim, Clauberg não tendia a ser um fabulador.

67 Leibniz se refere a Henry Neville (1620-1694), que tinha falecido recentemente, e ao seu livro **The isle of Pinos**, uma espécie de utopia nada realista publicada em 1668, cuja ideia básica ligava-se a supostas cartas escritas por um viajante que teria descoberto uma ilha paradisíaca no hemisfério sul; cartas que narravam os estranhos costumes de seus habitantes. As desconfianças de Leibniz também se fundam no fato que, em 1647, já havia sido publicado outro livro de Neville, o **The Parliament of Ladies**, uma sátira bastante exagerada do parlamento inglês, talvez também por isso o adjetivo falador. O que Leibniz mencionará mais à frente, quanto à ligação de Neville com a França, também era verdade.

68 Evidentemente há uma ligação direta entre a confecção das tabelas harmônicas e a explicitação da harmonia entre as línguas e nações.

paradas com o latim e outras línguas. Eu não tenho agora o livro do senhor Meninski[69] a mão, que está em Wolfenbuttel[70] e não aqui; por isso eu não saberia dizer se a tabela está como eu a pretendo. Para fazer melhor, acredito que seria preciso duas tabelas; uma [A] seria a dos sons explicados pelos caracteres de um mesmo som, mas de diferentes línguas colocadas juntas; a outra [B] seria aquela dos caracteres ou letras explicadas pelos diferentes sons, como elas [, as letras,] significam em diferentes línguas. Portanto, na primeira [A] a base consistiria nos sons explicados em uma língua conhecida, que deveria ser substituída, quando necessário, por uma outra língua comum, nas ocasiões em que a mesma for defeituosa. Mas o que seria acrescentado a essa base compreenderia os caracteres ou as maneiras com que diversos povos escrevem esse som. Na segunda tabela [B] a base consistiria nas letras e, em seguida, explicar-se-ia o que a letra significa para uns e para outros. Na primeira tabela dir-se-ia, por exemplo:

***u** italis scribitur per **u**, gallis per **ou**, anglis per **u**, batavis per **oe**, graecis per **w**.*

***ü** gallis per **u**, graecis per **v**.*

Na segunda tabela dir-se-ia, [por exemplo]:

***u** significat idem apud Italos (nempe quod apud Germanos) sed apud Gallos eadem littera significat **ü** (seu quod apud Germanos **ü**).*

ou** Gallis idem significat quod Germanis **u[71].

69 Leibniz se refere ao professor de grego Gerard Jean Vossius (ou Voss, 1577-1649), que escreveu o dicionário etimológico mencionado, e ao orientalista François de Mesgnien Meninski (1623-1698), que escreveu um **Thesaurus linguarum orientalium**, publicado em 1680.

70 Cidade que é a capital do distrito de mesmo nome, Wolfenbuttel, localizada no norte da Alemanha; lá residiram os duques de Brunswick e onde, por muito tempo e muitas vezes, ficaram Leibniz e Matthaeus Praetorius, que será mencionado mais à frente.

71 Tendo em vista que a língua científica dessa época era o latim e a fim de respeitar a heteroglossia do texto original, escrito em francês (língua que ao lado do tradicional latim despontava como difusora do pensamento científico e filosófico da época), preferimos manter a tabela no original e apresentar uma possível tradução na presente nota: (primeira) "[O] *u* em italiano se escreve *u*, em francês *ou*, em inglês *u*, em holandês *oe*, em grego *ω*. [Enquanto] *ü* em francês [se escreve] *u*, [e] em grego *u* [ípsilon, o antigo üpsilón].", (segunda) "[O] *u* significa o mesmo para os italianos (certamente aquilo [mesmo] junto aos alemães), mas para os franceses a mesma letra se refere a *ü* (ou aquilo que junto aos alemães é *ü*). [Enquanto] *ou* dos franceses significa o mesmo que o *u* para os alemães". Evidentemente esse tipo de trabalho, inclusive de comparação sonora entre as línguas, contribuiu em muito não só para a defesa da importância das onomatopéias mas também para a transcrição fonética, esse tipo de tabela e o que ela exigia para ser aprimorada já anuncia o raciocínio que guiou a elaboração do alfabeto fonético criado pela Associação Fonética Internacional.

Vê-se a partir disso que a segunda tabela só é para as línguas escritas com caracteres latinos ou próximos. Seria de se desejar que fosse encontrado um meio de escrever tudo em caracteres latinos, o que poderia ser feito com o seu enriquecimento, assim como os judeus escrevem de tudo em seus caracteres; isso diminuiria extremamente o trabalho de aprender ademais o uso dos caracteres próprios de cada povo; ao menos deveríamos reproduzir todos os caracteres orientais hebraicos assim como os judeus escrevem o árabe: deveríamos fazê-lo ao menos nos livros feitos para os principiantes; para que de nenhum modo sua dificuldade fosse dobrada. Mas, voltando às tabelas, é verdade que ao ter uma dessas tabelas podemos deduzir dela também a outra: mas é bom ter as duas; a primeira servindo para escrever nos caracteres das outras línguas aquilo que pronunciamos; a segunda servindo para pronunciar aquilo que vemos escrito nos caracteres das outras línguas. Quando não encontramos letras latinas que fazem uma correspondência exata, precisamos nos empenhar tanto quanto é possível para explicar, e mesmo enriquecer ou diversificar os caracteres, assim como os ciganos e os poloneses, embora tenham feito de uma maneira pouco conveniente.

V. O jovem Sr. Benzelius[72] escreveu-me que partiria para continuar suas viagens, e que esperava estar em breve na Inglaterra, onde queria entregar ao Sr. Thomas Smith, teólogo inglês (conhecido por aquilo que fez pela Igreja grega e [por] outras obras), aquilo que eu lhe pedi para lhe dar. Verei se ele me trará novidades.

VI. Disseram-me que o Sr. Schilter em Estrasburgo não vai bem de saúde e, como está velho, temo que sua edição de Notker e Otfried não fique para trás[73]. Se, no entanto, ela for publicada, não deixarei de lhe enviar. O Sr.

72 Assim como Sparvenfeld e Celsius, o teólogo Erik (ou Henric) Benzelius (1675-1743), o jovem, era sueco e orientalista, e igualmente foi também um importante correspondente de Leibniz.

73 Otfried de Wissemburgo (c. 800 – depois de 870), clérigo alemão, é o autor de uma série de obras e comentários bíblicos; seu **Liber evangeliorum**, escrito entre os anos 850 e 870, é composto em versos rimados e tornou-se uma das maiores obras da literatura alemã antiga. O monge alemão Notker III, ou Notker Teutonicus ou ainda Notker Labeo (950-1022), escreveu um **Thesaurus antiquitatum teutonicarum**, também traduziu do latim para o alemão quatro obras de bastante interesse para Leibniz, especialmente para a confecção dos **E.T.**, as obras **Categorias** e **De interpretatione** de Aristóteles, a **De consolatione philosophiae** de Boécio e a **De nuptiis Philologiae et Mercurii** de Martianus Capella. O jurisconsulto e historiador alemão Johann Schilter (1632-1705) terminou de editar o **Thesaurus** de Notker somente em 1728 contrariando o que Leibniz gostaria que acontecesse.

Schilter se serve ainda dos evangelhos góticos de Úlfilas[74], do anglo-saxão, e também do islandês, como de outros velhos livros e glossários; porquanto é preciso reunir os diferentes dialetos de todos os povos teutônicos para explicar os velhos livros[75]. É uma pena que os manuscritos de Franciscus Junius[76] não estejam nem em parte publicados; [mas apenas] conservados na Inglaterra. O Sr. Celsius fez com que fosse impresso algo da descoberta de seu pai no tocante às letras rúnicas helsinquianas[77]. Creio que elas se originaram do fato de terem pretendido poupar o trabalho nas pedras, omitindo os traços principais, como se pudessem sempre ser subentendidos. Creio que os baixo-bretões têm razão em sustentar que a sua língua e a do País de Gales mais se aproximam da antiga gaulesa. Envio-lhe aqui uma carta que um francês escreveu a respeito de uma obra que pretende tornar pública sobre a origem das nações[78]. Ficarei muito satisfeito em ter sua opinião sobre esta carta; e não seria mal se você pudesse comunicá-la ao Sr. Rudbeck[79] para ter a sua.

74 Vide a primeira carta.

75 Evidencia-se, assim, que também é o estudo de línguas ou dialetos antigos que permite a análise e compreensão de certos livros antigos, trabalho que vai fornecendo aquelas raízes ou partes de vocábulos comuns a várias línguas e nações.

76 Franciscus Junius, o jovem (assim chamado para ser diferenciado do seu pai; c.1589-1677), é considerado um dos maiores especialistas no que diz respeito às origens das línguas germânicas, publicou em 1665 seu **Quatuor D.N. Jesu Christi evangelorium versiones per-antiquae duae, gothica scilicet et anglo-saxonica**, que compara o texto gótico e o texto anglo-saxônico dos evangelhos; com base nesse trabalho, ele constituiu um **Gothicum Glossarium, quo Argentei Codicis vocabula explicantur et illustrantur**, publicado em 1664.

77 Leibniz se refere ao sueco Olof Celsius, o velho (1670-1756), linguista estudioso do alfabeto ou das letras chamadas rúnicas (utilizadas até por volta do sec. XI, principalmente na Escandinávia), dentre outras ocupações, e ao seu pai Magnus Nicolai Celsius (1621-1679). Em 1698, Celsius escreveu uma carta ao italiano Antonio Magliabechi (1633-1714) intitulada **De runis helsingicis**, a qual Leibniz se refere, escreveu também uma **Historia linguæ et eruditionis Arabum** e um **Monumenta runica, in quibus mentio habetur hierosolymae, ad christianos sunt referenda**.

78 Leibniz mencionará mais vezes tal francês; parece-nos que ele se refere a Claude Chastelain (1639-1712), abade francês que elaborou uma lista de nomes de santos, organizada segundo suas origens, em seu **Vocabulaire hagiologique**, à qual foram associados os textos "As origens francesas" de Pierre de Caseneuve (1591-1652), o **Discurso sobre a ciência das etimologias** do padre jesuíta Pierre Besnier (1648-1705) e acrescentada a obra **Origines de la langue française** de Gilles Ménage (1613-1692); obra reeditada em 1694 (cf. a Carta [2] a Sparvenfeld de 29/01/1697). Quanto ao título da obra de Chastelain, teríamos algo como **Les** (ou *De*) **origines des gentis** (ou *nations*), e em latim teríamos algo como **De originibus gentium** (ou *nationum*), ou seja, pelo título, vê-se que se trataria do mesmo assunto considerado no **Brevis** e no **De origine**, de questões que Leibniz tinha muito interesse em enfrentar.

79 Novamente, trata-se do médico e erudito sueco Olof Johannis Rudbeck (1630-1702) que, entre os anos de 1679 a 1702, escreveu a obra **Atlântida** onde sustentava a hipótese que a língua sueca era a língua de Adão, ou seja, a primeira ou mais primitiva, a mais antiga língua. Sobre a língua de Adão, vide as primeira e segunda cartas, **N.E.**, livro II, cap. XXIX, §7, e livro III, cap. II, § 1, e

VII. Os celtas antigos compreendem os germanos e os gauleses. Eu acredito que gálatas e *keltes*[80] (pois eram pronunciados assim) eram uma mesma coisa. Sempre achei que as guerras dos titãs e dos gigantes com os deuses não significavam senão as irrupções dos citas ou celtas na Ásia ou na Grécia, governadas por reis que desde então foram chamados de deuses[81]. E Prometeu, preso ao monte Cáucaso, não significa senão a exclusão dos povos citas pelas tropas colocadas nas portas caspianas para defendê-las; e Prometeu estava entre os Titãs, como nesse verso:

De meliora luto finxit praecordia Titan[82]

Mas não sei se isso tem a ver com os celtas, que aparentemente não estavam mais na Cítia nesse momento. Além do mais, se pudéssemos inferir as verdades históricas a partir das antigas mitologias, como aquele [autor] francês promete, isso seria muito bom; mas a coisa me parece extremamente difícil por causa das licenças que os poetas se dão, que confundiram tudo a tal ponto que quase não saberíamos mais distinguir o verdadeiro do falso. É como se a verdadeira história estivesse perdida, e que quisessem restabelecê-la a partir [apenas] dos romanos[83]. Tenho muito medo que o

---

cap. VI, §27; e **Brevis,** p. 2, da versão original. Em sua obra **Atlântida**, à qual já fizemos referência, Olof defendia que a Suécia era a Atlântida de Platão e o berço da civilização. Leibniz se opôs também a Paul-Yves Pezron (1639-1706), eleito abade da Charmoye em 1697, por defender que os alemães não teriam origem nos celtas, hipótese que ia de encontro à sua; filólogo e cronologista, Charmoye foi o autor de um livro intitulado **Antiquité de la nation et de la langue des Celtes, autrement appelés Gaulois** (Paris 1703) (cf. também **E.T.**, II, §143).

80 '*Kelten*' é celta em alemão, o vernáculo de Leibniz.

81 Essa tese Leibniz a menciona muitas vezes no **Brevis**, justamente por conta de seu trabalho de etimólogo ou filólogo, atento às inflexões que sofreram determinados vocábulos, é que ele 'separará' o que é apenas quimérico nas mitologias ou fábulas e mesmo sagas ou edas do que está mais próximo da verdadeira história da origem das nações, nos **E.T.** é justamente esse tipo de trabalho, tema do presente parágrafo, que fará o pano de fundo dos parágrafos 136 a 144 da segunda parte, daí o motivo de os incluirmos na presente coletânea.

82 Leibniz faz lembrar o poema de Décio Júnio Juvenal, ou simplesmente Juvenal (c.55-127 d.C.): "*quibus arte benigna et meliore luto finxit praecordia Titan* (as melhores coisas o Titã [Prometeu] modela a partir da lama [ou barro])" (**Sátira**, XIV, v. 34-35).

83 Questão fundamental quando se trata do direito da sucessão nos tronos da Europa e de particular interesse de Leibniz, tendo em vista que, como afirmamos no artigo "Leibniz e Darwin: uma introdução": "a partir de 1685, Leibniz é nomeado historiógrafo da Casa de Brunswick ou, como muitas vezes é denominada, Casa de Hanôver. A ligação de seu trabalho com as aspirações políticas da família Brunswick pode ser exemplificada por ele ter sido encarregado, primeiramente, 'de provar, através da genealogia, que a Casa de Brunswick se originara da Casa d'este, família de príncipes italianos', trabalho que ele conclui em 1690 e que faz, efetivamente, os Brunswick ascenderem de oito para nove eleitorados; do mesmo modo, algum tempo depois, também foi 'encarregado de fornecer os argumentos referentes às pretensões de Georg Ludwig, bisneto de

mesmo aconteça com tuas Edas e Sagas, e com as histórias antigas dos francos conforme Trithemius, com os escoceses e com outras histórias peculiares de alguns povos, quando elas pouco combinam com as histórias dos outros povos. Desse modo, eu não acreditaria, por exemplo, no que um autor local relatasse, muito tempo depois, com base em canções, tradições ou contos populares[84] a respeito dos reis dinamarqueses.

VIII. No mais, é divertido ver como cada um quer tudo inferir de sua língua ou daquela pela qual tem afeição. Goropius Becanus e Rodornius[85] do alemão (sem distinguir as novas inflexões daquilo que é da antiga língua); Rudbeck do escandinavo; um tal Otroski[86] do húngaro; aquele abade francês

James I [portanto, membro da família], ao trono da Inglaterra, cuja vacância observou-se em 1700 com o falecimento de William, Duque de Gloucester' (LEIBNIZ, 1997, pp. 8-9), argumentos que levaram, efetivamente também, George I ao trono da Grã-Bretanha de 1714 até sua morte em 1727". Também esses resultados se associam às suas investigações sobre as origens das conexões entre as línguas e as nações e ao seu projeto de escrever uma Crônica ou História Universal.

84 Trata-se aqui das críticas de Leibniz ao modo como eram interpretadas uma série longa de mitologias, "antigas história", Sagas ou Eddas, que se referiam à origem dos povos da Europa, é preciso método para reconstituir a partir de boas induções a verdadeira história e é justamente o que a conexão entre as línguas vai ajudar a fazer; tais observações são repetidas em muitos momentos do **Brevis**, dos **N.E.**, dos **E.T.** e do **De origine**. Mais acima, Leibniz se refere ao alemão Johannes Trithemius (1462-1516), certamente se lembrando de sua obra **De origine gentis francorum compedium** de 1514 que, segundo Leibniz, se valia inadequadamente de falsas mitologias e que, por suas induções inadequadas, criava quimeras. Quanto ao termo Eddas, Edas ou simplesmente Edda, é o nome dado a um conjunto de textos encontrados na Islândia, escritos em nórdico antigo e preservados no manuscrito **Codex Regius** do século XIII, texto que permitia iniciar o estudo e a compilação das "histórias" referentes aos personagens da mitologia nórdica. As Eddas são fragmentos referentes à antiga tradição oral escandinava. Foram divididas em Eddas prosaica ou de Snorri (uma referência ao poeta guerreiro islandês Snorri Sturson, 1179-1241) e Eddas prosaica ou de Saemund. Quanto ao vocábulo germânico 'Saga', que Leibniz lembra no **Brevis** como referente a "histórias extraordinárias", "narrativas" ou "fábulas", aqui ele certamente está se referindo à lendária saga islandesa dos Volsungos (descendentes do rei Volsung) que fala sobre a origem, auge e declínio daquele clã e que inclui a história de Sigurd e Brunilda e a da destruição dos burgúndios; segundo a mitologia nórdica, Volsungo era bisneto do próprio Odin, e foi seu bisavô que assegurou seu nascimento. Vale lembrar que o poema épico alemão medieval **Das Nibelungenlied** foi escrito a partir das mesmas histórias, que eram conhecidas em todas as terras germânicas desde o início da Idade Média; no **Brevis** Leibniz tratará dessa "história antiga". Será principalmente a partir dessas informações, textos e de induções adequadas, mais as informações extraídas dos textos de Plutarco, Heródoto, Tácito etc., que Leibniz traçará, nos **E.T.** (II, §§136-143), a história da ligação entre as nações celto-cíticas e a nação germânica, o que garantiria que mesmo em termos de mitos estas são as nações mais antigas da Europa.

85 Leibniz certamente se refere a Adrianus Rodornius Scrieckius ou Adriaan van Schrieck (1560-1621), senhor de Rodorne, que escreveu a obra **Originum rerumque celticarum et belgicarum**, publicada em 1614.

86 Talvez Leibniz esteja se referindo a alguém da família, da Academia que levará seu nome ou ao próprio Príncipe Konstanty Wasyl Ostrogski (1526-1608), por conta da exigência que este fez, ortodoxo e eslavo que era, de que a **Bíblia** fosse ensinada na língua eslava. Em 1571 Konstanty cria a Academia Ostrog, que publicará uma **Bíblia** Ostrog em 1581, um importante documento do cristianismo ortodoxo moderno.

(o que nos promete as origens das nações) do baixo-bretão ou cambriano, Praetorius[87] (autor do **Orbis Gothicus**) do polonês ou eslavônio (*Esclavon*); Thomassin[88] seguindo muitos outros, e inclusive Bochart[89] do hebraico ou fenício; Ericus[90], [um] alemão estabelecido em Veneza, do grego. E acredito que se um dia os turcos ou tártaros se tornarem eruditos à nossa maneira, eles encontrarão em sua língua e em sua terra palavras ou alusões a partir das quais provarão, com o mesmo direito que o senhor Rudbeck, que os argonautas, Hércules, Ulisses e outros heróis estiveram entre eles, e que os deuses saíram de sua terra e de sua nação. Eles encontrarão muitas passagens dos antigos favoráveis à sua hipótese. Mas, acima de tudo, eles vão querer reivindicar para si os hiperbóreos que o Sr. Rudbeck lhes retira. Pois, de fato, existem passagens dos antigos que localizam os hiperbóreos rumo ao Norte oriental. A verdade é que os antigos falavam confusa e contraditoriamente das coisas das quais eles mesmos não sabiam mais no momento em que escreviam, de modo que sua autoridade nessas coisas obscuras é mais ou menos como as regras da astrologia das quais podemos inferir tudo aquilo que quisermos, principalmente depois do ocorrido.

IX. É forçoso, Sr. [Sparvenfeld], que eu lhe comunique um pensamento que me veio ao espírito. Como os meus [pensamentos] giram muito em torno do bem público, e particularmente do avanço das ciências, eu faço o esforço necessário, quando posso, de impedir que descobertas úteis se percam. A arte de decifrar é uma das maiores amostras do espírito humano. Tenho um amigo que seguramente é um dos primeiros na Europa a esse respeito, e que em

87 Novamente, trata-se do lituano Matthaeus Praetorius (1635-1704), pastor protestante, que escreveu a obra **Orbis Gothicus** entre os anos 1688 e 1689.

88 Leibniz se refere ao padre francês oratoriano (ou da oratória) Louis Thomassin d'Eynac (1619-1695), que escreveu a obra **Glossarium universale hebraicum**, publicada somente dois anos após sua morte; segundo Leibniz, nessa obra Thomassin pretendia fornecer a harmonia ou conexão das línguas e, ao relacioná-las todas ao hebraico, mostrar que todas as raças, ou melhor, o gênero humano vinha todo de Adão.

89 Leibniz se refere ao pastor huguenote Samuel Bochart (1599-1677) que escreveu em dois volumes a obra **Geographia sacra seu Phaleg et Canaan,** publicada em 1646.

90 Como os muitos já citados, trata-se de filólogo e historiador, do sueco Ericus Johannis Schroderus (c. 1608-1639), ele escreveu a obra **Lexicon latino-scondicum**, publicada em 1637, e o **Dictionarium quadrilingue: suedicum, germanicum, latinum, graecum**, ao qual Leibniz se refere aqui e, tendo e vista ser comparativo entre 4 línguas, está bem dentro do trabalho que acreditava ser necessário fazer e que esperava dar a entender na tabela que enviou para Sparvenfeld.

muitos encontros deu provas disso que me causaram admiração[91]. Muitas vezes eu lhe aconselhei em minhas cartas quanto à necessidade disso ser publicado, mas ele não se decidiu por isso. Propus-lhe, então, que instruísse jovens alunos, mas como ele tem outros empregos honrosos, relutou em se dar a esse trabalho alegando que a arte não pode absolutamente ser reduzida a regras; e que seria preciso jovens que tivessem ao mesmo tempo gênio e assiduidade, o que é raro encontrar. Eu lhe respondi que reconheço não existirem quaisquer regras gerais nessa arte, mas que um meio de instruir um moço capaz seria [o] de conduzi-lo por exemplos, e de lhe mostrar, em um bom número de escritos já resolvidos, por quais vias ou maneiras se conseguiu decifrá-los. Isso bastaria para abrir o espírito de um jovem aluno perspicaz e para impedir que tais belas descobertas se perdessem. Adverti-o, ao mesmo tempo, que não só sua glória tem interesse nisso, e que ele se tornaria imortal por meio disso, mas também que é obrigatório evitar a todo custo que se perca o que é tão útil. Ele se rendeu às minhas razões, mas duvida que se encontrem jovens que queiram se dar a esse trabalho e que ao mesmo tempo estejam aptos a isso. Meu pensamento é que algum grande príncipe teria de fazer com que algum rapaz fosse escolhido e instruído nesta arte, do qual, em seguida, ele pudesse se servir, porque essa é uma questão bastante importante para os príncipes. Nossas cortes não se preocupam muito com essas coisas, e a sua me veio ao espírito. Seria preciso algum rapaz com um talento natural para a assiduidade e para os códigos e que, ao mesmo tempo, não carecesse de erudição (uma vez que tudo isso seria preciso para um tal emprego). Se tal não fosse encontrado agora, eu poderia propor um homem excelente, e isso não seria uma pequena ajuda nem um pequeno ornamento em uma corte para decifrar cartas interceptadas, seja por nós seja por nossos amigos e aliados. Sabemos que não é possível de tudo decifrar, mas a maioria dos códigos usados ordinariamente é decifrável, contanto que a carta a ser decifrada não seja curta demais. Tudo aquilo que vi e ouvi do Sr. Block[92]

91 Não conseguimos saber a quem Leibniz se refere, todavia é notória a previsão de Leibniz quanto à importância que a decifração de códigos ou o que chamamos atualmente de criptografia assumirá especialmente nos momentos de guerra.

92 Leibniz se refere ao médico e escritor sueco Magnus Gabriel von Block (1669-1722) que, a partir de 1693, fizera uma viagem de estudos pela Europa, viagem que parece ter terminado somente em 1700, quando, ao regressar à Suécia, casa-se com Anna Christina von Düben.

me fez julgar que é um homem correto, que merece ser favorecido. Rogo-lhe, além disso, que se lembre 1) do rapaz trabalhador, parente do Sr. Brenner[93], 2) daquele rapaz que pode fazer grandes cálculos de cabeça, e 3) das cartas de Cirilo Lukaris ao chanceler Axel Oxenstierna[94]. Ainda não soube nada do Sr. Ceke[95], mas continuarei me informando. O fato do Czar[96] só ter feito uma trégua de dois anos com os turcos, isso mais o que o Sr. Witsen[97] me escreveu, faz-me ter esperança de que seu plano não é contra a Suécia, mas antes contra os infiéis. Mais tua grande embaixada vai ficar mais bem esclarecida quanto a isso. O Sr. Witsen me fez saber por carta que a última caravana dos moscovitas, vinda de Pequim há pouco, trouxe a notícia de que o imperador da China morreu, e que seu filho lhe sucedeu, mas não sem grandes confusões[98]; eu escrevi sobre isso ao responsável das missões da França; este padre está alarmado, mas ainda tenho esperança de que a notícia seja falsa, [e] suspeitas aquelas dos moscovitas.

93 Possivelmente é uma referência ao diplomata "orientalista" Henrik Brenner, ou Henricus Brennerus (1669-1732), que escreveu a **Epistola ad Ericum Benzelium de presenti statu quarundam gentium orientalium**, endereçada, pois, a Erik Benzelius, teólogo sueco correspondente de Leibniz (já lembrado em nota). Contudo, tão amplos são os interesses de Leibniz, que também pode se tratar do pintor, arqueólogo e numismatógrafo Elias Brenner (1647-1717), também sueco, marido de Sophia Elisabeth Brenner (1659-1730), que escreveu o **Thesaurus nummorum sue-gothicorum**. Seja como for, trata-se de mais uma evidência do interesse de estudos que denominaríamos de "orientalismos".

94 Leibniz parece se referir às cartas do cretense Cirilo Lukaris (1572-1638), patriarca de Alexandria e de Constantinopla e um importante defensor da reforma da igreja ortodoxa, e ao chanceler sueco Axel Gustafsson Oxenstierna (1583-1654) que, dentre outras coisas, desempenhou importante papel na guerra dos trinta anos. Também mais uma evidencia da associação de tais estudos com seu projeto de paz na Europa, a partir, evidentemente, da união das igrejas.

95 "Seke" ou "Sekke", a partir de "go-seike" ou "go-sekke", é um termo coletivo que designa o membro da família do clã Fujiwara; membro que assumia a posição "sekkan" na Corte Imperial de Kyoto, no Japão. Tendo em vista a época, Leibniz certamente se refere a algum membro da família Tokugawa.

96 Trata-se do primeiro imperador da Rússia, Pedro O Grande (1672-1725), que desde 1697, com a Grande embaixada, vinha buscando apoio junto a algumas nações europeias para suas investidas contra o Império Otomano, do qual já havia conquistado a cidade de Azov em 1696, e que derrotaria a Suécia em uma guerra que durou de 1700 a 1721, cujos indícios são o motivo da observação de Leibniz aqui, sobre o que, portanto, ele se enganou.

97 O holandês Nicolaas Witsen (1641-1717) foi, dentre outras coisas, um dos diretores da Companhia Holandesa das Índias Orientais e, por conta de suas muitas viagens, fez um mapa detalhado da parte setentrional e oriental da Europa e da Ásia, desde a Nova Zembla (na Rússia) até a China.

98 Leibniz certamente se refere aos membros da dinastia Qing (Manchu), que governou a China de 1644 a 1912; tendo em vista que Kangxi, segundo imperador absoluto da China, já havia vencido a resistência Ming (a dinastia anterior) desde 1669, e que ele viveu entre 1661 e 1722, a notícia mencionada certamente era falsa. Essas passagens demonstram o grande interesse de Leibniz por todo o Oriente, especialmente pela China.

II

Novos Ensaios: Livro III – Das palavras (*Des mots*)[99]

Tradução e notas: Juliana Cecci Silva e William de Siqueira Piauí.

99 A presente tradução de parte dos **Novos ensaios sobre o entendimento humano pelo autor do sistema da harmonia preestabelecida** foi feita a partir da edição Garnier-Flammarion (Paris, 1990) que traz cronologia, bibliografia, introdução e notas de Jacques Brunschwig; vale lembrar que o personagem Filaleto (amigo da verdade) representa as opiniões de John Locke apresentadas em seu **Essay** já muitas vezes citado e o personagem Teófilo (amigo de Deus) representa as opiniões de Leibniz.

Capítulo I

Das palavras ou da linguagem em geral

§ 1. FILALETO. *Deus, tendo feito o homem para ser uma criatura sociável*[100]*, não só lhe inspirou o desejo e o colocou na necessidade de viver com os de sua espécie, mas também lhe deu a faculdade de falar* (la faculté de parler)*, a qual deveria ser o grande instrumento e elo comum desta sociedade.* É daí que vêm as **palavras** (*les mots*), que servem para representar e mesmo para explicar as **ideias**.

TEÓFILO. Regojizo-me em ver-lhe distante do sentimento do Sr. Hobbes[101], que não concordava que o homem fosse feito para a sociedade, concebendo que apenas foi forçado a isso pela necessidade e pela maldade daqueles de sua espécie. Mas de modo algum ele considerava que os melhores homens, isentos de toda maldade, se uniriam para melhor alcançar sua meta, assim como os pássaros se agrupam em bando para melhor viajar, e como os castores se reúnem em centenas para fazer grandes diques, caso em que um pequeno número destes animais não poderia ter êxito; e estes diques lhes são necessários como meio para fazer reservatórios de água ou pequenos lagos, nos quais constroem suas cabanas e pescam peixes, dos quais se alimentam. Está nisso

100 Certamente trata-se da reafirmação da tese de Aristóteles defendida em sua **Política**, I, 1253a 05, segundo a qual tanto o Estado é uma criação da natureza quanto o homem é por natureza um animal político ou social, mas também devemos lembrar a opinião de Agostinho expressa em **Confissões** livro I, 8, que Deus nos deu tal faculdade da linguagem daí, lembraria o inatista Leibniz contra o empirista Locke, a defesa de um tipo particular de inatismo: a ambiência ou contexto linguístico associado à diversidade de idiomas é apenas ocasião da manifestação da capacidade humana de tal faculdade nos foi dada por Deus, a questão é como caracterizar tal faculdade; e aqui poderíamos conhecer as bases de um inatismo de tipo chomskyano, que ficam explicitas principalmente na obra **Linguística cartesiana**.Com relação à opinião de Agostinho parece que as coisas só vão mudar de fato com Herder (Johann Gottfried von, 1744-1803), que havia sido aluno de Kant e que escreveu um **Tratado sobre a origem das língua** em resposta ao concurso da academia de Berlim em 1771, onde à pergunta: Entregue às suas faculdades naturais, estarão [os homens] em condições de inventar a linguagem? Herder responde que sim, talvez indicando que as considerações sobre a linguagem devem estar apartadas das de Deus; sendo essa, sem dúvida, uma das intuições que mais marcam as considerações sobre a linguagem no mundo contemporâneo, ao que, pensando em Merleau-Ponty, nós podemos denominar o abandono da "religião do homem" que sempre reinou nas considerações sobre a linguagem.

101 Evidentemente, a palavra francesa "*sentiment*", aqui, pode ser substituída pela palavra "opinião", assim, trata-se da opinião do filósofo inglês Hobbes (1588-1679) expressa dentre outras obras em **De cive** (**Do cidadão**) onde, no capítulo I, na "Epistola dedicatória", ele afirmava: "Para ser imparcial, ambos os ditos são certos – que o homem é um deus para o homem, e que [e isso é o importante aqui] o homem é o lobo do homem. O primeiro é verdade, se compararmos os cidadãos entre si; e o segundo, se cotejamos as cidades" (HOBBES, 1988, p. 03).

o fundamento da sociedade dos animais aptos a ela, e de maneira alguma no temor de seus semelhantes, que não se encontra sequer nos animais irracionais.

FILALETO. Muitíssimo bem, e é para melhor cultivar esta sociedade que naturalmente o homem tem seus **órgãos** moldados de sorte que são próprios para formar sons articulados, os quais chamamos de **palavras** (*mots*).

TEÓFILO. No que diz respeito aos **órgãos**, os macacos[102] aparentemente os têm tão apropriados quanto nós para formar a fala (*parole*), entretanto, de modo algum se encontra aí o menor encaminhamento [para formá-la]. Assim, deve-lhes faltar algo invisível. De igual modo, é preciso considerar que poderiam falar, isto é, fazerem-se entender pelos sons da boca, sem formar sons articulados, no caso de se servirem de **tons** musicais para tal finalidade; mas seria necessário mais arte para inventar uma **linguagem dos tons**, ao passo que a das palavras pôde ser formada e aperfeiçoada pouco a pouco por pessoas que se encontra[va]m na simplicidade natural. Porém, existem povos, como os chineses, que por meio de tons e acentos variam suas palavras, das quais eles têm apenas um pequeno número. Por esse motivo era o pensamento de Golius[103], célebre matemático e grande conhecedor das línguas, que a língua

102 Tendo em vista a menção aos primatas, que apesar de possuírem os órgãos não possuem o "dom" da linguagem – aquele algo mais invisível necessário para ela –; vale lembrar que se trata também da origem teológica do homem e da faculdade da fala, do "imaginário" marcadamente anterior à teoria evolutiva de Charles Darwin (1802-1882) em que o homem passa a ser considerado um descende dos primatas; para compreender os perigos, na época de Leibniz, de afirmar tal aproximação basta lembrar que o filósofo italiano Giulio Cesare Vanini (1585-1619) havia sido queimado vivo pela Inquisição em Tolouse por defender a opinião que o homen descendia do macaco (cf. **E.T.**, p. 478, nota 770), quanto à compreensão de tal aproximação recomendaríamos a leitura da carta de Leibniz ao tradutor dos **E.T.** para o latim, "Carta de Leibniz a Des Bosses (31/07/1709)". *In*: **Theoria - Revista eletrônica de Filosofia**, v. 5, n. 12, p. 133-40, 2013. Vale lembrar também, a depender da leitura que fizermos da narrativa de Babel e contrariamente ao que pretendem Locke e Leibniz, e inclusive o inatismo também de consequências para a teoria política de um Chomsky, a suposta universalidade e uniformidade de tal faculdade, base de acordos universalistas, é que teria levado a inimizade ou guerra entre os homens, tema explorado pelo argelino Derrida em **Des tours de Babel**; quanto a isso é bom pensar a interpretação de tal narrativa feita por Leibniz nos **N.E.** III, IX.

103 Jacob Golius, ou Tiago Gólio, (1596-1667), matemático e orientalista holandês, professor na Universidade de Leyde, colaborou na redação do **Novus Atlas Sinensis** (1655), obra do cartógrafo, historiador e jesuíta italiano Martino Martini (1614-1661); Golius foi missionário na China e é às suspeitas deste com relação à língua tonal chinesa ser uma língua artificial, puramente convencional ou *ex instituto*, que Leibniz se refere aqui e também em outros de seus escritos, dentre eles o **Brevis** e o **De origine**; o interesse por tal língua e povo já foi explicitado nas cartas que apresentamos antes e muitos dos autores aqui mencionados voltarão a ser lembrados no decorrer dos textos que apresentaremos. Seja como for, Leibniz parece estar preparando um outro plano onde Locke também não teria a menor condição de acompanhar suas reflexões, tendo em vista

deles é artificial, isto é, que foi toda inventada de uma só vez por algum hábil homem a fim de estabelecer uma comunicação verbal (*um commerce de paroles*) entre um grande número de nações diferentes que habitavam esse grande país que chamamos de China, embora hoje esta língua possa se encontrar alterada pelo longo tempo de uso.

§ 2. FILALETO. Assim como os orangotangos e outros macacos têm os órgãos sem formar palavras (*mots*), pode-se dizer que os papagaios e alguns outros pássaros têm as palavras sem ter linguagem (*langage*), *pois pode-se treinar estes pássaros e vários outros a formar sons bastante distintos; porém, de maneira nenhuma eles são capazes de língua* (langue). *Só o homem está em condições de se servir destes sons como signos das concepções interiores* (des signes des conceptions interieures) *a fim de que por meio deles elas possam ser manifestadas aos outros.*

TEÓFILO. Creio que, de fato, sem o desejo de nos fazermos entender jamais teríamos formado linguagem (*langage*)[104]; mas, uma vez formada, ela ainda serve ao homem para raciocinar por si mesmo, tanto pelo meio que as palavras [ou expressões (*mots*)] lhe dão de se recordar dos pensamentos abstratos quanto pela utilidade que encontramos quando nos servimos de caracteres e de pensamentos surdos para raciocinar[105]; pois seria preciso tempo

inclusive a rápida passagem para o problema dos uso dos termos gerais por parte do inglês; ou seja, o problema da artificialidade de certas línguas prepara a aparição do tema da utilidade das línguas artificiais ou não para raciocínios semelhantes aos empregados em matemática, que nos levaria para o plano da matemática e lógica, e, inclusive, para os temas longamente discutidos por Leibniz referentes à arte de raciocinar e de inventar; será esse o principal plano das investigações sobre a linguagem que aparecerá muitas vezes no livro IV dos **N.E.**

104 Se pensarmos na "Carta de Leibniz a Des Bosses (31/07/1709)" (op. cit.), eis um dos motivos, com relação à faculdade de linguagem, da descontinuidade evolutiva da raça humana com relação aos outros animais: somente os homens possuem o desejo de se fazerem entender. Valeria a pena pensar a crítica que Rousseau fará em seu **Ensaio sobre a origem das línguas** ao que é dito logo em seguida, quanto à associação entre linguagem, raciocínio e progresso, àquilo que Derrida explicitará em sua **Gramatologia**.

105 Cf. **N.E.**, livro IV, todo o cap. VII, especialmente § 10, quando Leibniz discute a não imediatez da verdade "dois mais dois são quatro". Eis a prova da unidade sistêmica da investigação sobre a linguagem empreendida por Leibniz nos **N.E.**, o que mais uma vez comprova a pertinência da sistematização feita em seu último capítulo. A investigação sobre as línguas históricas que são um misto de convenção e natureza, ou seja, o estudo da filologia ou das etimologias das palavras e uso das línguas, que associa a história das línguas com a das nações, não deixa de atentar para os fundamentos de uma língua artificial que significaria pensamentos abstratos, concepções interiores abstratas, pensamentos surdos ou vazios de intelecção, não deve deixar de considerar aquilo que tem mais a ver com a ciência de raciocinar, de julgar e inventar associada à Lógica e às Matemáticas e, se não nos enganamos, é esse o grande tema de seu livro IV. Na nota introdutória

demais se fosse necessário tudo explicar e sempre substituir as definições no lugar dos termos.

§ 3. FILALETO. *Mas como a multiplicação das palavras teria confundido seu uso, se tivesse sido necessário um nome distinto para designar cada coisa particular, a linguagem (le language)*[106] *foi aperfeiçoada ainda mais pelo uso dos termos gerais, quando significam (signifient) ideias gerais.*

TEÓFILO. Os **termos gerais** não só servem à perfeição das línguas (*des langues*), mas, inclusive, são necessários à sua constituição essencial. Pois, se pelas **coisas particulares** entendem-se as individuais, seria impossível falar se só existissem nomes **próprios** e de modo algum **apelativos** (*apellatifs*), isto é, se só existissem palavras para os indivíduos, visto que a todo momento reaparecem novas quando se trata dos indivíduos, dos acidentes e particularmente das ações, que são aquilo que mais se designa; mas se pelas coisas particulares se quer dizer as espécies [ou categorias] mais baixas (*especies infimas*), além do fato que frequentemente é bem difícil determiná-las, é manifesto que estas já são universais, fundadas sobre a similitude (*fondés sur la similitudine*) [107].

que faremos à presente parte dos **N.E.** discutiremos um pouco mais as bases de tal plano. Sobre a expressão "pensamentos surdos" cf. a nota 31 do livro II e 2 do livro III da tradução dos **N.E.** para o espanhol feita por Echeverría Ezponda que, ambas, deixam claro tratar-se de analogia com os caracteres surdos da Álgebra.

106 É preciso prestar atenção na pequena mudança de âmbito que ocorrerá aqui, as observações gerais e com pouco fundamento empírico de Locke, observações que podemos associar ao uso do termo geral '*language*' (o mesmo em inglês e francês), passarão para o âmbito das línguas ou idiomas e dialetos, que podemos associar à aparição propriamente do termo '*les langues*', que resultará na explicitação de em um vasto e difícil estudo seja de filologia, seja de etimologia, seja de história, geografia etc, que se servia inclusive de uma vasta literatura de viajantes e de vários trabalhos de tradução de textos antigos, principalmente da **Bíblia**. Se pouco antes Locke não seria capaz de acompanhar as observações de Leibniz por conta do seu desconhecimento quanto à matemática nascente, agora o inglês não será capaz por conta do desconhecimento daquelas disciplinas associadas ao estudo das línguas históricas em geral. Nos parece perceptível, inclusive, certa pressa por parte de Leibniz para passar de uma investigação de cunho epistemológico ou mesmo psicológico, que fundamentaria o empirismo e nominalismo de Locke, da relação entre signo e significação, e mesmo sentido, para a origem e história das línguas, não mais da linguagem em geral.

107 Se pensarmos na tese que Leibniz defenderá no cap. VI, §36, da mesma parte dos **N.E.**, tendo e vista que qualquer especificação leva a uma mudança do indivíduo ou objeto em questão, em termos de uma matemática dos infinitésimos tal especificação alcança uma diversificação infinita que exigiria, incorporando a suposição de Locke, também uma nomeação ao infinito; o que conduziria a algo semelhante ao modo como o memorioso Funês de Borges, no conto de mesmo nome, acabou por experienciar as coisas e perder a capacidade de nomeá-las e de se comunicar. Acreditamos que as três menções ao filosofema 'similitude' (*similitudine*) – e mesmo as posteriores ao 'semelhante' (*semblabe* ou *ressemblance*) –, que só será mencionado por Locke no capítulo III, e a necessidade do abandono dos objetos e indivíduos que envolveriam especificação infinita é também uma forte crítica de Leibniz ao ponto de vista empirista ou mesmo nominalista, ou seja, se é verdade

Logo, como se trata apenas de similitude mais ou menos extensa, à medida que se fala dos gêneros ou das espécies, é natural marcar toda sorte de similitude ou conformidades (*convenances*) e consequentemente empregar termos gerais de todos os níveis; e mesmo os mais gerais, sendo menos carregados no que se refere às ideias ou essências (*idées ou essences*) que encerram, embora sejam mais compreensivos no que se refere aos indivíduos com quem eles concordam, bem frequentemente eles eram os mais fáceis de se formar, e são os mais úteis. Aliás, repare você que as crianças e aqueles que pouco conhecem a língua que desejam falar, ou o assunto do qual falam, se servem dos termos gerais como 'coisa', 'planta', 'animal', em vez de empregar os termos próprios que lhes faltam. E é certo que todos os **nomes próprios** ou individuais foram originalmente **apelativos** ou gerais[108].

§ 4. FILALETO. *Há palavras, inclusive, que os homens empregam não para significar alguma ideia, mas [para indicar] a falta ou a inexistência de uma certa ideia, como 'nada', 'ignorância', 'esterilidade' [etc.].*

TEÓFILO. Não vejo absolutamente por que não se poderia dizer que há **ideias privativas** tal como há verdades negativas, já que o ato de negar é positivo. Eu já havia considerado algo a este respeito[109].

que só existem indivíduos, também é verdade, por outro lado, que a origem das palavras vem de fato de apelativos, nomes coletivos, e não de nomes particulares atribuídos a indivíduos que são diferenciáveis ao infinito, daí a importância essencial e desde sempre confirmada dos termos gerais, que têm como fonte as similitudes. Vale lembrar que a análise da situação de Leibniz se associava justamente a um cálculo geométrico baseado apenas em similitudes qualitativas que, nesse sentido, afastava o fundamento de filosofias empiristas da matemática, especialmente da geometria, cf. nosso artigo "Uma introdução ao **De analysi situs** de Leibniz".

108 Para além da "Querela dos universais", para a qual Locke direcionará suas observações do livro III; a hipótese levantada por Leibniz, segundo a qual "os **nomes próprios** ou individuais foram originalmente **apelativos** ou gerais", pode ser facilmente corroborada a partir do estudo das etimologias, já em parte enunciado na correspondência com Sparvenfeld, e basta ver quanto os nomes próprios têm origem em nomes de localidades, montanhas, rios etc., ou seja, basta atentar para o resultado de suas investigações apresentadas ao início do **Brevis** e pouco mais a frente no próprio **N.E.**; além disso, ninguém discordaria que as crianças utilizam primeiro e mais facilmente termos gerais, a esse respeito cf. também **N.E.**, III, III, §7, certamente o que Leibniz lembra já ter considerado.

109 Para nos manter nas ideias matemáticas, seria interessante cruzar a opinião de Leibniz quanto aos "amfibios entre o ser e não ser" que são as raízes negativas e as ideias privativas; Leibniz foi um dos primeiros e únicos filósofos, em sua época, a reafirmar a importância e utilidade de tais expressões, mesmo quando não se referem propriamente a objetos materializáveis, espécie de pensamentos ultra-surdos. De qualquer modo, Locke já havia problematizado as ideias e qualidades privativas no capítulo VIII, livro II de seu **Ensaio** e será criticado por Leibniz na mesma parte de sua obra.

§ 5. FILALETO. Sem debater sobre isso, será mais útil – *com o intuito de se aproximar um pouco mais da origem de todas nossas noções e conhecimentos – observar como as palavras que empregamos para formar ações e noções inteiramente afastadas dos sentidos obtiveram sua* ***origem*** *das ideias sensíveis, de onde são* ***transferidas*** *para significações mais abstrusas*[110].

TEÓFILO. Acontece que nossas necessidades nos forçaram a deixar a ordem natural das ideias, pois esta ordem seria comum aos anjos e aos homens e a todas as inteligências em geral e deveria ser seguida por nós, se não considerássemos absolutamente nossos interesses: foi preciso, então, ater-se àquela [ordem] que as ocasiões e os acidentes à qual nossa espécie está sujeita nos forneceu; e esta ordem não dá **a origem das noções**, mas [fornece], por assim dizer, **a história das nossas descobertas**[111].

FILALETO. Muitíssimo bem, e é a análise das palavras (*l'analyse des mots*)[112] que pode nos ensinar a partir dos próprios nomes este encadeamento (*enchaînement*), que a [análise] das noções não poderia fornecer pela razão

110 De um ponto de vista empirista, dado que se trata da suposta não abstrusa "origem das ideias sensíveis", e a partir da investigação da significação, o objetivo dessa parte do **Ensaio** de Locke é justamente "se aproximar um pouco mais da origem de todas nossas noções e conhecimentos" ou, como dirá logo à frente, "conjecturar qual tipo de noção tinham os que primeiro falavam" determinadas "línguas, e como a natureza inopinadamente sugeriu aos homens a origem e o princípio de todos seus conhecimentos a partir dos próprios nomes"; com o que Leibniz acabou de dizer é óbvio que nossas ideias sensíveis de onde parte nosso conhecimento "empírico" não são propriamente nem poderiam ser as coisas, mas sim uma similitude talvez mantida por algum tempo, que recebe, por isso mesmo, um nome que já é geral, apesar de em muitos casos dizermos tratar-se de nome próprio. A partir de agora, desde os aspectos materiais das palavras, será oferecido um outro motivo para não vermos nas línguas históricas uma associação, ou significação, ou tradução pura, encadeada desde as ideias sensíveis, entre as coisas de fato e as palavras. A partir de agora Leibniz vai oferecer as origens "reais" das palavras e de determinadas línguas históricas a partir não mais de especulações gerais sobre a linguagem, mas a partir de estudo que se poderia dizer filológico ou etimológico e que se associa à história das nossas descobertas e não às supostas reais origens das noções e conhecimentos. A volta aos aspectos mais formais das palavras será enunciada ao final desse capítulo, no §2, a partir do que Leibniz passará atacar mais fortemente e filosoficamente o empirismo linguístico de Locke.

111 Mais uma prova da unidade sistemática da investigação da linguagem empreendida nos **N.E.**, aqui fica claro a diferença de investigações que se associariam à linguagem matemática ou lógica e às línguas naturais ou históricas, estas envolvem o ocasional (acaso) e acidental ou, como dirá Leibniz no livro IV, cap. XXI, o arbitrário e indefinido, por isso a recusa da Semiótica de Locke e a afirmação de certa falta de lugar da ciência das etimologias e dos usos das línguas, ou como dizia o alemão "*car la science de raisonner, de juger, d'inventer paraît bien différente de la connaissance des étymologies des mots et de l'usage des langues, qui est quelque chose d'indéfini et d'arbitraire*".

112 As palavras serão partir de suas partes significantes, ou seja, Leibniz já adere aqui à parte da tese de Crátilo, que elas significam por aglutinação e não apenas por convenção (*ex instituto*).

que você indicou[113]. *Assim, as seguintes palavras: **imaginar**, **compreender**, **ater-se**, **conceber**, **instilar**, **depreciar**, **confusão**, **tranquilidade** etc. são todas emprestadas das operações das coisas sensíveis e aplicadas em certos modos de pensar. A palavra **espírito**, em sua primeira significação* (première signification), *é o sopro, e a [palavra] anjo significa mensageiro. Donde podemos conjecturar qual tipo de noção tinham os que primeiro falavam tais línguas, e como a natureza inopinadamente sugeriu aos homens a origem e o princípio de todos seus conhecimentos a partir dos próprios nomes*[114].

TEÓFILO. Eu já lhe fiz observar que no *credo* dos hotentotes, o Espírito Santo foi nomeado por uma palavra que entre eles significa um sopro de vento bom e suave. O mesmo ocorre com respeito à maioria das outras palavras, e mesmo não as reconhecemos sempre, porque em geral as verdadeiras etimologias (*les vraies étymologies*) estão perdidas[115]. Um certo holandês[116],

113 Claro que essa primeira afirmação de Filaleto-Locke, ou seja, que a análise das palavras não pode oferecer tal encadeamento, já é uma reafirmação da tese de Leibniz, o que faz a fala seguinte ficar deslocada e "evidenciar" que o inglês, supostamente, ainda não entendeu até onde deveria ir sua concordância com o alemão.

114 Eis, novamente, a explicitação do motivo de uma investigação linguística nessa parte dos **Ensaios** de Locke, o que se pretende é, de um ponto de vista empirista, "conjecturar qual tipo de noção tinham os que primeiro falavam" determinadas "línguas [e não linguagem], e como a natureza inopinadamente sugeriu aos homens a origem e o princípio de todos seus conhecimentos a partir dos próprios nomes". Mas, dado o já afirmado logo acima, Leibniz vai direcionar a investigação linguística, não para a origem das noções e conhecimentos, mas, para a história das descobertas da nossa espécie com relação à nossa capacidade de utilizar sons articulados, ou seja, significar independentemente do conhecimento das verdadeiras ou primeiras noções, vai direcionar para como de fato se constituíram as línguas históricas. Nos parece que isso explica também o porquê Leibniz passará tão rapidamente pela investigação que diria respeito a elementos de sintaxe e que envolveriam um aspecto semelhante às declinações ou casos (tratando-se diretamente de línguas declináveis ou da comparação com elas), como as referentes às preposições ou partículas 'a', 'com', 'de' e 'sobre', que poderiam revelar como funciona ou raciocina, propriamente, nossa faculdade da linguagem, mas para compreender melhor tais operações, segundo Leibniz, teríamos de nos voltar para o modo como os signos foram empregados na Álgebra e Aritmética. Daqui em diante, o mais importante será se fixar na "analogia das coisas sensíveis e insensíveis", na mistura dos sons das palavras e "essências" de determinadas coisas ou fenômenos, "que serviu de fundamento aos tropos"; afinal de contas, como ele dirá logo abaixo: "estas analogias são extremamente variáveis e de maneira alguma dependem de algumas noções determinadas". E aqui vemos alguma dificuldade de compatibilizar os pensamentos de Leibniz com os de Chomsky.

115 Como restituir, pois, as etimologias perdidas? Etimologias que permitiriam compreender o motivo de a palavra 'espírito santo' do "*credo* dos hotentotes", por exemplo, significar um sopro de vento bom e suave. Fazendo a história das conexões entre as línguas ou nações. Como as etimologias nos fazem compreender como se dá tal significação? Restabelecendo o encadeamento histórico ou formulando as induções que dizem respeito a suposições associadas a determinadas características essenciais dos sons que lembrarão o **Crátilo** de Platão.

116 Leibniz deve estar se referindo a Adriaan Koerbagh (1633-1669), amigo de Espinosa, cuja condenação o teria incentivado a publicar o **Tratado teológico político**. Koerbagh parece ter escrito

pouco afeito à religião, abusara desta verdade (que os termos de teologia, de moral e de metafísica são originariamente obtidos das coisas grosseiras) com a finalidade de ridicularizar a teologia e a fé cristã em um pequeno dicionário flamengo, no qual ele conferia aos termos definições ou explicações não as que o uso solicita, mas as que parecia carregar a força originária das palavras (*la force originaire des mots*), e maliciosamente as interpretava; e como, a propósito, ele dera sinais de impiedade, dizem que foi punido por conta disso no *Raspelhuys*. Será bom, todavia, considerar **esta analogia das coisas sensíveis e insensíveis** que serviu de fundamento aos **tropos**: é isso que se entenderá melhor ao considerar um exemplo muito importante tal qual é o que fornece o uso das **preposições**, como **a**, **com**, **de**, **diante de**, **em**, **fora**, **por**, **para**, **sobre**, **em direção a**, as quais são todas obtidas do lugar, da distância, do movimento e em seguida transferidas a todo tipo de mudança, ordem, sequência, diferença, conformidade[117]. **A** significa aproximar, como ao dizer: Vou **a** Roma. Mas do mesmo modo que para vincular uma coisa nos aproximamos daquela que queremos juntar, nós dizemos que uma coisa está vinculada a uma outra. E, a propósito, como existe um vínculo imaterial, por assim dizer, quando uma coisa segue outra por razões morais, nós dizemos que aquele que segue os movimentos e vontades de alguém pertence a esta pessoa ou contém isso, como se ele visasse esta pessoa para ir junto dela ou com ela. Um corpo está **com** um outro quando estão em um mesmo lugar; mas também se diz que uma coisa está com aquela que se encontra no mesmo tempo, em uma mesma ordem, ou parte de ordem, ou que concorre a uma mesma ação. Quando se vem **de** algum lugar, o lugar foi nosso objeto pelas coisas sensíveis que nos forneceu, e também o é em nossa memória que está completamente repleta dele: e

ao menos três livros, o **Nieuw woorden-Boek der Regten** (**Novo dicionário dos direitos**) de 1664, o **Een Bloemhof van Allerley lieflijkheyd sonder verdriet** (**Um jardim de flores de todos os tipos de beleza sem tristeza**), no qual constava uma lista de palavras estrangeiras cuja explicação etimológica teria gerado o problema lembrado por Leibniz, e **Een Ligt schynende em duystere plaatsen, om verligten você Voornaamste der saaken Godsgeleerdtheyd em Godsdienst** (**A luz que ilumina a escuridão para iluminar questões de Teologia e Religião**) ambos de 1668, ano em que foi condenado a 10 anos de detenção e trabalhos forçados por blasfêmia junto com seu irmão Johannes, que deveriam ser cumpridos nas prisões de 'Rasphuis' (palavra holandesa para penitenciária, prisão, o que será mencionado logo a seguir a partir do vocábulo *Raspelhuys*) onde morreu poucos meses depois, em outubro de 1669.

117 Há, aliás, no presente livro um capítulo dedicado às preposições e outras partículas gramaticais, o capítulo VII desta parte dos **N.E.**

disso resulta que o objeto está significado pela preposição **de**, como ao dizer: Trata-se **d**isso, fala-se **d**isso, isto é, como se viesse dele. E como aquilo que está compreendido em algum lugar ou em algum todo nele se apoia e é subtraído com ele, os acidentes são considerados do mesmo modo, como **n**o sujeito, *sunt in subjecto, inhaerent subjecto*[118]. A partícula **sobre** também é aplicada ao objeto; diz-se que se está **sobre** esta matéria, quase como um operário está sobre a madeira ou sobre a pedra a qual ele corta e a qual ele forma; e como estas analogias são extremamente variáveis e de maneira alguma dependem de algumas noções determinadas, disso resulta que as línguas variam muito no uso destas **partículas** e dos **casos**, que as preposições governam, ou mesmo nos quais elas se encontram subentendidas e virtualmente compreendidas[119].

Capítulo II
Sobre a significação (*la signification*) das palavras

§ 1. FILALETO. Agora, as **palavras** (*les mots*) sendo empregadas pelos homens para serem signos (*signes*) de suas ideias, pode-se primeiramente perguntar como estas palavras foram determinadas a isso; e se admite que isso acontece *não por qualquer conexão natural que exista entre certos sons articulados e certas ideias (pois, neste caso, haveria apenas uma língua entre os homens)*[120], *mas por uma* ***instituição arbitrária*** *em virtude da qual uma certa palavra se tornou voluntariamente o signo de uma certa ideia.*

118 Significa, em latim, que "estão no sujeito", "são inerentes ao sujeito" e vale lembrar a menção ao virtual ao final do parágrafo. Tal "consideração" aponta para o princípio muitas vezes afirmado por Leibniz no próprio **N.E.** e que faz a base da argumentação desenvolvida, por exemplo, no §8 do **Discurso de metafísica** e no §7 da **Monadologia**; não devemos desconsiderar o fato que Leibniz está afirmando que o uso da preposição 'no' especialmente quando diz respeito ao lugar ou aos acidentes deve estar guiado por tal princípio, talvez uma maneira sutil de reafirmar sua filosofia do espaço e tempo relacionais contra, dentre outras, a filosofia de Newton do espaço e tempo absolutos.

119 A extrema variabilidade daquelas analogias e a falta das noções determinadas quando se trata das línguas naturais ou históricas deveriam afastar o inatismo linguístico de Leibniz seja da **Gramática de Port Royal** seja da **Linguística cartesiana** de Chomsky, mas principalmente do Locke do **Ensaio**, III, VII, §7.

120 Leibniz responderá a essa pergunta em geral a partir das migrações das nações e das razões físicas para a formação de determinados vocábulos que são os principais fatores de multiplicação das línguas, ou seja, da alteração, mistura e corrupção daquela que seria a língua radical primitiva.

TEÓFILO. Sei que nas escolas e em outros lugares costuma-se dizer que as **significações** das palavras são arbitrárias *(ex instituto)* e é verdade que elas não são determinadas de maneira absoluta por uma necessidade natural, mas elas não deixam de sê-lo por razões ora naturais, onde o acaso tem alguma participação, ora morais, onde entra a escolha. Talvez existam algumas línguas artificiais que sejam totalmente de escolha e inteiramente arbitrárias, como acredita-se que foi aquela da China[121], ou como o são aquelas de Georgius Dalgarnus[122] e do falecido Sr. Wilkins[123], bispo de Chester. Mas aquelas que se sabe terem sido forjadas das línguas já conhecidas são de escolha misturada (*mêlé*) com aquilo que há da natureza e do acaso nas línguas que elas pressupõem. O mesmo acontece com aquelas que os ladrões forjaram para não serem compreendidos senão pelos de seu bando, o que os alemães chamam de *Rothwelsch*, os italianos de *lingua zerga*, os franceses de *narquois*[124], mas que ordinariamente eles criam a partir das línguas ordinárias que lhes são conhecidas, seja mudando a significação admitida das palavras por meio de metáforas, seja criando novas palavras mediante uma composição ou derivação ao modo deles. Também se formam línguas pelo comércio dos diferentes povos, seja misturando indiferentemente línguas vizinhas, seja, como acontece mais frequentemente, tomando uma por base, que se deforma e que se altera, que se mistura e que se corrompe negligenciando e mudando o que ela observa, e mesmo introduzindo nela outras palavras. A *língua franca*, aquela que serve no comércio do Mediterrâneo, [por exemplo,] é originada do italiano, e não se tem aí qualquer atenção às regras da gramática. Um dominicano armênio, com quem conversei em Paris, tinha criado para si ou talvez tivesse aprendi-

121 Acabamos de ver isso quando Leibniz mencionou Jacob Golius (**N.E.**, III, I, §1).

122 Voltamos à menção daquela vasta literatura e das considerações de ordem geográfica ou cartográfica presente na troca de cartas com Sparvenfeld que fundamentam a conexão das línguas e das nações. Trata-se, aqui, do autor da obra **Ars signorum, vulgo character universalis et língua philosophica** (**Artes dos signos, característica universal e língua filosófica**) Jorge Dalgarno, obra publicada em 1661; inclusive por conta de seu objetivo estar associado a pensar uma característica universal e uma língua filosófica, certamente, exerceu fortíssima influência sobre os projetos análogos de Leibniz.

123 John Wilkins (1614-1672), secretário da Royal Society de Londres e aperfeiçoador do método de Dalgarno, escreveu um manual de correspondência cifrada intitulado **Mercury** (1641) e o **Essay Towards a Real Character and a Philosophical Language** (**Ensaio com vistas a uma característica real e uma linguagem filosófica**).

124 Gíria, jargão.

do de seus companheiros uma espécie de *língua franca*, originada do latim, a qual eu achei bastante inteligível, ainda que não tivesse nem caso, nem tempo, nem outras flexões, e ele, estando acostumado a isso, a falava com facilidade. O padre Labbé[125], jesuíta francês, extremamente erudito, conhecido por muitas outras obras, criou uma língua da qual o latim é a base, que é mais fácil e tem menos de subordinação do que o nosso latim, mas que é mais regular do que a *língua franca*. Ele produziu um livro expressamente sobre isso[126]. Quanto às línguas que se encontram feitas há muito tempo, poucas são as que não se encontram extremamente alteradas hoje em dia. Isso fica evidente ao compará-las com os antigos livros e monumentos que restam disso[127]. O antigo francês se aproximava mais do provençal e do italiano, e vê-se o teotisco[128] com francês ou românico[129] (*romain*) de preferência (chamado antigamente de *lingua romana rústica*) tal como eram no nono século após Jesus Cristo nas fórmulas dos sermões dos filhos do imperador Luis I o Piedoso, que Nithardo[130], seu parente, nos conservou. Pouco se encontra alhures tão antigo francês,

125 Leibniz faz alusão à **Grammatica linguae universalis** (**Gramática da língua universal**) do erudito padre francês Labbé (1607-1667), publicada em 1663.

126 Esse começo do capítulo II parece poder ser dividido em dois momentos, trata-se do procedimento de criação de línguas em geral já do ponto de vista da história das nossas descobertas, primeiro, por particulares com fins mais ou menos determinados, que não podem ser consideradas antigas ou de um povo ou nação antigo, segundo, que podem ser consideradas de um povo ou nação associada a uma história que vai até línguas mais antigas cujo encadeamento pode ser rastreado a partir de livros ou monumentos antigos, alguns dos quais serão mencionados a seguir; será a partir destas e destes antigos registros, portanto, que as induções de Leibniz serão encaminhadas e que o levarão até os celto-citas.

127 Fica explicito, portanto, o que os livros antigos devem evidenciar, ou seja, em que medida as línguas atuais estão alteradas, misturadas, corrompidas e em que medida permitem pensar quando e mesmo o quanto de palavras novas nelas foram introduzidas; é isso que, muitas vezes, permitirá reconstituir a "verdadeira" história das origens das nações contra as histórias fabulosas.

128 Note-se que em língua portuguesa se fala preferencialmente "tudesco" em vez de "teotisco", que soa como um germanismo arcaico, mas a fim de respeitar a heteroglossia de Leibniz, que vez por outra contamina seu texto com o alemão ou o latim, optamos por manter a forma "teotisco". Partimos do pressuposto que se a leitura do original causaria esse estranhamento, nosso dever é mantê-lo.

129 "Romano" e "românico" têm a mesma acepção quando se referem aos idiomas derivados do latim vulgar; as referências ao francês serão desenvolvidas no detalhe no **De origine**.

130 Trata-se do cronista autor de uma **De dissensionibus filiorum Ludovici pii** (**Sobre a disputa dos filhos de Luis o Piedoso**) Nithard (c.800-c.850), neto de Carlos Magno (742-814), Imperador Romano a partir de quem tem início a dinastia carolíngia, e sobrinho do mencionado Luis I (778-840), rei dos Francos e Imperador Romano-Germânico de 814 a 840. Em seguida Leibniz vai questionar a antiguidade das línguas francesa, italiana e espanhola, o que se associará ao questionamento que leva tal discussão para o ambiente da política quanto à qual nação europeia era mais antiga e, por isso, teria de fato direito a governá-la em bloco.

italiano ou espanhol[131]. Mas quanto ao teotisco ou antigo alemão, há o evangelho de Otfried, monge de Weissenbour desta mesma época, que Flacius publicou, e que o Sr. Schilter queria colocar à disposição novamente. E os saxões que atravessaram a Grã-Bretanha nos deixaram livros ainda mais antigos. Têm-se alguma versão ou paráfrase do começo do **Gênesis** e de algumas outras partes da História Santa (*l'Histoire Sainte*)[132], feita por um [tal de] Caedmon, sobre a qual Beda já mencionou. Mas o mais antigo livro, não apenas das línguas germânicas, mas de todas as línguas da Europa, exceto a grega e a latina, é aquele do Evangelho dos godos do Ponto Euxino[133], conhecido sob o nome de **Codex Argenteus**[134], escrito em caracteres bem particulares, que foi descoberto no antigo monastério dos beneditinos de Verden, na Vestfália, e foi levado para a Suécia, onde é conservado como se deve com o mesmo zelo que o original dos Pandectas[135] em Florença, ainda que esta versão tenha sido feita pelos godos orientais e em um dialeto bem afastado do germânico escandinavo: mas isso é porque se acredita com alguma probabilidade que os godos do Ponto Euxino vieram originalmente da Escandinávia, ou ao menos do mar Báltico. Acontece que a língua ou o dialeto destes antigos godos é muito diferente do germânico moderno, ainda que haja o mesmo fundamen-

131 Em favor do teotisco e antigo alemão, contra, portanto, o que defendia o jesuíta Pierre Besnier em seu "Discurso sobre a ciência das etimologias".

132 Certamente é esta uma das ideias mais importante a ser observada para todo aquele que quiser compreender o que faz a base do tipo de história que Leibniz defenderá, associado ao que é dito, no livro IV, cap. XVIII dos **N.E.** e no Discurso [preliminar] sobre o acordo da fé com a razão, dos **E.T.**, em primeiro lugar, trata-se de tomar a **Bíblia** como um livro de história, a História Santa, especialmente do momento em que finda o dilúvio e os três filhos de Noé passam a ser considerados as origens de todos os povos da Terra, em segundo lugar, trata-se de se apropriar da narrativa da origem com a reorientação para Jafé, contra Sem ou Cam, e a defesa da hipótese que a língua hebraica se é das mais antigas, deve estar muitíssimo corrompida e não permite mais atestar sua associação às línguas ou povos celto-citas, ou seja, às origens germânicas ou ao filho de Noé Jafé.

133 Antigo nome do mar Negro.

134 Eis a importância de tal livro, trata-se, para Leibniz, da fonte mais antiga das origens das línguas da Europa e que prova a maior antiguidade da língua germânica, e vale notar a passagem da 'língua alemã' para 'as línguas germânicas', da mais recente para as mais antigas. Feito em letras prateadas, o **Codex argenteus** (**O livro de prata**) é a mais antiga tradução da **Bíblia** para a língua gótica. Criador do livro e dos caracteres dessa língua, o bispo Úlfilas (do gótico Wulfila, c. 310-383) – que escreveu cerca de 500 anos antes de Nithard e, segundo o prório Leibniz (cf. **De origine**, p. 36 do original) logo ao final do governo de Constantino I (272-377), o Grande – difundiu o cristianismo sob a forma do arianismo e foi considerado o apóstolo dos godos.

135 Denominação criada pelo jurista francês Denis Godefroy (1549-1621) à compilação do direito romano que foi feita pelo imperador Justiniano I (483-565).

to de língua. O antigo gaulês era ainda mais diferente disso, a julgar pela língua mais próxima da verdadeira gaulesa, que é aquela do País de Gales, de Cornoália, e o baixo-bretão; mas o hibérnico[136] difere ainda mais disso e nos faz ver os traços de uma linguagem britânica, gaulesa e germânica ainda mais antiga. Entretanto, estas línguas vêm todas de uma fonte e podem ser consideradas como alterações de uma mesma língua, a qual poderia ser denominada como **céltica**. Por isso os antigos chamavam de **celtas** tanto os germânicos quanto os gauleses[137]. E ao reconstituir ainda mais [tal encadeamento] para compreender ai as origens tanto do céltico e do latim quanto do grego, que possui muitas raízes comuns com as línguas germânicas ou célticas, pode-se conjecturar que isso resulta da origem comum de todos estes povos descendentes dos **citas**, vindos do mar Negro, que atravessaram o Danúbio e o Vístula, dos quais uma parte poderia ter ido à Grécia, e a outra teria ocupado a Alemanha e as Gálias; o que é uma consequência da hipótese que faz vir os europeus da Ásia[138]. O sarmático[139] (supondo que é esclavão) tem sua metade pelo menos de uma origem ou germânica ou comum com a germânica. Acontece algo semelhante mesmo na linguagem fínica[140] (*finnois*), que é a dos mais antigos escandinavos[141], antes que os povos germânicos, isto é, os dinamarqueses, suecos e noruegueses, tivessem ocupado esse lugar que é o melhor e mais próximo do mar; e a linguagem dos **finos** ou do noroeste do nosso continente, que é também a dos lapões, estende-se desde o oceano Germânico ou Norueguês de preferência até perto do mar Cáspio (embora interrom-

136 Antiga língua da Irlanda.

137 Eis, como nas cartas e demais obras que incluímos no presente trabalho, a hipótese referente à conexão das línguas que se trata de investigar e corroborar: a língua europeia germânica é a mais próxima das mais antigas, as celto-citas; o que corroborará a hipótese histórica que mantém aquelas consequências políticas quanto às sucessões dos tronos na Europa, na verdade no mundo, tendo em vista a expansão global europeia, ou seja, as famílias reais mais antigas da Europa devem ser as germânicas, para prová-lo basta fazer suas árvores genealógicas corretamente com suporte a partir de estudo etimológico.

138 Agora a hipótese da origem e conexão das nações: os povos europeus teriam vindo da Ásia, espécie de berço da humanidade especialmente depois do dilúvio. Cf. **De origine** §II.

139 Relativo aos sármatas. A Sarmácia é uma antiga e vasta região setentrional da Europa e da Ásia na qual, mais tarde, temos a Polônia, a Moscóvia e a Tartária. Opinião contrária, portanto, à Piasecius e Praetorios do **Orbis gothicus**.

140 Relativo aos finos ou finlandeses.

141 Suécia, Noruega, Dinamarca, Islândia, Ilhas Féroes, Finlândia são os países que formavam a antiga Escandinávia.

pido pelos povos eslavos que se estabeleceram entre dois) e tem relação com o húngaro, procedente dos países que agora estão em parte submetidos aos moscovitas. Mas a língua tártara, que dominou o nordeste da Ásia, com suas variações, parece ter sido a dos hunos e cumanos, como ela o é dos uzbeques ou turcos, dos calmucos, e dos mugalles. Ora, todas estas línguas da Cítia têm muitas raízes comuns entre elas e com as nossas, e acontece que mesmo a arábica (sob a qual devem estar compreendidas a hebraica, a antiga púnica, a caldeia, a siríaca e a etíope dos abissínios) tem um número tão grande delas e de uma concordância tão manifesta com as nossas que não se poderia atribuí-la meramente ao acaso, nem mesmo ao mero comércio, mas de preferência às migrações dos povos[142]. De modo que não há nada nisso que combata e que não favoreça preferivelmente a opinião da origem comum de todas as nações, e de uma língua radical e primitiva[143]. Se o hebraico[144] ou o árabe chegam mais perto disso, ela deve estar no mínimo bem alterada, e parece que o teutão[145] tem mais preservado do natural, e (para falar a linguagem de Jacob Boehme [146]) da adâmica: pois, se tivéssemos a língua primitiva em sua pureza, ou con-

142 Eis aqui o que se deveria ter mais atenção ao se comparar o inatismo linguístico de Leibniz com o de Chomsky, ou seja, não podendo "se aproximar um pouco mais da origem de todas nossas noções e conhecimentos", daquilo que seria comum aos homens e aos anjos, só nos resta levar em conta as línguas natuarais ou históricas pensadas a partir das migrações dos povos, daí que a investigação esteja muito mais para sociolinguística, ou melhor, para linguística histórica.

143 Não é a toa que esse estudo será a base para a resposta de Leibniz quanto a se podemos remontar ou não à língua de Adão, problema que será lembrado logo a seguir; em certa medida podemos, desde que não esqueçamos a ocorrência de eventos semelhantes ao dilúvio narrado no **Genesis** e que levemos em conta as migrações dos povos.

144 Vale notar a segunda menção à língua hebraica e a arábica e à suposição que se o hebraico se aproxima mais daquela língua única radical e primitiva é porque esta deve estar muito alterada ou corrompida, o que atesta aquela apropriação que mencionamos em nota acima quando falávamos da História Santa, outra maneira de atestar tal deslocamento pode ser verificada no papel secundário, ou seja, a ser completado pelo *fatum christianum*, que desempenhará o *fatum mahumetanum* no início dos **E.T.**, o que culminará na reorientação dos mitos dos §136-143, incluindo a papel secundário atribuído a Sem em oposição a Jafé.

145 Povo germânico que invádiu a Gália com os cimbros e foi derrotado, na Batalha de Águas Sextias (*Bellum Aquae Sextiae*), pelo general romano Caio Mário (157-86 a.C.) nas proximidades de Aix-en-Provence em 102 a.C.

146 O filósofo e místico alemão Jacob Boehme (1575-1624), considerado "o filósofo teutônico", foi, de acordo com Olga Pombo, responsável pela "teoria *Natursprache*" e, como outros linguistas de sua época, possuía "intuitos claramente comparativistas" na elaboração "de gramáticas e dicionários, majoritariamente multilíngues"; e dos trabalhos de seus contemporâneos, ela menciona o "**Dictionarium** de Ambrogio de Calepino (1535-1623) que, na sua edição de Basileia de 1590, compara 11 línguas diferentes e da **Pantaglossia** de Nicholas Claudio de Peiresc (1580-1637), onde são recolhidas amostras de cerca de 40 línguas". Cf. LEIBNIZ, 2012, p. 120.

servado suficientemente para ser reconhecível, seria preciso que aí aparecessem os motivos das conexões, sejam físicas, sejam de uma instituição arbitrária, sábia e digna do primeiro autor. Mas supondo que nossas línguas sejam derivativas quanto ao fundo, todavia, elas têm nelas mesmas algo de primitivo[147], que lhes aconteceu por acaso com relação a palavras radicais novas, formadas então a partir delas por acaso, mas baseadas em razões físicas. Aquelas [palavras] que significam os sons dos animais ou se originam deles oferecem exemplos. Assim é o latim *coaxare*, por exemplo, atribuído às rãs, que tem relação com *couaquen* ou *quaken* no alemão[148]. Ora, parece que o ruído destes animais é a raiz primordial (*la racine primordiale*) de outras palavras da língua germânica. É por isso que, uma vez que estes animais fazem muito barulho, hoje em dia é atribuído aos que falam muito sem nada dizer e aos tagarelas, os quais são chamados de *quakeler* no diminutivo; mas aparentemente esta mesma palavra *quaken* antigamente era tomada em bom sentido e significava todo tipo de sons que se faz com a boca e sem excluir até mesmo a fala (*parole*). E como estes sons ou ruídos dos animais são um testemunho da vida, e que se conhece por meio disso, antes [mesmo] de se ver, que existe algo vivo, originou-se daí que *quek*, no antigo alemão, significava vida ou ser vivo, como pode ser verificado nos livros mais antigos, e há vestígios disso inclusive na língua moderna, pois *Queksilber* é dinheiro-vivo (*vif-argent*), e *erquicken* é confortar, mas como revivificar ou recriar após algum desfalecimento ou algum grande trabalho. Também é chamado de *Quaken* em baixo-alemão[149] certas ervas daninhas, vivas por assim dizer e correntes, como se

147 Ou seja, mesmo que as línguas atuais tenham muito de mistura e sejam grandemente corrupções das mais antigas, ainda assim preservam razões ou motivos físicos que podemos associar a certo instinto natural ou primitivo que guia a formação dos vocábulos, isto é, aquilo que também deve ter dado origem às línguas mais primitivas ou que testemunham "uma relação entre as coisas e os sons e movimentos dos órgãos da voz" ou aparelho fonador; tal origem, portanto, só em parte diz respeito ao acaso (como a associação do vocábulo 'coaxar' a vida), escolha, e não pode ser considerada simplesmente *ex instituto*, trata-se em parte do natural ou daqueles motivos sensíveis enunciados mais acima. Contra Locke ou Hermógenes e, em certa medida apenas, com Crátilo, Leibniz vai agravar tal observação quando associar determinados sons a determinadas coisas ou fenômenos, como o movimento violento, o ruído, a dureza, à letra 'R' e o movimento mais doce, lento, a diminuição ou a solvência, à letra 'L'.

148 Nome popular para membro da seita protestante *Religious Society of Friends*, fundada no século XVII.

149 Diz-se dos dialetos germânicos ocidentais oriundos do alto-saxão e ainda falados nas terras baixas do Norte da Alemanha.

fala em alemão, que se alastram e se propagam facilmente nos campos para prejuízo dos grãos; e, no inglês, *quickly* quer dizer rapidamente, e de uma maneira viva. Assim, pode-se julgar que, no que diz respeito a estas palavras, a língua germânica pode passar por primitiva, os antigos não tendo qualquer necessidade de emprestar de outro lugar um som que é a imitação daquele das rãs. E há muitas outras destas em que o mesmo se manifesta. Pois parece que por um instinto natural os antigos germanos, celtas e outros povos aparentados com eles empregaram a letra R para significar um movimento violento e um ruído assim como é o desta letra. Isso aparece em ῥέω, *fluo, rinnen, rüren* (*fluere*), *ruhr* (*fluere*), o Rhin, Rhône, Ruhr (*Rhenus, Rhodanus, Eridanus, Rura*), *rauben* (*rapere, ravir*), *Radt* (*rota*), *radere* (*raser*), *rauschen* (palavra difícil de traduzir no francês: significa um ruído semelhante aos das folhas ou árvores que o vento ou um animal que passa provoca, ou que se faz com um vestido que arrasta no chão), *reckken* (estender com violência), de onde vem que *reichen* é alcançar, que *der Rick* significa um longo bastão ou vara que serve para suspender alguma coisa, nesta espécie de *plattüsch* ou baixo-saxão que está próximo de Brunswick[150]; que *rige, reihe, regula, regere,* se liga a um comprimento ou trajeto reto, e que *reck* significou uma coisa ou pessoa muito importante e alta, e particularmente um gigante e, depois, um homem poderoso e rico, como aparece no *reich* dos alemães e no *riche* ou *ricco* dos semilatinos[151]. Em espanhol *ricos hombres* significavam os nobres ou principais; o que faz compreender ao mesmo tempo como as metáforas, as sinédoques e as metonímias fizeram passar as palavras de uma significação a outra, sem que se pudesse seguir a pista delas. Também se observam este ruído e movimento violento em *riss* (*rupture*[152]), com a qual o latim *rumpo*, o grego *ῥήγνυμι*, o francês *arracher*[153], o italiano *straccio* têm conexão. Ora, como a letra R significa naturalmente (*signifie naturellement*) um movimento violento, a letra L aponta para um [movimento] mais doce. Assim, vemos que as crianças e

150 Por conta de seu trabalho para a família ou casa de mesmo nome, trata-se de cidade da Alemanha onde Leibniz esteve por muito tempo, serão feitas outras observações associadas a vocábulos utilizados em tal cidade e que se referem em geral a nome de montanhas, rios etc.

151 É esse o caso do vocábulo 'chilperico' que será analisado no **Brevis**.

152 "Ruptura".

153 "Arrancar".

outros a quem o R é duro demais e difícil demais de ser pronunciado substituem-no pelo L, como ao dizer, por exemplo, meu "levelendo padle". Este movimento doce aparece em *leben* (*vivre*[154]), *laben* (*conforter, faire vivre*[155]), *lind*, lenis, *lentus* (*lent*[156]), *lieben* (*aimer*[157]), *lauffen* (*glisser promptement, comme l'eau qui coule*[158]), *labi* (*glisser*[159], *labitur uncta vadis abies*), *legen* (colocar docemente), de onde vem *liegen*, deitar, *lage* ou *laye* (um *lit*[160], como um *lit* de pedras, *lay-stein*, pedra em placas, ardósia), *lego*, *ich lese* (eu recolho o que foi colocado, ou seja, o contrário de colocar, e depois [passou a significar] eu leio, e, enfim, entre os gregos [passou a significar] eu falo), *laub* (folha um tanto fácil de mudar de lugar, à qual também se ligam *lap*, *lid*, *lenken*) *luo*, *λυω* (*solvo*), *leien* (no baixo-saxão), se dissolver, se fundir como a neve, do qual o *Leine*, riacho de Hanôver, tem seu nome, que tendo sua origem nos países montanhosos avolumou-se muito por causa das neves derretidas. Sem falar de uma infinidade de outras denominações semelhantes que provam (*prouvent*) que existe algo de natural na origem das palavras, que testemunha uma relação entre as coisas e os sons e movimentos dos órgãos da voz (*voix*)[161]; e é ainda por isso que a letra L, unida a outros nomes, produz o diminutivo destes entre os latinos, os semilatinos e os alemães do norte[162]. No entanto, de modo algum se deve pretender que esta razão [de ordem física] possa ser observada em toda parte, pois o leão, o lince, o lobo não são nada doces. Mas é possível que isso esteja ligado a um outro acidente, que é a velocidade (*lauf*) que os faz temer ou que força à corrida; como se aquele que vê se aproximar um tal animal exclamasse aos outros: *Lauf* (fujam), além do fato que por diversos acidentes e transformações a maioria das palavras estão extremamente alte-

154 "Viver".

155 "Confortar", "fazer viver".

156 "Lento".

157 "Amar".

158 "Deslizar rapidamente, como a água que escorre".

159 "Deslizar".

160 "Leito".

161 Tudo indica que Leibniz se refere ao que chamamos de "aparelho fonador".

162 No português temos, dentre outras, 'pele' – 'película', 'cutis' – 'cutícula', diminuição que tem origem no latim, tal como em 'apis' – 'apicula' e 'auris' – 'auricula'; talvez também se refira a algo como o 'picolo' do italiano e o 'little' do inglês.

radas e afastadas da sua pronúncia (*pronunciation*) e de sua significação original (*signification originale*)[163].

FILALETO. Mais um exemplo faria compreender melhor.

TEÓFILO. Eis um bastante manifesto e que compreende diversos outros. A palavra **oeil** (olho) e sua parentela (*parentage*) pode servir a isso. Para fazê-lo ver, começarei de um pouco mais longe[164]. *A* (primeira letra) seguida de uma pequena aspiração faz *Ah* e como é uma emissão de ar, a qual produz um som bastante claro no começo e em seguida esvanescente; este som naturalmente significa (*signifie naturellement*) uma pequena expiração (*spiritum lenem*), quando *a* e *h* não são pouco fortes. É daí que *ἄω*, *aer, aura, haugh, halare, haleine, ἄτμος*[165], *athem, odem* (alemão) tiveram sua origem. Mas como a água também é um fluido, e produz barulho, disso surgiu (ao que parece) que *Ah*, tornado mais grosseiro mediante duplicação, isto é, *aha* ou *ahha*, foi tomado por água. Os teutões e outros celtas, a fim de melhor assinalar o movimento, prepuseram o seu W; é por isso que *wehen, Wind*, vento (*vent*), assinalam o movimento do ar, e *waten, vadum, water* o movimento da água ou na água[166]. Mas voltando ao [som] *Aha*, ele parece ser (conforme eu disse) uma espécie de raiz (*racine* [*primordiale*]) que significa água. Os islandeses, que conservam algo do antigo teutonismo escandinavo[167], diminuíram sua aspiração ao dizer *aa*; outros que dizem *Aken* (entendendo Aix, *Aquas grani*) a aumentaram, como também fazem os latinos em seu *aqua*, e os alemães em certas situações que dizem *ach* nas composições para indicar água, como

163 O que no **Brevis** Leibniz chamará de *Originaria significatione*, p. 6 do original; ambas atestam a teoria leibniziana da significação das línguas; misto de natureza (Crátilo) e acaso (Hermógenes), certo naturalismo linguístico, apesar das dificuldades de remontar às etimologias ou significações originais, as palavras das línguas naturais ou históricas significam a partir de certas raízes primordiais, que atestam certa relação entre as coisas e os sons, entre as coisas, incluindo sentimentos ou afetos, e os movimentos do aparelho fonador (dos órgãos da voz).

164 Parece-nos que ele quer dizer que se ouvem bem, que são claros, nítidos.

165 Vale lembrar que os vocábulos gregos '*ἄω*' e '*ἄτμος*' possuem espírito rude em 'a', daí que a pronuncia seja como o 'ha' dos vários vocábulos mencionados.

166 Agora sim, talvez a partir dessas observações referentes ao vento ou sopro, água e aspiração pudéssemos voltar à significação da palavra 'espírito' (*Spirit*) lembrada por Locke ao início do §5 do capítulo I, justamente parte do que Leibniz já havia lembrado no §8, cap. III, do livro I, dos **N.E.**

167 Ao falar de teutonismo, Leibniz faz referência ao sistema político que pretendia a homogeneidade absoluta das raças germânicas. Os aumentos e diminuições mencionadas são propriamente o que há de acidental na formação dos vocábulos em questão e se associam àqueles motivos de ordem física, sonora, ou aos usos do aparelho fonador.

quando *Schwarzach* significa água escura, *Biberach*, água dos castores. E em vez de *Wiser* ou *Weser* se dizia *Wiseraha* nos antigos títulos, e *Wisurach* entre os antigos habitantes, dos quais os latinos fizeram *Visurgis*[168], como de *Iler*, *Ilerach*, eles fizeram *Ilargus*. D'*aqua*, *aigues*, *auue*, os franceses formaram por fim *eau* (água), o qual eles pronunciam *oo*, no qual não resta mais nada da origem. *Auwe*, *Auge*, entre os germanos é atualmente um lugar que a água inunda com frequência, própria para os pastoreios, *locus irriguus*, *pascuus*; mas mais particularmente significa uma ilha, tal como no nome do monastério de Reichenau (*Augia dives*) e muitos outros. E isso deve ter ocorrido em muitos povos teutônicos e célticos, pois de lá veio que tudo aquilo que está como isolado em uma espécie de planície foi denominado *Auge* ou *Ooge*, *oculus*. É assim que, entre os alemães, denominam-se manchas de óleo na água; e entre os espanhóis *ojo* é um buraco. Mas *Auge*, *ooge*, *oculus*, *occhio* etc., foi aplicado mais particularmente ao *oeil* [olho] como por excelência, que faz este brilhante buraco isolado no rosto: e, sem dúvida, o francês *oeil* também vem daí, mas a origem disso não é de modo algum reconhecível, a menos que não se vá senão pelo encadeamento que acabo de oferecer: e parece que os [vocábulos] *ὄμμα* e *ὄψις* dos gregos vêm da mesma fonte. *Oe* ou *Oeland* é uma ilha para os setentrionais, e há algum traço disso no hebraico, no qual *Ai* é uma ilha. Sr. Bochart[169] acreditou que os fenícios tivessem tirado daí o nome, o qual ele acredita que eles deram ao mar Egeu, [por ser] repleto de ilhas. *Augere*, aumento, vem ainda de *auue* ou *auge*, isto é, da efusão das águas; como também *ooken*, *auken* no antigo saxão[170], era aumentar, e o *augustus*, falando do imperador, era traduzido por *ooker*. O riacho de Brunswick, que vem das montanhas do Hartz e, consequentemente, está extremamente sujeito a aumentos súbitos, chama-se *Ocker*, e antigamente *Ouacra*. E digo sucintamente[171] que os nomes dos riachos, vindos ordinariamente da maior antiguidade conhecida, melhor

168 Esse exame da origem e significado do vocábulo 'Weser', referente ao rio, e sua associação com o vocábulo latino 'Visurgis' é que permitirão a Leibniz formular hipótese referente à segunda e terceira sedes dos francos, cf. **De origine** §XVII.

169 Erudito protestante, Samuel Bochart (1599-1667) é autor de uma **Geographia sacra** (1646). Vale atentar para mais uma menção à noção de encadeamento feita um pouco antes.

170 O mesmo que alto-saxão, ou seja, língua falada pelas tribos saxãs que habitavam a região entre os rios Reno e Elba, e entre o mar do Norte e as montanhas Harz, na Europa, entre os séculos IX e XII.

171 No **Brevis** deixará de ser sucinta.

testemunham a velha linguagem e os antigos habitantes, é por isso que eles mereceriam uma pesquisa particular. E as línguas em geral sendo os mais antigos monumentos dos povos, antes da escrita e das artes, melhor testemunham a origem dos parentescos (*cognations*) e migrações. É por isso que as etimologias bem entendidas seriam curiosas e de consequência, mas é preciso juntar línguas de diversos povos e de modo algum fazer saltos[172] demasiados de uma nação a outra muito distante sem ter boas verificações, onde ajuda sobretudo conhecer os povos entre eles por garantia. E em geral não se deve dar algum crédito às etimologias[173], exceto quanto há um grande número de indícios concorrentes: de outro modo, isso é "goropisar".

FILALETO. Goropisar?[174] O que isso quer dizer?

TEÓFILO. Acontece que as etimologias estranhas e frequentemente ridículas de Goropius Becanus, sábio médico do século XVI, se tornaram provérbio, mesmo que, do contrário, ele não estivesse enganado demais ao pretender que a língua germânica, a qual ele chama de címbrica[175], tenha tanto e ainda mais marcas de alguma coisa primitiva quanto [e que] o próprio hebraico[176]. Lembro-me que o falecido Sr. Claubergius[177], excelente filósofo, produziu um pequeno ensaio sobre as origens da língua germânica o qual faz lastimar a perda daquilo que ele tinha prometido a este respeito. Eu próprio

172 Os saltos podem ser um sinal de encadeamento inadequado que conduz a induções inadequadas. Há que se notar que as etimologias bem entendidas cumprem aquele papel que a história não pode cumprir antes da invenção da escrita e das artes, tendo em vista que as línguas são os mais antigos monumentos dos povos.

173 E já no início do **Brevis**, p. 1 do original, somos advertidos quanto à dificuldade de fazer a etimologia de certas palavras associadas a locais e qualidades, talvez onde fosse mais fácil "goropisar", ou como disse o próprio: "E os vestígios mais antigos das línguas subsistem [uns] nos nomes dos rios e das florestas [...]; os outros [vestígios] estão nas denominações (*apellationes*) dos lugares fundados pelos homens. [...] entretanto, outros lugares receberam suas denominações a partir ou da localização, ou do que produziam, de outras qualidades, e as das mais antigas é difícil [refazer a] etimologia". Alguns desses vestígios mais fáceis de serem rastreados serão enunciados a seguir.

174 Como já o dissemos, trata-se de Jean Becan van Gorp, conhecido como Goropius Becanus (1518-1572), médico e literato flamengo; suas pesquisas sobre a antiguidade das línguas germânicas se encontram em um livro intitulado **Hermathena** (1580); suas etimologias "estranhas e frequentemente ridículas" é que conferem o significado ao verbo ou neologismo "goropisar".

175 Relativo aos cimbros, povo germânico das margens do Báltico que, no século II a.C., junto com os teutões, invadiu a Gália, e foi detido pelos romanos na região dos Alpes e pelos celtiberos na Espanha.

176 Mais uma prova daquela reorientação que vai colocar os germanos à frente dos hebraicos, ou seja, como mais antigos que estes.

177 Leibniz se refere a Sr. Claubergius, depois a Sr. Gerardus Meierus e Sr. Schilter.

produzi aí alguns pensamentos sobre isso[178], sem contar que tinha levado o falecido Sr. Gerardus Meierus, teólogo de Brêmen, a trabalhar nisso, como ele fez, mas a morte o interrompeu. Eu espero, entretanto, que o público um dia aproveite isso, tanto quanto dos trabalhos semelhantes do Sr. Schilter, célebre jurisconsulto em Strasburgo, mas que também acabou de falecer. Ao menos é certo que a língua e as antiguidades teutônicas entram na maior parte das pesquisas sobre as origens, costumes e antiguidades européias. E eu gostaria que homens sábios fizessem o mesmo nas línguas valona[179], biscainha[180], eslava[181], fínica[182], turca, persa, armênia[183], georgiana[184] e outras, a fim de melhor descobrir a harmonia dessas [línguas], a qual, como acabo de dizer, serviria particularmente para esclarecer a origem das nações.

§ 2. FILALETO. Este plano (*dessein*)[185] é de consequência, mas agora está na hora de deixar o [aspecto] **material das palavras** e de voltar ao **formal**, isto é, à significação que é comum às diferentes línguas. Ora, o senhor concordará comigo primeiramente que *quando um homem fala a um outro é das suas próprias ideias que ele quer dar signos, as palavras não podendo ser aplicadas por ele a coisas que ele absolutamente não conhecia. E até o momento*

178 Para além de uma imensa quantidade de cartas, dentre os textos anteriores aos **N.E.** em que Leibniz fala das línguas podemos mencionar os lembrados por Olga Pombo, ou seja, a **Dissertatio de Stylo Philosophico Nizolii** de 1670, a **Exhortation aux Allemands d'avoir à perfectionner leur Entendement et leur Langue etc.** de 1679 e as **Considérations Inattendus sur l'Usage et l'Amelioration de la Langue Alllemande** também de 1679.

179 O mesmo que valão, dialeto galo-romano falado na Valônia, região da Bélgica.

180 Dialeto do basco, falado na província espanhola de Biscaia.

181 Povo indo-europeu que deu origem aos atuais russos, bielo-russos, ucranianos (ramo oriental), búlgaros, sérvios, croatas, macedônios, eslovenos (grupo meridional), tchecos, eslovacos, poloneses e lusácios (grupo ocidental).

182 O mesmo que fina ou finlandesa.

183 Língua indo-europeia falada na Armênia e em regiões de países limítrofes, como a Geórgia e a Turquia.

184 Língua do grupo caucasiano do Sul, idioma oficial da República da Geórgia. O final desse período reafirma aquela hipótese segundo a qual a harmonia das línguas deve servir para esclarecer a origem das nações, e não se deve desconsiderar, como continuaremos explicitando, as consequências políticas de tais eclarecimentos.

185 Como já o mencionamos, adotamos "plano" para lembrar que é o mesmo assunto tratado no **Brevis *designatio*** e também daquela carta que já apresentamos onde Leibniz menciona a palavra italiana *ristretto*. Como se verá, a volta as questões mais filosóficas associadas à significação dos termos gerais é que marcará o abandono dos aspectos mais matérias da linguagem, ou melhor, das línguas.

que um homem tenha idéias de seu próprio íntimo, ele não poderia supor que elas estão conformes às qualidades das coisas ou às concepções de um outro.

TEÓFILO. É verdade, no entanto, que muito frequentemente se pretende designar o que outros pensam ao invés daquilo que se pensa da sua própria cabeça, como ocorre em excesso com os laicos cuja fé é implícita[186]. Todavia, eu aceito que sempre se entenda algo de geral, por mais surdo e vazio de inteligência que seja o pensamento[187]; e ao menos se toma cuidado em ordenar as palavras segundo o costume dos outros, contentando-se em acreditar que se poderia apreender o sentido (*le sens*) delas em caso de necessidade. Assim, algumas vezes só se é o intermediário dos pensamentos, ou o transmissor da palavra de outrem, igualzinho como seria uma carta[188]; e mesmo se o é com mais frequência do que se pensa.

§ 3. FILALETO. Você tem razão em acrescentar que sempre se entende algo de geral, por mais idiota que se seja. *Uma criança, não tendo notado naquilo que entende nomear ouro senão uma brilhante cor amarela, dá o nome de ouro a esta mesma cor, a qual ela vê na cauda de um pavão; outros acrescentarão o grande peso, a fusibilidade, a maleabilidade.*

TEÓFILO. Eu o confesso; mas frequentemente a ideia que se tem do objeto (*de l'objet*) de que se fala é ainda mais geral do que aquela desta criança[189], e não duvido nada que um cego de nascença possa falar pertinentemente

186 Leibniz parece querer dizer que "os laicos" pensam de sua própria cabeça o que creem, e não a partir do que outros pensaram e que ficou registrado, por exemplo, na **Bíblia**.

187 Pareceria que Leibniz está relembrando o que disse sobre os pensamentos surdos, as ideias privativas ou as verdades negativas, é sempre possível entender algo de geral mesmo se tratando delas; nesse sentido, talvez a melhor tradução fosse vazio de "intelecção" e não de "inteligência" (*intelligence*). Mas o uso da expressão "idiota", mais à frente, parece impedir tal interpretação, todavia a tensão permanece, dado a reafirmação do ainda mais geral com relação ao modo como uma criança utilizaria a palavra 'ouro'.

188 Se não estamos enganados é a extrapolação de tal opinião que faz a base do monolínguismo do outro defendido por Derrida.

189 Com a ampliação da noção de sentido defendida no parágrafo mais acima e a de ideia ainda mais geral de objeto Leibniz conseguirá responder às objeções feitas por Berkeley quanto à falta de significado das expressões referentes a certos objetos matemáticos que surgiriam na manipulação dos caracteres matemáticos, Leibniz diria que a manipulação tem sentido mesmo que os objetos envolvidos, às vezes anfíbios entre o ser e o não ser, careçam de intelecção e propriamente não existam, que se trate de uma ficção ainda assim útil.

das cores e fazer uma arenga em homenagem à luz, a qual ele não conhece, porque ele apreendeu dela os efeitos e as circunstâncias[190].

§ 4. FILALETO. O que você observa é muito verdadeiro. Acontece frequentemente que os homens aplicam mais seus pensamentos às palavras do que às coisas, e porque se apreendeu a maior parte destas palavras antes do que conhecer as ideias que elas significam, não há somente crianças, mas homens feitos, que falam frequentemente como papagaios. § 5. No entanto, os homens pretendem ordinariamente ressaltar seus próprios pensamentos e além do mais *eles atribuem às palavras uma secreta ligação com as ideias de outrem e com as próprias coisas. Pois se os sons estivessem ligados a uma outra ideia por aquele com que nós nos entretivemos, seria falar duas línguas191; é verdade que não se para muito para examinar quais são as ideias dos outros, e se supõe que nossa ideia é aquela que o comum dos homens e as hábeis pessoas da terra ligam à mesma palavra*[192]. § 6. O que ocorre particularmente no que diz respeito às ideias simples e aos modos, mas quanto às substâncias acredita-se aí mais particularmente que as palavras significam também a realidade das coisas.

TEÓFILO. As substâncias e os modos são igualmente representados pelas ideias; e as coisas, tanto quanto as ideias, em ambos os casos são ressaltadas pelas palavras; assim, eu não vejo aí qualquer diferença, exceto que as ideias das coisas substanciais e das qualidades sensíveis são mais fixas. No mais, acontece algumas vezes que nossas ideias e pensamentos são a [própria] matéria dos nossos discursos e constituem a coisa mesma que se quer signifi-

190 Tanto a menção ao ouro quanto à cegueira se repetirão muitas vezes nos **N.E.** e se relacionarão com problemas como o do cego proposto por William Molyneaux a Locke, problemas que talvez valesse a pena serem repensados, incluindo a resposta de Leibniz, a partir do experimento mental proposto por Frank Jackson em seus artigos "Epifenomenal Qualia" (1982) e "What Mary Didn't Know" (1986). De qualquer maneira, no final do capítulo III, §18, veremos Locke voltar ao problema da definição e essência do ouro.

191 Novamente, não seria esta a ideia básica de Derrida: Mas e se o que é essencial à linguagem reside justamente em algo como o falar duas línguas ao mesmo tempo? O que ficaria evidente nas razões semânticas e mesmo sintáticas que fazem vibrar entre significado e sentido contrários termos como pharmakós. De qualquer modo, Locke estava claramente criticando a associação "tranquila" entre as palavras e as coisas ou as afecções da alma defendidas por Aristóteles especialmente no **De interpretatione** 16a 5.

192 Vale lembrar que as considerações que Locke faz sobre a linguagem em geral devem resultar em remédios para evitar as imperfeições e abusos de seu uso, tema do final do livro III. Os nomes das "ideias simples", dos "modos" e das "substâncias" serão, respectivamente, os temas dos capítulos IV, V e VI do mesmo livro III.

car, e as noções reflexivas entram mais do que se acredita naquelas [noções] das coisas. Algumas vezes fala-se mesmo materialmente das palavras, sem que ali precisamente se possa substituir em lugar da palavra a significação, ou a relação com as ideias ou com as coisas; o que acontece não só quando se fala gramaticalmente, mas ainda quando se fala dicionarísticamente, ao dar a explicação do nome[193].

Capítulo III
Dos termos gerais

§ 1. FILALETO. Ainda que só existam *coisas particulares, a maior parte das palavras não deixa de ser termos gerais, porque é impossível,* §2, *que cada coisa particular pudesse ter um nome particular e distinto, sem contar que seria preciso uma memória prodigiosa para isso, ao preço de que aquela* [memória] *de alguns generais, que podiam chamar todos seus soldados pelo nome deles, seria nada. A coisa iria até o infinito se cada animal, cada planta e mesmo cada folha de planta, cada grão, cada grão de areia enfim que se poderia ter necessidade de nomear, devesse ter seu nome.* E como nomear as partes das coisas sensivelmente uniformes, como as da água, [as] do ferro, § 3, *sem contar que estes nomes particulares seriam inúteis, o fim principal da linguagem sendo o de excitar no espírito daquele que me escuta uma ideia semelhante à minha?* Assim a similitude (*la similitude*)[194] basta, a qual é ressaltada pelos termos gerais. § 4. *E as palavras particulares sozinhas não serviriam para aumentar nossos conhecimentos,* nem para fazer julgar do futuro pelo passado, ou de um indivíduo por um outro. § 5. *No entanto, como frequentemente tem-se necessidade de fazer menção a*

193 Leibniz certamente está se referindo a algo semelhante ao que se relaciona com nosso uso de aspas simples quando estamos falando de um vocábulo ou nome, mas que não tem a ver com sua significação, algo como 'vaca' – o nome ou vocábulo – é formado por quatro letras.

194 Como já havíamos chamado atenção em nota anterior, agora, o retorno ao problema da significação das palavras a partir de seus aspectos formais, mais associados às questões de linguagem, e não de seus aspectos mais materiais, terá como base a noção de similitude, bem como de gênero e espécie, noção inspirada no **Crátilo** de Platão 386e 5, própria expressão da recusa, por parte de Leibniz, do empirismo de Locke; não nos esqueçamos que será também tal noção que fará a base do princípio da identidade dos indiscerníveis e da análise da situação, outra forma de afastar o empirismo que imperava principalmente em geometria.

alguns indivíduos, particularmente de nossa espécie, serve-se de nomes próprios; que se dá também aos países, cidades, montanhas e outras distinções de lugar[195]. *E os alquiladores dão nomes próprios até para os seus cavalos, do mesmo modo que Alexandre*[196] *a seu Bucéfalo, a fim de poder distinguir esse ou aquele cavalo particular, quando ele está longe de sua visão.*

TEÓFILO. Estas observações são boas e há [algumas] delas que concordam com as que acabo de fazer. Mas acrescentarei, seguindo o que já observei, que **os nomes próprios foram ordinariamente apelativos** (*appellatifs*), isto é, gerais, na sua origem, como Brutus, César, Augusto, Capit[ã]o, Lêntulo, Pisão, Cícero, Elba, Reno, Ruhr, Leine, Oker, Bucéfalo, Alpes, Brenner ou Pirineus; pois se sabe que o primeiro Brutus[197] teve este nome de sua notável estupidez, que César[198] era o nome de uma criança tirada por incisão do ventre de sua mãe, que Augusto[199] era um nome de veneração, que Capitão [se refere a quem] tem cabeça grande, como Bucéfalo também, que Lêntulo, Pisão e Cícero[200] foram nomes dados no começo àqueles que cultivavam par-

195 Vale lembrar que é justamente o inverso que Leibniz demonstrará com suas investigações sobre a história dos nomes próprios, ou seja, é a partir dos nomes de plantas, "países, cidades, montanhas e outras distinções de lugar" como os rios que se formaram os nomes próprios; talvez por isso a consideração de vários nomes ditos próprios que virá a seguir.

196 Alexandre III (356-323 a.C.), o Grande. Rei da Macedônia, de 336-323 a.C, e da Pérsia, de 330-323 a.C.

197 Há ao menos dois célebres Brutus na História: o político romano Marcus Junius Brutus (c. 85-42 a.C.), talvez o mais famoso, por conta de ter ajudado a matar César, e o outro é Lucius Junius Brutus, um dos dois primeiros cônsules da República (509 a.C.). Leibniz se refere à própria significação da palavra 'bruto', à sua associação a estúpido.

198 Caio Júlio César (101 a.C.- 44 a.C.), estadista e general romano, assassinado por Brutus. Do antropônimo *César*, este nome foi vinculado por diversos autores latinos a *caesus* "cortado por um instrumento", daí a expressão "*a caeso matris utero*" (*retirado por corte do útero materno*) associada a '*caesares*' ou '*caesones*' e que deu origem à nossa 'cesariana'.

199 O termo latino 'augustus', que acabou por se tornar nome próprio, é indicador de "digno de veneração", "venerável"; em seguida Leibniz nos lembra a associação '*caput*', cabeça, ou 'capito', mais 'ão', cabeção, ou capitão; daí, em seguida, a lembrança do nome do cavalo de Alexandre Magno, do grego *boukéfalos* ou *bouképhalos* (*bucé*-boi mais *falo*-cabeça), assim chamado por ter a cabeça semelhante à de um boi, ou seja, uma cabeça grande.

200 Lêntulo é o nome de um ramo da '*gens*' (nação) Cornélia da qual faziam parte Cornélio Sura e Publius Cornelius Lentulus Spinther, cônsul inimigo de Cícero; em seguida, Leibniz parece se refererir ao usurpador romano talvez morto em 261, tendo e vista que há duvidas sobre se ele de fato existiu, Lucius Calpurnius Piso Frugi, um dos trinta tiranos; já Marcus Tullius Cicero (106-46 a.C.) foi político, orador e um importante filósofo. De qualquer modo, 'lêntulo' é a designação comum às plantas do gênero *lens*, da família das leguminosas, subfamília papilionoídea, que reúne quatro espécies, nativas do Mediterrâneo, Oeste da Ásia e África, cuja subespécie mais conhecida é a nossa 'lentilha', mas que inclui também nossa 'ervilha', ou seja, a leguminosa *Pisum sativum*, e o nosso 'grão de bico', leguminosa associada ao termo latino *cicer, - eris*: '*chicharo*'.

ticularmente certas espécies de legumes. Eu já disse o que significavam os nomes destes rios, Rhin, Ruhr, Leine, Oker[201]. E é sabido que os rios também se chamam elbas na Escandinávia. Enfim, Alpes são montanhas cobertas de neve (com o qual convém *album*, branco) e Brenner ou Pirineus significam uma grande altura, pois *bren* era alto, ou chefe (como Brennus) em celta[202], como ainda *brink* entre os baixos-saxões é altura, e há um Brenner[203] entre a Alemanha e a Itália, como os Pirineus estão entre as Gálias[204] e a Espanha. Deste modo, eu ousaria dizer que quase todas as palavras vêm originalmente dos termos gerais, porque acontecerá muito raramente que se inventará um nome expressamente sem razão para apresentar um tal indivíduo. Pode-se dizer, então, que os nomes dos indivíduos eram nomes de espécie[205], que se dava por excelência ou de outro modo a algum indivíduo, como o nome de cabeção (*grosse-tête*) [se dava] àquele que em cada cidade tivesse a maior ou fosse a mais considerável das cabeças grandes que se conhecesse. É assim mesmo que se dá os nomes dos gêneros às espécies, isto é, que se contentará que um termo mais geral ou mais vago para designar espécies mais particulares, desde que não se preocupe com as diferenças. Como, por exemplo, fica-se contente do nome geral de absinto, ainda que existam tantas espécies que um dos Bauhins propositalmente encheu com elas um livro[206].

§ 6. FILALETO. Tuas reflexões sobre a origem dos nomes próprios são muito justas; mas para chegar à dos nomes apelativos ou dos termos gerais, lhe será conveniente sem dúvida, senhor, [considerar] que *as palavras se tornem gerais quando elas são signos de ideias gerais, e as ideias se tornem gerais quando*

201 Parece que Leibniz se refere ao que disse quando estava falando do termo '*oeil*' e no que segue.

202 Em 390 *a.C. um exército gaulês sob o comando do líder Brennus, ou Brenno – nome dado pelos romanos e que significa chefe – chegou a Roma e tomou a cidade.*

203 Cadeia de montanhas na fronteira ítalo-austríaca.

204 Provavelmente Leibniz se refere às cinco províncias da Gália transalpina criadas: a Gália narbonense, a Gália aquitânica, a Gália céltica, a Gália lionesa e a Gália belga.

205 Portanto, há razão em dar nomes gerais, que se referem de fato às similitudes ou ao que apreendemos de indivíduos e coisas, nomes que de saída se referem a uma generalidade. E assim voltamos ao início do cap. I, §3.

206 Descendente de uma família na qual vários membros são igualmente conhecidos como naturalistas, o botânico suíço Jean Bauhin (1541-1613) compôs o tratado **De plantis absinthii nomen habentibus** (**Sobre as plantas que levam o nome de absinto**), obra publicada em 1595.

por abstração seja separado delas o tempo, o lugar, ou uma outra circunstância que pode determina-las a uma ou outra existência particular[207].

TEÓFILO. De modo algum discordo deste uso das abstrações, mas é mais subindo das espécies aos gêneros do que dos indivíduos às espécies. Pois (por mais paradoxal que isso pareça) nos é impossível ter o conhecimento dos indivíduos e descobrir o meio de determinar exatamente a individualidade de qualquer coisa, a não ser que ela a mantenha ela própria; pois todas as circunstâncias podem reaparecer; as menores diferenças nos são insensíveis; o lugar ou o tempo, bem longe de determinar desde eles mesmos, têm necessidade eles próprios de serem determinados pelas coisas que eles contêm[208]. O que há de mais considerável nisso é que a individualidade envolve o infinito, e somente aquele que é capaz de compreendé-lo é quem poderia ter o conhecimento do princípio de individuação de uma tal ou tal outra coisa[209]; o que vem da influência (para entende-lo corretamente) de todas as coisas do universo umas sobre as outras[210]. É verdade que não seria deste modo se existissem os átomos de Demócrito; mas do mesmo modo não haveria então diferença entre dois indivíduos diferentes da mesma figura e da mesma grandeza[211].

207 Com isso estamos de volta, agora propriamente, aos aspectos formais, não mais materiais, da linguagem e não só das línguas; a partir daqui, dado quer se trata de filosofias em grande medida opostas, os desacordos entre Locke e Leibniz se intensificarão.

208 Aqui, novamente, Leibniz apenas menciona aquilo que se tornou uma das suas principais discordâncias com Newton, sua doutrina do tempo e espaço ou lugar relacionais contra a doutrina do espaço e tempo absolutos do inglês (que fazem a base de seu princípio de individuação, cf. **Ensaio**, II, XXVII, §3), um dos principais assuntos do **Recueil de lettres** entre Leibniz e (o newtoniano) Clarke; ao que tudo indica, ela surgiu do tipo diferente de resposta que cada um deu para o problema do movimento deixado em aberto pelo francês René Descartes. É esse o tema dos nossos artigos "Leibniz e a gênese da noção de espaço: lendo o § 47 da última carta a Clarke" e "Santo Agostinho e Isaac Newton: tempo, espaço e criação". De qualquer modo, estamos de volta ao espinhoso problema do princípio de individuação.

209 Associado ao que foi dito um pouco antes quanto a impossibilidade de "ter o conhecimento dos indivíduos e descobrir o meio de determinar exatamente a individualidade de qualquer coisa", a menos que tal individualidade seja conservada, Leibniz chamou muitas vezes tal problema de o "espinhoso problema da individuação". A associação do problema da impossibilidade de determinação dos indivíduos com o (ou os) do infinito já havia sido mencionada por Platão justamente associada a uma necessidade de o conhecimento se deter nas espécies intermediárias; sobre os assuntos aqui envolvidos preferimos indicar nosso artigo "Noção completa de uma substância individual e infinito em Leibniz". De qualquer modo, na filosofia leibniziana tais problemas se associarão, além do problema do tempo e espaço, ao labiríntico problema da liberdade e da necessidade, tema geral dos **E.T.**

210 Além de repetir o que já disse no próprio prefácio ou prólogo dos **N.E.** e que lembra Hipócrates, obviamente trata-se de antecipação do *sýmpnoia panta* do §61 da **Monadologia**.

211 Princípio leibniziano da identidade dos indiscerníveis, cf., dentre outras, a IV carta de Leibniz a Clarke (§§ 4-5).

§ 7. FILALETO. *Entretanto, é completamente visível que as ideias que as crianças se fazem das pessoas com quem elas conversam (a fim de nos deter neste exemplo) são semelhantes (semblables) às próprias pessoas, e não são senão particulares. As ideias que elas têm da sua babá e de sua mãe estão bem traçadas no seu espírito, e os nomes de babá ou de mãe dos quais se servem as crianças se ligam unicamente a estas pessoas*[212]. *Quando após isso o tempo lhes fez observar que há diversos outros seres que se assemelham (ressemblent) a seu pai ou à sua mãe, eles formam uma ideia da qual eles acham que todos estes seres particulares participam igualmente, e eles lhe dão como os outros o nome de homem.* § 8. *Elas adquirem por meio da mesma via os nomes e noções mais gerais; por exemplo, a nova ideia do animal não se faz absolutamente por nenhuma adição, mas apenas ao retirar a figura ou as propriedades particulares do homem, e ao reter um corpo acompanhado de vida, de sentimento e de movimento espontâneo.*

TEÓFILO. Muitíssimo bem; mas isso não faz ver senão aquilo que acabo de dizer; pois como a criança vai por abstração da observação da ideia do homem para aquela da ideia do animal, ela saiu desta ideia mais específica (*plus spécifique*), que ela observava em sua mãe ou em seu pai e em outras pessoas, para aquela da natureza humana. Pois para julgar que ela não tinha qualquer ideia precisa a respeito do indivíduo, basta considerar que uma semelhança banal (*ressemblance médiocre*) a enganaria facilmente e a faria tomar uma outra mulher por sua mãe, a qual não o é absolutamente. Você conhece a história do falso Martin Guerra[213], que enganou até mesmo a mulher do verdadeiro e os parentes próximos pela semelhança unida à destreza, e embaraçou por muito tempo os juízes, mesmo quando o verdadeiro chegou.

212 A partir das questões relacionadas à real e própria significação dos nomes, eis explicitamente o empirismo de Locke, ou seja, o nome deve alcançar primeiramente as coisas ou ideias particulares e só depois as semelhanças ou similitudes, o qual Leibniz já interditou a partir da noção primeira de similitude e impossibilidade de conhecer de fato as individualidades que envolvem uma diferenciação ao infinito. Mais uma vez fica evidente o caso da nomeação, para Leibniz a partir de termos gerais e similitudes, por parte das crianças, ou seja, se vai de espécie ou similitude para gênero e não de indivíduo para espécie ou similitude.

213 Segundo Echeverría Ezponda, trata-se de um famoso caso de 1560 que dizia respeito ao fato que um outro homem chamado Arnaulkd Du Tilh se fez passar por Martin Guerra e, suposta a grande semelhança entre ambos, chegou a enganar até mesmo sua mulher; o processo acabou com a execução do primeiro. Vale lembrar que para Leibniz o que significamos com os nomes próprios são similitudes e não os próprios indivíduos que não podemos de fato conhecer.

§ 9. FILALETO. *Assim todo este mistério do gênero e das espécies sobre o que se faz tanto ruído nas escolas, mas que fora de lá é com razão tão pouco considerado, todo este mistério, eu digo, se reduz unicamente à formação de ideias abstratas mais ou menos extensas, às quais se dá certos nomes*[214].

TEÓFILO. A arte de ordenar as coisas em gêneros e em espécies não é de pequena importância e serve muito tanto para o julgamento quanto para a memória. Você sabe qual consequência aquilo tem na botânica, sem falar dos animais e outras substâncias, e sem falar também dos seres morais e nocionais, como alguns os chamam. Uma boa parte da ordem depende disso, e muitos bons autores escrevem de modo que todo o discurso deles pode ser reduzido em divisões ou subdivisões, conforme um método que teve ligação com os gêneros e com as espécies, e serve não somente para reter as coisas, mas mesmo para encontra-las. E aqueles que dispuseram todos os tipos de noções sob certos títulos ou predicamentos subdivididos fizeram algo muito útil.

§ 10. FILALETO. *Ao definir as palavras, nós nos servimos do gênero ou do termo geral mais próximo; e é para se poupar o trabalho de contar as diferentes ideias simples que este gênero significa ou algumas vezes talvez para se poupar da vergonha de não poder fazer esta enumeração. Mas embora a via mais curta de definir seja pelo meio do* ***gênero*** *e da* ***diferença****, como falam os lógicos, pode-se duvidar, na minha opinião, que ela seja a melhor: ao menos ela não é a única. Na definição que diz que o homem é um animal racional (definição que talvez não seja a mais exata, mas que serve muito bem para o presente desígnio), no lugar da palavra animal poder-se-ia colocar sua definição. O que faz ver a pouca necessidade da regra que quer que uma definição deve ser composta de gênero e de diferença, e a pouca vantagem que existe em observá-la exatamente. Também*

214 Como já mencionamos, trata-se da explicitação do conceitualismo-convencionalismo ou nominalismo de Locke que pretende atingir a metafísica da e a própria lógica aristotélica, contra o qual Leibniz insistirá explicitando seu realismo (no sentido tomista) a partir da associação entre possibilidade (geralmente caracterizada por uma definição adequadamente constituída, uma definição não apenas nominal) e essência (realmente possível). Essa era uma antiga querela, motivo de disputa desde Platão e Aristóteles, a qual assumiu sua enunciação exemplar na antiguidade tardia na pena do discípulo do filósofo Plotino (205-270), o fenício Porfírio de Tiro (c. 233- c. 304), em sua introdução ao estudo das **Categorias**, isto é, em sua famosa obra **Isagoge**. Querela que se tornou o título do livro do famoso medievalista Alan de Libera: **La querelle des Universaux. De Platon à la fin du Moyen Age**. Paris Seuil, 1996; valeria a pena dar uma lida no nosso artigo "Querela da realidade dos objetos lógico-matemáticos: uma introdução à filosofia moderna".

as línguas não são sempre formadas segundo as regras da lógica, de modo que a significação de cada termo possa ser exata e claramente expressa por dois outros termos. E aqueles que fizeram esta regra estavam enganados em nos dar tão poucas definições que sejam conformes a isso.

TEÓFILO. Eu concordo com suas observações; seria vantajoso por muitas razões, entretanto, que as definições pudessem ser de dois termos: isso sem dúvida abreviaria muito e todas as divisões poderiam ser reduzidas a dicotomias, as quais são a melhor espécie disso, e servem muito para a invenção, o julgamento[215] e a memória. Todavia, não acredito que os lógicos sempre exijam que o gênero ou a diferença seja expressa em uma única palavra; por exemplo, este termo **polígono regular** pode passar pelo gênero do quadrado, e quanto à figura do círculo o gênero poderá ser uma figura plana curvilínea, e a diferença seria aquela da qual os pontos da linha ambiente sejam igualmente distantes de um certo ponto como centro. No mais ainda é bom observar que bem frequentemente o **gênero** poderá ser transformado em **diferença**, e a **diferença** em **gênero**, por exemplo: o quadrado é um regular quadrilateral, ou mesmo quadrilátero regular, de modo que parece que o gênero ou a diferença não diferem a não ser como o substantivo e o adjetivo; como se no lugar de dizer que o homem é um animal racional, a língua permitisse dizer que o homem é um racional animável, isto é, uma substância racional dotada de uma natureza animal; enquanto os gênios são substâncias racionais cuja natureza de nenhum modo é animal, ou comum com os animais irracionais. E esta permuta dos gêneros e diferenças depende da variação da ordem das subdivisões.

§ 11. FILALETO. *Segue-se, daquilo que eu acabava de dizer, que aquilo que é chamado geral e universal não pertence de modo algum à existência das coisas, mas que é uma obra trabalho do entendimento.* § 12. E as essências de cada espécie são apenas ideias abstratas.

215 Ou seja, são fundamentais tanto para a arte de inventar ou descobrir quanto para a de julgar.

TEÓFILO. Eu não vejo bem esta consequência. Pois a generalidade consiste na semelhança (*ressemblance*) das coisas singulares entre elas, e esta semelhança (*ressemblance*) é uma realidade[216].

§ 13. FILALETO. Eu mesmo ia lhe dizer que *estas espécies estão fundadas nas semelhanças* (*ressemblance*).

TEÓFILO. Por que, então, não procurar aí também a essência dos gêneros e das espécies?[217]

§ 14. FILALETO. *Ficaríamos menos surpresos de me escutar dizer que estas essências são a obra do entendimento, se se considerasse que existe ao menos idéias complexas, que nos espíritos de diferentes pessoas são geralmente diferentes coleções de ideias simples e, deste modo, aquilo que é avareza no espírito de um homem não o é no espírito de um outro.*

TEÓFILO. Eu reconheço, senhor, que existem poucas passagens onde eu tenha menos entendido a força de tuas consequências do que aqui, e isso me deixa triste. Se os homens diferem no nome, isso transforma as coisas ou suas [reais] semelhanças? Se um aplica o nome de avareza a uma semelhança, e o outro a uma outra, serão duas diferentes espécies designadas pelo mesmo nome.

FILALETO. *Dentro da espécie das substâncias, a qual nos é a mais familiar e que conhecemos da maneira mais íntima, duvidou-se diversas vezes se o fruto que*

216 Eis a tese básica do **Crátilo**, 386e 5, que pode ser associada à **Carta VII**, 342b 1, e que podemos transpor do seguinte modo para Leibniz: certo termos gerais referentes a objetos matemáticos, como triângulo e círculo, têm significado pois se referem a objetos reais, cuja realidade, contra Locke, independe do nosso entendimento, daí que as definições reais que apresentam de modo apropriado suas possibilidades sejam verdadeiras naquele sentido, ou seja, trata-se de verdades de razão que apontam para seres de razão que independem do nosso entendimento. Daqui o desacordo entre Leibniz e Locke vai ficar cada vez mais explícito.

217 Ou seja, as semelhanças têm realidade e é nelas que se fundam os agrupamentos, os gêneros ou espécies. Em primeiro lugar, vale lembrar que é no parágrafo correspondente, ou seja, que só aqui no §13, que Locke mencionará o termo latino '*similitude*', traduzido por Leibniz pelo francês '*ressemblance*'. Em segundo lugar, esquecendo da própria crítica a Locke, eis a resposta contrária dada pelo próprio para aqueles que viram em Leibniz um nominalista, como Benson Mates em **The Philosophy of Leibniz: Metaphysics and Language** e Frédéric Nef em **Leibniz et le langage**, grandemente disfarçada de incompreensão das consequências nominalistas que Locke havia extraído de sua argumentação. A resposta última de Leibniz aparecerá ao final do §14, a saber: "que os homens reúnam tais ou quais ideias ou não, e mesmo que a natureza as reúnam atualmente ou não, isto não faz nada para [ou em nada afeta] as essências, gêneros ou espécies, visto que não se trata senão de possibilidades que são independentes de nosso pensamento", de pleno acordo com o conhecimento intuitivo que o deus leibniziano tem da essência de todas as coisas, as que a tem, obviamente, ou de sua ciência de simples ou pura inteligencia ou, inclusive, do que se pode conhecer referente à região dos possíveis ou palácio dos destinos.

uma mulher trouxe ao mundo era homem, chegando a discutir se se devia alimentá-lo e batizá-lo; o que não poderia ser se a ideia abstrata ou a essência, à qual pertence o nome de homem, era a obra da natureza e não uma diversa e incerta coleção de ideias simples, que o entendimento junta entre si e à qual ele liga um nome aos tê-lo tornado geral mediante a via da abstração. De sorte que no fundo cada ideia distinta, formada por abstração, é uma essência distinta.

TEÓFILO. Perdoe-me se eu lhe digo, senhor, que a tua linguagem me embaraça, pois eu não vejo qualquer ligação. Se não podemos sempre julgar pelo exterior as semelhanças do interior, significa que elas estão menos na natureza delas?[218] Quando se duvida se um monstro é um homem, significa que se duvida se ele possui a razão. Quando souberem que ele a possui, os teólogos ordenarão que seja batizado e os jurisconsultos que seja alimentado. É verdade que se pode discutir a respeito das espécies mais baixas tomadas logicamente, que variam por acidentes numa mesma espécie física ou família (*tribu*) de geração; mas não se tem necessidade de determiná-los[219]; pode-se até variá-los ao infinito, como se vê na grande variedade das laranjas, limões e cidrões, que os especialistas sabem nomear e distinguir. Via-se o mesmo nas tulipas e cravos, quando estas flores estavam na moda. No mais, que os homens reúnam tais ou quais ideias ou não, e mesmo que a natureza as reúna atualmente ou não, isto não faz nada para as essências, gêneros ou espécies, visto que não se trata senão de possibilidades que são independentes de nosso pensamento.

§ 15. FILALETO. *Supõe-se ordinariamente uma constituição real da espécie de cada coisa, e está fora de dúvida que deve ter, desde o que cada porção de idéias simples ou qualidades coexistentes nesta coisa deve depender. Mas como é evidente que as coisas não são ordenadas em tipos ou espécies sob certos nomes senão na medida em que elas concordam com certas ideias abstratas, às quais nós ligamos este nome, a essência de cada gênero ou espécie vem também de nenhuma outra coisa senão*

218 Foi justamente a resposta em contrário que teria sido dada por Locke que Leibniz explicita no capítulo XXVII do livro II, com respeito à identidade e diversidade.

219 Eis a ideia básica do **De analysi situs**, não é necessário a determinação particular dos objetos matemáticos e deveria se basear nisso os primeiros princípios e elementos da situação, ou seja, apenas na similitude dos objetos matemáticos, e é graças ao que está sendo discutido aqui que essa consideração seja tomada da metafísica.

da ideia abstrata significada pelo nome geral ou específico[220]*, e nós descobriremos que está lá o que leva a palavra de essência segundo o uso mais ordinário que se faz dela. Na minha opinião não seria mal designar estes dois tipos de essências por dois nomes diferentes e chamar a primeira de essência real e a outra de essência nominal.*

TEÓFILO. Parece-me que tua linguagem inova extremamente nas maneiras de se exprimir. Falou-se muito bem até aqui de definições nominais e causais ou reais, mas, que eu saiba, não de essências a não ser reais, a menos que por essências nominais se tenha entendido essências falsas e impossíveis, que [apenas] parecem ser das essências, mas [que] não são, como seria por exemplo a de um decaedro regular, isto é, de um corpo regular, compreendido sob dez planos ou "edros[221]". A essência no fundo não é outra coisa senão a possibilidade daquilo que se propõe. Aquilo que se supõe possível está expresso pela definição; mas esta definição é apenas nominal, quando ela não expressa absolutamente ao mesmo tempo a possibilidade, pois neste caso se pode duvidar se esta definição expressa algo de real, isto é, de possível, até o momento que a experiência[222] vier nos socorrer para nos fazer conhecer a realidade *a posteriori*, quando a coisa se encontra efetivamente dentro do mundo; o que basta para o defeito da razão, que faria conhecer a realidade *a priori* ao expor a causa ou a geração possível da coisa definida[223]. Logo, não depende de nós juntar ideias como bem nos pareça, a menos que esta combinação seja justificada ou pela razão que a mostra possível,

220 Eis com o que Leibniz não pode concordar, que "a essência de cada gênero ou espécie" venha apenas "da ideia abstrata significada pelo nome geral ou específico", ou seja, que dependa apenas de nosso entendimento e não tenha realidade para além dele; daí que o alemão não veja sentido algum na troca de essência por definição defendida por Locke, ou seja, que existem certos objetos, como o triângulo, que podem ser considerados tendo essência nominal, tem nome geral associado a uma ideia abstrata, e real, sua ideia abstrata representa sua estrutura essencial, aquilo que é o fundamento de onde provém suas propriedades; ao contrário de outros, como o ouro, que podem ser considerados tendo essência nominal, tem nome geral associado a certa ideia abstrata, mas não real, tal ideia não corresponde de fato àquilo que é o fundamento de onde provém suas propriedades ou àquilo que faz a base de sua estrutura interna.

221 Não está entre aspas no original. O pospositivo "-edro", do grego *Ἕδρα*, significa "todo objeto que serve de assento, cadeira, cátedra, banco"; o padrão do termo "poliedro" (do grego *πολύεδρος, ον*), que significa de "vários assentos ou degraus" deu à geometria uma rica cognação, com o sentido específico de "com faces ou assentos planos, com planos".

222 Ou a coisa atual, ou seja, a coisa "efetivamente dentro do mundo".

223 Claro que aqui está reafirmado o realismo (das essências) de Leibniz contra o conceitualismo-convencionalismo e nominalismo de Locke; quanto às definições e sua relação com as possibilidades e as essências, para mais uma confirmação de tal realismo que se associa ao conhecimento intuitivo, valeria a pena ler os §§ 24 e 25 do **Discours de métaphysique** e **Meditationes de cognitione, veritate et ideias**, GP, IV, pp. 422-426.

ou pela experiência que a mostra atual, e consequentemente também possível[224]. Para melhor distinguir igualmente a essência e a definição, é preciso considerar que existe somente uma essência da coisa, mas que existem diversas definições que expressam uma essência única, como a mesma estrutura ou a mesma cidade pode ser representada por diferentes cenografias, conforme os diferentes lados de que é vista[225].

§ 18. FILALETO. Você irá concordar comigo, penso, que *o real e o nominal é sempre o mesmo nas ideias simples e nas ideias dos modos; mas nas ideias das substâncias eles sempre são inteiramente diferentes. Uma figura que encerra um espaço por três linhas é a essência do triângulo, tanto real quanto nominal; pois não é apenas a ideia abstrata à qual o nome geral está ligado, mas a essência ou o ser próprio da coisa, ou o fundamento de onde procedem suas propriedades, e ao qual elas estão ligadas. Mas é de forma totalmente diversa no que concerne ao ouro*[226]*; a constituição real de suas partes, da qual dependem a cor, o peso, a fusibilidade, a fixidez etc., nos é desconhecida e, não tendo ideia alguma disso, não temos nome algum o qual seja signo disso. Todavia, são estas qualidades que fazem com que esta matéria seja chamada de ouro, e são a essência nominal dele, isto é, o que dá direito ao nome.*

TEÓFILO. Eu preferia dizer, segundo o uso aceito, que a essência do ouro é aquela que o constitui e que lhe dá estas qualidades sensíveis, [qualidades] que o fazem reconhecer e que fazem sua **definição nominal**, enquanto nós teríamos a **definição** real e **causal**, se pudéssemos explicar esta contextura ou constituição interior. Todavia, a definição nominal aqui se torna igualmente real, não por ela mesma (pois ela não faz absolutamente conhecer *a priori* a possibilidade ou a geração deste corpo), mas por meio da experiência, porque experimentamos que existe um corpo em que estas qualidades se encontram juntas: sem o qual se

224 Portanto, mesmo que as línguas históricas se associem fortemente ao acaso isso em nada afeta aquilo que deveria fazer a base dos termos gerais, ou seja, as similitudes, os gêneros, espécies e essências, os agrupamentos ou ordenamentos, daquilo que é realmente possível. Isso facilitará muito as várias considerações de Leibniz sobre a relação entre as verdades matemáticas e a desnecessária atualidade de seus objetos, que atinge frontalmente talvez a parte mais frágil da argumentação empirista de Locke, ou seja, lá também sua possibilidade, o que terá de ser suficiente para determinar sua verdade, virá primeiro; possibilidade que permite inclusive falar em eternidade de tais verdades, como Leibniz o afirmará ao final deste capítulo.

225 A mesma analogia será repetida no § 57 da **Monadologia**.

226 Volta ao problema já apresentado no §3 do cap. II.

poderia duvidar se tal peso seria compatível com tal maleabilidade, como se pode duvidar até agora se um vidro maleável a frio é possível na natureza. No mais, senhor, eu não compartilho da sua opinião, que há aqui diferença entre as ideias das substâncias e as ideias dos predicados, como se as definições dos predicados (isto é, dos modos e dos objetos das ideias simples) sempre fossem reais e nominais ao mesmo tempo, e que as das substâncias só eram nominais. Eu continuo muito de acordo que é mais difícil ter definições reais dos corpos, os quais são de seres substanciais[227], porque a contextura [interna] deles é menos sensível. Mas não ocorre o mesmo com todas as substâncias; pois temos um conhecimento das verdadeiras substâncias ou das unidades (como de Deus e da alma) tão íntimo quanto nós temos da maior parte dos modos[228]. Além disso, há predicados tão pouco conhecidos quanto a contextura dos corpos; pois o amarelo ou o amargo, por exemplo, são os objetos das ideias ou fantasias simples (*fantaisies simples*), mas, todavia, não se tem disso senão um conhecimento confuso, mesmo nas matemáticas, onde um mesmo modo pode ter uma definição nominal tanto quanto uma real. Poucas pessoas explicaram bem em que consiste a diferença destas duas definições, que deve discernir igualmente a essência e a propriedade. Na minha opinião, a diferença é que a [definição] real faz ver a possibilidade do definido e a nominal não o faz: a definição de duas retas paralelas, que diz que elas estão em um mesmo plano e não se cruzam de modo algum embora as continuemos ao infinito [ou ilimitadamente], é apenas nominal, pois se poderia duvidar inicialmente se isso é possível. Mas quando se compreendeu que se pode conduzir uma

227 Pouco mais de uma década depois dos **N.E.**, Leibniz esclarecerá ao matemático Dangicourt: "Também sou da opinião que, falando de modo adequado, **não existe qualquer substância extensa**. É por isso que chamo a matéria de *non substantiam sed substantiatam* [não é substância, mas é substanciada]. Disse em algumas passagens (talvez da **Teodiceia**, se não me engano) que a matéria não é senão um fenômeno regrado e exato que de modo nenhum engana, quando ficamos atentos às regras abstratas da razão. As verdadeiras substâncias são apenas as substâncias simples, ou aquilo que denomino Mônadas. E creio que só existem mônadas na natureza, o resto sendo apenas os fenômenos que dela resultam. Cada mônada é um espelho do universo segundo seu ponto de vista, acompanhada de uma multiplicidade (*multitude*) de outras mônadas que compõe seu **corpo orgânico** da qual ela é a mônada dominante" (grifo nosso). "Carta de Leibniz ao matemático Dangicourt Sobre as mônadas e o cálculo infinitesimal", In **Theoria - revista eletrônica de filosofia**, 04, 10, 2012, p. 174-5. Um bom resumo de sua argumentação desenvolvida na **Monadologia** também aparece na esclarecedora carta de 31/10/1705, na época que está finalizando os **N.E., portanto**, endereçada à princesa Sofia Carlota (1668-1705), a qual traduzimos e se encontra em http://leibnizbrasil.pro.br/leibniz-traducoes/carta-de-leibniz-princesa-sofia.htm.

228 Fica evidente, pois, que essas considerações iniciais é que vão fundamentar a argumentação que será desenvolvida nos capítulos IV a VI, aos quais já fizemos referência.

reta paralela em um plano a uma reta dada contanto que se atente que a ponta da cana [ou pena] que descreve a paralela sempre permaneça igualmente distante da fornecida, vê-se ao mesmo tempo que a coisa é possível e por que elas têm esta propriedade de nunca se cruzarem, que faz disso a definição nominal, mas que só é a marca do paralelismo desde que as duas linhas sejam retas, por outro lado se ao menos uma fosse curva, elas poderiam ser de tal natureza que nunca se cruzariam, e, todavia, por isso elas não seriam de modo algum paralelas[229].

§ 19. FILALETO. *Se a essência fosse outra coisa que a ideia abstrata, ela não seria de modo algum ingerável e incorruptível. Um unicórnio, uma sereia, um círculo exato talvez não existam de modo algum no mundo.*

TEÓFILO. Eu já lhe disse, senhor, que as essências são perpétuas porque não dizem respeito senão ao possível[230].

229 Trata-se do problema de parte da demonstração do famoso V postulado, o das paralelas, de Euclides associada à 23ª definição, a de paralela, enunciados no livro I de **Os elementos**. Na tradução de Irineu Bicudo temos: [Post.] "E, caso uma reta, caindo sobre duas retas, faça os ângulos interiores e do mesmo lado menores que dois retos, sendo prolongadas as duas retas, [infinita ou] ilimitadamente, encontrarem-se no lado no qual estão os menores que dois retos". E [Def.] "Paralelas são retas que, estando no mesmo plano, e sendo prolongadas [infinita ou] ilimitadamente em cada um dos lados, em nenhum se encontram". (EUCLIDES, 2009, p. 98). Leibniz critica a noção geral de Locke de definição real e nominal a partir da ideia que, quanto à def. 23ª, trata-se sim de uma definição real, até certo ponto apenas, pensada a partir de uma prova sensível ou "particular" por geração (prolongamento infinito das duas retas traçado com o auxílio de uma pluma – caneta), mas que se baseia, de fato, na noção *a priori* do paralelismo, esse sim, prova da possibilidade da coisa definida. Com esse tipo de argumentação ou defesa, ou seja, contra a ideia que a construção sensível de figuras ou a geração delas constitui prova ou demonstração última, com referência a problemas semelhantes, portanto, terá inicio o capítulo I do livro IV dos **N.E.**; onde serão mencionados, além novamente de Euclides, os autores Johann (ou Johan) Scheybl (ou Scheubelius, 1494-1570), Christian (ou Christianus) Herlinus (1505-1562) e, no capítulo III, do mesmo livro, Christophe (ou Cristoforo) Clavius (1537-1612), os três fizeram importantes edições de **Os elementos**, um empreendimento que influenciou fortemente Leibniz especialmente por que tinha a ver com a tentativa de tornar a argumentação de Euclides impecável logicamente, o que se associou diretamente com seu projeto de criação de uma característica geométrica e análise da situação. A esses nomes Stamatis acrescentou muitos outros (cf. EUCLIDES, 2009, p. 30) e, de qualquer modo, gostaríamos de lembrar os nomes de Pierre (ou Petrus) Herigone (ou Herigonius), Conrad (ou Konrad) Rauchfuss, Clavius, Barrow, Claude Hardy e Erhard Weigel (mencionado também nos **E.T.**, § 384), este último professor de Leibniz que o teria despertado para o estudo das obras de Euclides quando ela contava com apenas 17 anos e que foi o autor de um livro sobre as demonstrações aristotélico-euclideanas publicado em 1663, muito próximo, portanto, das discussões que se farão principalmente no livro IV dos **N.E.**

230 Por fim, para Leibniz, abstração e ajuntamento (o que faz a base da formação dos conjuntos) não é sinônimo de definível apenas nominalmente; mesmo que a princípio não possamos conhecer a estrutura interna de objetos como o ouro, isso em nada afeta a realidade de suas essências, e é a elas ou em relação a elas primeiramente que o termo geral "ouro" deveria se referir; as essências se dizem perpétuas não por conta de serem ideias, mas porque são possíveis e, portanto, reais. Como não ver aqui a reafirmação de platonismo como o afirmado na **Carta VII**, 342a e seguintes?

III

Ensaios de teodiceia (II, §§ 136-143)[231]

[História e conexão entre as línguas]

Tradução e notas: Juliana Cecci Silva e William de Siqueira Piauí

231 Apresentamos a tradução dos §§ 136-143 da segunda parte dos **Ensaios de Teodiceia: sobre a bondade de Deus, a liberdade do homem e a origem do mal** de Leibniz, título que já havíamos abreviado com **E.T.**. A tradução proposta aqui foi feita a partir do texto que tem introdução e cronologia escritas por Jacques Bruschwig (Ed. Garnier-Flammarion, Paris, 1969, pp. 191-6) e foi publicada na íntegra pela Editora Estação Liberdade no ano de 2013. A importância dessa parte dos **E.T.**, e justificativa para tal separação, se deve, sobretudo e novamente, à apresentação de evidências para a defesa da hipótese segundo a qual as origens das nações podem ser compreendidas a partir do parentesco entre as línguas. Assim, boa parte do que será dito a partir do § 138 havia sido considerado no livro III dos **N.E.**, especialmente capítulos I-III, mas também é reorganizado em seu **Brevis** de 1710 e **De origine** de 1715. Trata-se de uma série de considerações a partir novamente do "significado" de determinados nomes, vocábulos ou apelativos que encontram respaldo em muitas autoridades (§ 142) em História, Filologia e Etimologia; a esse respeito, Leibniz trocou uma vasta correspondência com muitas das autoridades que viviam em sua época; em tais cartas estava em jogo principalmente sua hipótese segundo a qual a partir da história das religiões, das línguas, das mitologias, das fábulas etc. e das conexões entre elas podemos ter mais sucesso em reconstituir a historia dos povos e conexões entre eles bem como a hipótese de que os germanos tinham origem nos povos celto-citas, sendo um dos povos mais antigos da Europa; hipótese defendida também por Goropius Becanus e Adrianus Rodornius Scrieckius mas que refutava, dentre muitos outros, as de Matthaeus Pretorius (1635-1704), Louis Thomassin de Eynac (1619-1695), Samuel Borchardt (1599-1677), Paul-Yves Pezron (abade da Charmoye), Ericus Johanis Schroderus (c. 1608-1639), Olaus Johannis Rudbeck etc., hipótese que compreendia a questão da origem adâmica ou dos filhos de Noé das línguas e a predominância e precedência do Império germânico na Europa.

§136. Contudo, perseguindo seus raciocínios, [o Sr. Bayle[232]] chegou mesmo a quase querer fazer ressuscitar aqueles [raciocínios] dos seguidores de Mani[233], persa herético do século III depois de Cristo, ou de um certo Paulo, o líder dos maniqueístas na Armênia no século VII, o que conferiu a eles o nome de *paulicianos.* Todos esses heréticos renovaram o que um antigo filósofo da alta Ásia, conhecido sob o nome de Zoroastro[234], tinha ensinado sobre o que se chama de os dois princípios inteligentes de todas as coisas, um bom, o outro mau; dogma que talvez tenha surgido dos indianos, onde há ainda uma porção de pessoas ligadas a este erro, muito apropriado para surpreender a ignorância e a superstição humana, já que uma porção de povos bárbaros, mesmo na América, chegou a ele sem ter tido necessidade de filósofo. Os eslavos, segundo Helmond[235], tinham seu *Zernebog*, isto é, seu deus negro. Os gregos e os romanos, por mais sábios que parecessem, tinham um Vejovis ou Anti-Júpiter, chamado de maneira diversa de Plutão, e uma porção de outras

232 O francês Pierre Bayle (1647-1706) é o autor da obra **Dicionário histórico e crítico** que foi lida e comentada por Leibniz a pedido de Sofia Carlota (1668-1705), em sua pequena corte na casa real da Prússia; é em grande medida a recuperação daqueles comentários e críticas que compõem os **E.T.** Aqui, como em parte fez com Locke nos **N.E.**, Leibniz mostrará a falta de conhecimento de Bayle do que faz a base de certos mitos, por conta de não perceber que muitas vezes um ponto de vista mais etimológico ou filológico, do que chamaríamos de linguística histórica, com relação a certos vocábulos pode esclarecer melhor a história das religiões. Trata-se, como fica explicito no §143, de "encontrar nas mitologias dos deuses algum traço da antiga história dos tempos fabulosos", mitologias que fornecerão mais provas para a hipótese que os germânicos ou germanos descendem dos celto-citas, ou seja, dos mais antigos povos pós dilúvio.

233 Termo cunhado para nomear a doutrina do sacerdote Mani, fundador do maniqueísmo, que viveu na Pérsia entre 240 e 274 d.C.. Trata-se de uma mistura de elementos gnósticos, cristãos e orientais, pensados a partir do dualismo da religião de Zoroastro; ela defende que o mundo é dominado pela oposição de dois princípios, o do Bem (associado à alma luminosa) e o do Mal (associado à alma corpórea). Em seguida, Paulo de Samosate (ou Samosata, morto após 272), heresiarca que negava a trindade e a divindade de Cristo; seus seguidores, os paulicianos, floreceram até o século VII. Assim, e como ele próprio repetirá no §145, o pano de fundo do que está escrevendo aqui se refere ao conteúdo dos verbetes "Maniqueitas" e "Paulicianos" do **Dicionário** de Bayle.

234 Antiga religião persa fundada no século VII a.C. por Zoroastro (ou Zaratustra), caracterizada pelo dualismo ético, cósmico e teogônico que implica a luta primordial entre dois deuses, representantes, novamente, do bem e do mal, vide nota anterior, presentes e atuantes em todos os elementos e esferas do Universo, incluindo o âmbito da subjetividade e das relações humanas. O zoroastrismo influenciou em diversos aspectos doutrinários a tradição judaico-cristã.

235 Helmond (ou Helmoldi, ou Arnoldi, presbítero) de Bosau (1120-1177), historiador cronista saxão do século XII continuador de Adão de Bremen, o que escreveu **Gesta**; a menção ao deus negro ou deus do mal 'Zcerneboch' é feita no cap. I, 52, de sua **Chronica Sclavorum** (**Cronica sobre** [os povos] **eslavos**) escrita entre 1167 e 1172.

divindades malfeitoras. A deusa Nêmesis[236] se deleitava em humilhar aqueles que estavam felizes demais; e Heródoto[237] insinua em algumas passagens que ele acreditava que toda divindade é invejosa, o que, entretanto, não está de acordo com a doutrina dos dois princípios.

§137. Plutarco[238], no seu tratado **Sobre Isis e sobre Osíris**, não conhece autor mais antigo que os tenha ensinado do que Zoroastro, o mágico, como ele o denomina. Trogus[239], ou Justino, o fez rei dos bactrianos, vencidos por Ninus ou Semiramis; lhe atribuindo o conhecimento da Astronomia e a invenção da magia; mas esta magia era aparentemente a religião dos adoradores do fogo, e parece que ele considerava a luz ou o calor como o bom princípio; mas acrescentava o mau [princípio], isto é, a opacidade, as trevas, o frio. Plínio[240] relata o testemunho de um certo Hermippe, intérprete dos livros de Zoroastro, que o fazia discípulo na mágica arte de um tal Azonace, contanto que este nome não seja o corrompido de Oromase, do qual falaremos daqui a pouco, e que Platão no [diálogo] **Alcibiades** o fez pai de Zoroastro. Os orientais modernos chamam de *Zerdust* àquele que os gregos chamavam de Zoroastro. Fizeram-no corresponder a Mercúrio, porque entre alguns povos a quarta-feira (*mercredi*) deriva dele o seu nome. É difícil elucidar sua história e

236 A deusa Nêmesis, filha da Noite e do Oceano (ou de Júpiter e da Necessidade), foi amada por Zeus-cisne, antes de Leda, e se tornou mãe de Helena de Ramnunte; por esse motivo, vela escrupulosamente pela lei e é considerada a deusa da vingança.

237 O grego Heródoto (c.485-420 a.C.) ficou amplamente conhecido como o pai da História, disciplina que se associa ao próprio nome de sua obra, foi um dos primeiros a quem se pode atribuir a expressão que temos utilizado de geógrafo-historiador; o principal momento em que Heródoto menciona a inveja dos deuses aparece no livro 1, §32, de sua **História** e ele o faz na boca de Sólon que, ao responder a Creso, teria dito (na tradução de J. Brito Broca): "perguntais-me [Creso] o que penso da vida humana; poderia responder-vos de outra maneira, eu que sei como a divindade tem ciúme [ou inveja (*φθονερόν*)] da ventura dos seres humanos e como se apraz em perturbá-la" (HERÓDOTO, 2006, p. 44).

238 Pouco antes, no §135, Leibniz já havia mencionado o historiador grego Plutarco (46-120) por conta de seu tratado **De communibus notitis adversus Stoicos** que faz parte de uma de suas obras mais famosas **Morália**, agora se refere a uma outra parte da mesma obra a **De Iside et Osiride** (**Sobre Isis e sobre Osíris**), considerado um dos mais importantes documentos sobre o culto dessas divindades; sua segunda obra mais famosa é **Vidas paralelas**.

239 Trogo Pompeo, historiador da época de Augusto, autor de uma **História universal** da qual não resta senão um resumo feito por Justino Juniano, historiador do século II. Vale lembrar que voltamos àquele trabalho de buscar as referências ou autoridades mais antigas.

240 Plínio, o velho, **História natural**, XXX, 2. Hermippe, biógrafo alexandrino do século III a.C., que se interessou pelas possíveis relações entre a filosofia grega e a sabedoria oriental. Platão, **Alcibíades** I, 122 a.

o tempo em que viveu[241]. Suidas o faz anterior em quinhentos anos à tomada de Troia; e os antigos, segundo Plínio e segundo Plutarco, também dizem isso muitas vezes. Mas Xantos, o lídio, no prefácio de Diógenes Laércio, só o faz anterior em seiscentos anos à expedição de Xerxes. Platão declara na mesma passagem, como o Sr. Bayle observa, que a magia de Zoroastro não era outra coisa senão o estudo da religião. O Sr. Hyde, no seu livro sobre a religião dos antigos persas, se esforça para justificá-la e para purificá-la, não apenas do crime de impiedade, mas também do de idolatria. O culto do fogo era aceito entre os persas e entre caldeus; acredita-se que Abraão o abandonou quando saiu de Ur, na Caldéia. Mitra[242] era o Sol, e ele era também o deus dos persas, e no relato de Ovídio os cavalos eram oferecidos em seu sacrifício:

Placat equo Persis radiis Hyperiona cinctum,
Ne detur celeri victima tarda Deo[243].

Mas o Sr. Hyde crê que eles se serviam do Sol e do fogo no seu culto apenas como símbolos da divindade. Talvez seja preciso distinguir, como em um outro lugar, entre os sábios e o povo. Existem nas admiráveis ruínas de Persépolis ou de Tschelminaar – que quer dizer quarenta colunas – repre-

241 Vejam que Leibniz continua trabalhando no sentido de esclarecer tópicos de história, a seguir ficará ainda mais explícito tal objetivo. Por muito tempo se designou sob o nome de um suposto Suidas uma espécie de dicionário grego intitulado **A souda** ou **Suda**, que foi composto no fim do século X d.C. A seguir será mencionado Xantos da Lídia, historiador ioniano do século V a.C., que escreveu em grego os quatro livros intitulados **Lydiaca**, certamente a fonte mais importante do conhecimento que se podia ter sobre Zaroatro e que foi a fonte utilizada por Diógenes Laércios no proêmio, ou prefácio, de 1 a 21, do livro I, de sua **Vidas e doutrinas dos filósofos ilustres**, onde afirma o seguinte "Quanto aos Magos, sua atividade teve início com Zoroastro, o Persa, 5.000 anos [e não 500] antes da queda de Troia, de conformidade com o platônico Hermodoros em sua obra **Matemática**; entretanto o lídio Xantos calcula o decurso de 6.000 anos [e não 600] entre a época de Zoroastros e a expedição de Xerxes, e após Zoroastros ele enumera uma longa sucessão de Magos, cujos nomes seriam Ostanas, Astrâmpsicos, Gobrias e Pasatas, até a conquista da Pérsia por Alexandre, o Grande". (DIÓGENES LAÉRTIOS, 1977, p. 13)". A famosa expedição de Xerxes está relacionada com as guerras Greco-Persas ou Guerras médicas e teria ocorrido por volta de 480 a.C., vale lembrar que foi Heródoto seu historiador, já a Guerra de Tróia que se diz ter ocorrido entre 1.200 e 1.300 a.C.; talvez a mudança das datas, ou seja, a diminuição de um zero, proposta por Leibniz tenha a ver com a necessidade de se colocar em acordo com o que estabelecia o "Genesis", parte da História Santa.

242 Mitraísmo: culto masculino de adoração à divindade Mitra, o deus do Sol, da guerra e da verdade, na Pérsia pré-zoroástrica; culto que floresceu especialmente no Império Romano tardio (século II e III d.C.), antes da adoção do cristianismo.

243 "Com um cavalo o persa apazigua ao radiante Hipérion; não se deve dar (no sentido de sacrificar) uma vítima lenta a um Deus veloz". (Ovídio, **Os fatos**, I, vv. 385-386).

sentações de suas cerimônias em escultura. Um embaixador da Holanda[244] fez com que fossem desenhadas com uma grande despesa por um pintor que tinha empregado nisso um tempo considerável; mas não sei por qual acidente estes desenhos caíram nas mãos do Sr. Chardin[245], conhecido por suas viagens, segundo o que ele próprio relatou; seria uma pena se eles se perdessem. Estas ruínas estão entre os mais antigos e mais belos monumentos da Terra, e admiro a pouca curiosidade que um século tão curioso quanto o nosso tem por elas.

§138. Os antigos gregos e os orientais modernos concordam em dizer que Zoroastro chamava o deus bom de *Oromazes*, ou melhor, *Oromasdes*, e o deus mau de *Arimanius*. Quando eu observei que grandes príncipes da alta Ásia tiveram o nome de *Hormisdas*, e que Irmin ou Hermin foi o nome de um deus ou antigo herói dos Celto-Citas, isto é, dos germanos, veio-me em pensamento que aquele Arimanius ou Irmin poderia ter sido um grande conquistador muito antigo vindo do Ocidente; como Gengis Khan e Tamerlan, vindos do Oriente, o foram a partir deste momento. Ariman teria, portanto, vindo do Ocidente boreal, isto é, da Germânia e da Sarmácia, em favor dos Alanos e Massagetas invadir subitamente os estados de um [certo] Hormisdas, grande rei na alta Ásia, como outros Citas o fizeram desde o tempo de Cyaxare, rei dos Médas, no relato de Heródoto[246]. Nada mais natural que o monarca, governando povos civilizados e trabalhando para defendê-los dos bárbaros, na posteridade vir a

244 Leibniz se refere às ruínas de Persépolis (do grego, Cidade dos Persas), cujo nome persa ou como foi chamada a partir do século XIII é algo como 'Chehel minãr' (ou 'Tchelminar', como mencionado; nome que faz referência às supostas 40 colunas), no atual Irã. Recebeu inúmeros visitantes que falaram dela em seus "diários"; na segunda metade do século XVII, 1664-1667, ela foi visitada pelos franceses Jean Chardin e Jean de Thevenot (viajante, naturalista, botânico, linguista e orientalista, 1633-1667); em 1704 foi a vez do desenhista, pintor e escritor holandês Cornelis de Brujin (ou Cornelli Le Brun, como diziam os franceses, 1652-1727) que publicou suas investigações e desenhos das ruínas no relato de viagens **Reizen over Moskovie, door Persie en Indie** (1711) depois publicado em francês com o título **Voyages de Corneille Le Brun par La Moscocie, en Perse, et aux Indes Orientales** (1718), talvez seja ele o autor dos desenhos a que Leibniz se refere.

245 Jean Chardin (1643-1713), célebre viajante francês, primeiramente comerciante de diamantes, que em 1681, pouco tempo após ter regressado de sua primeira viagem à Pérsia, por conta da perseguição dos protestantes na França, se muda para a Inglaterra e depois para Holanda, por conta de integrar a Companhia Britânica das Índias Orientais; em Amsterdam, no ano de 1686, faz publicar a primeira parte de seu trabalho intitulado **Voyages de monsieur le chevalier Chardin en Perse et autres lieux de l'Orient**, obra que termina de publicar em 1711; tal é a ligação dos temas aqui em questão que, sua primeira parte foi revisada pelo francês François Charpentier (1620-1702) que, em 1683, havia publicado a **De l'Excellence de La langue Françoise**; vale lembrar também que ambos escreveram dicionários.

246 Cyaxare ou Cissare, cf. Heródoto, **História**, I, 103.

assumir, entre os mesmos povos, o lugar do deus bom; e o líder dos destruidores viria a se tornar o símbolo do princípio mau. A partir desta mitologia[247] parece até que estes dois príncipes lutaram por muito tempo, mas que nenhum dos dois foi o vencedor. Assim, eles se mantiveram, os dois, do mesmo modo como os dois princípios partilharam o império do mundo, segundo a hipótese atribuída a Zoroastro.

§139. Resta provar (*prouver*) que um antigo deus ou herói dos germanos foi chamado de Herman, Ariman ou Irmin. Tácito relata que os três povos que compunham a Germânia, os ingevões, os istevões e os hermiones ou hermiões, foram chamados deste modo a partir dos três filhos de Mannus[248]. Seja isso verdadeiro ou não, ele sempre quis indicar que existiu um herói chamado Hermin, do qual se lhe tinha dito que os hermiones extraiam seu nome. *Hermiones, Hermenner, Hermunduri* são a mesma coisa, e vale dizer soldados. Até o medievo os Arimanni[249] eram *viri militares*, e existe o *feudum Arimandiæ* no direito lombardo.

---

247 Agora o objetivo fica evidente, trata-se de buscar, quando é possível e geralmente a partir do que faz a base da linguística histórica, certo método que fixe os fundamentos históricos de determinadas mitologias, essa será uma etapa fundamental para a argumentação da origem celto-cita, mesmo que mitologicamente falando, dos germanos em detrimento de outras nações da Europa, como a francesa, a espanhola, a italiana, a inglesa etc.; vale atentar para a utilização da palavra "provar (*prouver*)" logo a seguir, o que mantém aquela investigação dos encadeamentos históricos e a formulação de boas deduções.

248 Novamente a explicitação da preferência de Leibniz por esse autor, tendo em vista que suas opiniões fortaleciam sua hipótese da antiguidade dos germanos via celto-citas e a partir do Reno. Mais à frente Leibniz lembrará novamente a hipótese de Tácito quanto ao nome e origem da nação germânica fazendo menção à expressão *ob metum* (por medo), que mantém a referência à seguinte passagem: "*Manno tres filios assignant, e quorum nominibus proximi Oceano Ingaevones, medii Hermiones, ceteri Istaevones vocentur. [...] Ceterum Germaniae vocabulum recens et nuper additum, quoniam qui primi Rhenum trangressi Gallos expulerint nunc ac Tungri, tunc Germani vocati sint: ita nationis nomen, non gentis evaluisse paulatim, ut omnes primum a victore* ***ob metum****, mox a se ipsis invento nomine Germani vocarentur* (Ao [deus] Mannus [ou Manni] atribuem três filhos, [e] a partir de seus nomes aos próximos do oceano chamam Ingaevões [ou ingevões], aos do interior [ou meio] de Hermiones [ou hermiões] e aos outros de Istaevões [ou istevões]. [...] Ademais, o vocábulo 'Germânia' é recente e há pouco introduzido, pois que aqueles que primeiro cruzaram o Reno e expulsaram os gauleses [ou galos – *Gallos*], e agora [expulsam] os turingos [ou tungros – *Tungri*]), naquele tempo foram chamados de germânicos [ou germanos – *Germani*]: desse modo, o nome de uma nação, e não de um povo [*gentis*], paulatinamente prevaleceu; de tal maneira que todos, primeiramente, por medo do vencedor [ou seja, dos germânicos], rapidamente então foram chamados germânicos [ou germanos – *Germani*], nome inventado por eles mesmos". (TÁCITO, 1852 [**Germania (De situ, moribus et populis germaniae)**, cap. 2], p. 17, grifo nosso).

249 Os arimani constituíam um tipo de milícia de homens livres; protegidos pelo monarca ficavam estabelecidos em terras fiscais para compensar os serviços que prestavam. Seu estatuto era uma das questões bastante discutidas pelos historiógrafos da alta Idade Média italiana.

§140. Eu mostrei em outra passagem[250] que aparentemente o nome de uma parte da Germânia foi dado ao todo, e que [a partir] destes *Herminones* ou *Hermunduri* todos os povos teutônicos foram chamados *Hermanni* ou *Germani*; pois a diferença destas duas palavras está apenas na força da aspiração; como difere a inicial nos *Germani* dos latinos e nos *Hermanos* dos espanhóis, ou como no *Gammarus* dos latinos e no *Hummer* (que quer dizer caranguejo de mar) do baixo-alemão. E é muito comum que uma parte de uma nação dê o nome ao todo, como todos os germanos foram chamados de alemães (*Allemands*) pelos franceses e, todavia, este nome só pertence aos souabes e aos suíços, conforme o antigo estilo[251]. E ainda que Tácito não tenha conhecido bem a origem do nome dos germanos, ele disse alguma coisa de favorável à minha opinião, quando assinala que este era um nome que provocava terror; recebido ou dado *ob metum*. É que ele significa um guerreiro: *Heer*, *Hari*, significa exército, de onde vem *Hariban* ou *clamor de haro*, isto é, uma ordem comum para se dirigir ao exército, que se degenerou em *arrière-ban*. Desta forma, Hariman ou Ariman, German, Guerreman é um soldado. Pois como *Hari*, *Heer* é armada [ou exército], desta forma *Wehr* significa armas, *wehren* combater, fazer a guerra; a palavra *guerre*, *guerra*, vindo sem dúvida da mesma fonte. Eu já falei do *feudum Arimandiæ*, e não apenas Hermiones ou Germanos queriam dizer outra coisa, mais também este antigo Herman, suposto filho do [deus] Mannus, aparentemente teve este nome como se tivessem querido nomeá-lo guerreiro por excelência.

§141. Ora, não é apenas a passagem de Tácito que nos indica este deus ou herói; não podemos duvidar que tenha existido aí um destes nomes entre estes povos, já que Carlos Magno descobriu e destruiu, próximo do Weser[252], a colônia chamada Irmin-Sul, fundada em honra a este deus. E isso, ligado à passagem de Tácito, nos faz julgar que este culto não se relacionava com o

250 Percorremos todo os **E.T.** e não encontramos referências anteriores, talvez Leibniz esteja se referindo a outra obra.

251 Em parte é o que esclarece o uso do vocábulo '*Allemannus*' no **De origine** § XVII.

252 Foi o exame da origem e significado do vocábulo '*Weser*', empreendida nos **N.E.** III, II, referente ao rio, e sua associação com o vocábulo latino '*Visurgis*' que permitiram a Leibniz formular hipótese referente às outras sedes dos francos, cf. **De origine** §XVII.

célebre Arminius[253], inimigo dos romanos, mas com um herói maior e mais antigo. Arminius levava o mesmo nome, como fazem ainda hoje aqueles que levam o de Herman. Arminius não foi muito grande, nem muito feliz, nem muito conhecido por toda a Germânia para obter a honra de um culto público, mesmo dos povos distantes, como dos saxões, que chegaram muito tempo depois dele na terra dos queruscos. E nosso Arminius, considerado o deus mau pelos asiáticos, é um acréscimo de confirmação à minha opinião. Pois nestes assuntos ambas conjecturas se confirmam sem qualquer círculo lógico, quando os seus fundamentos tendem a um mesmo objetivo.

§142. Não é inconcebível que o Hermes (isto é, Mercúrio) dos gregos seja o mesmo Hermim ou Ariman. Ele pode ter sido o inventor ou promotor das artes, e de uma vida um pouco mais civilizada entre aqueles de sua nação, e nas regiões onde ele era o mestre; enquanto era considerado autor da desordem entre os seus inimigos. Quem sabe se ele não chegou até o Egito[254], como os citas que perseguiram Sesostres e chegaram perto dali? *Theut*, *Menes* e *Hermes* foram conhecidos e honrados no Egito. Eles poderiam ser *Tuiscão*, seu filho *Mannus* e *Herman*, filho de Mannus, seguindo a genealogia de Tácito. *Menes* passa por ser o mais antigo rei dos egípcios, *Theut* era um nome de Mercúrio entre eles. Em todo caso Theut ou Tuiscão, do qual Tácito faz descender os germanos, e dos quais os teutões, *Tuitsche* (isto é, germanos) ainda hoje têm o nome, ocorreu o mesmo com este Teutates[255] que Lucano faz os gauleses adorarem, e que César tomou *pro Dite Patre*[256], [ou seja,] por Plutão, por causa da semelhança de seu nome latino com o de *Teut* ou *Thiet*, Titã, Theodon, que antigamente significou homens, povo, e ainda um homem excelente (como a palavra barão), enfim, um príncipe. E há autoridades para todos estes significados (*ces significations*); mas não é preciso parar por aqui.

253 Comandante germânico, vencedor das legiões de Varus no ano 9 d.C.; foi vencido pelo general romano Germanus, membro da família de Augusto.

254 Se as línguas associadas aos filhos de Sem podem ser consideradas bastante corrompidas, como as arábicas e hebraicas, que dirá as dos filhos de Cam, ainda mais recentes e mais distantes da origem celto-cítica, ou seja, germânica, mais recentes que elas só mesmo as dos povos da América.

255 Lucano, **A Farsália**, I, v. 444. César, **Guerra dos gauleses**, VI, 18, 1.

256 A expressão "*pro Dite Patre*" quer dizer 'Por Plutão Pai', de '*Dis*' ou '*Ditis, is*' (s.m.) – Plutão, o deus dos infernos, Hades para os gregos. Leibniz se refere à proximidade dos sons das palavras 'Ditis' e 'Theutis'.

O Sr. Otto Sperling[257], conhecido por muitos escritos sábios, mas que ainda têm muitos outros prontos para serem publicados, escreveu uma dissertação específica sobre este Teutates, deus dos celtas; e algumas observações que lhe comuniquei a este respeito foram incluídas nas **Notícias literárias do mar Báltico**, assim como sua resposta. Ele compreende de forma um pouco diversa da minha a seguinte passagem de Lucano:

Teutates pollensque feris altaribus Hesus,
Et Taramis Scythicæ non mitior ara Dianæ[258].

Aparentemente, *Hesus* era o deus da guerra, o qual era chamado *Ares* pelos gregos e *Erich* pelos antigos germanos, do qual resta ainda *Erich-tag*, terça-feira (*mardi*). As letras R e S, que têm origem em um mesmo órgão[259], substituem-se facilmente, por exemplo, *Moor* e *Moos*, *Geren* e *Gescht*, *Er war* e *Er was*, *Fer*, *Hierro*, *Eiron*, *Eisen*. Para os antigos romanos, *Item Papisius*, *Valesius*, *Fusius*, no lugar de *Papirius*, *Valerius*, *Furius*. Quanto ao *Taramis*, ou talvez *Taranis*, sabe-se que *Taran* era o Trovão (*Tonerre*), ou o deus do *Trovão*, entre os antigos celtas, chamado de *Tor* [ou Thor] pelos germanos setentrionais, do qual os ingleses conservaram *Thursday*, quinta-feira (*jeudi*), *diem Jovis*. E a passagem de Lucano [acima mencionada] mostra que o altar de *Taran*, deus dos celtas, não era menos cruel que o da Diana Taurica, *Taranis aram non mitiorem ara Dianæ Scythicæ fuisse*.

§143. Não é impossível também que tenha existido um tempo em que príncipes ocidentais ou celtas tivessem se tornado senhores da Grécia, do Egito e de uma boa parte da Ásia, e que seu culto tenha continuado nestes países. Quando se considerar a rapidez com que os hunos, os sarracenos e os tártaros conquistaram uma grande parte do nosso continente, se ficará menos espantado; e este grande número de palavras da língua alemã e da língua

257 Otto (ou Othonis) Sperling (1634-1715), numismata e historiador da antiguidade escandinava; sua dissertação, intitulada **De origine veterum Gallorum a Dite, h. e. a Germanis et Septentrionalibus ad Dnn**, foi publicada nos **Nova literaria Maris Balthici** [ou **Baltici**] **et Septentrionis (Notícias literárias do mar Báltico e do Norte)** de junho de 1699, a qual será citada em seguida. A publicação de agosto continha as observações de Leibniz e a de dezembro a resposta de Sperling.

258 "Teutates (Mercúrio) e o temível Hesus (ou Eso, Marte) de terríveis altares, bem como Taramis (ou Taranis, Júpiter) cujo altar não é menos cruel que o altar da cítica Diana". Lucano, **A Farsália**, I, v. 444-445.

259 Leibniz retoma aqui a proximidade dos vocábulos a partir da produção semelhante dos sons pelo aparelho fonador, quanto ao som da letra 'R', 'S', 'L' etc. vide **N.E.** III, II, §1.

grega, que se harmonizam tão bem entre elas, confirma isso. Calímaco[260], em um hino à honra de Apolo, parece insinuar que os celtas que atacaram o templo Délfico, sob [o comando de] seu Brennus ou líder, vieram depois dos antigos Titãs e Gigantes que fizeram a guerra contra Júpiter e contra os outros deuses, isto é, contra os príncipes da Ásia e da Grécia. É possível que o próprio Júpiter seja descendente dos Titãs ou Theodones, quer dizer, dos príncipes celto-citas anteriores, e o que o falecido Sr. Abade de La Charmoye recolheu nas suas **Origens célticas** ajusta-se a isso, embora exista, a propósito, opiniões nesta obra deste sábio autor que não me parecem verossímeis, particularmente quando ele exclui os germanos do número dos celtas, não se lembrando bem das autoridades dos antigos, mas desconhecendo bastante a relação da antiga língua gaulesa com a língua germânica. Acontece que os supostos Gigantes, que queriam escalar o céu, eram novos celtas que seguiam a pista dos seus antigos ancestrais; e Júpiter, mesmo que parente deles, por assim dizer, foi obrigado a resistir a eles, como os visigodos estabelecidos na Gália se opunham, com os romanos, a outros povos da Germânia e da Cítia que chegavam depois deles sob o comando de Átila, então mestre das nações cítica, sarmática e germânica desde as fronteiras da Pérsia até o Reno. Mas o prazer que sentimos quando acreditamos encontrar nas mitologias dos deuses algum traço da antiga história dos tempos fabulosos, talvez tenha me levado para longe demais, e eu não sei se eu teria encontrado [evidências] melhor do que Goropius Becanus, do que Schrieckius, do que o Sr. Rudbeck, e do que o abade Sr. de La Charmoye[261].

260 Calímaco (c. 305-c. 240), célebre poeta, crítico literário e bibliógrafo alexandrino; no seu Hino IV (a Délos), v. 171 seg., ele faz alusão à invasão da Grécia pelos gauleses e à queda deles diante de Delfos (277-276 a.C.); em 390 a.C., um exército gaulês sob o comando do líder Brennus, ou Brenno – nome dado pelos romanos e que significa chefe – chegou a Roma e tomou a cidade.

261 Novamente Leibniz lembra Jean Becan van Gorp, conhecido como Goropius Becanus (1518-1572), médico e literato flamengo; suas pesquisas sobre a antiguidade das línguas germânicas se encontram em um livro intitulado **Hermathena** (1580); suas etimologias "estranhas e frequentemente ridículas" tinham dado nascimento ao verbo "goropisar" (cf. **N.E.**, III, cap. 11, §1). Adrian Schrieck (1560-1621), historiador e filólogo flamengo, em sua obra **Du commencement des premiers peuples de l'Europe et en particulier de l'origene des Pays-Bas** (Ypres 1614), sustentava que o flamengo é a fonte de todas as outras línguas. Olaus (ou Olof) Rudbeck (1630-1702), médico e erudito sueco, em sua obra **Atlântida**, defendia que a Suécia era a Atlântida de Platão e o berço da civilização (Upsal 1675). Paul-Yves Pezron (1639-1706), eleito abade da Charmoye em 1697, teólogo, filólogo e cronologista, autor de um livro intitulado **Antiquité de la nation et de la langue des Celtes, autrement appelés Gaulois** (Paris 1703), que em vários de seus capítulos

§144. Retornemos a Zoroastro[262], que nos levou a Oromasdes e a Arimanius, autores do bem e do mal, e suponhamos que [o Sr. Bayle] os tenha considerado como dois princípios eternos, opostos um ao outro, embora possamos duvidar disso. [...][263]

---

tratava da mitologia aqui discutida e outros com títulos como "*Véritable Origine des Celtes, qu'ils ont tirée de Gomer*" e "*Veritable origine des Peuples appelles Teutons, ou Allemans*".

262 Retomada do §136 e final da reorientação dos mitos aqui mencionados.

263 Esses parágrafos dos **E.T.**, por conta da reorientação da mitologia ou da história fabulosa que produzem, devem ser suficientes para compreender o quão longe foi Leibniz no 'aprofundar' as origens do povo germânico e na justificativa de seu lugar frente a outras famílias ou Casas da Europa, é justamente o que permite compreender a afirmação feita pelo filólogo francês David-Étiene Choffin (1705-1775), *professeur de belles-lettres et de la langue françoise*, em seus **Amusements littéraires** de 1772: "*On croit que de simples Gouverneurs de plusieurs grandes Provinces du vaste Empire de Charle magne étoient devenues dans la suite des Princes héréditaires; mais Mr. de Leibnitz soutient qu'ils l'avoient toujours été, et par-là anoblit encore les Origines des plus grandes Maisons. Il les enfonce davantage dans cet abyme du passé, dont l'obscurité leur est si précieuse.* (Acredita-se que simples governadores de várias grandes províncias do vasto império de Carlos Magno teriam se tornado príncipes hereditários na sequência [ou seja, depois]; mas *M. Leibnitz* sustenta que eles nunca deixaram de ser [por hereditariedade] e, portanto, ainda enobrecem as **origens das maiores Casas** [da Europa]. Ele os empurra mais fundo neste abismo do passado, cuja obscuridade é muito preciosa para eles)". (CHOFFIN, 1772, p.11, grifo nosso). Comentário que chega a repetir parte do verbete "*Léibnitzianisme ou Philosophie de Léibnitz*" do tomo IX da **Encyclopédie** de Diderot e d'Alembert de 1765: "*On croyoit que des gouverneurs de villes de l'empire de Charlemagne étoient devenus, avec le temps, princes héréditaires; Léibnitz* ***prouve*** *qu'ils l'avoient toujours été*". (DIDEROT e D'ALEMBERT, 1751, p. 370, grifo nosso). Cf. também **De origine** §XV.

IV

Breve plano das reflexões sobre as origens dos povos traçado principalmente a partir das indicações [contidas] nas línguas[264]

Tradução e notas: Juliana Cecci Silva e William de Siqueira Piauí

264 Esta é uma tradução direta da versão original do **Brevis designatio meditationum de originibus gentium ductis postissimum ex indicio linguarum**, escrita em torno de 1710 e publicada na *Akademie der Wissenschaften* (Berlin: **Miscellanea Berolinensia**, 1710. V.1, pp. 1-16). Com o intuito de oferecer um trabalho mais aprimorado, cotejamos nossa tradução com a tradução francesa publicada no **L'Harmonie des langues** (edição apresentada, traduzida e comentada por Marc Crépon. Paris: Éditions du Deuil, janeiro 2000, pp. 171-193), contudo, mantivemos a numeração das páginas da versão original; usamos "[P. 1]" para designar a página 1, por exemplo. Segundo o editor da tradução francesa, este trabalho é uma restauração da tradução (e dos comentários) de J. Sudaka, publicada inicialmente no **Genèse de la pensée linguistique** de André Jacob (Paris, Arman Colin, 1973, pp. 46-62). Vale lembrar que já havíamos publicado uma tradução do **Brevis** na revista **Kairos**, n. 4, 2012, pp. 119-149, e que a presente versão foi toda revista e recebeu uma série de notas referente aos outros textos que constam no presente volume.

[P. 1] Visto que ***as origens dos povos*** [ou nações] (***Gentium Origines***)[265] [mais] remotos estão para além da História (*Historiam transcendant*), as ***línguas***, em seu lugar, fornecem-nos os monumentos dos [povos] antigos. E os vestígios mais antigos das línguas (*vetustissima linguarum vestigia*) subsistem [uns] nos nomes dos rios e das florestas, os quais persistem mesmo com as mudanças da maioria dos que habitaram suas margens; os outros [vestígios] estão nas denominações (*apellationes*) dos lugares fundados pelos homens. Com efeito, apesar de muitas vilas, muitas cidades, terem sido nomeadas a partir [dos nomes] dos [seus] fundadores, o que na Germânia – a qual foi seriamente venerada – é bastante frequente; entretanto, outros lugares receberam suas denominações a partir ou da localização ou do que produziam, de outras qualidades, e as das mais antigas é difícil [refazer] a etimologia[266]. Também os antigos nomes dos homens, dos quais nenhum povo da Germânia conservou mais do que o [povo] frísio, conduzem-nos às coisas sagradas, por assim dizer, da antiga língua (*in sacraria veteris linguae*); todavia, eu assumo o seguinte axioma: ***todos os nomes os quais chamamos de próprios foram, algum dia, denominações*** (***appellativa***[267]); de outro modo, eles não teriam razão para se firmar. Assim, todas as vezes que um vocábulo referente a um rio, a uma montanha, a uma floresta, a um povo, a um território, a uma província ou a uma vila escapar à nossa compreensão, devemos buscar compreendê-lo a partir da antiga língua que se distanciou de nós. É desse modo com relação a qualquer nome de homem que termine em ***Ric*** ou ***Ricus***, seja [ele] germano,

265 Leibniz se vale de recursos gráficos como o itálico e um maior espaçamento entre as letras, dentre outros, para dar destaque a palavras, expressões etc.; de modo a respeitar a expressividade que o autor desejou conferir a algumas palavras e expressões, optamos por acrescentar o negrito ao seu destaque itálico, de forma a diferenciar aquilo que Leibniz destacou de tudo aquilo que, por nosso lado, acreditamos ser útil destacar em itálico.

266 Temos que pedir desculpas aos leitores da primeira tradução que fizemos do **Brevis** por conta de termos perdido de vista, o que sanamos aqui, toda uma frase do original latino que dizia: "*alia tamen loca a situ, a proventu, a caeteris qualitatibus appellantur, et vetustiorum difficilis est etymologia* (entretanto, outros lugares receberam suas denominações a partir da localização [ou situação], do que produziam [ou colhiam], [ou a partir] de outras qualidades, e das mais antigas [dessas denominações] é difícil [refazer a] etimologia)". Vale lembrar que algumas dessas outras 'qualidades' serão enunciadas a seguir.

267 Como já discutimos anteriormente, trata-se da explicitação de ponto de vista diametralmente oposto ao de Locke defendido em seus **Ensaios**, III, I-III. Como já o dissemos, o termo *appellativa*, o qual traduzimos por "denominações", equivale ao termo "apelativos", isso é, substantivos comuns ou termos gerais que denominam classes de seres ou coisas associados por sua essência, envolvendo sua significaçao, portanto, um conjunto constante de propriedades essenciais à sua classe.

bem como francês, alemão (*Al[l]emanni*), saxão, gótico, [ou] vândalo, como [ocorre] em Teodorico, Frederico, Hunerico[268] e semelhantes; e certamente ignoraríamos ter significado "força" e "vigor", se não fosse Venâncio Fortunato ter apresentado ***Chilperico*** como [P. 2] ***O forte auxiliador***, se um intérprete bárbaro tivesse aparecido [para nomeá-lo].[269]

Com efeito, [o vocábulo] ***Hulpe*** é o hodierno 'auxilio'[270]. Desde então nos lembramos, com base nos livros germânicos da desconhecida antiguidade, que os gigantes e os heróis eram chamados de ***Recken***. O que faz notar propriamente sua grandeza. E, de fato, ***Recken*** é, pois, o mesmo que estender. E por causa do bastão, ou cetro [mais] alongado, as pessoas de Brunswick[271] foram chamadas de ***ricken***. E o próprio [vocábulo] ***reck***, [ou] ***ricken***, é de origem celto-cítica; assim como ***reye***, ***rige***, ***regula***, ***regere***, ***rex***, *'ρήγνυμι*, ***reifsen*** e muitos outros; os quais se referem ao estender da linha reta, [pois, é] ela que surge ao se estender o fio. De fato, é a partir da própria natureza do som que a letra canina[272] faz notar o movimento violento; mas o *K* final faz notar o próprio obstáculo, graças ao qual [o som] é detido. Desse modo, em ***Ruck***

268 Na língua portuguesa, como deve ter ficado óbvio, este elemento de composição aparece como "rico"; Leibniz já adianta aqui parte de sua teoria da significação das palavras por aglutinação, restando indicar os motivos físicos (som) e psicológicos (sentimentos) da significação que serão tematizados a seguir.

269 Venantius Honorius Clementianus Fortunatus (c. 530-c. 600/609), ou mais simplesmente são Venâncio Fortunato, além de bispo da Igreja Católica Romana em Poitiers, foi poeta e compositor de hinos latinos como os famosos "*Pange Lingua Gloriosi Proelium Certaminis*" e "*Vexilla Regis prodeunt*". Contemporâneo do rei Chilpérico I (c. 527-c. 5 84), Venâncio o apresenta em sua **Carmina miscellanea**, obra em 11 livros, e traduz seu nome por *Adjutor fortis*, ao afirmar: "*Chilperice potens, si interpres barbarus exstet, 'Adjutor fortis', hoc quoque nomen habes* (Poderosos Chipérico, se um intérprete bárbaro tivesse aparecido também por esse nome, 'O forte auxiliador', o teria [chamado])" (IX, 1).

270 Foi Frédéric de Buzon em seu artigo "Leibniz étymologie et origine des nations", que nos chamou atenção para a tradução adequada da expressão "*Hulpe enim auxilium hodieque est*" (com efeito, hulpes é o hodierno auxílio)"; o vocábulo 'hulpes' é uma deformação de 'chilp' e ainda significa "ajuda"; vocábulo que lembra o antigo alemão 'hulp' ou o proto-germânico 'hulpz' e que está mantido no inglês 'help'. Assim, o significado do vocábulo c***hilp***erico ou c***hulp***erico vem de C-hulp/es-ricus.

271 Antiga prefeitura gótica, Brunswick é uma cidade alemã fundamental na biografia de Leibniz. De 1676 até a sua morte, Leibniz serviu à família Hanôver em Brunswick como bibliotecário, juiz e ministro. Depois de 1686 ele serviu principalmente como historiador, preparando uma genealogia daquela família baseada no exame crítico de materiais de fonte primária, o que acabará por permitir a realização de uma espécie de Cronologia Universal, o que ficará mais claro no decorrer das presentes notas. Seja como for, à procura de fontes, ele viajou, dentre outros lugares, para a Áustria e Itália de 1687 a 1690. Por ser luterano, recusou-se a aceitar a posição de guarda da Biblioteca Vaticana, pois, para tal, era exigida sua conversão ao catolicismo. Sobre Leibniz historiador cf. **De origine** §XV.

272 Refere-se à letra R a qual lembra o rosnado dos cachorros, daí canina; como já o fez no capítulo II do livro III dos **N.E.**, Leibniz ainda seguira considerando a sonoridade da letra canina R.

(***einem Ruck thun***[273]) o início é violento, mas, por graus, algum momento depois o movimento é retido. E, do mesmo modo, ***Recken*** é utilizado quando de súbito, mas não sem emitir som, um fio ou outra coisa é esticado com uma grande força, que, também da mesma forma, não se rompe, mas mantém o ímpeto; assim, a partir de uma linha curva obtemos uma [linha] reta, ou seja, aquela que se faz tensa a partir de uma corda. Mas onde foi interrompido pela letra *K*, que retém, o movimento indicado, quando seguido pela *S*, ou *Z*, ressurge e se faz ***Riss***, ***Reifsen***, ***Riz***. Quantas vezes for possível penetrar até a raiz ***da onomatopéia***[274] é isso que põe a descoberto a origem primeira dos vocábulos. No entanto, a maior parte é arrastada pelo tempo; assim, as antigas e as primitivas (*nativae*) significações (*significationes*) são modificadas ou obscurecidas pelas numerosas versões (*translationes*). De fato, as línguas nem surgiram ***ex instituto*** [nem], por assim dizer, foram estabelecidas por convenção; mas certo ímpeto natural nascido dos homens, dos sentimentos (*affectus*) e paixões (*motus*) que se ajustam aos sons [as fez surgir][275]. Eu excluo [dessa caracterização] as ***línguas artificiais***[276], sobre as quais ***Wilkins***[277], o bastante engenhoso bispo de Chester, tinha uma excelente doutrina (que, todavia, como ele mesmo me disse, somente

273 Dar um empurrão.

274 Leibniz utiliza aqui a expressão grega *τῆς ὀνοματοποιΐας* que faz lembrar o que há de mais natural e original nas línguas. Logo em seguida retornará, a partir das línguas e não da linguagem, à questão da significação original, ou seja, ao problema que havia discutido com Locke no início do livro III dos **N.E.**, são essas as bases de sua teoria da significação das línguas naturais históricas.

275 Como já o indicamos, nos **N.E.** (livro III, cap. II, § 1) Leibniz retoma essencialmente parte da mesma questão, ou seja, se a linguagem é "por natureza" ou "por convenção"; questão que havia sido enunciada no diálogo **Crátilo** (383 a) de Platão (427-347 a.C) e reaparecia no **De Interpretatione** (16a 20) de Aristóteles (385-322 a.C.). Assim como o personagem Crátilo, lá Leibniz defendia que a linguagem é também "por natureza" e contra Locke que, assim como Hermógenes, defendia que a linguagem é apenas arbitrária (*ex instituto*); tanto aqui, quanto nos **N.E.**, fica explícito o fato que Leibniz admite a existência da arbitrariedade e casualidade junto à necessidade natural da determinação dos significados das palavras.

276 Com isso Leibniz afasta do presente texto um vasto campo, no qual ele próprio trabalhou bastante, da discussão sobre as línguas artificiais e sua relação com as matemáticas e lógica ou com a arte de inventar e julgar, do que esperamos tratar em um segundo volume; levando em conta o que é dito no **N.E.** IV, XXI, a diferença entre as investigações é que as etimologias das palavras e do uso das línguas envolvem o arbitrário e indefinido; mais abaixo ele também afastará a longa discussão sobre a origem adâmica das línguas e passará a tomar como ponto de partida as línguas que teriam como origem os filhos de Noé.

277 John Wilkins (1614-1672), teólogo, filósofo e secretário inglês da Real Society de Londres, foi autor de um manual de criptografia intitulado **Mercury, or the secret and Swift Messenger** (1641) no qual ele aperfeiçoa o método de George Dalgarno (1626-1687). Também ficou famoso por propor um sistema para uma língua artificial filosófica de uso universal, ao que Leibniz se refere aqui.

uma única pessoa – salvo ele próprio e Robert Boyle[278] – tinha aprendido) a qual Golius[279], um juiz não sem valor, suspeitava ser a chinesa; [considerando] que possivelmente essa fora ensinada aos mortais por Deus. Mas, nascidos pouco a pouco conforme a ocasião, os vocábulos surgem nas línguas a partir da analogia do som emitido (*vox*) com os sentimentos (*affectus*); de algum modo a sensação é comparada com a coisa. Tenho para mim que não foi de outro modo que ***Adão*** atribuiu nomes.

Contudo, ainda que a partir disso sejam facilmente compreendidos, muitos vocábulos peculiares assumiram sua forma graças a séculos de trabalho de vários povos (ainda mais quando o rude [povo] bárbaro possuía mais ímpeto do que razão e, conforme as ocasiões se davam, transformavam o sentimento em som); e deve ter sido [um trabalho] variado, já que tinha a alma [como fonte] e, além disso, os próprios ***órgãos*** da fala, dos quais o uso não fora igualmente fácil para todas as nações. Todavia, seria importantíssimo notar [P. 3] que em uma grande extensão de nosso continente alguns dos ***vestígios amplamente disseminados das línguas antigas*** subsistem nas línguas atuais; penso que desde então muitos foram os vocábulos que a partir do Canal da Mancha se estenderam até o mar do Japão. Eu não quero fazer lembrar aquela [observação] desgastada de Sacas[280] que em toda parte foi empregada, [mas] que não foi examinada; eu invocarei outra palavra (*vocem*) como exemplo, [uma] já usada pelos antigos celtas, para os quais ***Mar*** era outrora cavalo; daí Pausânias ter nos transmitido que eles chamavam ***Trimarchia*** à tríplice fileira da cavalaria[281].

278 Célebre físico, químico e filósofo irlandês, Robert Boyle (1627-1691), escreveu, dentre outras obras, **The Sceptical Chymist** (1661); também já citado ao início do livro III, §1 dos **N.E.**

279 Jacob Golius (1596-1667), matemático e orientalista holandês, professor na Universidade de Leyde, colaborou na redação do **Novus Atlas Sinensis** (1655) de Martino Martini (1614-1661), cartógrafo, historiador e jesuíta italiano que foi missionário na China. Em seguida Leibniz volta à discussão do início do livro III, cap. I dos **N.E.**

280 É provável que Leibniz se refira ao filósofo grego Amônio Sacas (175-242 d.C.), o qual foi muitas vezes considerado o mestre de Plotino de 232 a 243 bem como o fundador da escola neoplatônica de Roma.

281 Certamente Leibniz se refere a uma informação contida no **Descrição da Grécia**, um dos primeiros exemplares da literatura periegética da Europa e o único livro conhecido do geógrafo e historiador grego Pausânias (c. 115-180 d.C.). Podemos encontrar referências sobre esta informação no capítulo 6, **Of the languages spoken in this land**, da obra **An Historical description of the Iand of Britaine, with a briefe rehersal of the nature and qualities of the people of England and such commodities as are to be found in the same** (1587) do clérigo inglês William Harrison (1534-1593). Acreditamos que Leibniz se referiu à obra de Harrison e não à original, de Pausânias, pois o trecho citado se assemelha bastante à referência de Harrison.

A palavra (*vox*) ***Mar*** ou ***Mare*** [foi] conhecidíssima dos antigos teutões (para os quais ***Mareschalcus***[282] é quem está à frente dos cavalos), atualmente elas subsistem entre os germânicos. Além disso, a própria palavra ***Mar***, e outras aparentadas (*cognata*), foi conhecida dos antiquíssimos tártaros. O mesmo sentido (*sensu*) foi conhecido a partir deles até os chineses (para os quais era subjacente); com o que se espantou o rei João da Polônia – bastante recomendável tanto pela força quanto por sua doutrina do amor – desde que um [certo] Claudio Grimaldi, trazido da China, aprendera a elucidação de alguns dos vocábulos dos tártaros orientais; de fato, o rei conservava a língua dos procópios[283]; e isso, pouco depois, foi dito por aquele mesmo exímio Grimaldi para o próprio [rei]. Desse modo, pois, é a palavra ***kan***, [que diz respeito] ao que tem poder, ao nobre, ao que rege. De fato, ***kan***, ***konnen***, significa poder; ***king***, ***konig***, aquele que rege. Mas, ***Cheganus*** [ou Chekanus], ***Can***, para os sármatas, hunos, persas, turcos [e] para os tártaros, [indica] o que ocupa o primeiro lugar, [ou seja,] o príncipe, do mesmo modo que para os chineses. E na correta pronunciação da letra k inicial se faz sentir, em certo momento, uma força que não é fraca; nós mesmos sentimos (*sentimus*) pelo sopro que rompe [violentamente] o obstáculo. Quantas vezes, portanto, a partir da própria palavra (*vox*), ou alguma [outra] transformada por britânicos, germânicos, latinos, gregos, sármatas, fenícios, tártaros, árabes, o [termo] comum é redescoberto (o que, aliás, não é raro); [ou seja,] o vestígio das línguas antigas fornece o comum. De tal modo que, se poderia afirmar tanto que outrora a Europa e a

282 Atualmente, quando se fala em "marechal" entende-se por este nome a patente mais alta da hierarquia militar, no entanto, sua etimologia remonta a significados que incluem "cavalo"; exemplos: "artesão encarregado das ferraduras dos cavalos", "oficial encarregado dos cavalos", "oficial responsável pelo comando de um exército" (supõe-se que a cavalo), "criado doméstico que cuida dos cavalos" etc.

283 Leibniz se refere ao rei João III Sobiesky da Polônia (1629-1696) – que foi rei da União Polaco-Lituana de 1674 a 1696 – e ao jesuíta italiano Cláudio Grimaldi (1638-1712). Grimaldi, após ter servido como missionário em 1669 e, por fim, como assessor diplomático da corte do imperador chinês em Pequim, volta para a Roma após 17 anos na China e, então, encontra-se com Leibniz; parece datar de 1689 o aprofundamento de Leibniz em tudo aquilo que se refere à China e isso se deve a este encontro. Quanto à "língua dos procópios" são dois os indícios que nos levam a crer que Leibniz se refere à língua falada em Ürgüp, uma das cidades mais antigas e importantes da Capadócia, na Turquia: primeiro, os tártaros orientais são um grupo étnico relacionado aos turcos e aos mongóis, segundo, ao longo da sua história, Ürgüp teve vários nomes, dentre eles são Procópio (durante o Império Bizantino), todavia, em grego seu nome continua sendo Procópio.

Ásia[284] estiveram submetidas a um grande império – no caso de alguma língua dominante ser comum (como de fato quase [foi] a latina na Europa, as grega e arábica na Ásia e África) –, quanto, e ainda mais, elas [são] as resultantes de uma única nação ou a da estirpe enviada para formar colônias (o que para as **Sagradas Escrituras285** é unânime), ainda que nas mais remotas sejam poucos os desgastados vestígios (*detrita vestigia*) de parentesco (*cognationis*). Assim, a partir da mistura e da corrupção (*mixtura & corruptione*) das outras é que nascem as novas línguas[286]; eu me lembro de escutar um inglês de nobre ascendência que falava gaulês de modo inglês, [e] inglês de modo gaulês; e uns cem [indivíduos] semelhantes teriam, depois de algum tempo, produzido uma nova língua; tal como a corrompida dos atuais récios que [foi produzida] a partir da itálica ou da gaulesa, não menos que essas [o foram] a partir da latina. E as repetidas corrupções, por fim, confundem [P. 4] todos os traços da origem das corrupções. Assim, não me admiro se o parentesco (*cognatio*) das nossas [línguas] com as línguas [daqueles povos] dos interiores da África e de todos [aqueles] da América não possa ser conhecido.

Dividiremos, não incorretamente, as línguas derivadas de uma [língua] antiga largamente difundida em duas espécies: as ***japéticas***, como assim foi chamada, e as ***aramaicas***. As japéticas se difundiram pela [região] setentrional [ou norte], as aramaicas [pela] meridional; de fato, considero toda nossa Europa [como pertencente à região] setentrional. Daí que se as setentrionais se referem a ***Jafé***, as meridionais, não sem razão, serão atribuídas aos descendentes de [seus] irmãos ***Sem*** e ***Cam***. ***Jápeto*** também [foi considerado] aquele de quem Prometeu (o que fabricou os homens) [era] filho, além disso, e como já tinha conhecimento Homero, os mitólogos tinham-no colocado para o Cáucaso, a aramaica (ou ***Arimi***) para os sírios[287].

284 Trata-se da Ásia celto-cítica, cf. **De origine**, §II.

285 A História Santa dos **N.E.**, III, II, §1.

286 Reafirmação do que havia defendido nos **N.E.**, III, II, §1.

287 Alguns intérpretes e escritores cristãos – dentre eles o contemporâneo de Leibniz, John Milton (1608-1674), com o seu **O paraíso perdido** – identificaram o titã Jápeto (*Japetum*) da mitologia grega com Jafé (*Japhetum*), o filho de Noé, com base na similaridade do nome e na tradição bíblica que considerava todos os povos do mundo pós-dilúvio como descendentes dos três filhos de Noé, isso é, de Sem, Cam e Jafé. Na tradição bíblica, o que servirá de hipótese básica para Leibniz explicar as migrações e mudanças dos vocábulos, os descendentes de Jafé teriam se dispersado nas margens do Mediterrâneo da Europa e da Ásia Menor, ao norte de toda a Europa e em uma parte considerável da

Antes de tudo, entre as meridionais, a ***arábica*** se estende largamente; de fato, ela ocupa a grande península que fica entre o [mar] Vermelho e o golfo Pérsico. E as suas vizinhas – a ***siríaca***, a ***caldaica***, e a própria ***hebraica*** – são muito aparentadas com ela. A ***hebraica***, por exemplo, [parece] constituir certo dialeto de uma língua bem maior, e um pouco do que restou desta mostra-se conservado naquela[288]; isso nem é de se admirar já que ela ocupou uma pequena parte da Síria; ao menos é possível observar o [modo] como ela, melhor do que outras, preservou antiquíssimas relíquias (*vetustissimas reliquias*), uma vez que de nenhum outro povo dos mais antigos conservamos os livros. Está estabelecido que Cartago foi fundada pelos fenícios; e a partir da hebraica e aparentadas [com ela] é que a língua ***púnica*** (cuja cena [teatral] em latim depois volta a aparecer em Plauto[289]) [foi fundada], como Reinesius[290], Bochartus[291] e outros explicaram perfeitamente.

Continuando... E graças à travessia do mar Vermelho pelos árabes uma [língua] melhor que a deles se sobrepôs, [isso é,] a das colônias da ***Etiópia*** Oriental, o que se torna evidente a partir da própria consideração da conversação ***abissínea***; assim a amárica[292] não é distante da etíope a não ser por um

Ásia; por isso, Jafé é considerado o ancestral dos diferentes ramos da grande família indo-germânica. Por outro lado, Jápeto, na mitologia grega, era um dos titãs filhos de Urano e Gaia, segundo a **Teogonia** de Hesíodo, uniu-se a Clímene (em Pausânias, ela se chama Ásia), filha de Oceano, e teve com ela quatro filhos: Atlas ("suportar"), Prometeu ("pensamento previdente"), Epimeteu ("pensamento tardio") e Menécio ("poder condenado", ligado à raiva e imprudência). É das línguas jaféticas ou japéticas, como quer Leibniz, que derivariam a língua dos citas e a dos celtas, consequentemente, delas derivam todas as línguas europeias e primeiramente a dos germanos ou germânicos.

288 Se a língua hebraica, a daqueles descendentes de Sem, parece ser um dialeto é mais recente que a outra bem maior, com isso Leibniz desloca a importância do hebraico mesmo que o texto mais antigo que em geral leva em conta, a História Santa, esteja escrito nesta língua, trata-se de língua muito corrompida e consideravelmente distante das celto-citas.

289 Tito Mácio Plauto (c. 230 a.C.-180 a.C.) foi um dramaturgo romano, que viveu durante o período republicano. As suas 21 peças, preservadas até hoje, datam do período entre os anos de 215 e 184 a.C. Leibniz se refere à sua peça teatral **Poenulus** (189) que apresenta frases em púnico.

290 Além de médico, o turíngio Thomas Reinesius (1587-1667) era filólogo especialista em fenício e em seu ramo cartaginês, o púnico. Leibniz faz menção ao seu **Istoroumena linguae punicae, errori arabicam et punicam esse eandem opposita** (1637), no qual Reinesius evidencia o parentesco entre o fenício-púnico e o hebraico. Mais à frente, na p. 11 do texto original, Leibniz lembrará sua **De Deo Endewellico** (ou **Endeovellico**).

291 Samuel Bochart (1599-1667), erudito francês e ministro da Igreja Reformada da França, defende em sua **Geographia sacra** (1646) a antiguidade e a superioridade do fenício.

292 O especialista da língua amhárica, ou simplesmente amárica, naquela época era o orientalista alemão Hiob Ludolf (1624-1704), com quem Leibniz trocou cerca de 60 cartas entre 1668 e 1704.

dialeto vulgar. Tem-se afirmado que muitos arabismos aparecem nos habitantes das margens do oceano Índico, onde a língua malabar se difunde nas próprias ilhas, assunto o qual o ilustre Relandus[293] defende ser digno conhecer. Já a ***egípcia***, a que hoje é a ***copta***, muito se distancia da arábica e [das com ela] aparentadas, e, assim, também é possível que graças aos antiquíssimos etíopes tenha avançado até a Etiópia, antes que os árabes fossem até ela. A persa, a armênia e a georgiana são vistas como [línguas] nascidas de uma certa mistura a partir da cita e da aramaica, como se [tivessem nascido] dentro de uma fronteira; mas a partir da antiquíssima Cítia, [de tal modo que] hoje seus próprios descendentes não chegariam a reconhecê-las. [Quanto] aos partos (que também são persas) foi [nos] transmitido que [eles] são os antigos exilados que chegaram da Cítia; não pude encontrar no ***persa*** o mesmo tanto que Elichmann [e] Saumaise[294], a ponto de a única exceção ser [o vocábulo] ***God***. As outras [palavras] dos germanos quase sempre fazem eco; elas são comuns às gregas e às latinas. A língua ***armênia*** tem um fundo [em] comum com a egípcia, era o que acreditava o ilustre Acoluthus[295], homem erudito em bratislavo e [P. 5] também particularmente versado nas línguas orientais, das quais não pequena parte desapareceu; e [em uma ocasião] em Berlim ele me explicou as razões de sua opinião, mas elas satisfazem muito pouco. Certamente a colônia dos ***egípcios*** junto aos ***colcos***[296], abandonada por Sesóstris, foi fundada pelos [mais] antigos, sobre o que, de fato, eu não tenho falado[297].

293 Leibniz se refere ao **Dissertationes miscellaneae** de Adriaan Reeland (1676-1718); na terceira parte de sua **Dissertationes** o célebre orientalista Reeland, erudito, cartógrafo e filólogo holandês, tratou das línguas insulares.

294 Refere-se ao médico alemão Johann Elichmann (c. 1600-1639) e ao humanista francês Claude Saumaise (1588-1653); ambos também eram filólogos com interesse pelas línguas orientais. Em um estudo de 1640 – isso é, alguns anos antes do de Boxhorn –, Elichmann já havia usado a expressão "*ex eadem origine* (a partir de uma fonte comum)", para as línguas europeias indo-iranianas. Este médico alemão foi um dos primeiros a afirmar a existência de um parenteco entre o germano e o persa. Ainda que muito pouco tenha publicado em vida, suas ideias se difundiram nos meios eruditos, notadamente sua tese de uma raiz comum entre as línguas iraniana, alemã e grega.

295 Andreas Acoluthus (1654-1704), professor de teologia e orientalista alemão, com quem Leibniz se correspondeu. O termo latino 'vratilavienses', utilizado por Leibniz, refere-se à Wroclaw, daí Vratislávia ou Breslávia, cidade da Polônia na Silésia.

296 Os colcos são naturais da Cólquida, antiga região da Ásia Menor situada ao sul do Cáucaso e a leste do mar Negro, a qual corresponde à atual República da Geórgia.

297 Há referências a Sesóstris e aos colcos na obra **História** do geógrafo e historiador grego Heródoto (484 a.C.-425 a.C.), obra que será mencionada muitas vezes por Leibniz; a Sesóstris, no livro II

Mas se fosse estabelecido um estudo diligente nas línguas isoladas[298] e nas que têm origem a partir da comunhão das que restaram [ficaria patente] que aí se escondem as origens mais profundas [dos povos][299].

Tudo aquilo que nas línguas setentrionais é comum, poderíamos chamar de ***japético***, mas também costumo chamar de ***celto-cítico***. De tal modo é assim que volto a afirmar que a dos germanos e a dos gregos são comuns, mas a partir do [que é mais] antigo; por outro lado, e tempos depois, por meio do comércio e dos escritos [são comuns] a dos gauleses e a dos romanos, isso graças à intervenção dos estudos e dos cultos; [contudo], no que se refere aos gregos e germanos, este não é o lugar deles. Inclusive, de tal modo é assim que volto a afirmar que a [língua] dos germanos tem [algo] em comum com a dos sármatas, dos fenícios e dos tártaros. Certamente, se é verdade que os homens da Europa vieram do Oriente[300] seguindo, por assim dizer, o movimento do Sol, é evidente que avançaram a partir da Cítia, atravessaram pelo Tânais e pelo Íster[301]; uma parte [chegou] no Ocidente, isso é, na Ilíria, na Panônia[302], e se introduziu na Germânia, donde finalmente na Itália, na Gália e na Espanha que são avanços posteriores[303]; uma [outra] parte se dirigiu para o Sul se desviando para a Trácia, Macedônia e Grécia; para onde, tempos depois, foram as colônias da Fenícia e do Egito, daí que os escritos dos ***gregos*** sejam devedores

(Euterpe) e aos colcos (procurar também por colquidianos ou colquidenses) nos livros I (Clio), II (Euterpe), IV (Melpômene) e VII (Polímnia).

298 As línguas que por vários motivos estiveram isoladas conservam mais de suas origens que as que estiveram em contato com outras, ou seja, que puderam mais facilmente ser "corrompidas" e "misturadas".

299 Novamente, eis a tese geral que justifica o título do presente texto; no próximo parágrafo, Leibniz inicia o estabelecimento da genealogia das línguas a partir das japéticas ou celto-citas.

300 Como dissemos pouco antes, é nesse sentido que Leibniz diz que os germanos vieram da Asia, Ásia Celto-cítica. Novamente, podemos lembrar que se trata de opinião contrária à de Piasecius e Praetorius, e este último será lembrado mais à frente.

301 Tânais é o antigo nome do rio Don, na Áustria. Íster ou Istro é o nome do Danúbio inferior. Na Antiguidade, *Ister*, *Hister* (adaptado do grego *Istros*) era o nome do curso inferior do rio Danúbio, enquanto o superior chamava-se em latim *Danuvius*, *Danubius* (adaptado do grego *Danoýbios*).

302 A Ilíria é uma antiga região montanhosa da costa setentrional do mar Adriático. A Panônia, por sua vez, é uma antiga província romana situada entre a Dácia (atual Romênia), a Nórica (atualmente compreende regiões da Áustria e da Carníola) e a Ilíria; atualmente corresponde à Hungria e regiões da Áustria, Croácia e Eslovênia.

303 Eis o motivo de Leibniz criticar tão agressivamente aqueles que tentam traçar as origens mais antigas das línguas e nações da Europa a partir dos espanhóis e, mais abaixo, dos italianos, eles são muito mais recentes devendo suas origens também aos celtas e citas.

aos fenícios e os cultos aos egípcios. Mas (dito desse modo), nos citas repousa o fundamento dos povos gregos, assim como nos celtas o dos italianos.

Pelo nome de ***citas*** compreendemos aqui os antiquíssimos habitantes do mar Euxino, seja qual for o nome de onde tenham vindo. E (dito desse modo) nos citas repousa o fundamento dos povos gregos, como nos celtas [repousa] o dos italianos. Homero colocou aí os cimérios, Heródoto, por sua vez, os distinguiu dos citas[304]. ***Tânais, Danaper, Danaster, Danúbio*** (e sem falar de Duna & Dwina) ainda subsistem para um e o mesmo povo como designações (*apellationes*) impostas a quatro grandes rios, e para o godo Jornandes[305] são enunciados desse modo de forma que a sua origem apareça, a qual pela parte que foi suprimida a pronúncia atual se reduziu às [letras] posteriores. Por isso, ***Dniester*** *e* ***Dnieper*** preservam com dificuldade a antiga letra [ou sílaba] radical do início; já ***Niester*** e ***Nieper*** não a conservam. Por causa daqueles antigos vocábulos dos citas que Heródoto conservou para nós, pode-se dizer que as origens cíticas das coisas celtas são explicadas a partir dos [povos] celtas, isso é, particularmente pelo latim ou pelo germânico. Realmente ***Aeorpata***, isso é, a designação amazonas, Heródoto revela que significa "matadores de homens", [pois] ***Aeor*** [diz respeito] a homem e ***pata*** a matar[306]; prosseguindo,

---

304 De forma geral, podemos dizer que as origens do povo cimério são obscuras e acredita-se que são mesmo fictícias; mas há os que afirmam serem eles indo-europeus habitantes da região ao norte do mar Negro e que invadiram a Ásia Menor no séc. VII a.C. Nos livros I (Clio), IV (Melpômene) e VII (Polímnia) da **História** de Heródoto e no livro XI da **Odisséia** de Homero encontramos referência a esse povo.

305 Também conhecido por Jordanes, trata-se do bispo e historiador godo (séc. VI d.C.), autor da obra **Gética** (**De origine actibusque Getarum – Sobre a origem e feitos dos getas**). Leibniz o cita muito frequentemente, tanto no presente texto, quanto nos **N.E.** e também o veremos mencioná-lo algumas vezes no **De origine**.

306 Leibniz se refere ao que é afirmado em **História**, livro IV (Melpômene), capítulo CX (110): "*Σαυροματέων δὲ πὲρι ὧδε λέγεται. Ὅτε Ἕλληνες Ἀμαζόσι ἐμαχέσαντο (τὰς δὲ Ἀμαζόνας καλέουσι Σκύθαι* ***Οἰόρπατα****, δύναται δὲ τὸ οὔνομα τοῦτο κατὰ Ἑλλάδα γλῶσσαν* ***ἀνδροκτόνοι*** *οἰὸρ γὰρ καλέουσι 'ἄνδρα', τὸ δὲ πατὰ 'κτείνειν'), τότε λόγος τοὺς Ἕλληνας νικήσαντας τῇ ἐπὶ Θερμώδοντι μάχῃ ἀποπλέειν ἄγοντας τρισὶ πλοίοισι τῶν Ἀμαζόνων ὅσας ἐδυνέατο ζωγρῆσαι, τὰς δὲ ἐν τῷ πελάγει ἐπιθεμένας ἐκκόψαι τοὺς ἄνδρας* (Quanto aos Saurômatas [*Σαυροματέων*], eis o que se diz sobre eles: Quando os Gregos [*Ἕλληνες*] combateram contra as Amazonas, [Amazonas - *τὰς Ἀμαζόνας*] que os Citas [*Σκύθαι*] chamam **Aiórpatas** [ou **Aeorpata** - ***Οἰόρ/πατα***], nome que os Gregos traduzem [*γλῶσσαν*] para **Andróctones** [***ἀνδρο/κτόνοι***] (que matam homens), pois *aior* [*οἰὸρ*] em cita significa 'homem [*ἄνδρα*]', e *pata* quer dizer 'matar [*κτείνειν*]' – quando os Gregos, dizia eu, deram combate às Amazonas, derrotando-as às margens do Termodonte, conta-se que levaram consigo, em três navios, todas as que puderam aprisionar)". (HERÓDOTO, 2006 [versão para o português de J. Brito Broca], p. 351, grifo nosso). Logo em seguida Leibniz mencionará os "saurômatas".

para os antigos romanos ***battere*** ou ***battuere*** [P. 6] já era ferir, o que subsiste nas línguas corrompidas que tiveram sua origem no latim, também não faltam vestígios em germânico. ***Paschen*** diz-se sobre aquela coisa que de certa forma é larga, como a planta do pé, a palma da mão, [aquelas coisas que] batem na água ou outra coisa que resiste até certo ponto, [sendo a] palavra falada nascida a partir do som [produzido] (*voce a sono orta*). ***Vir, Baro, Herus, Herr, Er*** ao que parece eram aparentadas (*cognata*), com as quais concordam [em termos de som] ***Aeor***; do mesmo modo que ***oiros*** ou *oenus vino*.

Com não menos sucesso são explicadas: ***Arimaspos***, a qual tinha como significado 'de um só olho', o que o mesmo confiável autor Heródoto atestou[307]; de fato, com ***Arima*** os citas designavam "uno" (afirma ele) e com ***Spu*** olho; não porque aquele povo carecesse de um olho, mas porque um é mais usado quando se mira[308]. Prosseguindo. Assim significa unidade, solidão, raridade, por consequência ***Eremus*** para os gregos [era] a solidão, ***Arm*** para os germanos [era] o pobre, ***Arim*** para os citas era um, [bem como] atualmente ***Erti*** é [um] para os georgianos. Por outro lado, ***sphen***, ***specere***, ***spia***, ***epier***, para os germanos, latinos, italianos e franceses [é] um verbo, [e como] para os celtas trata-se [do verbo] ver[309]. Daí então fica evidente [o significado de] ***Arimaspus***. A significação originária (*Originaria significatione*)[310] de ***spehen*** tanto se refere a olhar agudo, quanto a penetrante; de fato, para nós ***Sp*** está

307 Os arimaspos são um povo da antiga Sarmácia européia; quanto às referências de Heródoto a esse povo, veja-se também **História**, principalmente a seguinte afirmação do cap. XXVII livro IV. "*Γινώσκονται μὲν δὴ καὶ οὗτοι, τὸ δὲ ἀπὸ τούτων τὸ κατύπερθε Ἰσσηδόνες εἰσὶ οἱ λέγοντες* ***μουνοφθάλμους ἀνθρώπους*** *καὶ χρυσοφύλακας γρῦπας εἶναι· παρὰ δὲ τούτων* ***Σκύθαι*** *παραλαβόντες λέγουσι, παρὰ δὲ Σκυθέων ἡμεῖς οἱ ἄλλοι νενομίκαμεν καὶ ὀνομάζομεν αὐτοὺς σκυθιστὶ* ***Ἀριμασπούς*** *ἄριμα γὰρ ἓν καλέουσι Σκύθαι, σποῦ δὲ ὀφθαλμόν* (É isso o que se conhece sobre esses povos. Quanto à região que fica mais acima, sabe-se, pelo testemunho dos Issédons, ser habitada por **homens de um só olho** [***μουνο/φθάλμους ἀνθρώπους***], e pelos Grifãos, que guardam o ouro. Os Citas [***Σκύθαι***] colheram essas informações com os Issédons, e nós com os Citas. Nós os chamamos Arimaspes [***Ἀριμα/σπούς***] em língua cita. Nessa língua arima [*ἄριμα*] significa '*um*' [ou a unidade – *ἕν*] e spu [*σποῦ*] *olho* [*ὀφθαλμόν*].)" (Op. cit., p. 316-7, grifo nosso). Cf. também livro III (Tália), cap. CXVI (116), e livro IV (Melpômene), cap. XIII (13) e XIV (14).

308 Leibniz resolve, com essa afirmação, a dificuldade de Heródoto no livro III (Tália), cap. CXVI, de sua **História**.

309 Em língua portuguesa temos um vocábulo que lembra essa discussão feita por Leibniz: "espiar".

310 Vale lembrar que parte da questão levantada por Locke nos capítulos I a III do livro III seu **Ensaio** dizia respeito justamente às significações originais das palavras, ao que Leibniz, novamente, faz basear-se em uma investigação sobre a história da conexão das línguas e das nações, à busca pelos vocábulos comuns, a partir das nossas descobertas e não a partir de uma suposta origem intelectual das noções.

aqui e ali nas ações [associadas] a penetração e instrumentos penetrantes. Heródoto lembra uma conversa que teve com o príncipe cita, e provavelmente ele foi até as [regiões] limítrofes dos citas, já que é certo que foi um grande viajante; e por isso (como na maior parte) merece mais confiança. Aliás, alguém [pode] se admirar quanto ao fato dos antigos citas nos sugerirem [coisas] tão distantes em termos de língua e povo; com efeito, eu não gostaria de lançar conjecturas, seja quanto a Zálmoxis em nome do povo geta, seja quanto a Anacársis[311] [em nome] do povo cita ou [coisas] similares. Eu gostaria que os vocábulos citas fossem reunidos por algum homem douto do mesmo modo [que o fizeram] com os [vocábulos] gálicos, frígios, egípcios e outros, ou seja, a partir de escritos antigos. Atualmente, Hesíquio[312] fornece alguma coisa no que se refere aos cíticos.

Pelo nome de cíticos separados dos celtas, eu compreendo os turco-tartáros, sármatas[313] e fenícios, apesar de estes três [povos] estarem muito apartados. Os ***turcos*** já eram conhecidos dos antigos, o nome de tártaros surgiu quando, chefiados por Gengis Khan[314], eles se lançaram pelo mundo causando destruição. As [legiões] turcas vieram das regiões onde agora habitam os chamados ***usbecci***, isso é, masságetas[315] ou citas vizinhos dos persas; é o que se percebe com evidência a partir da própria língua de um e do outro desses povos; é seguro que a [língua] tartárica procopiana é aparentada das turcas; e conta-se que os

311 Zálmoxis foi um lendário reformador social e religioso, considerado como o único Deus verdadeiro pelos trácios dácios, assim como pelos getas. Anacársis (séc. VI a.C.), que teve uma morte trágica que ficou famosa, foi um filósofo de origem cita que provocou bastante rebuliço ao chegar na Grécia; quase um personagem, não restam textos seus, a não ser os indiretos. Na obra **História** de Heródoto há tanto referência a Zálmoxis – ver livro IV (Melpômene) – quanto a Anacársis – ver livro III (Tália) e IV (Melpômene).

312 Hesíquio de Mileto (VI d.C.), historiador e estudioso bizantino. Pouco se sabe sobre sua vida, no entanto, foi autor de três grandes obras, dentre elas um "Onomatólogo", isso é, um tratado de nomes, termos e a sua classificação. Trabalhou durante o reinado de Justiniano I.

313 Povo nômade da Sarmácia, antiga e vasta região setentrional da Europa e da Ásia (na qual depois se incluíam a Polônia, a Moscóvia e a Tartária). Os sármatas vieram da Ásia Central e invadiram a região ocupada pelos citas (séc. III a.C.). Divididos em tribos, eles alcançaram o Danúbio no início da era cristã e, pouco a pouco, se misturaram aos invasores hunos, godos e vândalos.

314 Gengis Khan (1162-1227), grafado também como Gengis Cã ou Gengis Cão (em mongol, transliterado para o alfabeto latino: Tchinghis Khaan) foi um conquistador e imperador mongol cujo nome era Temudjin e que nascera nas proximidades do rio Onon, próximo ao lago Baikal.

315 Povo da Cítia de origem iraniana que se fixou no nordeste da Europa, entre o mar Cáspio e o mar de Aral.

calmucos[316] (cujo nome atual também foi introduzido pelos russos, creio eu) muito ao contrário, mas que os ***mogallos***[317] (cuja denominação é antiga) têm uma fala (*sermone*) aproximada das turcas. Aqueles mesmos tártaros de mais ao Oriente, imperadores da China, têm muitos vocábulos aparentados com os turcos dos quais *R. P.* Bouvet[318] [P. 7] já me forneceu alguma coisa. Descobri indícios seguros de que os ***comanos***[319] tiveram sua origem a partir dos turcos, no momento em que as primeiras (das legiões) tártaras se dirigiram ao Tânais e ao Danúbio com o objetivo de tomarem o lugar. Suas relíquias sobreviveram na Hungria (onde tinham se refugiado com receio dos tártaros), mas, se não estou enganado, a língua se perdeu.

Os ***sármatas*** são e foram outrora um povo também espalhado pela Ásia e pela Europa. Heródoto pensou em separado os saurômatas[320], mas Tácito[321] considerou os sármatas a partir dos germanos próximos; e, assim, ele evidenciou ter compreendido [sob esta designação] os povos que depois foram chamados de ***eslavônicos***[322], nos quais incluímos os russos, poloneses, boêmios[323], moravos, búlgaros, dálmatas (de hoje, evidentemente) e outros eslavos habitantes do mar

316 Povo de origem mongólica, também conhecido por mongóis ocidentais, fundaram um império na Ásia central no séc. XV; atualmente, habitam regiões da Sibéria, China e Mongólia.

317 *Mugalle* está na etimologia de "mongol". Segundo uma lenda, "mongol" é o nome atribuído por Gengis Khan ao seu povo; na língua mongol, *mong, mengu, mongu* significam "valente, bravo, invencível". O francês *grand mogol* e o equivalente dessa expressão nas demais línguas européias provêm do português; as formas portuguesas *mogor, mogol* foram diretamente hauridas na Índia, onde *mogul, moghul, mughal* ocorrem como formas arabizadas e persianizadas do vocábulo original para designar os dominadores locais descendentes de Gengis Khan e qualificar as coisas a eles relativas. Em terminologia histórica estrita, é tendência atual, em várias línguas ocidentais de cultura, usar *mongol*, como epíteto genérico relativo às coisas mongóis e mongólicas na feição cultural assumida na Índia, e *mogol*, como epíteto restrito.

318 *Reverendus Pater* Joachim Bouvet (1656-1730), padre jesuíta, matemático e missionário, fez sua primeira viagem à China em 1698. Foi um dos principais correspondentes de Leibniz no que se refere à China. Cf. **Leibniz correspondiert mit China, Der Briefwechsel mit den Jesuiten Missionären** (1689-1714).

319 Naturais da Comana, antiga cidade da Capadócia (Ásia Menor).

320 "Saurômata" é o mesmo que "***sármata***"; o termo 'sauromatae' (saurômata) foi usado principalmente pelos primeiros escritores gregos, enquanto 'sarmatae' (sármata), mencionado aqui por Leibniz, foi usado pelos últimos gregos e romanos posteriores.

321 Mais uma vez e longe de ser a última, Leibniz se refere ao romano Públio (ou Caio) Cornélio Tácito (c. 55-c. 120 d.C). Este historiador, o qual exerceu, dentre outras, as funções de orador e cônsul é autor de **Germânia**; uma obra descritiva da "região" da germânia e de seus povos considerada incrivelmente precisa para a época.

322 Povo da Eslavônia, situada na extremidade noroeste da Iugoslávia.

323 Natural da Boêmia, região ocidental da República Tcheca.

Adriático. Então os povos dos vênedos, que o vulgo [chamava] *de **wendes***[324] (não devem ser confundidos com os ***vândalos*** germânicos[325]), [foram] para o Báltico; os ***antas***[326], [lembrados] por Jornandes[327], e também aqueles [povos] de mesma origem, que depois dos povos germanos sucederam nas regiões vazias para ocupar o mar Bárbaro[328] (assim chamavam os antigos), [foram] para o Elba, ou melhor, para Saale[329] e também se dirigiram para a [região] turíngica. Sabemos que todos vênedos (dos quais alguns permanecem na região lunebúrgica, muitos em Lusácia e Marchia[330]) facilmente se apresentaram como intérpretes dos moscovitas. E o sueco Sparvenfeld[331] homem insigne também elogiado por outros, inclusive por seu conhecimento em línguas orientais, me afirmou por carta que a língua que aprendera em Moscou ele escutara em sua viagem entre carnos e carniolanos[332]. Geralmente, Jornandes situa os ***vênedos***, povo numeroso, naquelas regiões compreendidas na República Polonesa além da Vístula, e os divide em antas e eslavos. Contudo, eu observo que os [vocábulos] ***antas*** e ***wendes*** ou vênedos só são diferentes na pronúncia; na letra w (como aqui e ali se faz) ora adotada, ora deixada de lado.

Para os sármatas, ou se preferir, os eslavos, eu faço retornar inclusive os ***hunos*** e ***ávaros***[333]; e onde outrora ocupavam aqueles que com a designação

324 Leibniz se refere aos vênedos, antigo povo eslavo, que habitava desde o Vístula até o Volga, os quais os alemães chamavam de wendes.

325 Tribo germânica oriental, os vândalos invadiram o Império Romano, saquearam Roma no ano de 455 e criaram um estado no norte da África, centralizado na cidade de Cartago.

326 Antigo povo vizinho dos búlgaros, pelo nome de 'antas' se designava os eslavos do leste a partir do séc. IV d.C., foram eles os fundadores do primeiro estado russo.

327 Leibniz se refere às menções feitas na obra Gética (**De origine actibusque getarum**), de Jornandes (ou Jordanes), cap. V, 34, 35, e XXII, 119; obra que passará a ser mencionada muitas vezes a partir de agora.

328 Nome pelo qual o lago Chiemsee ou mar Bávaro (mar da Baviera) também era conhecido.

329 Rio que fica na Alemanha, o Saale é um afluente do rio Elba e nasce na Baviera.

330 Lüneburg é uma cidade alemã da Baixa Saxônia; a Lusácia é uma região do nordeste da Alemanha; mantivemos o termo 'Marchia', pois não conseguimos saber se Leibniz se refere à antiga província da França ou à região da Itália Central cuja capital é Ancona.

331 Eis uma menção ao autor das cartas que traduzimos no início, o linguista sueco Johann Gabriel von Sparvenfeld (1655-1727), Leibniz parece se referir ao que também é lembrado em sua carta de 06 de dezembro de 1695 sobre os moscovitas e que se relaciona ao dito no §III da carta de 07 de abril de 1699.

332 Com o termo 'carnos', Leibniz certamente se refere aos carnas, povo asiático situado além da lagoa Meótida (atual mar de Azov) na Rússia. Os carniolanos são o povo da Carníola, atual Eslovênia.

333 Os ávaros são um antigo povo da Cítia, na região da Europa ao norte do Ponto Euxino, que adentrou a Europa em meados do séc. VI.

panônios eram denominados, agora estão os húngaros. Com efeito, depois que góticos, longobardos, gépidas[334] e outros povos dos germanos chegaram na Itália, na Récia, [na região dos] eduos[335] e em outros lugares alguns se estabeleceram entre o Danúbio e os Alpes, e seja espontaneamente ou seja pela força dos recém chegados, [outros] abandonaram em razão da chegada dos eslavos, dos quais uma parte, denominados ávaros, chegou aí, então, tempos depois, e desse modo toda aquela região é habitada pelos povos eslavônicos, exceto onde os ***húngaros*** (que dão origem a outros povos) impediram. Certamente na própria Hungria, osráscios[336], os sérvios, os croatas, os sículos[337] e a maior parte dos habitantes das regiões mais acima da Hungria têm como origem os eslavos [P. 8], é o que se observa a partir da língua[338]. Prosseguindo... Para os antigos, na época de Carlos Magno, hunos e ávaros estavam juntos na Panônia, e naquele momento eram compreendidos sob o nome de hunos dos ávaros, ou então ávaros dos hunos; mas já ante aos campos próximos de Dnieper[339] não tenho conhecimento daqueles que Jornandes percebeu e que são chamados [pelo nome de] ***hunnivar***; mas, quanto ao povo ***hun****[o]* e *[á]****var****[o]*, tanto Simocatta[340] quanto outros escritores gregos fizeram menção.

Além disso, graças a outros indícios, parece que o povo eslavônico ou sarmático teve origem nos hunos; embora, o povo dos hunos tenha sido chamado de turcos por alguns gregos; mas considerando a expressão em sentido largo, de tal maneira que também compreendesse o povo cita. Assim,

334 Os longobardos, ou mais comumente chamados de lombardos, são um povo germânico que, em 568 d.C., invadiu, colonizou e formou um reino no vale do rio Pó, Itália. Os gépidas também são um povo de raça germânica, que se estabeleceu na Dácia após 451; esse povo cita foi levado para as margens do Danúbio devido à invasão dos hunos e ficou famoso por tê-los derrotado após a morte de Átila.

335 Os eduos são um povo da Gália que habitava a região da atual Borgonha, França.

336 Habitantes da Rasoi ou Raska; região de altos-planaltos da Iugoslávia nos confins do Montenegro e da Sérvia. Não se deve confundir com a região da Récia (Itália).

337 Sículos (o mesmo que sicilianos, sicilienses, siciliotas) são naturais da Sicília, ilha ao sul da Itália.

338 Portanto, como devia constar em seu *ristretto*, fica provada, principalmente via estudo etimológico, filológico, histórico e geográfico, a pertinência da investigação da conexão dos povos a partir da conexão das línguas.

339 Refere-se ao rio russo Dnieper ou Dniepre (em latim: *Danaprum*), Leibniz já se referiu a este termo e seus derivados na página 5 do texto original onde os relacionou ao rio Danúbio.

340 Segura e novamente Leibniz se refere ao historiador bizantino Theophylactus Simocatta (séc. VII), o qual pode ser considerado o último historiador do mundo antigo. Simocatta foi quem escreveu a importante obra **Historia de rebus gestis Mauricii Imperatoris**.

então, os mais remotos acabaram chegando como bárbaros; os antigos [os denominaram] citas, na Idade Média [foram denominados] hunos ou, ainda, turcos e os contemporâneos os denominaram com o vocábulo geral tártaros. A partir da embaixada do rétor Prisco[341], tem-se conhecimento que apenas duas foram as línguas correntes no palácio de Átila: a gótica e huna. É evidente que o gótico é germânico e, como exemplo, os nomes dos reis são suficientes para demonstrá-lo. Entretanto, [a língua] huna, a menos que a própria não tivesse sido a sarmática, certamente seria obrigada a ser empregada como uma terceira, visto que Átila estava habituado a estar entre os povos eslavônicos. Some-se a isso que para os sármatas ***Coni*** ou ***Chuni*** têm o significado do vocábulo *cavalo* (*equum*), é o que se sabe; e, por isso, com o nome de ***hunos*** não se quer dizer nada mais senão cavaleiros, e sempre estavam montados em seus cavalos, não menos que seus sucessores tártaros; é o que se sabe a partir das antigas histórias. Jornandes ao descrever as oferendas de Átila aos mortos usa [a expressão] *de vasto* ***Stravvae*** (*ingentis Stravvae*)[342], e como ele próprio explica, [trata-se de] festas com acompanhamento suntuoso; e a partir do nome ***Stravvae*** se chega aos povos sármatas, como mostrou o professor de Helmstadt[343]; ele, desde há muito tempo, incumbiu-se, não sem sucesso, de me encorajar a me ilustrar nas antiguidades das línguas germânicas. E tam-

341 Prisco de Pânia, na Trácia, foi um historiador e sofista bizantino do século V. Ele acompanhou Maximiniano, embaixador de Teodósio II, à corte de Átila o Huno em 448. Foi autor de um memorável trabalho, a **História Bizantina**, a qual provavelmente cobre o período de Átila a Zenão I (433-474). Somente fragmentos desse trabalho restaram, em grande parte preservados na obra **Gética** de Jornandes (ou Jordanes) que já tem sido mencionada.

342 Leibniz se refere à seguinte fala de Jornandes "*Postquam talibus lamentis est defletus,* ***stravam*** *super tumulum eius quam appellant ipsi* ***ingenti*** *commessatione concelebrant* [...] (Depois de ter pranteado com tais lamentos, na *strava*, como eles chamam (*appellant*), sobre seu túmulo celebram com um extraordinário (*ingenti*) banquete (*commessatione* [ou *comissatione*]))". **Gética**, XLIX, 258. O termo *Strawa*, de origem latina, germanizado por Leibniz, designa um tipo de catafalco, isso é, estrado alto sobre o qual se coloca o ataúde ou a representação de um morto a quem se deseja prestar honras; como afirmado no texto, era colocado em cima de um túmulo onde os hunos celebravam um festim mortuário.

343 Talvez uma referência a Johann Georg von Eckhart (ou Eccard, 1664-1730), historiador e linguista alemão, foi assistente de Leibniz a partir de 1694. Graças aos seus esforços, Eckhart foi nomeado professor de história em Helmstadt em 1706. Após a morte de Leibniz se tornou bibliotecário e historiador da Casa de Hanôver. Juntamente com Leibniz, ele é considerado um dos fundadores da moderna historiografia na Alemanha. Tal era o volume de trabalhos feitos sobre a língua alemã até aquele momento que Eckhart, enquanto professor em Helmstadt, escreveu uma **História dos estudos etimológicos da língua germânica (Historia studii etymologici linguae germanicae hactenus impensi**, Hanover, 1711).

bém possuo os indícios de que os cazares[344], outrora das localidades do Ponto Euxino, eram de origem eslavônica.

Os ***finos***[345] são considerados outra grande nação dos setentrionais, aos quais Tácito deu o nome de fenos; e descreve aqueles que hoje são o povo dos lapões[346] do campo ou o dos samoiedos[347] e também faz menção à sua rudeza. Com base na língua, Scheffer[348] nos ensinou que seguramente o povo dos lapões e dos fínicos tiveram outrora uma origem comum. Já para Jornandes ***Scridi--Finni*** (referindo-se à marcha, pois ***schrfiten*** significa "pôr-se a andar") eram denominados os que hoje chamamos de lapões. Mas estendem seus parentescos ainda mais longe no Oriente, cujo indício manifesto é o de que os ***húngaros*** apresentam parentescos com a nação fínica; a partir de Jornandes sabe-se que eles vieram desde o interior da Cítia e também, como dizemos hoje, desde as regiões da Sibéria mais próxima. E para Rubruck[349], o qual foi enviado por são Luís [P. 9] para estudar os tártaros, a antiga [língua] húngara era então chamada de ***pascatir***, a qual acredito ser a que hoje, sob o domínio do Grande Monarca Russo, [chamamos] pelo nome ***baskiria***[350]. Prosseguindo... Nenhuma das línguas dos povos da Europa aproxima-se das húngaras da mesma maneira que a fínica; a esse respeito Comênio[351], como se sabe, foi o primeiro a notar.

344 Os cazares, também chamados cázaros ou khazari, parecem ter sido um povo de origem turcomana seminômade que dominou a região centro-asiática do século VII ao X. A Cazária (Império Khazar, como também é aceito) foi um extinto estado não-eslavo que existiu nas estepes entre o mar Cáspio e o mar Negro e parcialmente ao longo do rio Volga.

345 Finos, fenos ou finlandeses se referem a um antigo povo da Escandinávia.

346 Povo natural da Lapônia, região do extremo norte da Europa; estão relacionados ao complexo dialetal de línguas fino-úgricas falado no norte da Noruega, Suécia, Finlândia e noroeste da Rússia.

347 Povo da Sibéria que habita as estepes que margeiam o Ártico, desde o mar Branco até o rio Ienissei.

348 Leibniz se refere ao alemão John Scheffer (1621-1679) que se formou em Filologia no ano de 1637 na Universidade de Estrasburgo e que escreveu a obra **Lapponia: id est, et gentis nova et regionis lapponum verissima descriptio** (1673).

349 Guilherme de Rubruck (c.1220- c.1293) foi um monge franciscano flamengo, missionário e explorador; em 1253 foi designado por são Luis como embaixador junto a Mangu Khan. Escreveu um relato importante sobre suas viagens pela Ásia, o **Itinerarium fratris Willielmi de Rubruquis de ordine fratrum Minorum, Galli, Anno gratia 1253 ad partes Orientales**, obra de destaque na literatura geográfica medieval e que permite compreender parte importante da história da Ásia.

350 No que se refere aos termos 'baskiria', 'bashkir', 'pascatir', as primeiras fontes européias que fazem menção aos bashkires são as obras do religioso e missionário italiano Giovanni da Pian del Carpine (c.1182-1252) e, novamente, Guilherme de Rubruck. Estes viajantes, que se encontraram com as tribos basquires na parte alta do rio Ural, os chamaram de pascatir e afirmaram que falavam a mesma língua que os húngaros.

351 Jan Amos Komenský (em latim. *Comenius*, 1592-1670) foi professor, cientista e escritor checo, considerado o fundador da Didática Moderna. Esse teórico da educação deixou mais de 200 obras, dentre

Mas, ainda recentemente, quando Fabrício[352] viajava da Suécia para a Pérsia a negócios, um jovem companheiro fino, parente do clérigo Brenner, não estando longe do Volga, uma vez que caminhava para o alto mar Cáspio, ao locar mulas como veículo pagando aos habitantes com moedas, ficou admirado por serem os nomes de números quase os mesmos dos finos; tanto que ao desenvolver a conversa em grande medida foi compreendido e entendeu. E assim julgo que a antiga grande nação a qual se estendia desde o oceano setentrional[353] até quase o mar Cáspio foi dividida para, na parte destruída, sobrevirem depois os eslavos ou sármatas. Provavelmente tanto os ***estonianos*** quanto os ***livônios***[354] e outros habitantes do mar Báltico, os quais têm origem diferente dos eslavos, devem nos conduzir até o [povo] fínico; ainda que reconheçamos isso com mais dificuldade, pois desconhecemos aquelas línguas. Tenho as mesmas suspeitas quanto aos ***samoiedos***. A partir da Cítia asiática chegaram os ***húngaros*** à Panônia e ocuparam parte desta planície, quando os compatriotas ávaros, os quais não podiam se defender, [foram] vencidos [pelo] exército de Carlos Magno[355]. Por conseguinte, desde a Panônia [suprimida a região a qual, por sua posição oriental, é denominada Österreich – em latim Áustria –, anexada por Carlos dos germanos], recebe o nome de ***Hungria*** pelos compatriotas mais novos: dos habitantes que têm origem nos ávaros, [ou seja, nos eslavos], e ainda dos húngaros que permaneceram. Os escritores gregos inferiorizando aos húngaros os denominavam ***turcos***, [já] os turcos de ***persas*** e os próprios gregos eram honrados com a designação de ***romanos***, pois em certa medida conserva a aparência de antigo império.

Já, a partir dos citas, eu chego aos ***celtas***; quase toda a Europa foi ocupada pelos citas; eles se estenderam até o mar Mediterrâneo e o oceano, pelo

elas a **Novíssimo método das Línguas** (1647), **Didacta Magna** (1631 – versão latina da *Didactica* **checa**) e a **Porta aberta das línguas** (1631) publicada na Polônia, para onde tinha se refugiado.

352 Certamente Leibniz se refere ao teólogo, filólogo e bibliógrafo alemão Albrecht (Albert) Fabricius (1668-1736).

353 Leibniz certamente se refere ao mar Báltico já que este se localiza no extremo norte da Europa.

354 Povos fino-húngaros desaparecidos, os livônios habitavam a Livônia; região situada no norte da Europa, entre a República da Estônia e a República da Letônia.

355 Em 791, com a ajuda do seu filho Pepino da Itália, o rei dos francos e imperador do Ocidente Carlos Magno (742-814) comanda uma primeira expedição contra os ávaros. Em 795, consegue apoderar-se de sua fortificação que continha um tesouro considerável, fruto de várias dezenas de anos de pilhagem. Em 805, os últimos rebeldes ávaros são definitivamente submetidos.

estreito de Cádiz que é comum a ambos. Sabe-se que, outrora, uma parte dos povos germânicos habitou toda a extensão até o Tânais[356], mas foram separados pelos vênedos ou antas; não faz muito tempo que as relíquias dos germanos ainda subsistiam em meio ao Quersoneso táurico[357], provavelmente, então, nem foram completamente extintas. Ali, em seguida, os germanos [foram] fragmentados devido às migrações, os eslavos se retiraram de todas as regiões para o Elba (*Albim*), entretanto, a maior parte deles por fim retornou para o mar Báltico e para quase toda a Vístula. Por isso que os ***bastarnas***[358] do outro lado dos montes Cárpatos estavam, outrora, associados aos germânicos, mas os ***dácios*** e ***getas*** eu prefiro remontar aos sármatas. Acredito que os antigos ***ilírios***[359] e os ***péones***[360] [P. 10] eram, outrora, celtas, isso é, germanos ou semi-germanos. Assim, a língua eslavônica é injustamente chamada de ***ilírica***, pois, embora hoje os eslavos ocupem a Ilíria e todas as localidades vizinhas, eles imigraram depois. [Tito] Lívio[361] chama os semi-germânicos de povos alpinos. E faço voltar todos aqueles celtas até os germânicos, quaisquer que se estendam pelo Reno[362] na [parte] setentrional e oriental. Mas os que do outro [lado] do Reno [são] para nós os celtas pertenciam aos gauleses, ainda que a origem dos belgas seja declarada principalmente germânica. Todavia, olhando as origens mais antigas, os gauleses (*Gallos*) vêm dos germanos (*Germanis*), os germanos dos citas (*Sythis*)[363] e, como já dissemos, certamente podemos acreditar nisso, embora as línguas tenham sido modificadas (*linguae mutatae sint*) pouco a pouco durante um longo período de tempo e de numerosas migrações.

356 Antigo nome do rio Don.

357 Quersoneso táurico é o mesmo que dizer Península da Criméia, região do Sul da Rússia.

358 Os bastarnas foram um povo da Sarmácia européia ou Dácia, como os próprios dácios e getas, os quais Leibniz mencionará em seguida.

359 Os ilírios (ilírio, ilíride) eram um povo indo europeu que habitou a região montanhosa da costa setentrional do Adriático, a o oeste dos Bálcãs (do Épiro à Panonia) e partes do sul da Itália no início da era cristã. Eles falavam línguas que estão agrupadas como línguas ilíriacas, um ramo separado do indo-europeu.

360 Os peones eram naturais da Peônia, parte setentrional da antiga Macedônia.

361 Tito Lívio (c.59 a.C-17), conhecido simplesmente como Lívio, é o autor da obra histórica intitulada **Ab urbe condita** (**Desde a fundação da cidade**), onde relata a história de Roma desde o momento lendário da sua fundação, 753 a.C., mencionando desde os primeiros reis de Roma até os Tarquínios. Leibniz se refere ao livro XXI, 38.

362 A menção ao Reno lembra o que havia dito Tácito no início de sua **Germânia**.

363 Eis, pois, a conclusão da investigação sobre a antiguidade dos germanos.

As relíquias dos ***antigos gauleses***, as quais foram coletadas por Pontanus[364], Camden[365] e outros, não foram vistas senão na ***armórica*** e na ***wallica***[366]; cujas expressões Boxhorn[367] fez entrar até as origens dos gálicos, o que, na minha opinião, revelou de forma evidente [que a língua] wallica traz consigo muito de germânico. Se, atualmente, pouco reconhecemos a maior parte [delas] é porque é preciso observar as frequentes mutações ocorridas nos tempos, nos lugares, [bem como] as migrações dos homens. Os habitantes das ilhas chegaram dos continentes vizinhos. Do [continente vizinho] gaulês e germano se originaram os antigos britânicos. ***Cymry***, isso é, *Câmbria* ou *Wales* creio que têm origem nos ***cimbros***, assim como os anglos[368] têm origem nos saxões; os sucessores dos britânicos vêm dos sucessores dos cimbros[369]. E porque nos lugares de pouco acesso as línguas foram menos mudadas, eu tenderia a acreditar que pela língua os cimérios estão mais próximos dos an-

364 Leibniz se refere ao holandês Johannes Isaac Pontanus (1571-1639) médico, filósofo, historiador e filólogo especialista das línguas célticas que, em seu **Itinerarium Galliae Narbonensis** (1606), aproximava o gaulês do bretão da região Armórica; trabalhou por três anos em Basel, juntamente com o astrônomo dinamarquês Tycho Brahe e ficou famoso por seus livros de História: **Rerum urbis et Amstelodamensium historia** (1611), **Historia rerum Danicarum** (1631) e **Historiae Gelricae** (1639).

365 Cartógrafo, historiador e oficial de armas londrino, William Camden (1551-1623) se interessou pelas origens da língua inglesa, ele escreveu o primeiro levantamento topográfico das ilhas da Grã-Bretanha e da Irlanda e o primeiro relato histórico detalhado do reinado de Elizabeth I.

366 Armórica ou Aremorica é o nome dado na Antiguidade à região da Gália que incluía a península da Bretanha e o território entre os rios Sena e Loire, até um ponto indeterminado no interior. Este topônimo baseia-se na expressão gaulesa *are mori* 'à beira-mar'. Com *wallica* Leibniz se refere ao galês, língua falada na Wallia, Wales, Vallia, Cymru ou Câmbria ou, como hoje chamamos, País de Gales; as línguas principais dos seus habitantes são o inglês e o galês (câmbrico). Mais abaixo Leibniz vai tratar destes termos.

367 Marcus Zuerius van Boxhorn (1612-1653), político e erudito holandês, foi professor na Universidade de Leiden. Foi o primeiro a supor a existência de uma antiga língua comum (o indo-europeu); supostamente em uma publicação de 1647, ele discute a semelhança entre os idiomas indo europeus e presume a existência de uma linguagem comum primitiva a qual ele chamou de "cita", dai que sua obra de 1650 (**De Graecorum, Romanorum et Germanorum linguis earumque symphonia dissertatio**) afirme a harmonia (*symphonia*) entre certas línguas. Em sua hipótese ele incluiu o holandês, grego, latim, persa e alemão e, em uma publicação póstuma de 1654, provavelmente seu **Originum Gallicarum liber. In quo veteris et nobilissimae Gallorum gentis origines, antiquitates, mores, lingua et alia eruuntur et illustrantur**, incluía o eslavo, celta e báltico.

368 Os anglos são os saxões, antigo povo germânico, que se estabeleceram no norte e no centro da Grã-Bretanha; na Antiguidade estes saxões habitavam a região às margens do rio Elba e na Idade Média ocuparam a Grã-Bretanha; ao final do **Brevis** Leibniz vai se deter mais nesse povo.

369 Os cimbros foram um povo céltico das margens do Báltico que se estabeleceram na Germânia; no século II a.C. esse povo invadiu a Gália e foi detido pelos romanos na região dos Alpes e pelos celtiberos na Espanha.

tigos cimbros do que dos atuais germanos como penso que os ***hibérnicos***[370] nasceram da mesma Britânia, e deste modo a língua hibérnica faz voltar aos nossos mais antigos britânicos, isso é, ainda mais antigos que os germanos e os gauleses; por consequência a partir dos antiquíssimos hibérnicos os celtas serão restituídos à luz. Para tal trabalho imagino um homem erudito reconhecidamente versado nas [coisas] dos anglos.

Podemos acreditar que a Itália e mesmo a Espanha receberam como habitantes os celtas, isso é, os germanos e os gauleses, os quais atravessaram os Alpes e os Pirineus[371], bem antes da vinda dos gauleses posteriores que [Tito] Lívio fez lembrar. Suponho serem mais antigos os nativos da Itália do que aqueles que vieram por mar, isso é, os gregos, os lídios, os frígios, os fenícios e outros; já que as mais antigas migrações foram todas feitas por terra; muito depois e ainda com dificuldade foi que navegaram os povos, ainda que Tácito tivesse deduzido o contrário. Em seguida, muitas colônias marítimas dos gregos foram fundadas na Itália; por isso, a língua latina tem seu nascimento a partir da céltica e da grega. Depois, a parte da Itália mais próxima recebeu o nome de Gália cisalpina, e a mais distante de Magna Grécia; ao centro, latinos e também etruscos [P. 11] absorveram os muitos vizinhos de ambos os lados. Não entendemos a antiga língua etrusca, [cujos vestígios] sobrevivem em alguns monumentos (*lapis*) que de fato nem lemos [mais].

É dos ***hispânicos*** que as remotas antiguidades foram menos exploradas. Em seu pequeno livro **Sobre o Deus Endevelino**, Reinesius lança alguma luz sobre elas. Poucos vestígios da antiga literatura hispânica sobrevivem nas moedas as quais o douto homem [chamado] Lastanosa[372] reuniu em seu pequeno livro editado em língua hispânica; mas, o clérigo Baryus recentemente

370 A Hibérnia é a atual Irlanda.

371 Os Alpes formam um grande aglomerado de cordilheiras da Europa que se estende da Áustria e Eslovênia, a leste, através da Itália, Suíça (Alpes suíços), Liechtenstein e Alemanha, até a França, a oeste. Os Pireneus são uma cordilheira no sudoeste da Europa cujos montes formam uma fronteira natural entre a França e a Espanha.

372 Vincencio (ou Vicencio) Juan de Lastanosa (1607-1681), antiquário, erudito e mecenas espanhol. Entre suas obras de antiquário se destacam as dedicadas à numismática: **Museo de las medallas desconocidas espanolas** (1645) e **Tratado de la moneda jaquesa y de otras de oro y plata del Reino de Aragon** (1681).

regressado aos bávaros[373] vindo de um consulado em Sevilha, muito aumentou e esclareceu [esse assunto] na obra que ele prepara para editar. Não se pode confirmar que aquelas letras se refiram às runas, pois os próprios rúnicos não apresentam nada tão antigo, e é evidente que aquelas moedas são da florescente República Romana, muito antes [da vinda] dos godos. Sobre a origem dos antigos compatriotas a investigação não é menos difícil. Eu defendo que, certamente, grande parte dos espanhóis, os ***celtiberos***[374], tiveram sua origem nos celtas, pois, de fato, desde a Antiguidade acreditava-se que os próprios iberos nasceram dos celtas. Talvez, entretanto, seja preciso excluir os ***bascos***[375] e os povos que lhe são aparentados, pois, é de se admirar que a língua dos bascos seja diferente de todas as europeias, já que nenhuma outra se aproxima dela. Poderíamos dizer que a Espanha [foi] habitada por descendentes africanos antes da vinda dos celtas, e daí tivessem sobrevindo os bascos? Poderíamos dizer, ao contrário, que alguma velha nação a partir de migração anterior [antes daquelas em que chegaram os celtas, isso é, especificamente os germanos e os gauleses][376] tenha ocupado não só a Espanha, mas também a Aquitânia e toda a região vizinha? Pois os vocábulos comuns dos rios parecem favorecer [esta hipótese]. [Júlio] César distinguiu três Gálias – a aquitânica, a céltica e a belga – donde o nome de ***celtas*** parece ser uma redução, e acredito ser apropriadamente conveniente aos habitantes da Gália céltica (donde tão amplamente foi aceito com respeito aos gregos, tanto de Marselha quanto do Istro[377] nos quais foram notadas similitudes no modo de viver e na língua) a fim de que todo o Ocidente desconhecido fosse compreendido pelos antigos.

373 Os bávaros foram um povo germânico que surgiu na Boêmia, no território da atual República Tcheca, e chegaram à região da Baviera nos séculos V e VI.

374 Os celtiberos foram um povo da antiga Hispânia que viveu na Celtibéria do século III a.C. em diante, resultante da fusão das migrações célticas com os povos autóctones e/ou ali chegados anteriormente, os iberos.

375 Povo do País Basco (região dos Pireneus, incluindo parte da França e parte da Espanha), os bascos possuem língua não indo-europeia do tipo aglutinante, considerada língua isolada por não pertencer a nenhuma família linguística.

376 O presente par de colchetes, que colocamos em negrito, é do texto original, o que passará a acontecer várias vezes.

377 Península localizada no norte do Adriático, entre o golfo de Trieste e o golfo do Quarnero. Leibniz se referiu ao líder militar e político romano. Caio Júlio César (100-44 a.C.), especialmente ao comentário que escreveu sobre as campanhas ou guerras da Gália o **De bello gallico**, onde no livro I, 1, temos: "*Gallia est omnis divisa in partes tres, quarum unam incolunt **Belgae**, aliam **Aquitani**, tertiam qui ipsorum lingua **Celtae**, nostra Galli appellantur*". (Grifo nosso).

De fato, outrora, os gregos desconheciam os seguintes povos: os ocidentais, os setentrionais, os orientais, os meridionais, os quais chamavam respectivamente de celtas, de citas, de hindus, e de etíopes, denominando os mais afastados a partir dos mais próximos. Heródoto demonstra corretamente [se bem que o mesmo ainda varie] a peculiaridade segundo a qual as nações tiveram seus nomes estabelecidos a partir da região, o que ainda não tinha sido notado pelos gregos da época de Homero, e nem mesmo os citas foram uma nação tão grande, não maior do que a dos celtas.

A ***Germânia*** forneceu os habitantes mais antigos para a Gália e para a Itália, assim como para a ***Escandinávia*** um pouco depois; considero que certamente [P. 12] as nações germânicas teriam ocupado primeiro desde o Quersoneso címbrico[378] e a margem Báltica até o que atualmente é chamado de Arquipélago Dinamarquês (*Insulas Danicas*); depois até as mais distantes [regiões] da própria Escandinávia e, expulsando os nativos fino-lapões[379] para as [regiões] mais remotas, [teriam ocupado] a extensão litorânea e amena. Seguramente a língua dos danos[380], dos suecos (*Suedorum*), dos noruegueses, remonta evidentemente aos germanos, não menos que atualmente a dos italianos, gauleses, hispânicos devem ser declaradas de origem latina. Embora esses povos não tenham recebido a língua romana devido à sua origem, mas do império, o que no germanismo dos setentrionais foi de outra maneira. Não é de se admirar que os ***germanos setentrionais*** e os mais próximos não tenham se entendido reciprocamente, assim como nem um [homem] rústico da Áustria ou da Baviera e um homem do campo da Westfália[381] ou da Bélgica poderiam facilmente conversar; sem intérprete, nenhum de nós hoje entenderia ***Otfrid***, escritor germânio do período Carolíngio (sem falar de ***Úlfilas***, [que é] ainda mais antigo[382]). Deste modo, devido ao intervalo entre os tempos e,

378 Quersoneso címbrico é o mesmo que Jutlândia, a atual península da Dinamarca. Já o Arquipélago Dinamarquês é composto pela Jutlândia, pelas ilhas Zelândia (Sjælland), Funen (Fyn), Vendsyssel-Thy, Lolland, Falster e Bornholm, assim como por centenas de outras ilhas menores.

379 Parece-nos que o mais correto é dizer "fino-ugriano", já que a língua falada pelos lapões é um complexo dialetal de línguas fino-úgricas, falado pelos lapões no Norte da Noruega, Suécia, Finlândia, Noroeste da Rússia.

380 O mesmo que "dinamarqueses".

381 Westfália é um antigo reino e atual província alemã.

382 Otfrid de Wissemburgo (c. 800 - depois de 870), clérigo alemão, é o autor de uma série de obras em latim, incluindo comentários bíblicos e glossários; seu **Evangelienbuch**, composto em versos

do mesmo modo, entre os lugares, primeiro os dialetos e, por fim, as línguas são mudadas[383]. De fato, quando a expressão oral é redigida em papel, a ponto de termos o espaço para nela meditar, as origens comuns evidentes vêm à luz na maioria dos casos; o ***dialeto*** é mais variado que a ***língua***. A propósito, no que diz respeito à ***língua germânica antiga***, em primeiro lugar Franciscus Junius [apelidado de filho de teólogo] teve notavelmente mérito, cujas partes de suas lucubrações foram preservadas em Oxônia; cujo exemplo estimulou o teólogo George Hickes[384] da Igreja Anglicana, homem notável que nos forneceu um **Tesauro das [antigas] línguas setentrionais** [evidentemente, a dos teutônicos], um grande e utilíssimo trabalho. Junto a nós, recentemente, homens excelentes como o jurisconsulto Johann Schilter[385], primeiro residente de Iena [e] depois de Argentorato[386], e [graças ao meu encorajamento] Gerardus Meierus[387], teólogo de Bremen, atacaram as antigas línguas germânicas com o objetivo de esclarecê-las; por ambos as notáveis obras foram abandonadas [ainda que certamente estivessem dispostos a realizá-las], pois foram subtraídos pela morte.

rimados entre 850 e 873, é uma das maiores obras da literatura alemã antiga. Otfrid parece ser o primeiro poeta alemão de quem se conhece o nome do trabalho. Já muitas vezes mencionado, Úlfilas foi o apóstolo dos godos (séc. IV d.C.) que verteu as **Escrituras** para a língua gótica, usando um alfabeto de sua invenção. No tempo de Constantino I, foi bispo e manteve estreito contato com os cristãos e o clero do Império Bizantino. Difundiu o cristianismo entre os povos bárbaros sob a forma do arianismo, posteriormente rejeitado como heresia pelo Concílio de Nicéia.

383 Incluindo agora a noção de dialeto é essa a conclusão geral das investigações com relação à mistura e corrupção das línguas: "*Ita temporum aeque ac locorum intervallis primum Dialecti, tandem & linguae mutantur* (Deste modo, devido ao intervalo entre os tempos e, do mesmo modo, entre os lugares, primeiro os dialetos e, por fim, as línguas são mudadas)".

384 Franciscus Junius, o jovem (assim chamado para ser diferenciado do seu pai; c.1589-1677), é considerado um dos maiores especialistas das origens linguísticas germânicas, publicou em 1665 seu **Quatuor D.N. Jesu Christi Evangelorium versiones per-antiquae duae, gothica scilicet et anglo-saxonica**, que compara o texto gótico e o texto anglo-saxônico dos Evangelhos; com base nesse trabalho, ele constituiu um **Gothicum Glossarium, quo Argentei Codicis vocabula explicantur et illustrantur**, de1664. No português arcaico, Oxônia é o nome da cidade inglesa de Oxford. Quanto à Georges Hickes (1642-1715), trata-se do bispo de Thetford e autor das **Institutiones grammaticae anglo-saxonicae et moeso-gothicae** (1689) e de um **Linguarum veterum septentionalium Thesaurus** (1703-1705).

385 O jurisconsulto e historiador alemão Johann Schilter (1632-1705) publicou em 1728 um **Thesaurus antiquitatum teutonicarum**, ele e sua obra serão muitas vezes lembrados por Leibniz.

386 Os antigos romanos conheciam a cidade de Estrasburgo, na Escócia, pelo nome de **Argentoratum**.

387 Quanto a Gerardus Meierus (ou Meyer; 1646-1708), filósofo e linguista – que certamente foi um dos mais importantes correspondentes de Leibniz, por tudo aquilo que concerne às origens da língua alemã – também ele compôs um **Glossarium linguae saxonicae**.

Eu sei que alguns homens doutos no que diz respeito aos ***germanos setentrionais***, ora não sabem representar quão diversa é a nação dos germanos da dos godos, ora consideram a própria Germânia como colônia dos seus godos; mas [não se deve] negar que os godos vêm dos germanos, [pois] ninguém pode contestar os testemunhos dos antigos e igualmente a evidência dos fatos (*rerum evidentiae*); a não ser que se deseje ser comparado à obstinação de Praetorius autor de **Orbis Gothicus** que associava os godos aos sármatas. Mais facilmente poderíamos acreditar que, de fato, os germanos avançaram desde a Escandinávia se os povos germanos habitassem mais ao interior, desde a costa do oceano glacial[388]. Mas todas aquelas [regiões] aquém e além do golfo Bódico[389] possuem ***fino-lapões***, nação cuja língua inteira difere da dos suecos e dos noruegueses. Desta maneira, suponho serem os finos os verdadeiros nativos (*veros Aborigines*) daquela grande península, [P. 13] a qual pela parte estreita e próxima de nós Scania [como hoje é chamada], ou Scandia, ou ainda Scandavia, e os mais antigos chamavam de ***Escandinávia*** (*Scandinaviam*); de maneira alguma nela se encontram as raízes do germanismo a ponto de alcançar as costas. E, assim, aquele que faz surgir os germanos dali é como se assumisse todos os árabes e sírios como descendentes dos ***abissínios***, ou que há muitos séculos atrás [a cidade] de Londres, da Inglaterra, tivesse sido colônia da [cidade] de Boston, da América. A Suécia, [ou] ***Suedilant***, ainda hoje significa terra em repouso para os suecos, transformada em campo devido, conforme se sabe, às queimadas das florestas. De fato, ***Suécia*** ainda significa "queimar" junto aos germanos mais velhos, donde ***siden*** continua a ser "preparar ao fogo" e ***sud*** "meridional" ou "território quente". Mas bem antes dos escritores romanos ela fora considerada uma região de descanso, quando já Tácito reconhecia o povo bastante próspero dos suiões (*suionum*), ou seja, dos suecos; e ele expandiu [os domínios] suevos[390] orientais, a saber, a parte dos germanos.

388 Certamente ele se refere ao Ártico (oceano Glacial Ártico).

389 Golfo de Bótnia (*Boddicum Sinum*) é uma transformação de *Gotticus* (antes do séc. XV) para *Bothnicus* (após o séc. XVI); a etimologia mais corrente, por outro lado, registra a origem do termo a partir do francês 'Botnie', este proveniente do sueco '*Bottniska viken*'.

390 Habitantes da Suévia, antigo país germânico; em 411, este povo ocupou o noroeste da península Ibérica, tornando-se um dos componentes básicos da ancestralidade de galegos e portugueses do

Todavia, eu não nego a existência de colônias desde a [região] ***setentrional na Germânia*** mais próxima, mas certamente elas foram abandonadas. Seguramente, foi a partir do mar Báltico que vieram os cimbros, os saxões, os hérulos[391], os vândalos e outras nações; e Procópio[392] nos ensina que os ancestrais dos primeiros hérulos foram para a Escandinávia. Jornandes faz surgir dali os ***godos***; opondo-se a ele, Clüver[393], o primeiro autor de uma antiga geografia, situa os godos junto à Vístula, a partir de razões que não devem ser descartadas; Georg Stiernhielm[394], homem douto de origem sueca [que com Benedicto Skyttio[395], senador do reino, trabalhou muito na harmonia das línguas (*Harmonia linguarum*), mas sem sucesso], insurgiu-se violentamente contra aquele em um pequeno livro publicado por ele mesmo, mas a partir de argumentação que do mesmo modo não vale. Eu não desdenho completamente a autoridade de Jornandes, apesar de confessar que ela nem sempre é segura, sobretudo nas coisas mais distantes, nem oferece suficiente coerência (*cohaererencia*) em sua exposição. Ele seguiu Ablabio[396], e também o Senador, isso é, Cassiodoro no que diz respeito aos livros perdidos sobre os godos. Portanto, o godo Jornandes vê a origem dos godos na Escandinávia, ainda que os confunda com os getas, os habitantes bem mais antigos

Norte. Suécia em sueco é *Sverige* – o topônimo origina-se do velho norreno *Svearike, Svear-rige*, que significa "império, país dos suiões"; os suecos são um antigo povo escandinavo também mencionado por Tácito em sua obra **Germânia** como habitante do atual território da Suécia.

391 Este antigo povo germânico ameaçou o Império Romano no séc. III de nossa era ao mesmo tempo que os godos.

392 Leibniz certamente se refere a Procópio de Cesareia, importante historiador bizantino do sec. VI, cujas obras **História das guerras** (*Polemon* – onde trata da Guerra Persa, Guerra Vândala e Guerra Gótica) e **História secreta** (*Anecdota* – onde relata aquilo que não estava autorizado a escrever em suas obras oficiais) constituem a principal fonte escrita de informações sobre o reinado de Justiniano.

393 Leibniz evoca o livro **Germania antiqua libri tres**, publicado em 1616 por Philipp Clüver (1580-1622), historiador e geógrafo alemão considerado o fundador da Geografia histórica.

394 Leibniz se refere ao livro **Anticluverius, sive Scriptum breve Johanni Cluverio**... (1685) do sueco Georg Stiernhielm (c.1592-1672); é um tratado que sustenta a tese que a origem e a sede mais antiga dos godos fica na Escandinávia, o que vai contra a opinião de Philipp Clüver, mencionado no título, que os situa na antiga Germânia.

395 O sueco Bengt Skytte (1614-1683) foi autor de um **Sol praecipuarum linguarum subolarium**; ele se encontrou com Leibniz em 1667. Sobre a harmonia das línguas vide também os **N.E.**, III, II, §1.

396 *Ablabius*, historiador do final da Antiguidade (floresceu na virada do século IV para o V), foi autor do **Gothorum gentis**, uma importante história dos godos utilizada tanto por Jornandes (que o cita três vezes em sua **Gética**) quanto por Flávio Magno Aurélio Cassiodoro Senador (490-581); Cassiodoro (nome pelo qual era mais conhecido) foi escritor e estadista romano, conselheiro do rei ostrogodo Teodorico, o Grande. Vale dizer que o sobrenome 'Senador' é apenas antroponímico.

do Ponto Euxino[397]. Eu não apenas [considero] perto dos suecos a Gothia oriental e ocidental, mas no Quersoneso címbrico a ***Gutia*** (que quase pronunciamos Jutia) e os gotões[398], outrora identificados pelos romanos, nas proximidades da Vístula, bem como nas da ilha de Gotlândia. E, desta maneira, a designação de gotões (*gothonum*) ou *gutões* (*guttonum*) pode ter sido alguma vez comum aos que habitavam ambas as margens do Báltico. E, a partir disso, para tal mar foi dado o nome golfo ***Codano***[399], [isso é, golfo] gótico. E por mais que se pretenda que os primeiros ou antiquíssimos germanos d'além mar sem dúvida sejam a nossa origem, todavia não carece de verossimilhança que depois um monte [ou uma tropa] de jovens intrépidos inversamente tenha saído da Escandinávia [P. 14] para no aquém mar fundar o reino dos godos. E a origem dos primeiros e principais [foi] confundida com a origem do povo pelos posteriores, inclusive historiadores, como se toda a nação tivesse surgido a partir dos mesmos lugares, ou a Escandinávia fosse o ventre (*vagina*) das nações, a qual, acredito eu, jamais tenha sido muito povoada. Favorece [essa hipótese] o mesmo Jornandes (c. 14)[400], que nos [conta que] três barcos [foram] suficientes para transportar os godos junto com o rei Berig. Seguramente, quanto às migrações dos godos, assim como dos cimbros, dos francos e dos saxões, acreditou-se terem vindo de lugares remotos; cresceram mais ou menos como uma bola de neve e graças aos encontros, forçosa ou espontaneamente, foram agrupados em expedição e em nome. Clüver concorda com Jornandes [que] os godos avançaram pouco a pouco desde a Vístula até o Ponto Euxino. Mas ele parece ter descoberto bastarnas e outros desde há muito germanos.

397 Jornandes (em sua **Gética**) e Isidoro de Sevilha (em sua **Etymologiae**) consideravam os getas como os ancestrais dos godos.

398 Jutia é o mesmo que Jutlândia. Os gotões são um antigo povo germânico que ocupava as margens do rio Vístula. Gotlândia se refere ao termo 'Götaland', trata-se da ilha que integra a tradicional região de origem dos godos.

399 *Codanus sinus* é o nome latino para a região do mar Báltico e de Kattegat, estreito entre a Dinamarca e a Suécia. *Codanus, um* significa 'bacalhau' em latim, espécie de peixe muito comum no mar Báltico.

400 É possível que a referência a "(c. 14.)" contenha um erro tipográfico, uma vez que, em sua **Gética**, Jornandes somente se refere a esse rei e as suas embarcações nos subcapítulos IV e XVII, do capítulo "Os godos unidos". E é em XVII, 94 que temos: "*Meminisse debes me in initio de Scandzae insulae gremio* ***Gothos*** *dixisse egressos* ***cum Berich rege*** *suo,* ***tribus tantum navibus*** *vectos ad ripam Oceani citerioris, id est Gothiscandza*". Mais condizente com o que afirma Leibniz "*qui nobis* ***Gothos cum rege Berige tribus tantum navibus*** *advehit*". Grifo nosso.

Parece-me fabulosa (*fabulosam*) a migração dos ***asiáticos*** para a Suécia (em toda parte contada por mitólogos populares [mais antigos] e pelos mais recentes)[401] devido a distância [ser] tão grande e pelas muitas dificuldades de se viajar naquela época; [fábula] que foi inventada quando os escandinavos, ao quererem aprender a escrita, tomaram conhecimento da existência da ***Ásia***. Ora, é evidente que os *Aesir* (***Asas***) ou os Heróis, como Odin ou Wotan[402], foram trazidos pelos saxões que ainda atormentavam na Címbria[403], a partir dos anais (escritos que ultrapassaram em muito [a região] setentrional) pode-se compreender que o próprio ***Wotan*** reinou junto aos antigos povos anglos. E, assim, ora eram os escandinavos que os governavam, ora eram estes. Os estrangeiros setentrionais alteraram Wotan para ***Odin***, pois, como com a letra ***W***, aqui e ali, eles mutilam as palavras (*voces*) germânicas. Jornandes deriva os *dinamarqueses* (***danos*** para seus vizinhos) dos ***cogenos*** mas, apesar de situá-los na Scanza[404], os mais distantes jutos[405] podem ser considerados do promontório de ***Skagen***[406]; já que se originaram no ***Rio Dena***, parecem ter recebido o nome de ***denos*** e, de fato, a região [recebeu] o nome *Dinamarca* (***Denemarca***). Assim, esse rio faz o limite ou a margem do Quersoneso címbrico, hoje chamado [de] Eider a partir de ***Heggidora***, como os antigos se lembram, ou a passagem de [uma] fortificação. Mas, a **[Cosmografia do] anônimo de Ravena** (lib. 4 c. 17)[407] denominava ***Dina***, cujo antigo nome Deninga ou *Tönning*[408] conserva; creio

401 Fica evidenciado aqui, e em seguida ainda mais, que é preciso um método rigoroso, acompanhado de encadeamento com o mínimo de saltos e boas induções para restabelecer os fatos que deram origem a certos mitos ou fábulas e que diziam respeito à origem de determinados povos ou línguas, o que Leibniz também ensaia, dentre outras obras, nos §§136-143 dos **E.T.**, também fica claro a associação que ele fará no **De origine** quanto aos historiadores fabuladores (*fabulatores*), ou seja, os que não se prendem às evidências dos fatos (*evidentiae rerum*).

402 Os Æsir formam o principal panteão dos deuses na mitologia nórdica, e Odin (correspondente a Wotan do alto alemão antigo) está entre eles. Odin é o primeiro dos deuses escandinavos; é o deus da guerra, da sabedoria e da poesia.

403 'Címbria' é o nome histórico pelo qual a região de Jutlândia também é chamada.

404 Jornandes, em sua **Gética**, chama de Scanza a região ao norte da Europa, a qual equivale aproximadamente à atual Escandinávia. Ptolomeu também se referia à Scanza.

405 Povo germânico originário da Jutlândia (atual Dinamarca) e que invadiu a Inglaterra no séc. V.

406 O promontório (extensão formada por rochas ou altos penhascos) de Skagen (*Scagen*) situa-se na Jutlândia do Norte, Dinamarca.

407 Leibniz se refere à **Cosmografia do anônimo de Ravena** (**Ravennatis Anonymi Cosmographia**) ao qual ele também voltará muitas vezes no **De origine**.

408 Tönning, à qual Leibniz se refere com 'Toninga', é uma cidade da Alemanha que fica às margens do rio Eider.

que ***Dônia*** era uma cidade em Ethelweard. Jornandes informa que os ***hérulos***, expulsos pelos danos, praticaram a pirataria com os saxões nos mares romanos e pode-se acreditar que frequentemente se ocultaram sob o nome deles. Aquele **anônimo [de Ravena]** eleva a virtude [deles]; o godo Jornandes, e o próprio [**anônimo**] **de Ravena**, não os exalta pouco.

Não irei tratar das muitas migrações dos povos germânicos nas províncias do Império Romano, isso porque foram conhecidas a partir da história, e porque não [P. 15] faltam suporte nas línguas[409]. Todavia, será conveniente fazer conhecer quem foram os ***suevos***, pois consta que poucos deles, os quais mantiveram o antigo nome, [foram] misturados aos *alemães* (***Allemannis***). Eu creio que os *boios* (***bojos***)[410], originados da Boêmia e dos marcomanos[411], chegaram na Bajoaria[412] quando os povos dos vênedos se tornavam fortes. Sobre os francos (*Francis*) e sobre os saxões, convém discorrer [um] pouco mais extensamente. Certos [autores] não recentes fazem os ***francos*** terem origem em Tróia, depois do Ponto Euxino; e na cidade Sicambria[413], a qual desconheço, eles inscrevem os mesmos, como se algum dia tivessem habitado na Panônia. De fato, depois de receberem as primeiras letras, é costume dos povos [imitar], a tal ponto que os escritores semi-letrados inventam coisas surpreendentes; por um lado imitando dos outros povos as antigas narrativas ou ficções (*antiquas narrationes vel figmenta aemulantes*), por outro lado imitando as tais tradições populares que

409 Nesse parágrafo Leibniz chama novamente a atenção para a especificidade do presente texto; tendo em vista tratar-se daquilo que não pode ser conhecido propriamente pela história.

410 Sobre os 'alemães' vide **De origine** §§XV, XVII. Os boios são uma antiga tribo celta que viveu na Gália Transalpina (atual França), na Gália Cisalpina (norte da Itália), como também na Panônia (atual oeste da Hungria), na Boêmia (que Leibniz menciona com *Bojohemo*), na Morávia e no oeste da Eslováquia.

411 Os marcomanos foram um povo germânico que habitava a região sul do rio Danúbio e que tinha estreitas ligações com os suevos.

412 A Baviera também era chamada Bajoaria.

413 Existem algumas histórias mitológicas sobre a relação dos sicambros com os francos. Dentre elas, há aquela narrada no **Liber historiae francorum** (trabalho anônimo de 727) na qual se afirma que, após a queda de Tróia, 12.000 troianos liderados por Príamo e Antenor primeiro se estabeleceram na Panônia, próximo ao mar de Azov, onde fundaram uma cidade chamada Sicambria; em seguida, ao final do século IV d.C. – isso é, duas gerações após a queda de Tróia –, eles chegam na região do rio Reno, onde, com outros povos germânicos menores, supostamente teriam dado origem aos francos. Os sicambros, tribo germânica ocidental, aparecem na história em 55 a.C., durante o período de conquista da Gália por Júlio César e o início do Império Romano. Estabeleciam-se à margem direita do Reno entre os rios Ruhr e Sieg, na região que atualmente faz parte da Renânia do Norte-Vestfália; o rio Sieg e a cidade de Siegen são assim chamados por causa dessa tribo. De qualquer modo, essas serão as histórias, fábulas, mitologias ou sagas avaliadas no **De origine francorum**; texto que apresentaremos a seguir.

leem nos livros. Assim, francos, britânicos, escoceses, escandinavos nasceram das pequenas histórias extraordinárias (*narratiuncularum*), as quais os [povos] setentrionais designam pelo vocábulo germânico ***sagas*** (isso é, narrativas ou fábulas). Certos eruditos gauleses apoderando-se da antiga colônia gaulesa fundada na Germânia, derivam os francos dessa fonte, a fim de restituir as Gálias aos gauleses, o que é uma opinião reprovada por aqueles que ensinam; de fato, tem-se afirmado que os francos têm origem naquela parte da Germânia, na qual os antigos escreveram que o [povo] gaulês habitara. Quanto a mim, descobri que as origens (*initia*) dos francos remontam ao litoral báltico, não menos que as dos vândalos, as dos godos e as dos saxões; não que desde então tenham surgido como grande nação, mas porque certa tropa [ou monte] de homens vigorosos que se lançou [ali] fez com que ela viesse a se tornar uma grande nação. Com efeito, por ocasião das ***Guerras Marcomanas***, no momento em que, sob [o reinado] de Marco Antônio[414], a própria Itália estava em perigo, evidentemente os bárbaros, animados com a esperança de pilhagem, também foram atraídos para as regiões interiores; e o que é mais, por isso o ímpeto das migrações durou até que nas longínquas regiões dos germanos cessou extenuado diante dos vênedos; e foram civilizadas mais pacificamente nas [regiões] mais próximas que se consolidaram em grandes reinos. Continuando... Logo depois os francos se instalaram entre os ***hermunduros*** e os ***queruscos***[415], donde avançaram pelo Reno na região dos sicambros e vizinhanças; e daí por diante em toda parte desde o Meno[416] até os batavos[417] levaram consigo seu nome e tomaram o perigoso

414 As Guerras Marcomanas – chamadas pelos romanos de *bellum Germanicum* (guerra dos germanos), ou de *expeditio Germanica* (expedição germânica) – duraram mais de doze anos (c. 166 a 180); nelas o Império Romano enfrentou os marcomanos, os quados e outros povos germânicos às margens do alto e do baixo Danúbio. A luta contra as invasões germânicas ocupou a principal parte do comando do imperador Marcus Aurelius Antoninus Augustus, Marco Aurélio (121-180), e foi durante estas campanhas que ele começou a escrever sua obra filosófica **Meditações**. Último dos cinco 'bons imperadores', Marco Aurélio foi lembrado como um governante bem-sucedido e culto.

415 Ambas tribos de povos germânicos, os hermunduros ocuparam a área em torno do que hoje é a Turíngia, a Saxônia e o norte da Baviera do séc. I ao III, e é provável que os turíngios sejam seus descendentes; já os queruscos habitavam a região da Baixa Saxônia em um ponto que ia de Osnabrück – ou Osnabruque – até Hamburgo (Alemanha) do séc. I a.C. ao séc. I de nossa era; estes foram mais tarde absorvidos pela confederação tribal dos saxões.

416 O rio Meno, antes de desaguar no rio Reno, passa pelos estados da Baviera, de Baden-Württemberg e de Hessen (Alemanha).

417 Os batavos são um povo germânico que, na Antiguidade, ocupava a Batávia, região do delta do Reno onde hoje estão os Países Baixos.

Estreito de Dover (*mare Gallicum*) e, por fim, atravessaram a Gália; eis quando pela costa se sobrepõe a posterior [nação] dos ***saxões***, nação então de barbárie tanto mais violenta quanto mais recente.

Ptolomeu[418] foi o primeiro a ter reconhecido [a presença] dos ***saxões*** no estreito do Quersoneso címbrico, [e] próximo daí Tácito situou os ***anglos***[419]. Nessa época ou o nome de saxões ainda não havia surgido ou eles estavam compreendidos em uma fronteira muito estreita. Como depois cresceram e [se] incorporaram tanto aos ***caúcos*** quanto aos ***frísios***[420], ficaram célebres por sua pirataria, e faziam desembarques na Gália e na Britânia [P. 16] por causa da proibição de pilhagem. Desde então ambos ***os lados*** foram chamados de ***saxônicos*** no documento do Império. Sobre essa época, sabe-se que os francos foram expulsos por eles da Batávia, e antes dessas coisas terem acontecido a Britânia [já] tinha fornecido a morada para os saxões. Na Westfália, eles tomaram o lugar dos francos dissidentes. E depois os reinos dos ***varinos***[421] e dos ***turíngios*** foram varridos em parte pelos francos [e] em parte pelos saxões, os quais podem ser chamados por seus nomes mais antigos de ***queruscos*** (***Cheruscorum***) e ***hermunduros (Hermundurorum)***. O domínio dos varinos (talvez com exceção da Frísia) cedeu ao dos saxões, também a eles as [nações] turíngias, [situadas] entre o rio Elba e os montes Harz[422] evidentemente, as quais desde muito tempo foram chamadas de ***Norturíngia*** em [alguns] documentos.

418 O já mencionado, Cláudio Ptolomeu (90-168), cientista grego que viveu em Alexandria, é reconhecido por seus trabalhos em Matemática, Astrologia, Astronomia, Geografia e Cartografia, também realizou trabalhos importantes em Ótica e em Teoria musical. A sua obra mais extensa é a **Geographia** que, em oito volumes, contém todo o conhecimento "geográfico" greco-romano de sua época, ela é considerada como o primeiro registro da ocorrência do vocábulo '*Σάξονες* (Saxão)' ou '*Σάζόνων*' (**Geographia**, 2.11.31), com referência a uma tribo que habitava ao norte do rio Elba, o problema é que em outra de suas edições, e parece que mesmo em outras partes da obra, o vocábulo muda para '*Ἄξονες* (Axão)'. Para mais detalhes recomendamos a leitura do capítulo "Ptolomy and The second-century Saxons?" in FLIERMAN, Robert. **Saxon Identities 150-900**. New York - London: Bloomsbury, 2017.

419 Em sua **De origine et situ germanorum,** ou simplesmente **Germânia**, XL (40), Tácito menciona o vocábulo '*Anglii*'.

420 Os caúcos foram um povo da Germânia que habitava entre os rios Elba e Sem; já os frísios habitavam a antiga Frísia, situada ao norte da Germânia, entre o rio Reno e o mar do Norte.

421 Também na **Germânia**, Tácito comenta a respeito dos varinos (*werinorus*). Vejam que a partir daqui para fazer a história das migrações já não faltam documentos propriamente, não se tratando mais de história fabulosa.

422 Certamente Leibniz se refere à cadeia montanhosa Harz (*Harthlel montes*), que é a maior da Alemanha e fica no centro do país, ao sul do rio Elba.

Uma parte dos saxões migrou com seus outrora vizinhos lombardos para a Itália. E, por fim, [para aqueles] sob [o domínio] [d]os imperadores germânicos e para a maior parte dos ***vênedos*** das regiões entre o Elba, o Warta[423] e ainda mais longe, tanto para as colônias dos germanos como para as que além delas [são] compatriotas nos nossos hábitos e língua, o nome aceito foi o de saxões (*Saxonum*); e eles constituem a parte mais importante dos eminentes saxões.

423 Rio da Polônia afluente do rio Oder.

V

Dissertação sobre a origem dos franceses[424]

Tradução e notas: Húdson Kléber Palmeira Canuto e William de Siqueira Piauí

424 Esta é uma tradução direta da versão original do **De origine francorum disquisitio**, escrita em torno de 1715 (Hannôver: Nicol, 1715. V.1, pp. 3-44). Com o intuito de oferecer um trabalho mais aprimorado, cotejamos a versão latina preparada por Jorge de Ekhart/Ecardo (1664-1730, secretário de Leibniz, bibliotecário e historiador da Casa de Hanôver) de 1768 (**Opera omnia.** Genebra: Fratres de Tournes, tomo 4, parte segunda, p. 146-167), sem, contudo, alterarmos o texto de 1715, exceto em poucos momentos que serão explicitados; por isso, mantivemos a numeração das páginas da versão original; usamos, como fizemos na **Brevis**, "[p. 3]" para designar a página 3 do original de 1715; a númeração dos parágrafos é do próprio Leibniz. Vale lembrar que grande parte dos autores e textos que aqui serão mencionados constam na obra **Monumenta Germaniae Historica** editada em 1892 e que conta com cerca de 300 volumes.

I [p. 3] Visto que as **Miscelâneas berlinenses**[425] discorreram sobre a origem dos povos (*de populorum Originibus*) e tocaram, [mas] só de passagem, nas [origens] francesas (*Francicas*), e [também] indicaram, sucintamente, que [estas] deveriam ser procuradas a partir do Mar Báltico. Pareceu-me adequado dizer, agora, as razões disso. Não é de admirar que se combata a João Isaac Pontano, Adriano Valésio[426] e outros varões insignes que eruditamente escreveram sobre os antigos fatos [associados] aos francos (*de rebus Francorum vetustis*), [mas] durante tempos e lugares mais próximos, pois que [os que os criticaram] careciam de antigos monumentos (*veteribus monumentis*)[427], [sobre] os quais me foi dado versar; [p. 4] todavia, depois daqueles [varões], em parte latente ainda e em parte já declarado dentro de [alguns] manuscritos.

425 Publicada em sete volumes entre 1710 e 1746, *Miscellanea Berolinensia* foi o principal jornal da Academia de Berlim (então chamada de *Societas Regia Scientiarum*), cuja fundação se deve ao próprio Leibniz em 1690, a dissolução da *Societas* ocorreu em 1744. A nova instituição, a *Académie Royale des Sciences et Belles-Lettres de Prusse* (*Royal Academy of Sciences*), conseguiu a *Societas*, e a *Miscellanea Berolinensia* foi sucedida pelo *Berlim histoire et mémoires* em 1745/46.

426 João Isaac Pontano (*Johan Isaaksz Pontanus*, 1571-1639) foi um filólogo e historiador dinamarquês, estudou medicina na Universidade de Franeker e de 1604 até o final de sua vida foi professor na Academia Gelderse em Harderwijk no norte da Holanda; ficou famoso por conta de seus livros de história, dos quais destacaríamos **Historia urbis et rerum Amstelodamensium** (1611), **Originum Francicarum libri VI** (1616), **Rerum Danicarum historia** (1631), **Discussiones historicae** e **Historia geldrica** (1639). Adrien Valois ou Adrien de Vallois (*Hadrianus Valesius*, 1607-1692), senhor de La Mare, foi um historiador francês de quem destacaríamos as obras **Rerum francicarum usque ad Chlotharii senioris mortem** (1646), **Gesta francorum** (1658), **Notitia Galliarum (ordine litterarum digesta, in qua situs, gentes, opida, portus, castella, vici, montes, silvae, maria, flumina** (...) **pagi provinciaeque Galliae illustrantur; locorum antiquitates, varia eorum nomina, vetera ac nova, episcopatuum ac monasteriorum origines, aliaque ad historiam francicam pertinentia notantur; geographi et historici graeci, romani ac nostri explicantur et emendantu**, 1675), **De vita Henrici Valesii, historiographi regii liber** (1677, obra referente ao seu pai Henrique de Vallois) e **Valesiana** ou **Les pensées critiques historiques et morales, et les poésies latines de Monsieur de Valois** (1694). Leibniz voltará a mencioná-los no §IX, quando ficará mais claro qual avaliação de fato faz de seus escritos e hipóteses.

427 Mais acima traduzimos a expressão '*de rebus Francorum vetustis*' por "sobre os antigos fatos [associados] aos francos" tendo em vista a '*rerum evidentiae*' por "a evidência dos fatos", cremos que ambas recuperam melhor o todo do texto. Tendo em vista a falta de tais monumentos voltamos a assunto que se aproxima das histórias fabulosas, onde a consideração a partir da conexão das línguas pode ajudar muito. Além disso, dado que a origem dos francos foi assunto mencionado algumas vezes no **Brevis**, especialmente a partir do § 14, certamente é um dos manuscritos aos quais Leibniz faz referência aqui, mas, para além de uma vasta correspondência, também temos textos como o resultado do embate com Otto (ou Othonis) Sperling (1634-1715), por conta de sua dissertação **De origine veterum Gallorum a Dite, h. e. a Germanis et Septentrionalibus ad Dnn**, que foi publicado nos **Nova literaria Maris Balthici et Septentrionis (Notícias literárias do mar Báltico e do Norte)** de 1699, aquela parte dos **N.E.** e dos **E.T.** e os textos lembrados por Olga Pombo, ou seja, a **Dissertatio de Stylo Philosophico Nizolii** de 1670, a **Exhortation aux Allemands d'avoir à perfectionner leur Entendement et leur Langue etc.** de 1679 e as **Considérations Inattendus sur l'Usage et l'Amelioration de la Langue Alllemande** também de 1679.

II Outrora se estabelecera a ridícula opinião de que os francos (*Francos*) de Troia foram forçados (*pulsos*) à Lagoa Meótida[428], depois de terem chegado de barco (*navibus*) no Danúbio e na Panônia e de lá terem sido convocados por Valentiniano[429] para lutarem com os romanos contra os alanos[430]; também tendo sido expulsos (*expulisse*) das margens da Lagoa Meótida, finalmente, adentraram na Alemanha e na França. Tais [eventos] assumem uma [associação ou] coerência (*cohaerentia*) bastante ruim (*satis male*) no [livro] **Realizações dos reis dos Francos** (*Gestis Regum Francorum*)[431], editado por Freero; pois [nele] se escreveu sobre Valentiniano, quem teria feito os francos surgirem da Cítia (*Scythia*)[432] ou do Danúbio, quando se estabeleceu (*constet*) que os francos já há muito tempo se assentaram nas cercanias do Reno.

III [p. 5] Tritêmio[433] faz o recenseamento (*resensuit*) dos príncipes dos francos desde os troianos, a partir de certo Hunibaldo – o qual, entretanto, o próprio [Tritêmio] parece ter inventado completamente. E lembrei-me de ter lido umas cartas inéditas de Frederico[434], príncipe eleitor e Duque da Saxônia, para Tritêmio, nas quais ele pedia [justamente] que compartilhasse com ele o **Códex** (*Codicem*) de Hunibaldo. Mas, tendo mudado de lugar (pois fora trans-

428 Lagoa Meótida, atual Mar de Azov; conhecido na Antiguidade Clássica como Lago Maeotis (*Μαιώτις* em grego antigo) é uma pequena região ao norte do Mar Negro, ligada a ele pelo Estreito de Kerch. Tem ao norte a Ucrânia, a leste a Rússia (incluindo a península de Taman) e ao oeste a península da Crimeia. Sobre a associação entre os francos e Troia cf. **Brevis**, p. 15 do original; como já mencionado, as migrações por terra devem ter ocorrido primeiro que as que utilizavam embarcações. Como ficará explícito, Leibniz seguirá avaliando tais histórias que associam os francos a Troia.

429 Valentiniano I (*Flavius Valentinianus*, 321-375), foi imperador romano de 364 a 375.

430 Alanos, povo da Sarmácia europeia.

431 Como já mencionado, o **Liber Historiae Francorum** (**Livro da história dos francos**) é uma crônica anônima escrita por volta de 727. Foi primeiramente chamado **Gesta regum Francorum** (**Realizações dos reis francos**, título que manteremos para não ser confundido com outros) antes de Bruno Krusch republicá-lo em 1888 e renomeá-lo **Liber Historiae Francorum**, conforme depreendemos de KURTH, Godefroid. "Étude critique sur le Liber Historia Francorum", in: **Études Franques**, vol. 1, Paris, Honoré Champion,⊠ 1919, pp. 31-65. Em vários momentos desse início Leibniz vai estar mencionando o começo do livro **Realizações** [ou **Feitos**] **dos reis francos** (cf. **Monumenta germaniae historica**, 1888, tomo II, pp. 241 e seguintes).

432 Já muitas vezes mencionada, a localização e extensão da Cítia ou a Ásia de Leibniz varia com o tempo, desde a região dos Montes Altai onde se encontram as fronteiras de Mongólia, China, Rússia e Cazaquistão até a região do baixo Danúbio na Bulgária.

433 Iohannes Trithemius (*Johannes Heidenberg ou Johannes Zeller*, também *Johannes von Trittenheim, Johannes Tritheim* 1462-1516), abade do mosteiro Sponheim, foi um erudito e humanista. Em 1514, escreveu um **De origine gentis francorum compendium**.

434 Frederico I da Prússia (em alemão: *Friedrich I*, 1657-1713) da dinastia Hohenzollern foi (como Frederico III) Eleitor de Brandemburgo (1688-1713) e o primeiro Rei na Prússia (1701-1713).

ferido de Hirsau[435] para Wurtzburgo[436]), Tritêmio respondeu que os códices não estavam mais em suas mãos.

IV Suspeito que a fábula (*Fabulam*)[437] da origem troiana tenha sido criada por ele [Tritêmio], pois no [livro] **Fastos** (*Fastis*) de Próspero Tiro[438] alguns leram que pelo quarto ano de Graciano[439]: *Um tal Príamo*[440] *reinava na França, é o que de considerável pudemos apurar.* Assim, facilmente um erro agradável [a muitos] foi introduzido; com efeito, [era] uma velha ambição [p. 6] de muitos povos presumirem-se de origem troiana,

> *Também os Arvernos ousaram fingir serem irmãos dos Latinos*
> *do mesmo sangue Troiano...*
>
> Conforme Lucano liv. I[441].

E Galfrido Monumentense[442], seguindo a outros fabuladores (*fabulatores*), deduziu (*deducit*) que [o vocábulo] *britânicos* (*Britannos*) viria de Bruto, filho

435 Hirsau [lat. *Hirsaugia*]: uma aldeia no norte da Floresta Negra, hoje um subúrbio de *Calw*.

436 Wurtzburgo (em alemão: *Würzburg*) é uma cidade francônia que fica ao norte do estado da Baviera, na Alemanha, e está localizada na região administrativa de Baixa Francônia. É uma cidade independente (*Kreisfreie Stadt*) ou um distrito urbano (*Stadtkreis*), ou seja, possui estatuto de distrito (*Kreis*).

437 Fica evidente aqui a tensão entre aqueles que escrevem sem a evidencia dos fatos (*rerum evidentiae*), os fabuladores e criadores de ficções, como se verá a seguir, e aqueles que, a partir de etimologias e tudo o mais, estabelecem induções de asssociação ou coerência adequada, os verdadeiros historiadores.

438 Em latim *Prosper Aquitanus*, são Próspero da Aquitânia ou Próspero Tiro (c.390-c.465) foi um escritor cristão e discípulo de Santo Agostinho de Hipona. Apesar de o livro **Fasti** (**Os feitos**) não aparecer entre as obras de s. Própero, Eusébio Pamfílio cita essa frase sua no livro **Thesaurus temporum** (edição de 1658, p. 49). Prospero será mencionado novamente mais à frente, no § V.

439 Flávio Graciano Augusto (*Flavius Gratianus Augustus*, 359-383) foi um Imperador Romano do Ocidente de 375 a 383; em 378, com a morte de Valente passou a também governar o Império Romano do Oriente, o qual concedeu em 379 a Teodósio I.

440 Príamo (em grego antigo *Πρίαμος*, transl. *Príamos*), na mitologia grega, foi rei de Troia durante a Guerra com os helenos, e era filho de Laomedonte.

441 Versos da **Farsália (Pharsalia)** I, 1, 427-428 de Lucano, isto é, Marco Aneu Lucano (*Marcus Annaeus Lucanus*; 39-65 d.C.), poeta romano. Apesar de sua vida curta, é tido como uma das figuras de maior destaque do período dito clássico do latim; sobrinho de Sêneca, fez parte da malograda conspiração de Pisão contra a vida do imperador Nero, e ao ser preso foi obrigado a se suicidar. Restou de sua extensa obra apenas uma epopeia inacabada, a aqui mencionada **Farsália**.

442 Godofredo ou Geoffrey de Monmouth (c.1100-c.1155) foi um clérigo galês, um dos mais significantes autores no desenvolvimento das lendas arturianas. Foi Geoffrey que, na sua obra latina **Historia Regum Britanniae** (**Historia dos reis da Britânia**, completada em 1138) alocou Arthur na linha dos reis britânicos. Numa edição de sua **Historia Regum Britanniae** a que tivemos acesso, seu nome em latim assumiu a forma "*Gulfridus Monemutensis*".

de Ascânio[443], neto de Eneias[444]. E claro que tais coisas agradaram aos franceses (*Francis*), depois do que a primeira disposição [deles] foi se aproximarem do estudo das histórias (*studia Historiarum*)[445].

V E, em pouco tempo, não faltaram os que (seguindo o autor do [livro] **Realizações dos reis dos Francos**) acrescentaram também Suno[446], príncipe dos francos, filho de Antenor, a fim de tornarem a ficção (*fictio*) mais verossímil (*verissimilior*). Mas eu suspeito que [o vocábulo] Príamo (*Priamum*) tenha sido corrompido [em] Fáramo (*Pharamum*) a partir da contração de Faramundo (*Pharamundo*)[447], [p. 7] visto que o mesmo Príamo, na [obra] **Vida do rei Sigiberto** (*in vita Sigeberti Regis*), foi chamado pai de Marcomer[448] (como também o sustenta o autor do **Realizações [dos reis dos Francos]**) e avô de Faramundo;

443 Ascânio ou Iulo foi filho dos lendários Eneias e Creúsa e neto de Anquises. Depois da queda da cidade de Troia, destruída pelos gregos, chegou à Itália com seu pai Eneias, que se casou com Lavínia, filha do rei do Lácio, Latino, e fundou uma cidade que chamou Lavínia, em homenagem à sua esposa. Vale lembrar que se trata de etimologia mal estabelecida com relação ao vocábulo '*Britannos*' e '*Brutus*', quanto a este cf. **N.E.** III, II, §1.

444 Eneias (do latim *Aeneas*, por sua vez do grego antigo *Αἰνείας*) é um personagem da mitologia greco-romana cuja história é contada na **Ilíada**, de Homero, e, sobretudo, na **Eneida**, de Virgílio. Segundo a lenda, Eneias foi o mais famoso dos chefes troianos, aquele que supostamente teria conduzido os sobreviventes da destruição ao final da Guerra com os helenos para fundar uma nova cidade (*cf.* Homero, **Ilíada**, Livro XIII, 424-444), era filho da deusa Afrodite (ou a romana Vênus) e de Anquises, filho de Cápis, que era filho de Assáraco, rei da Dardânia; era casado com Creúsa, filha do rei Príamo e de Hécuba. Tinha um filho, Iulo (na literatura romana Ascânio, vide nota anterior).

445 Logo a seguir Leibniz vai mencionar mais algumas das obras escritas pelos franceses que, supostamente, estiveram alimentadas por esse animo.

446 Suno também aparecerá no livro do filólogo alemão Johann Ludwig Levin Gebhardi (1699-1764) **Reges Francorum Meroviginci (Os reis merovíngicos dos francos)** de 1737, no §XXXIV Leibniz acrescentará também Genebaudo ou Genebaldo (*Geneubaudus*).

447 Faramundo (370-426) considerado o primeiro rei dos francos salianos ou sálicos e ancestral dos Merovíngios, embora seja possivelmente uma figura mais fictícia que histórica. Parece que, segundo, novamente, a obra anônima **Gesta Regum Francorum** ou **Liber Historiæ Francorum**, Príamo de Troia foi considerado pai de Marcomero, Faramundo era filho de Marcomero, portanto, neto de Príamo, daí Leibniz afirmar que o vocábulo 'Pharamundus' é uma renovação do nome do avô 'Priamus'; é possível que Faramundo tenha sido o pai do rei franco-saliano Clódio, o Cabeludo. Tendo em vista os muitos momentos em que Leibniz afirma que as novas línguas, seus novos vocábulos, surgem da corrupção e mistura com outras, procuramos nos manter o mais próximo possível dos termos latinos "*corruptum*" e "*contracto*"; parece que o que está em jogo é a corrupção via aumento e contração ou diminuição de, primeiro, o vocábulo aumentado 'Pharamundo', menos 'do', daí 'Pharamum', menos 'ha' ou apenas 'h', daí 'Pramum' ou 'Paramum' e, alterando um pouco a pronúncia, então, 'Priamum'. No §XXXIV, voltarão a ser mencionados junto com Marcomer ou Marcomir.

448 Marcomer (c.346-404) ou Marcomir foi um duque (*dux*, líder) franco do final do século IV. O livro **Vita Sigeberti III Regis Austrasiae (Sobre a vida de Sigeberto III: rei** [franco] **da Austrásia)** foi escrito pelo belga Sigeberto de Gembloux (1030-1112), o qual será mencionado pouco mais a frente, no §XXIV, onde Leibniz criticará seu uso de nomes corrompidos (*corrupte*).

naturalmente [trata-se] do nome do avô remoçado, como frequentemente se faz. Porém, também Paulo de Warnefred, vulgo Paulo Diácono[449], protegendo a fábula, ou melhor, os amantes da fábula, refere Ansegiso[450], filho de Arnulfo[451], bispo de Metz, progenitor da estirpe Carolíngia, ao troiano Anquises[452]; não somente a partir de bispos de Metz, mas também a partir do [que afirma o] Epitáfio de Rotaide[453] da filha do rei Pepino[454][, a saber]:

O poderoso Anchise é meu bisavô, aquele que,
muito tempo depois, herda seu nome do famoso Anchisa de Troia.

VI Nem [a origem a partir de] Tróia parece bastar, [mesmo] Alexandre Magno fora chamado com [p. 8] os macedônios para aumentar o brilho [ou fama] da nação [franca]. Tanto assim que Fredegário[455] citara os francos egressos de Troia numa dupla divisão, em parte tendo chegado à Macedônia; [mas] outros – chamados frígios, a partir do rei Friga – vagando pela Ásia se estabeleceram no litoral do rio Danúbio e do mar Oceano (*maris Oceani*)[456]. Que, evidentemente, as associem (*cohaereant*) bem com aquela [divisão], quem

449 Paulo, o Diácono (*Paulus Diaconus*; c.720-c.799), também conhecido como Warnefred e Cassinensis ("de Monte Cassino"), foi um monge beneditino e historiador dos lombardos.

450 Ansegisel (c.615-c.679).

451 Arnulfo da Caríntia (850-899) foi um rei franco e imperador Romano-Germânico; foi coroado pelo Papa Formoso em 22 de fevereiro de 896 e seria o último imperador carolíngio. Partiu para Espoleto para ali estabelecer sua autoridade, mas no caminho ficou paralítico, como seu pai, e retornou à Baviera, onde morreu; casara-se com Oda ou Ota da Baviera; deixou três filhos.

452 Na mitologia grega, Anchises ou Anquises foi um príncipe troiano, primo do rei Príamo. Em sua época, Anquises era conhecido por possuir seis excelentes cavalos (algo valorizado na época, uma vez que os troianos eram exímios cavaleiros) e por ter sido amante mortal da deusa Afrodite, com quem teve o filho Eneias.

453 Rotaide, irmã de Carlos Magno. No livro **Le origine dell'epopea francese** de Pio Rajna de 1884 se lê: "*Ce ne dà ottimo indizio Paolo Diacono, con quelle parole dell'epitaffio di Rotaide sorella di Carlo Magno* (Dá-nos um ótimo indício Paulo Diácono, com aquelas palavras do epitáfio de Rotaide, irmã de Carlos Magno)".

454 Pepino III (c.714-768), também conhecido como Pepino, o Breve ou Pepino, o Moço, foi o rei dos francos de 751 a 768 e é mais conhecido por ter sido filho de Carlos Martel e o pai de Carlos Magno.

455 Fredegário ou Fredegar (morto c.660) foi um cronista, conhecido pela sua obra **Crônica de Fredegar**, a principal fonte primária dos eventos da Europa Ocidental do século VII, Leibniz o mencionará novamente pouco mais à frente, §VII, junto com Aimonio.

456 Praferimos deixar o nome como no latim. Os antigos apelidavam o Oceano Atlântico de *mar Tenebroso* ou *mar Oceano*, conheciam apenas as costas situadas entre o norte das ilhas britânicas e as Canárias. Dos séculos VIII a XI, os Normandos frequentaram as praias da Noruega, da Islândia, da Groelândia, de Spitsbergen e da Nova Escócia, no atual Canadá. Até o final da Idade Média, só se faziam navegações costeiras, indo até ao cabo Bojador. No século XV, os portugueses intensificaram a exploração da costa africana. Nos primeiros 20 anos do século XVI, toda a costa atlântica do continente americano (supostamente encontrado apenas em 1492 por Colombo) fora visitada por navegadores portugueses, espanhóis e italianos.

não o percebe? Donde, tendo vindo para a Europa (como se naturalmente o Danúbio corresse por fora da Europa) sob a liderança de Francião (*Francione*) (daí o nome de francos (*Francorum*)), uma parte da nação ocupou a margem do Reno. [E] cita[m] são Jerônimo certamente confundindo Próspero, o continuador de Jerônimo, que nomeia Príamo, com são Jerônimo o qual deu continuidade às **Crônicas de Eusébio**[457].

VII Mas, uma vez que a Macedônia pareceu bem a Alexandre Magno, [p. 9] parecia-lhe [igualmente] justo e honesto que os francos servissem no exército. O monge Otfrido de Weissemburgo no [**Livro**] **dos evangélios aos teutões**[458], livro I, cap. 1, nos versos escritos no proêmio a Ludovico Germânico, fá-los parentes (*cognatos*) de Alexandre:

In einen buachon ih weiz war,
Sie in sibbu joh in ahtu,
Sin Alexanderes slahtu.[459]

457 Leibniz se refere ao famoso tradutor da **Bíblia** para o latim, dando origem à Vulgata, e importante historiador Eusébio Sofrônio Jerônimo (ou Jerônimo de Estridão, em latim *Eusebius Sophronius Hieronymus*) que nasceu em torno de 347 e morreu em mais ou menos 448; sua obra é vasta e dentre elas consta o **Temporum líber** (**Livro sobre os tempos – Crônicas**); trata-se, em parte, de uma tradução para o latim da obra **Crônica** (referência aos títulos das partes de sua obra **Pantodape Historia** – **História Universal**, ou seja, suas *Chronographia*) do pai da história da igreja (por ter escrito a **Historia Ecclesiae, História da Igreja** ou **Eclesiástica**) Eusébio de Cesaréia (c.265-339, também chamado de *Eusebius Pamphili*) que foi o primeiro dos cinco continuadores da crônica iniciada por Sexto Júlio Africano (c.260-240) cuja **Crônica** (**Chronographiai**) ou **História do mundo** vai do início do mundo e passa a ser suplementada por seus continuadores; a **Crônica** de Jerônimo, segundo continuador, a suplementa com informações do período entre 325 (ano em que terminam as considerações de Eusébio) a 379; o terceiro continuador foi, o acima mencionado mais de uma vez, Próspero de Aquitânia (c.390-455) ou Próspero Tiro, discípulo de Agostinho e primeiro continuador das crônicas de Jerônimo, escreveu a **Epitoma Chronicon**, o quinto continuador foi Vitor de Tununa (em latim *Victor Tunnunensis*, morto em mais ou menos 569) que também escreveu uma **Crônica** (**Chronicon**), devemos acrescentar a esses nomes o de Cassiodoro (em latim *Flavius Magnus Aurelio Cassiodorus Senator*, 490-581, já mencionado no **Brevis**) que escreveu a **Crônica** (de 519), a **Historia Gothorum** (**História dos godos**, de 526 a 533) e também uma **Historia Eclesiástica**.

458 Com a expressão '*Evageliorum Teutonicis*', Leibniz parece estar se referindo ao **Liber evangeliorum** (**Livro dos evangélios**) que foi escrito pelo já muitas vezes mencionado Otfrid ou Otfried von Weißenburg (c. 790- c. 875), trata-se de um poema épico bíblico escrito, como o demonstra a citação, em alto alemão antigo, por isso seu autor foi considerado o primeiro poeta da língua alemã, tal obra também se associa às tentativas de "harmonizar" os evangélios, como o foi a obra **Diatessarão** do apologista asceta Tatiano o Assirio (c. 120-172), que é uma tentativa de harmonizar os evangélios de Mateus, Marcos, Lucas e João. Otfried também escreveu uma série de comentários à **Bíblia** em latim e parece ter escrito na língua da Francônia (*Frenken* em alemão) o conteúdo dos evangélios, até então disponíveis apenas em hebraico, grego e latim.

459 Esse trecho está escrito em *Althochdeutsch (alto-alemão)*, poderíamos traduzir do modo como segue: *Outrora li num livro, / [que] Em estirpe e em honra, / [eram] Da mesma linhagem de Alexandre.*

[Traduzindo:] "Aprendi dum certo livro que, enquanto família (*cognatione*) e enquanto estima (*existimatione*), tinham sido da linhagem (*genere*) de Alexandre".

Supôs, enfim, que saíram da Macedônia e que desprezaram [as leis ou] os impérios (*imperia*) das demais nações. Mas Aimoino[460], no livro I sobre as **Realizações [dos reis] dos Francos** (*Gestis Francorum*), passa em revista diversas opiniões daquele autor da obra **Realizações** supracitada e de Fredegário; mas acrescentou [coisas] que Fredegário não tinha dito, [a saber,] que os altivos macedônios, apoiados pelas forças dos francos (*viribus Francorum*), venturosamente guerrearam [p. 10] sob o comando de Filipe e Alexandre.

Como fica claro, a partir do exemplo de Witikindo Corbeiense[461], que também os saxões, quando começaram a ter seus próprios escritores, ambicionaram a glória do exército alexandrino. Sigeberto Gemblacense[462] e muitos depois dele seguiram os passos de Aimoino, dos quais nada há a dizer.

Como se verá no decorrer do presente texto, Leibniz fará a tradução de vários trechos de livros e poemas que corroboram suas afirmações, por isso manteremos o original e, quando necessário, faremos os comentários em nota, obviamente o recurso '[Traduzindo:]' acompanhado das aspas não está no original.

460 Como em parte já mencionado em nota anterior, **As crônicas de Fredegário** lembram não só seu autor, o cronista franco Fredegário morto em 660, mas também a obra que, enquanto crônica, também será continuada por alguns sucessores, ou seja, o **Historia francorum** ou **Decem libri historiarum** do historiador galo-romano Gregório de Tours (c. 538-594); daí que Leibniz deve estar se referindo ou a Moine de Laon (642-736), o primeiro continuador de Fredegário, que escreveu parte do **Liber historiae francorum (Livro da história dos francos)**, ou a Aimoin de Fleury (em latim *Aimonius – Annonius ou Aemonius – Floriacensis*, c. 960-c. 1010), cronista francês que escreveu o **Historiae Francorum Libri IV (Da história dos francos em quatro livros)** e que, a princípio, pretendia tratar da origem dos francos até o reinado de Pepino, o Breve. Aqui também valeria a pena se informar mais incluindo nessa lista a obra **Chroniques de Saint Denis** e as **Grandes chroniques de France**.

461 Leibniz certamente está se referindo ao cronista medieval saxão Viduquinho de Corvey (em latim *Widukindus Corbeiensis* ou *Witichindus*, em alemão *Widukind* – c.925-c.973), que escreveu a **Res gestae saxonicae sive annalium libri tres (Sobre as realizações dos saxões ou anais em três livros)** ou **Historia Saxonica**, importante fonte para a historia do reino germano do século X durante a dinastia de Otão I do sacro império germânico (912-973), mais conhecido como Otão o Grande, e seu pai Henrique rei da França Oriental (876-936), ou Henrique o Passarinheiro; Widukind também começa sua historia a partir do rei da Austrásia Teodorico I, tratando da guera que sob seu comando os saxões travaram contra os turingios; sua obra também teve uma edição em 1532 (**Witichindi Saxonis Rerum Ab Henrico Et Ottone In Impp. Gestarum Libri III**) e foi reeditada como parte da série **Monumenta Germaniae Historica: Scriptores rerum Germanicarum in usum sacholarum editi** de 1935.

462 Em latim *Sigebertus Gemblacensis*, Sigeberto (ou Sigueberto) Gemblacense (ou Gembloux), foi um monge beneditino belga (1030-1113) que também escreveu uma **Crônica universal (Chronicon sive Chronographia)** onde ele pretendeia abordar os anos entre 381 e 1111, sua obra teve uma reedição especial em 1513; tal era sua importância para os assuntos aqui tratados que também foi

VIII Gregório[463], bispo de Tours, sem fazer qualquer menção das origens troianas ou macedônicas, estabelece a Panônia como primeira moradia dos francos, e que ali fundaram a cidade de Sicâmbria, que alguns acham que era [a cidade] Buda[464]. Mas consta que para alguns, contrariamente a tudo o que se disse a partir dos mais antigos, as sedes dos franceses [eram mais] longe, enquanto outros os estabeleceram moradores da Panônia. [E] logo depois, os francos são chamados de sicambros (*Sicambri*)[465], pois teriam tomado o lugar dos [p. 11] sicambros, não há dúvida que moraram junto ao rio Siga, defronte da [cidade] Colônia Agripina ou um pouco mais adiante. Por consequência, nada tiveram de comum com Sicâmbria, ao contrário avançaram para o Reno.

reeditada na **Monumenta Germaniae Historica**; como as crônicas anteriores, encontrou seu continuador em Anselmo de Gembloux. É de Gemblancense a **Vita Sigisberti III regis Austrasiae (Vida do rei** [franco] **da Austrasia Sigisberto III**), a **Vita Deodorici, Mettensisi episcopi (Vida de Teodorico I, bispo de Metz**, já mencionado mais acima, e a **Vita Wicberti (Vida de São Guilberto**, fundador da abadia de Gembloux), escreveu uma **Gesta abbatum Gemblacensium (Realizações dos abades de Gembloux**) e, em seu **De scriptoribus ecclesisticis**, compilou um catálogo contendo 171 escritores eclesiásticos.

463 O já mencionado são Gregório de Tours ou Gregório Turonense (*Gregorius Turonensis*; c.538 - 594) foi um historiador galo-romano e bispo de Tours, o que o tornava o principal prelado da Gália. Ele é a principal fonte contemporânea da história merovíngia. Seu mais notável trabalho foi seu **Decem Libri Historiarum (Dez Livros de Histórias**), mais conhecido como **Historia Francorum**, um título dado por seus continuadores cronistas.

464 Desde os celtas e anteriormente ao ano 1 d.C. na região em que hoje se encontra Budapeste podemos dizer que teve início a história do Reino da Hungria, que teve origem propriamente em 1241 quando os magiares construíram um castelo na localidade que depois viria a se chamar Buda, o castelo foi construído em uma colina à margem do Danúbio, ao sul de Ôbuda e em frente a Peste; em 1361 Buda tornou-se a capital da Hungria, em 1541 Buda caiu sob o domíno otomano e só foi reconquistada pelos Habsburgos em 1686. Não conseguimos saber quais foram os historiadores que, segundo Leibniz, confundiram Sicambria com Buda.

465 Sicambros, também conhecidos como sigambros e sigambrianos, é um antigo povo da Germânia, habitantes das margens do Reno mais ao norte, onde hoje se encontra a Holanda. Diante do que foi dito até aqui, vale lembrar que existem relatos mitológicos sobre a relação dos sicambros com os francos. No **Liber Historiae Francorum** (já mencionado trabalho anônimo de 727) afirma-se que, após a queda de Troia, 12.000 troianos liderados por Príamo e Antenor estabeleceram-se, primeiro na Panônia, próximo ao mar de Azov [lagoa Meótida], onde fundaram uma cidade chamada Sicâmbria; em seguida, teriam chegado à região do Reno, onde, com outros povos germânicos, deram origem aos francos. Os sicambros, tribo germânica ocidental, parecem surgir na história em 55 a.C., durante o período de conquista da Gália por Júlio César; estabeleceram-se na margem direita do Reno entre os rios Ruhr e Sieg (ou *Siga*, daí o *Sigam* do texto), mais para a Magna Germânia. Nos parece que, até aqui, Leibniz compartilha a opinião dos que ele nomeia de mais antigos (*vetustioribus*) quanto aos francos terem estado menos ao oriente e mais ao sul – talvez com Larry, Cluverio, Pontano e Valesio, que serão mencionados a seguir –, menos para a Magna Germânia, ou seja, mais próximos da Panônia do que do lugar onde teriam habitado os sicambros.

IX Lacarry (*Lacartius*)[466], que publicou um livro sobre as colônias da nação gaulesa (*Gallicae gentis*), e outros não puderam negar certos homens doutos da Gália, quanto às origens germânicas dos francos (*Francorum*), demonstradas por Cluvério, Pontano, Valésio[467] e outros. Os gauleses, [porém,] desejosos de honra avessa à investigação, deduziram que os [povos que estavam] na Germânia [teriam vindo] das colônias gaulesas (*Gallicis*); assim, na verdade, [teriam vindo] da região, não, contudo, [propriamente] da nação germânica. Como tinham lido nos **Comentários** de Júlio César que os gauleses levaram a colônia para a Floresta Negra[468], imediatamente decidiram, mesmo sem autor [p. 12] nem argumento, que os francos (*Francos*), originados desses gauleses (*Gallis*), retornaram à pátria dos antepassados. Mas essas coisas são [próprias] de quem quer, não de quem raciocina, e, tendo em vista que [suas opiniões] não assentam com as que temos defendido, nem resta dúvida se a [língua] dos franceses tenha sido a língua teutônica[469]. A região dos Boios (*Boiorum*) foi

466 Na edição de 1768 do **De origine**, op. cit., Ekhart faz uma correção no nome, apresentando-o como *Lacarrius*, assim, Leibniz parece estar se referindo ao jesuíta historiador da França e seu contemporâneo Gilles (Aegídio ou Egídio) Lacarry (em latim *Aegidius Lacarrius*, 1605-1684), que teria feito uma nova edição do livro **Germânia** de Tácito e escrito vários livros de história, dentre outros **Historia coloniarum a Gallis in exteras nationes missarum, tum exterarum nationum coloniae in Gallias deductae: Disputatio de regibus primae família, deque lege Salica** (1677), certamente ao qual Leibniz se refere acima, **Historia Galliarum sub Praefectis praetorio, Historia romana a Jul. Caesure ad Constantinum magnum per numismata**, o **Epitome historiae regum Franciae ex D. Petavio excerpta**, o **Historia christiana imperatorum**, o **De primo et ultimo anno Regis Hugonis Capeti, Elogium Nati Delphini Ludovici XIV** e o **Historia codicis Justiani**.

467 Philipp Clüver (também *Klüwer*, *Cluwer*, ou *Cluvier*, latinizado como *Philippus Cluverius*, 1580-1622) foi um geógrafo e historiador alemão que escreveu, dentre outras, **Germania antiqua** (1616), certamente à qual Leibniz se refere aqui, **Siciliae antiquae libri duo** (1619), **Sardinia et Corsica antiqua** (1619), **Italia antiqua** (1619), **Introductio in Universam Geographiam** (1629), obra que foi traduzida para o francês e publicada em 1697. Quanto a Pontano e Valésio, Leibniz já os havia mencionado no §I, tendo em vista que eles defenderam que as origens dos francos se associam aos mais antigos germanos fica patente o acordo com a hipótese geral de Leibniz.

468 **Commentarii** (ou **Comentariorum) de bello Gallico** (ou **Bellum Gallicum**) **(Comentários sobre a gerra gálica)**, livro VI, cap. XXIV: "*Galli* [...] *propter hominum multitudinem agrique inopiam trans Rhenum colonias mitterent. Itaque ea, quae fertilissima Germaniae sunt, loca circum Hercyniam silvam* [...] *occupaverunt atque ibi consederunt* (Os gauleses [...] por causa da quantidade de homens e da pobreza dos campos enviaram colônias para além do Reno. Assim ocuparam aqueles lugares, que são os mais férteis da Germânia, ao redor da floresta Negra (ou selva Hercínia [*Hercyniam silvam*]) e ali se estabeleceram)".

469 A solução da questão da origem dos francos deixaria de ser propriamente de história ou geografia, ou seja, pensada apenas a partir do quando teriam ocorrido certas migrações dos povos, para se tornar de etimologia e filologia, do registro das migrações conservado na transmissão de certos vocábulos, bem ao gosto das considerações que se fizeram no **Brevis** e nos **N.E.**; de qualquer modo, nos §§ XX e XXIX, tomando a Lei Sálica como ponto de partida, Leibniz fará voltar a questão da origem teutônica da língua dos francos, o que muda radicalmente a consideração dos vocábulos que poderiam restabelecer suas reais origens.

atribuída às mais antigas (*veteribus*) colônias gaulesas (*Gallis*); e se pode crer que, como se dirigissem para a Ásia (embora, como é evidente, os germânicos aceitaram [viver] em sociedade), deixaram alguns dos seus nas regiões não muito distantes do Danúbio. Embora seja estranho, por qualquer motivo, que se tenham apartado para tão longe do caminho, para o qual nada os atraía, para [irem até] perto do Mar Báltico; também que tenham estabelecido morada em meio às nações dos suevos (*Svevorum*), e que ali se tenham podido proteger.

X O Geografo de Ravena (*Geographus Ravenas*)[470], [p. 13] de um escritor nascido, ao que parece, dentre os godos (como Jornandes[471], que também trabalhou em Ravena) ou de outra estirpe germânica, foi o primeiro [livro] a me ensinar que as antigas moradias dos francos, antes de serem conhecidas dos romanos, devem ser procuradas nos arrabaldes do mar Báltico; com efeito, daqueles [francos] ele convoca os escritores ou, como é dito, os filósofos desconhecidos para eles. O primeiro a publicá-lo foi Porquerono[472] dos beneditinos de Saint-Germain, homem doutíssimo; depois, a partir do **Códex de Leiden**, que

470 Leibniz se refere ao provável autor (*scriptor*) do livro **Ravennatis Anonymi Cosmographia** também conhecido simplesmente por **Ravennate**, compilação provavelmente de um cosmógrafo ou geógrafo cristão que deve ter sido escrito por volta de 670 e cujo manuscrito foi encontrado na cidade de Ravena – localizada no centro-leste da Itália, foi uma das capitais do Império Romano do Ocidente e se tornou a capital do reino ostrogodo na Itália sob Teodorico, o Grande –, foi publicado a primeira vez em Paris em 1688 por Dom Plácido Porquerono (cf. mais abaixo) com o título **Anonymi Ravennatis de geografia libri V** (**Anônimo de Ravena sobre geografia em cinco livros**) e foi uma importante fonte para compreender as migrações associadas ao Império Romano.

471 Vale lembrar que, apesar do nome do bizantino Jordanes (ou Jornandes), que floreceu por volta de 550, não constar de fato na lista dos bispos, alguns textos chegaram a afirmar que teria sido bispo de Ravena, mas é certo que foi um importante historiador e que escreveu o **Sobre a origem e ações** [ou **realizações**] **dos godos** (**De Origine actibusque Getarum**, **De Getarum** – Ghotorum – **Origine et Rebus Gestis**, ou simplesmente **Getica**, nome dado pelo seu editor Theodor Mommsen em 1882), obra que foi publicada a primeira vez em 551. Parece tratar-se de um resumo do volumoso livro de Cassiodoro (c.487-583) sobre a origem e história do godos, o **De rebus Gestis Gothorum Libri XII** (**Sobre as realizações dos godos em doze livros**).

472 O beneditino francês Plácido Porquerono (em francês e latim *Dom David-Placide* e *Porcheron Placidus Porcheronus*, 1652-1694) parece ter sido bibliotecário e prefeito da biblioteca de S. German-des-Prés em Paris, foi ele quem primeiro publicou o **Anônimo de Ravena** em 1688; contemporâneo de Leibniz, também se distinguiu como grande conhecedor de línguas, história e geografia. O livro **Commentarii de Rebus Franciae Orientalis et Episcopatus Wirceburgensis** (**Comentários das coisas da França Oriental e do Episcopado de Virceburgo**, 1729) de João Jorge Ekhart menciona o **Annonymus geographus Ravennatis** e o nome de Plácido, op. cit. vide p. 902.

Grócio[473] outrora indicara, Tiago [Jacob] Gronóvio[474] aperfeiçoou a narrativa, igualando a fama do pai. Aquele **Anônimo [de Ravena]** traz o seguinte no livro I, cap. XI: *como na quarta hora da noite, a pátria dos normandos, que é a Dinamarca, segundo os antigos, dá que, de modo certíssimo, Maurungânia,* [p. 14] *diante do Albes ou a pátria do Elba, era chamada pelos antigos; nesta pátria do Elba assentaram-se por muitos anos os parentes* (linea) *dos francos.*

XI Consta dos escritos de Paulo de Wanfrido[475], popularmente conhecido como o Diácono, quando estava descrevendo a viagem dos longobardos (apesar de fictícia), que a Mauritânia (*Maurunganiam*), ou melhor, a Maurigávia (*Mauringaviam*) ou *Mauríngia* (*Mauringiam*) estava localizada perto do mar Báltico; além do que é indicado pelo próprio vocábulo[476]. É, de fato, a Mauríngia uma região marítima, como Morinos, como Aremórica; e hoje é quase a mesma região da *Pomerânia* (*Pomerani*), em língua eslava *pomeranos* (*Pomerani*) são os que estão situados nos arrabaldes do mar, como *pólabos* (*Polabi*) são os que

473 Hugo Grócio (*Hugo Grotius, Huig de Groot* ou *Hugo de Groot*, 1583-1645) filho do curador da Universidade de Leiden, onde cursou Direito, foi um famoso jurista a serviço da República dos Países Baixos. É considerado o precursor do Direito internacional, baseando-se no Direito natural. Foi também filósofo, dramaturgo, poeta e um grande nome da apologética cristã.

474 O contemporâneo de Leibniz Jacobus Gronovius (*James Gronovius* ou *Jacob Gronow*, 1645-1716) foi um erudito e filólogo clássico holandês que viveu em Leiden, era pai do botânico *Johannes Fredericus Gronovius* e filho do filólogo clássico *Johann Friedrich Gronovius*. Além de Filologia (*literae humaniores*) também estudou Direito e em 1702 passou a ser o geógrafo da académia de Leiden. Tendo em vista as muitas possibilidades de uso do vocábulo 'Codex', não conseguimos saber ao certo a qual obra que Grócio teria chamado atenção (talvez o famoso **Codex Mediceus**), mas talvez Leibniz queira dizer apenas que Gronovius teria aperfeiçoado a narrativa do **Anônimo de Ravena** em, quem sabe, sua obra mais importante o **Thesaurus antiquitatum Graecarum (Tesouro das antiguidades gregas**, 1697-1702, em 13 volumes).

475 Paulo, o Diácono (em latim *Paulus Diaconus*, c.720-799), Paul Warnefrid,Varnefredo ou Cassinensis, foi um monge beneditino italiano e um importante historiador dos lombardos, sua obra principal foi **Historia gentis langobardorum (História da nação dos lombardos**), obra impressa a primeira vez em Paris em 1514, a qual teria sido escrita a partir da obra **Origo gentis Langobardorum**, **Liber pontificalis**, da historia perdida de Segundo de Trento (nasc. 612), e também das de, dentre outros, Beda (c.673-735), Gregorio de Tours (c.538-594) e Isidoro de Sevilha (c.560-636); também passou a fazer parte da **Monumenta Germaniae Historica**. O vocábulo '*Mauringa-ae*' aparece já no início do primeiro livro da **Historia gentis langobardorum**; segundo Ekhart, a Maurungânia é a pátria do Elba.

476 Será fácil notar aqui que, após ter reafirmado a tese geral e citado parte do **Anonimo de Ravena**, inclusive acrescentando algumas outras autoridades mais de estirpe germânica, Leibniz começa a utilizar suas considerações sobre as línguas, ou melhor, sobre os vocábulos que permitem compreender as origens das nações, ou seja, para reconstituir a história, que é mais recente que a dos germanos, dos francos a partir de menos a oriente e mais ao sul da Magna Germania, como vai ficar ainda mais evidente no §XIII, quanto ao vocábulo 'Aremorica' cf. **Brevis** p. 10 do original.

moram nas cercanias do Elba, porquanto [o vocábulo] *Labe* se refere ao Elba (*Albis*) para os eslavos.

XII Assim, a partir do **Geógrafo de Ravena** fica claro que os antepassados *ou os parentes* (*lineam*) *dos francos* povoaram a região entre o mar Báltico (*Balthicum*) e [p. 15] o Elba (*Albim*). Essa região parece estar quase toda contida entre os rios Êidora e o Pane, e talvez se estenda para além do Odera ou do Viadro. E, depois, manterá os nomes hodiernos de Holsácia, de ducado lavemburguês, ducado meclemburguês também parte da Pomerânia; e dentre as nações que outrora habitavam aquelas regiões, os reudignos[477] (ou, com Cluvério, [chamaremos] deuringos?), os aviões[478] (ou aqueles depois [chamados] caviões ou chaibões?), ingleses, werinos (ou varnos), os eudosos; também aqueles outros Tácito[479] lembra aqui [ao dizer o seguinte]: uma

477 Reudignos: povo da Germânia setentrional.

478 Aviões: povo da Germânia.

479 Tendo em vista que não a encontramos na obra **Germania** de Tácito e a confiar no final da "citação", na verdade trata-se de afirmação feita em **Epitoma Historiarum Philippicarum T. Pompeii Trogi libri XLIV (Resumo do [livro] Das histórias filipicas de Pompeio Trogo em quarenta e quatro livros)**, pelo historiador Marco Juniano Justino ou Justino Frontino, que viveu no século II; em seu livro XXIV, capítulo IV, §§1-10 temos: "*Namque* ***Galli*** *abundante multitudine, cum eos non caperent terrae, quae genuerant, CCC milia hominum ad* ***sedes novas quaerendas velut ver sacrum*** *miserunt. Ex his portio in Italia consedit, quae et urbem Romanam captam incendit et portio Illyricos sinus ducibus avibus (nam augurandi studio Galli praeter ceteros callent) per strages barbarorum penetravit et in Pannonia consedit; gens aspera, audax, bellicosa, quae prima post Herculem, cui ea res virtutis admirationem et inmortalitatis fidem dedit, Alpium invicta iuga et frigore intractabilia loca transcendit. Ibi domitis Pannoniis per multos annos cum finitimis varia bella gesserunt. Hortante deinde successu divisis agminibus alii Graeciam, alii Macedoniam omnia ferro prosternentes petivere, tantusque terror Gallici nominis erat, ut etiam reges non lacessiti ultro pacem ingenti pecunia mercarentur. Solus rex Macedoniae Ptolomeus adventum Gallorum intrepidus audivit eisque cum paucis et incompositis, quasi bella non difficilius quam scelera patrarentur, parricidiorum furiis agitatus occurrit* (Certamente os gauleses [*galli*] em uma abundante multidão, visto que não os puderam sustentar as terras, que fizeram surgir, enviaram trezentos mil homens para buscar novas sedes como se fossem uma *primavera sagrada*. Dentre estes [enviados], uma porção assentou-se na Itália, que incendiou Roma [depois de] capturada; [outra] porção, guiada por aves (pois da arte dos augúrios os gauleses sabem mais que o demais), penetrou por entre a devastação dos bárbaros e assentou-se na Panônia; um povo rude, audaz e belicoso, que foi o primeiro [povo], depois de Hércules, a quem deu a admiração da força e a certeza da imortalidade, ultrapassou os invencíveis cimos dos Alpes e os lugares indômitos por causa do frio. Lá guerrearam muito e por muitos anos contra os submissos e limítrofes panônios. Em seguida, inflados pela vitória, tendo dividido o exército, uns marcharam para a Grécia, outros para a Macedônia, subjugando tudo pela espada, era tamanho o terror inerente ao nome *gaulês*, que até os reis que não tinham sido desafiados [ou atingidos] compravam espontaneamente a paz a preço muito alto. Somente Ptolomeu, o intrépido rei da Macedônia, ouviu sobre a chegada dos gauleses e foi de encontro a eles, agitado pela raiva dos parricidas, com poucos e desordenados [soldados], terminando uma guerra não mais dura do que nociva)". Assim, com '*quos alios*' Leibniz está se referindo aos gauleses. No texto latino se usa *ver sacrum*, isto é, *a primavera sacra*: é uma cerimônia propiciatória celebrada em tempos calamitosos que consistia no sacrifício de animais

tropa de vigorosíssima juventude, como *ver sacrum* e à fortuna, eles saíram à procura dos ansiados novos assentamentos. Nem se duvide do acrescentar hérulos[480], rúgios[481] e os que, para os mais antigos [eram] cimbros[482]; também os saxões, assim como os danos[483] e ainda os jutas, [p. 16] dos quais Tácito não lembra, [mas estamos] seguindo o testemunho de Nigelo, de quem, mais adiante, se tratará.

XIII Isto é algo verossímil, quando uma parte das nações mais próximas ofereceu a possibilidade de avançar para as terras mais distantes, ou quando deu exemplo [disso][484]: por esse tempo os godos e os burgundiões[485] migraram na direção do leste, e os francos na direção do sul, aqueles voltaram-se algo para o sul e estes um pouco para o oeste; aqueles das regiões transoderanas, estes desde as cisoderanas; essa parte invadiu com feroz barbárie as regiões romanas na guerra Marcomânica[486] sob Marco Aurélio[487].

---

e mesmo crianças nascidos na primavera precedente; daí que teríamos algo como: "Os **gauleses**, visto que, dada sua abundante multidão, as terras que os produziram não mais os mantinham, mandaram 300 mil homens para, como [no rito da] *sagrada primavera* [ou *abandonados à própria sorte* – como parece querer Leibniz], procurar os ansiados novos assentamentos". Quanto à obra de Justino, trata-se de uma coleção de algumas passagens da volumosa **Historiae Philipicae et totius mundi origines et terrae situs (Da história filipica e as origens de todo o mundo e lugares da terra)**; obra escrita pelo historiador quase contemporâneo, tendo morrido depois, de Tito Lívio (59 a.C.-17 d.C.), o galo-romanizado Pompeio Trogo (em latim *Cnaeus Pompeius Trogus*); como seu próprio título deixa claro, trata-se, principalmente, da história do fundador do Império Macedônico Felipe II.

480 Hérulos: povo cita dos arredores da Lagoa Meótida.

481 Rúgios: povo germânico das margens do Báltico, próximo à ilha chamada hoje Rügen.

482 De *cimbri* ladrões em língua gálica, os cimbros são um povo céltico das margens do mar Báltico, habitantes do território que forma os modernos Holstein, Schlesvig e Jutland.

483 Danos, povo da Quersonesa címbrica, por neologismo os dinamarqueses.

484 Os godos e os burgudiões, como se lerá a seguir, deram o exemplo empreendendo a migração para o leste.

485 Burgundião: habitante da Borgonha (em francês: *Bourgogne*); trata-se de uma região administrativa da França, habitada por, em ordem cronológica, Celtas da tribo dos Gauleses, Romanos e Galo-Romanos, além de vários povos Germânicos, dentre os quais os mais importantes foram os Burgúndios (donde deriva o seu nome atual, a partir de uma forma medieval 'Burgúndia') e os Francos.

486 Marcomânico ou marcomano, adjetivo que diz respeito aos marcomanos, antigo povo germano que esteve sediado entre o Elba e o Óder.

487 César Marco Aurélio Antonino Augusto (*Caesar Marcus Aurelius Antoninus Augustus*), mais conhecido apenas como Marco Aurélio (121-180 a.C.), foi imperador romano desde 161 até sua morte. Nascido Marco Ânio Catílio Severo (*Marcus Annius Catilius Severus*), tomou o nome de Marco Ânio Vero (*Marcus Annius Verus*) pelo casamento. Ao ser designado imperador, mudou o nome para Marco Aurélio Antonino, acrescentando-lhe os títulos de imperador, césar e augusto. *Aurelius* significa "dourado", e a referência a *Antoninus* deve-se ao fato de ter sido adotado pelo imperador Antonino Pio.

XIV Ermoldo Nigelo[488], um autor franco, endossa o testemunho do **Geógrafo de Ravena**. O poema dele, ainda não publicado – dedicado ao augusto Luís[489], o Piedoso, [p. 17] em que trata de Haroldo[490], o dinamarquês, que, no palácio de César, acolhera a fé cristã –, fala claramente que os francos eram aparentados com os dinamarqueses, originados destes, certamente por um lado e, além do que, (como é certo julgar) [seriam] da região próxima à Dinamarca, cujos íncolas são da mesma raça dos dinamarqueses; quiçá o autor se reconcilie com o [**Geógrafo**] **de Ravena** [ao firmar:]

Este povo chamado por antiga alcunha

Também chama-se ainda de Dinamarqueses (*Deni*).

Os Manos (*manni*) *são chamados também por Francisco pelo nome de* Norte (*Nort*),

Velozes, ágeis *e belicosos demasiadamente.*

[p. 18] *Este mesmo povo largamente conhecido,*

Vive no mar, vai de barco levar a produção [da terra].

Esta gente tem uma bela face, formosos pelo trato e pela estatura,

E ela se refere à origem dos francos.

César, vencido pelo amor de Deus, teve compaixão desta raça desgarrada,

E tenta vencer a estes, ganhando-os para Deus.[491]

XV Denominam-se *daenos* ou *denos*, como nós germanos também fazemos hoje, não *danos*; seguramente por causa do rio *Daena* ou *Dina*, cujo

488 Ermoldo Nigelo (lat. *Ermoldus Nigellus*, c.790–c.835) seguirá sendo mencionado.

489 Luís I (778-840), também conhecido como Luís, o Piedoso, ou Luís, o Justo, foi o Rei dos francos e Sacro Imperador Romano-Germânico de 814 até sua morte. Como único filho adulto sobrevivente de Carlos Magno e de Hildegarda de Vinzgouw, tornou-se o único governante dos francos após a morte de seu pai em 814, uma posição que ocupou até à sua morte, salvo pelo período de 833-34, durante o qual ele foi deposto.

490 Haroldo I da Dinamarca, também designado por Haroldo Dente-Azul ou Harald Dente-Azul (Dinamarquês: *Harald Blatand*; c.935-985/986), era filho do rei Gormo, o Velho, senhor da Jutlândia, e de Thyra. Faleceu combatendo uma rebelião liderada por seu filho Sueno, após ter sido rei da Dinamarca a partir de 958 e rei da Noruega durante dez anos.

491 Trata-se do verso II, livro IV, da obra **Facta Ludovici Pii (Feitos do [Imperador] Luiz, o Piedoso)** ou **De rebus gestis Ludovici Pii Augusti** ou ainda **Carmina in honorem Hludovici imperatoris** (ou **Caesaris**); obra em quatro livros que trata da vida e ações daquele imperador e de autoria do já mecionado Ermoldo, o Negro (que floreceu entre 824-30), poeta cristão que viveu na corte de Pepino I da Aquitânia (c.797-838), filho do imperador Luis, e que parece tê-lo acompanhado em uma missão até a Bretanha em 824; sua obra também foi publicada na coleção **Monumenta Germaniae Historica**.

antigo nome era *Êidora*, por *Deninga* (para a foz [ou porta] do rio) pelo vulgo [denominada] *Teringa*, abandonados os vestígios da antiga denominação (*appellationis antiquae*), *pois consta que se chame Êidora de* Heggedor, (*como chama* [p. 19] *Ditmaro*[492] *– por mim restabelecido*), *isto é, um vale, no qual, próximo à entrada, fora deixado um portão* [ou foz], *neste vale os daneses* (Dani)[493], *desde tempos antigos, fortificaram seus limites;* conforme aduzidos por mim na página 29 do Tomo I da **Coleção dos Escritores brunswiquenses**[494],

492 Leibniz se refere ao bispo e cronista alemão Dietmar (ou Thietmar, ou Dithmar) de Merseburgo (em latim *Thietmarus Merseburgensis*, 975-1018), durante seu episcopado escreveu sua crônica (**Chronicon Thietmari**, citada na obra e página que serão mencionadas logo abaixo) em oito livros em que cobre o período correspondente aos reinados de Henrique I, os três Otões e Henrique II; como de costume, parte da obra se baseia em cronicas anteriores, tais como a **Res gestae saxonicae** de Viducindo de Corvey e os **Anais** de Quedimburgo; a obra de *Ditimarus*, como o nomeia Leibniz, era praticamente a única fonte da história dos povos eslavos que viviam a leste do Elba, bem como dos poloneses e húngaros.

493 Dinamarqueses.

494 Com, na verdade, **Scriptores rerum brunsvicensium illustrationi inservientes, antiqui omnes, et reformatione priores: opus, in quo nonnulla chronica hujus, vicinarumque regionum, et urbium, episcopatuumque, ac monasteriorum, praesertim ostfaliae; res etiam atestinorum, longobardiae, et guelforum superioris germaniae; vitae item homimum illustrium, aut principum; omnia magno studio, sumtuque conquisita etc. continentur**, Leibniz chama atenção para o primeiro volume, de um total de três, que foram publicados em 1707, 1710 e 1711 e com o total impressionante de quase de 3.500 páginas, daquele que é certamente seu trabalho mais importante como historiador, trabalho muitas vezes mencionado com **Collection des Hitoiriens de Brunswig** ou **Recueil des ecrivains de Brunswick**, títulos que chamam atenção para a maior parte do conteúdo da obra, ou seja, para o fato que trata-se de uma coleção do que teriam afirmado vários historiadores de Brunswig ou da casa de Hanôver, mas não é só esse seu conteúdo, evidentemente. Para dizermos apenas o básico, é sabido que desde propriamente 1676 Leibniz passa a trabalhar como bibliotecário para a família Brunswick e podemos dizer que foi por conta, principalmente, de ter de escrever a sua história que ele passa a colecionar vários livros e tudo mais que possa auxiliar a tecer uma "História do povo germânico" em que estaria incluída aquela família; como alguns cronistas antigos, pretendia iniciar sua obra tratando da origem da Terra ou mesmo do mundo e, nesse sentido, sua produção mais importante certamente foi a **Protogaea: uma teoria sobre a evolução da terra e a origem dos fósseis** (publicada apenas em 1749), que depois deveria ser seguida de considerações tecidas a partir das conexões entre as línguas e as nações, ou seja, daquela parte da História, Cronologia, Genealogia, Etimologia, Filologia e Geografia que aparece no **Brevis** (1710) e aqui no **De origine** (1715), mas que, obviamente, são corroboradas por uma série de antigos monumentos e opiniões de autoridades de várias áreas que são apresentadas em vários textos, tais como, dentre outros, **Specimen historiae arcanae** (1696), **Historia arcana sive de vita Alexandri VI. Papae** (1697), as **Novissima Sinica nostri temporis illustratura** (1697 e 1699), **Alberici monachi Trium fontium Chronicon** (1699), **Accessiones historicae quibus potissimum continentur Scripores rerum germanicarum** (1700), **Information sommaire dês droits de sa majesté Le Roy de Prusse à pleine souverainité de Neufchatel et Valangin** (1706), mais os três volumes do **Scriptores rerum brunsvicensium** (1707-1711) e, dado que parecem apresentar a teoria da história de Leibniz, seus **Codex juris gentiu diplomaticus in quo tabulae authenticae actorum publicorum** (1693) e, aquele que seria seu suplemento, **Mantissa codicis júris gentium** (1700). Nessas obras, mesmo sem ter terminado sua Crônica Universal ou a História dos Brunswick, Leibniz teria conseguido tratar do surgimento da Terra até o início da genealogia dos Brunswick, provando que

[que] fui o primeiro a extrair do **Geógrafo de Ravenas** e lancei nova luz, se não me engano, às origens tanto dos dinamarqueses (*Danorum*) quanto dos francos (*Francorum*), e mais acima já foi mencionada as antiguidades dos dinamarqueses, que foram elogiados pelos romanos. [O povo] *Parso foi elogiado por Marco, enquanto não conhecia os godos, mas ó onde está o dinarmaquês?* Essa anedota dos romanos o **Geógrafo de Ravena** conservou para nós, a partir da qual os godos parecem ser antepostos aos partos ou persas, e os dinamarqueses aos godos, e é de acreditar-se que *'Marco' deva ser entendido como* [Marco] *Antônio.* Mas, ademais, posto que não foi observado por outros, e daqui nada [p. 20] toca o decoro dos povos francos e saxões aparentados com os dinamarqueses. Os saxões são terríveis por causa da agilidade, diria Orósio[495], mas os dinamarqueses são tidos [como] os mais velozes dentre todas as nações, assim dizia o famoso escritor do [**Geógrafo de**] **Ravena**. Já notei, aliás, que os dinamarqueses estão compreendidos sob os saxões, segundo Jordane[496] escritor mais antigo dentre aqueles que nós conhecemos. A *Cidade Dônia* (isto é, *Toníngia*[497]) já Etelvardo[498], autor anglo-saxão de estirpe

---

os germanos tinham origem nos celto-citas, os povos mais antigos da "Ásia" pós-dilúvio, e que aquela família começava em Carlos Magno em 769, continuada pelos imperadores descendentes dele e por cinco imperadores da família ou casa de Brunswick, isto é, Henrique I (da Germânia, 876-936), o Passarinheiro, os três Otões (Otão I, o Grande, 912-973; Otão II, o Velho, 955-983; e Otão III, 980-1002) e Henrique II (o santo Henrique, último monarca da dinastia otoniana do Sacro Império Romano-Germânico, 973-1024). Cf. também as notas finais aos **E.T.**

495 Paulo Orósio (c.385-c.420), historiador, teólogo, sacerdote e apologista cristão, natural da Hispânia Romana, possivelmente natural de *Bracara Augusta* (atual Braga), então cabeça da província da Galícia. Escreveu a importante **Historiae adversus paganos** (**História ocontra os pagão**) onde parece seguir a opinião defendida por seu mestre, Agostinho de Hipona em a **Cidade de Deus**, com relação à culpa dos pagãos e não dos cristãos pelo saque de 410 a Roma, feito pelos visigodos de Alarico.

496 O já muitas vezes mencionado, Jordane ou Jornandes foi um funcionário e historiador do Império Romano do Oriente, que viveu no século VI. Embora tenha escrito uma obra chamada **Romana**, sobre a história de Roma, sua obra de maior interesse é **De origine actibusque Getarum** (**A origem e as façanhas dos Godos** [MOLLER, D. W. & METZGER, J. E., **De Iordane**. Ratisbona: Litteris Henrici Meyeri, Univ. Tipographi, 1690, p. 3]), ou **Gética**, escrito em latim (provavelmente a terceira língua de Jordanes), em Constantinopla, por volta de 551.

497 Toníngia, Tönning é uma cidade da atua Alemanha, distrito de Nordfriesland, estado de Schleswig-Holstein.

498 Certamente trata-se de Etelberto (*Fabius Etelbertus*, morto em c.998), historiador anglo-saxão parente do rei de Wessex Alfredo, o Grande (849-899); sua crônica em quatro livros ficou conhecida por seu nome, **Fabii Ethelwerdi chronicrum libri quatuor** e, como muitas outras, pretendia começar desde "o início do mundo" para chegar próximo ao ano em que estava sendo escrita, ou seja, até por volta de 975. Ao que tudo indica foi escrita a pedido daquela a quem é dedicada a obra, ou seja, da filha de Otão, a abadessa de Quedlimburgo Matilda da Germânia (955-999); ao que Leibniz fará menção logo a seguir.

real, nomeia (*nominat*), no livro para Matilde, filha de Oto M.[499]; quando diz: *O povo saxão fixou-se em todo o litoral desde o Reno até à Cidade Dônia*, quer dizer, até Êidora. E Cambdeno[500] considera, [no livro] **Bretânia**, [no] capítulo sobre os dinamarqueses (*Danis*), que Etelverdo acreditava que os chamados dinamarqueses saíram desta cidade: mas do [nome do] rio, em cujas [p. 21] margens moravam, foram chamados e donde também tira o nome a mesma cidade; e assim a denominação (*appellatio*) foi traduzida (*translata est*), tal qual se fez para os povos que vieram depois, como os hermúnduros (*Hermunduri*)[501] e depois os alemães (*Allemanni*), os mais antigos e mais recentes tinham feito o nome para a Germânia inteira junto aos galeses (*Gallos*).

XVI O terceiro argumento aproxima-se das opiniões contrárias, conforme os mesmos antigos patronos, principalmente [contra o livro] **Realizações dos reis francos** quando convocaram os francos desde a Lagoa Meótida. Sabe-se, com efeito, que os escritores dos tempos e lugares longínquos, não raro, tinham confundido a Lagoa Meótida com o Mar Báltico, o que também Adão de Brêmen percebera, no livro [**Gesta**, parte] IV[502]: *Talvez,* (disse ele) *tendo mudado*

499 A letra M certamente é a abreviatura do termo "Magno", trata-se, como já o indicamos, da filha de Otão, o Grande (*Magno*), que do segundo casamento com Adelaide da Suábia teve quatro filhos, dentre os quais Matilde da Germânia.

500 Leibniz se refere ao historiador e cartógrafo inglês William Camden (1551-1623), para o que mais nos interessa aqui, foi reconhecido como o criador do primeiro atlas moderno o **Theatrum orbis terrarum (Teatro do orbis terrestre)**, também foi o autor da obra acima mencionada, **Britannia**, de 1586, onde oferecia uma descrição topográfica da Grã Bretanha e que continha como 12º capítulo "*Dani*", ou seja, sobre os dinamarqueses; a duas obras foram realizadas com o apoio do geógrafo e cartógrafo flamengo Abraham Ortelius (1527-1598); *Cambdenus* também escreveu a obra **Annales rerum gestarum angliae et hiberniae regnante Elizabetha** (1615-1625), onde fazia a cronologia da história da Inglaterra sob o reinado de Isabel I da Inglaterra (ou Elizabeth I, 1533-1603), esta obra foi depois anotada pelo filósofo Francis Bacon (1561-1626). Leibniz corroborará, a seguir, sua hipótese de que os nomes de povos e cidades tem origem em apelativos, no caso, em nomes de rios etc.

501 Os hermúndoros (*Hermunduri, Hermanduri, Hermunduli, Hermonduri,* ou *Hermonduli*) eram uma antiga tribo germânica, atestada pelo historiador romano Tácito e que, segundo o qual, ocuparam a área em torno do que agora corresponde à Turíngia, Saxônia e o Norte da Baviera, no período compreendido entre o primeiro e terceiro século d.C. (cf. **De origine et situ Germanorum**, p. 41-2).

502 Adão de Brêmen (provavelmente antes de 1050-1081 ou 1085), clérigo e teólogo, foi um dos mais importantes cronistas e historiadores alemães da Idade Média; Leibniz se refere ao livro **Gesta hamburgensis ecclesiae pontificum (Realizações dos bispos da Diocese de Hamburgo**, escrito por volta de 1075), ou simplesmente **Gesta**, um dos manuscritos mais importantes como fonte histórica, geográfica etc. para obter informações sobre a Alemanha setentrional e a Escandinávia, bem como as antigas conexões entre saxões, wendos e povos nórdicos. Na última parte da obra **Gesta**, sua IV parte ou *Descriptio insularum aquilonis* (*Descrição das ilhas do norte*), no escólio 115 ao capítulo 10 e no capítulo 20, encontramos as seguintes afirmações: "*Schol. 115* [cap 10]. *Mare*

os nomes, cuido que aquele estreito (o Mar Báltico) *foi chamado de Lagoa Cita ou* [p. 22] *Meótida*. Temos um exemplo claríssimo em Procópio[503], que, no [**De belli**], livro I[II] da "Guerra dos Vândalos", conta que o povo vândalo primeiramente assentou-se às margens [da lagoa] Meótida, que tinha vindo desde o Mar Báltico, segundo consta em Tácito[504] e outros. E tampouco acrescentarei (pois de um amigo[505] não se suspeita grosseiramente) que a região próxima ao Rio *Panim* foi erroneamente chamada Panônia[506] e Friga pôde ser chamado de rei, consoante Fredegário (se há algo de verdadeiro nisso), talvez tenha sido

orientale seu mare Barbarum sive mare Scithicum vel mare Balticum unum et idem est mare, quod Marcianus et ***antiqui Romani Scithicas vel Meothicas paludes sive deserta Getarum aut Scithicum littus appellant*** (O mar oriental ou mar bárbaro ou mar cítico ou mar Báltico é um só e mesmo mar, que Marciano e os **antigos romanos chamavam de lagoa cítica ou meótica ou desertos dos Getas ou Cítico**)"; "*Cap. 20. Haec habui quae de sinu illo Baltico dicerem, cuius nullam mentionem audivi quempiam fecisse doctorum, nisi solum, de quo supra diximus, Einhardum* [770-840, escreveu **Vita Karoli Magni**]. *Et* ***fortasse mutatis moninus arbitror illud fretum ab antiquis vocari paludes Scithicas vel Meoticas****, sive deserta Getarum, aut litus Scithicum, quod Martianus* [Marciano Capela, fl 410-20, escreveu **De nuptiis Philologiae et Mercurii**] *ait: 'confertum esse multiplici diversitate barbarorum'* (Estas coisas que precisei dizer a respeito daquele golfo Báltico, do qual nenhum menção ouvi que algum doutor tivesse feito, senão somente Einhardo, de quem acima dissemos. E **considero [*arbitror*], talvez, que, tendo mudado os nomes, aquele estreito [*fretum*] era chamado pelos antigos de lagoa cítica ou meótica**, ou [ainda] desertos dos Getas ou também costa [*litus*] cítico, que Marciano diz: "era repleto de uma multíplice diversidade de bárbaros")".

503 Procópio de Cesareia (em grego *Προκόπιος ὁ Καισαρεύς*; em latim *Procopius*) foi um destacado historiador bizantino do século VI; escreveu, em grego clássico, a obra **Polemon** (em latim **De belli**) em oito livros, parte de seu conteúdo se refere à campanha do mais famoso líder militar do Império Bizantino Flávio Belisário (505-565) na guerra contra os sasânidas (livros I e II), os vândalos no norte da África (livros III e IV) e os ostrogodos (livros V, VI e VII); assim, Leibniz se refere ao que é dito no início do livro III, quando Procópio está enunciando o lugar de onde teriam vindo os exércitos vândalos, justamente quando menciona o termo grego *Μαιῶτις* (Meótida). Procópio também escreveu as obras **Historia secreta (Anedocta)** e **Sobre os edifícios**.

504 Parece que o primeiro historiador a utilizar o termo "Mar Báltico" foi o mencionado há pouco Adão de Bremen, Tácido o menciona como "*Mare Suebicum*" e em sua obra **De origine et situ Germanorum** ou simplesmente **Germania**, à qual Leibniz certamente e mais uma vez faz referência acima, afirma no §45 "*Ergo iam dextro Suebici maris litore Aestiorum gentes adluuntur, quibus ritus habitusque Sueborum, lingua Britannicae proprior* (Por conseguinte sobre a margem direita do Mar Suévico [ou Mar Báltico] residem os povos Aestios [ou Estianos], que em modos e vestimentas se aproximam dos Suevos e em língua mais dos Britânicos [ou Bretões])".

505 Talvez Leibniz esteja se referindo à sua concordância mencionada com Adão de Brêmen, daí seu amigo, tendo em vista que em sua obra **Gesta** menciona várias vezes o Rio Pani (*Panis fluvius*), talvez se refira de fato ao rio alemão Peene, que é um dos três canais, junto com os Swinae e Dzwina, que liga a lagoa Oder com a Bahia Pomerânia do Mar Báltico, de qualquer modo nada teria a ver com a região da Panônia.

506 Panônia é o nome de uma antiga província do Império Romano delimitada no norte e no leste pelo Danúbio, a oeste faz fronteira com a Nórica e o norte da Itália, e para o sul, com a Dalmácia e o norte da Mésia. Em seu território estão hoje a Hungria, a porção oriental da Áustria, o norte da Croácia, o noroeste da Sérvia, a Eslovênia, a porção ocidental da Eslováquia e o norte da Bósnia e Herzegovina.

chamado Fricão[507], de cujo nome uns príncipes nortistas foram contados entre os deuses, como fica claro dentre os longobardos de Paulo, o diácono. Também Fredegário, se bem que por uma narração confusíssima, assinala a sede dos antigos francos numa parte junto ao Oceano[508].

XVII Portanto, a primeira sede[509] [p. 23] dos francos foi apresentada pelo **Geógrafo de Ravena** e também por Ermoldo Nigelo [como sendo] entre o Elba e o Mar Báltico. Fazemos notar que a outra sede deve ser encontrada entre o Elba e o Rio Visurge, segundo o prefácio da **Lei sálica**[510]; fazemos ver que até hoje foi muito pouco entendida [a afirmação sobre a segunda sede][511]. A terceira, conforme consta dos escritores romanos, deve ser localizada entre o Visurge[512] e o Reno, donde, entretanto, cruzando o Reno, avança-se para as

---

507 Fricão ou Frico não há uma etimologia muito clara quanto a esse nome, mas parece que Frico refere-se à mitologia germânica, sendo um deus equivalente a Príapo, segundo Adão de Brêmen (cf. **Hist. Eccl.** c 233); outros acham que se refere a Freyer, conforme o **Edda Sæmudar hins Fróda**, pars III, Copenhagen, 1828.

508 Com '*Oceanus*' ou '*mare Oceanus*' (cf. § VI, nota 448) se queria indicar Oceano Atlântico, Leibniz certamente se refere às afirmações feitas por Fredegário em sua **Crônica**, cf. cap. XX e XXIV.

509 Cremos que tais três sedes é que organizaram aqueles três argumentos mencionados no § XVI.

510 A **Lei Sálica** é um código de leis seculares que deve seu nome aos francos sálios ou sálicos, que a compilaram e a publicaram em latim no século V (no começo da Alta Idade Média) por ordem do rei Clodoveu I para que fosse inteligível a todos seus vassalos, que podiam entender o latim por ter estado sob o domínio do Império romano até o início desse século, a saber do século V. Foi a base da legislação dos antigos reis francos até sua extinção e a aparição do moderno reino da França entre os séculos IX e X. É mais conhecida por causa da regulamentação da sucessão monárquica a favor dos homens e contra as mulheres, mas regulava também outros aspectos e assuntos, como herança, crimes, lesões, roubo, feitiçaria ou malefício etc., e teria sido um importante elemento aglutinador num reino como o franco, composto por vários grupos e etnias.

511 É o que Leibniz vai esclarecer a seguir, vide §XXIV.

512 Parece que foi o exame da origem e significado do vocábulo 'Weser', referente ao rio, e sua associação com o vocábulo latino 'Visurgis' empreendida nos **N.E.** III, II que permitiram a Leibniz formular a hipótese referente à terceira sede dos francos, cf. também **E.T.** §141. Parece que o primeiro geógrafo-historiador a utilizar propriamente o vocábulo latino '*Visurgis*' foi o romano Pompônio Mela (em latim *Pomponius Mela*, fl 40 d.C.) que em sua obra **De Chorographia liber tertius** ou **De situ orbis libri III (Sobre as localidades do mundo em três livros)**, obra citada pelo italiano Plínio (23-79), o Velho, afirmou no livro III, §25: "*Montium altissimi Taunus et Retico, nisi quorum nomina vix est eloqui ore Romano. Amnium in alias gentes exeuntium Danuvius et Rhodanus, in Rhenum Moenis et Lupia, in oceanum Amissis,* ***Visurgis*** *et Albis clarissimi* (Dos montes os mais altos são o Tauno [ou Tauro] e o Rético, salvo aqueles nomes que os homens não podem pronunciar bem em romano [ou em latim]. Dos rios que saem para outras nações, os mais famosos são o Danúbio e o Ródano, dos que se dirigem para o Reno, Menis e Lupia, [e dos que se dirigem] para o oceano, Amissie, **Visurge** e Albis [ou Elba])" (grifo nosso). Em Tácito (c.56-c.117) podemos encontrar a expressão '*Flumen Visurgis Romanus*' (**Annales**, livro II, §IX).

regiões romanas, dos vencidos alemães (*Allemannis*)[513], burgundiões e visigodos, na parte galesa, para fundar o reino florentíssimo da Germânia.

XVIII Consta que a Lei sálica[514], que, com outras leis antigas das nações germânicas, há muito tempo promulgada, ainda subsiste, foi exarada pelos francos, quando ainda não tinham recebido o Cristo. É óbvio também que não tinham ainda reis, [p. 24] mas só depois dos saxões nesta nossa Germânia.

Quantas forem as aldeias,
tantos serão os líderes,

como diz um antiquíssimo poeta saxão. Pois, como se diz no próprio prefácio da Lei [sálica], que de várias aldeias confluíram legados para instituir a Lei, não há ali qualquer menção a rei ou príncipe. E Otfrido, acima referido, parece dizer que os antigos francos não tinham um rei. Posto que hoje, na Lei sálica, foi inserido algo sobre rei, leis cristãs, sobre Ambáscia, domingo e leis semelhantes, claramente posteriores; tendo em vista que tal lei [fora] já anteriormente escrita, contada e interpolada como consta do mesmo prefácio, sob Clodoveu[515], Teodorico[516], Childeberto[517], Clotário[518], Dagoberto[519].

XIX Muitos acreditam que os francos [p. 25] habitavam além do Reno, na Bélgica, certamente na região dos tungros e dos aduatucos, nas vizinhaças do Mos, do Scaldis e dos rios próximos; onde agora é o domínio leodiense, o ducado brabantino e o condado da Flândria, este era o parecer de Jean-Jacques

513 Em português há um problema com o termo *alemão*, pois que este serve para designar tanto a o povo da *Germania* quanto a tribo dos *allamanos*.

514 Novidade com relação aos **N.E.** e ao **Brevis**, com a menção à Lei Sálica Leibniz passará a tecer considerações sobre as hipóteses de historiadores que pensaram a origem dos francos a partir dela.

515 Clóvis I ou Clodoveu I (c.466-511) foi o primeiro rei dos francos a unir totalmente a nação bárbara.

516 Teodorico I (c.485-533 ou 534) foi o rei merovíngio de Metz e Reims, ou Austrásia de 511 a 533 ou 534. Ele era filho de Clóvis I, rei único dos francos.

517 Childeberto I (c.497-558) foi o rei franco de Paris, da dinastia merovíngia era um dos quatro filhos de Clóvis I que dividiram o reino herdado após a morte de seu pai em 511.

518 Clotário I (498-561), um dos quatro filhos de Clóvis I, foi rei dos francos. Nasceu em Soissons.

519 Dagoberto I (604-639) foi rei da Austrásia (623-634) e rei da Nêustria e da Borgonha (629-639). Foi o último monarca merovíngio a exercer algum poder real.

Chifletii[520], que também Godofrido Wendelino[521] esforçou-se para dar um lugar sólido em particular no livro sobre o nascimento da Lei sálica.

XX Mas consta que os francos fixaram tardiamente sede na Gália Bélgica, e mais abaixo ainda se dirá mais. E, além disso, são muito pífios os argumentos de Wendelino, alguns chegam a ser ridículos. As palavras germânicas, esparsas na edição heroldina, e usadas na [edição] de Malberge[522], com as quais, geralmente, se indicam os capítulos mais importantes da obra, e foram tão bem explicadas em muitas passagens pelo [meu] amigo João Jorge Ecardo[523] (a quem [p. 26] muito deverá a língua alemã), ele também preparou uma nova edição de tão grande recordação da antiguidade teutônica, e que trará à luz muitas coisas importantes. Wendelino, entretanto, sem nada entender nelas, dali organizou os nomes das vilas barbantinas, nas quais tinham morado os malos[524], causa provável das instituições das Leis sálicas; omiti outras coisas por serem inúteis.

XXI Além do mais, uma leitura mal feita de Gregório de Tours levou ao erro, segundo o qual se leu Tôngria; a partir disso, acreditou-se que os francos

520 Trata-se do, dentre outras coisas, historiador e médico francês Jean-Jacques Chifflet (em latim *Iohannis Jacobi Chifletii*, 1588-1660), pai dos também historiadores Jules Chifflet (1615-1676) e Jean Chifflet (1614-1666); Chifflet menciona várias vezes a 'Lei Sálica dos Francos' e, para não lembrar muitos outros citados no **De origine**, o também historiador Godofrido Wendelino em seu **Anastasis Childerici I Francorum Regis, sive Thesaurus Sepulchralis Tornaci etc. (A ressureição de Childeric I** [ou Quildérico], **rei dos francos, ou o tesouro funerário de Tournai**). Quildérico I (c.436-c.482) foi rei federado e possuía as honras de um general romano, foi o chefe civil e militar da província romana da *Belgica Secunda*, foi o primeiro rei merovíngio dos francos salinos de 457 até sua morte em 482.

521 Trata-se do já mencionado Godofrido Wendelino (ou Vendelino, 1580-1667) ou *Gottefrid Wendelino*, como consta na capa de sua edição da **Leges Salicae illustratae: illarum natale solum demonstratum: cum glossario salico vocum advaticarum**, de 1649. *Wendelino* ficou mais conhecido por seus trabalhos em "astronomia" e, como muitos outros autores já mencionados aqui, era uma espécie de geógrafo-historiador naquele sentido em que o foi também Ptolomeu; para o que interessa a Leibniz, a parte mais importante de sua **Leges Sallicae** é a que se refere à demonstração do solo de nascimento das tais leis, é ali, depois de enunciados seus 80 títulos ou artigos (pp. 1-52), que encontraremos as considerações sobre a origem dos francos com relação ao rio Reno, especialmente nos capítulos IV a XV (cf. p. XII, 67, 75, 83, 88, 95, 98 e 102), considerações que também mencionam autoridades e monumentos.

522 Pouco mais à frente ficará claro o que quer dizer 'Malberge'.

523 Primeiramente há que notar a volta às coisas da antiguidade teutônica, restabelecesse assim a ligação dos francos com os teuntônicos e volta a questão da língua e dos vocábulos, (cf. §IX). Tanto o já muitas vezes mencionado João Jorge de Ekhart/Ecardo, quanto Cislécio, Wendelino e Heroldo escreveram estudos sobre a Lei sálica.

524 Malos, habitantes de Malo, cidade da Cilícia.

egressos da Panônia, oportunamente atravessaram o Reno em Tongres[525]; como Ruinart[526], o mais recente e mais empenhado editor de Gregório, percebe muito bem, [e] em quase todos os códices e manuscritos, [p. 27] é Turíngia que se lê, como também o leram todos os mais antigos copistas de Gregório.

XXII O próprio Gregório assim escreveu: *Muitos dizem que os mesmos* [francos] *saíram da Panônia, e que, na verdade, habitaram, primeiramente, às margens do rio Reno, e dali, tendo atravessado o Reno, passaram além na direção de Turíngia (Thuringiam), e que ali, próximo a povoados e cidades, criaram acima de si reis com longos cabelos*[527]. Mas Turíngia é mais próxima da Panônia do que o Reno; e a partir da margem do Reno que vai para a Turíngia não é preciso atravessar este mesmo rio. E, por isso, Valésio interpreta [como se referindo ao rio] Meno, em vez de Reno.

Assim o certo é que para Gregório [de Tours], que acreditava nas origens panônicas dos francos, a causa (*ratio*) das palavras ainda permanecerá. Mas o próprio fato (*res ipsa*) está de forma muito diferente, e os francos não vieram do Danúbio, mas do Elba (*Albi*) dirigiram-se [p. 28] para a Turíngia (como agora se chama a região).

XXIII Outros homens doutos acreditavam que a Lei sálica fora estabelecida nos arredores do rio Ísala, ou melhor, Íssela. Mas não apareceu jamais que [o rio] Íssela fosse dito Sala, esta afirmação não encontra sustentáculo em

525 Tongres ou Tongeren (em francês *Tongres*) é uma cidade e um município da Bélgica localizado no distrito de Tongeren, província de Limburgo, região de Flandres; está situada perto de Lieja; era conhecida pelos romanos como Aduatuca ou Atuatuca Tungroro (*Aduatuca/Atuatuca Tungrorum*); a partir do que será mencionado no §XXX ficará claro que foi certamente em *Moguntiaco* (em francês *Mayence*), atual cidade alemã de *Mainz*, que os francos atravessaram.

526 Dom Thierri Ruinart (1657-1709) foi um sábio beneditino, historiador eclesiástico francês, monge beneditino de São Mauro. Na edição cuidada por Ekhart/Ecardo o nome aparece como *Ruinardus*.

527 Leibniz se refere ao **Historia francorum**, II, 9, onde temos: "*Hanc nobis notitiam de Francis memorati historici reliquere, regibus non nominatis. Tradunt enim multi, eosdem de Pannonia fuisse degressus, et primum quidem litora Rheni amnes incoluisse, dehinc, transacto Rheno, Thoringiam transmeasse, ibique iuxta pagus vel civitates regis crinitos super se creavisse de prima et, ut ita dicam, nobiliore suorum familia. Quod postea probatum Chlodovechi victuriae tradedirunt, itaque in sequenti digerimus.* (Estas são as informações que os historiadores que temos falado nos deixaram dos francos, sem nomear os reis. Muitos dizem que os mesmos [francos] saíram da Panônia, e que, na verdade, habitaram, primeiramente, às margens do rio Reno, e dali, tendo atravessado o Reno, passaram além na direção de Turíngia [ou Toringia], e que ali, próximo a povoados e cidades, criaram acima de si [ou para os comandar] reis com longos cabelos na primeira e, por assim dizer, na mais nobre de suas famílias. Como as vitórias de Clóvis [I (c.466-511)] asseguraram este título à sua família é o que mostraremos na sequencia)". Parece que ter cabelos longos sobre os ombros era a marca dos príncipes merovíngios.

nenhum indício; apesar de constar que mais tarde os francos sálios estavam estabelecidos na ilha batava. Entretanto, eles não vieram do rio Íssela, mas do rio Sala francônico, donde recebem o nome, como já está bem claro.

XXIV Portanto, a segunda sede dos francos e a origem da Lei sálica estão otimamente demonstradas no prefácio daquela mesma lei. Ali, são lembradas três aldeias francas: Salageve, Bodogeve e Vindogeve, conforme a edição de Heroldo[528] (ou como alguns antigos têm lido, o que [p. 29] restitui o mesmo [vocábulo]: *Salaheim, Bodoheim e Windoheim*), onde em três [aldeias] malos uma após a outra reuniram-se a partir das quatro aldeias primárias (Visogeve, Bodogeve, Vindogeve e Salageve) os legados ou deputados: *Wisogast, Bodogast, Windogast* e *Salagast*; que não são nomes próprios de pessoas (como pensou Valésio, que, por isso, suspeitou delas), mas sim denominações de regiões, donde vieram como embaixadores. *Gast*, com efeito, significa hóspede ou o que vem e, quiçá, por força da própria etimologia [é] relativo a *Goam, Gau* ou *Geve*, γαίαν, região da qual é morador. Assim também *Salagast* é um homem a partir de *goa* ou [alguém] que vem da aldeia *sálica*, e o mesmo vale para as outras. Os nomes enunciados de forma corrompida pelos escritores Adônis, Sigeberto, Ivo[529] e outros são corrigidos a partir do antiquíssimo **Códex** de

528 *Johannes Basilius Herold* (1514-1567) foi um corretor, editor e tradutor suíço. "De acordo com K. A. Eckhardt, editor da *Lex Salica* dentro dessa coleção, haveria ao menos duas leis sálicas distintas: uma, elaborada no Período Merovíngio, denominada *Pactus legis salicae*, e outra, referente ao Período Carolíngio, chamada simplesmente *Lex Salica*. Ainda segundo o mesmo editor, a primeira das leis possuiria quatro famílias distintas, nomeadas "A" (507-511); "B" (511-533); "C" (567-593) e "K" (reescritura datada do Período Carolíngio). Haveria, ainda, uma tradição "H", consistente em edição realizada por Johannes Herold[o], no ano de 1557, com base em manuscritos perdidos das famílias "B", "C" e "K". A *Lex Salica*, por seu turno, compor-se-ia pelas famílias "D" (763-764) e "E" (versão corrigida da família "D", de 798)." (Brunner, Murilo Castineira. **Lex salica**. In: *Revista da Faculdade de Direito da USP*, v. 111, jan/dez 2016, p. 410). Vide também §XXIX onde Leibniz menciona a edição linebrogiana.

529 O já muitas vezes mencionado, Sigeberto de Gembloux (1030-1112) foi o autor belga que escreveu, dentre outros, o livro **Vita Sigeberti III Regis Austrasiae (Sobre a vida de Sigeberto III: rei** [franco] **da Austrásia)**. Leibniz também se refere aos cronistas santo Adone (Ado ou Adonne) – arcebispo de Vienna (799-875), autor de, dentre outras **Martirológio**, **Miracula** e **Chronicon sine breviarium Chronicorum de sex mundi aetatibus de Adamo usque ad ann 869** (crônica baseada no trabalho de Beda) – e santo Ive (Yves ou Ivone, 1040-1116) – bispo de Chartres, autor de, dentre outras, as canônicas **Tripartita**, **Decretum** e **Panormia** e da que certamente mais interessa aqui a **Breve chronicon de regibus francorum**.

leis germânicas [p. 30] de Fulda[530], o qual Heroldo segue, e pela mesma razão são muito bem entendidos.

XXV Ademais, a localização da aldeia *Salageve* [ou seja, Sala], como parece ser o hábito mais forte[531], deu o nome também à Lei inteira, apesar de ter sido só em parte ali estabelecida; não aprendi [isso] por conjecturas, mas de monumentos antiquíssimos, anteriores e contemporâneos a Carlos Magno[532]. Restam, naturalmente, as narrativas (*Tradictiones*) feitas no mosteiro de Fulda (*Fuldensi Coenobio*), que, em parte, João Pistório[533] publicou e, em parte, eu mesmo consegui em Fulda, onde em textos a respeito dos tempos de Pepino, o primeiro rei, e depois de uns poucos dados frequentemente se encontra uma aldeia *Salageve*, firmada junto ao rio Sala, não turíngico, como muitos acreditavam, mas francônico, que flui mais ou menos pelo lado direito do Meno [p. 31] donde se diz Geminda. Ficando patente, como [é] a partir dos lugares situados na aldeia, dos quais se faz menção ali, que hoje [aqueles nomes] se sobressaem.

XXVI Este é ainda o rio Sala, para o qual Carlos Magno algumas vezes se dirigiu, e onde erigiu um palácio, cujo nome ainda hoje sobrevive em *Konigs-hofa*[534], um vilarejo ou mesmo um palácio, que existiu como o atesta um antiquíssimo poeta saxão:

Nascida às margens do Sala[535].

530 Nesse e no próximo parágrafo Leibniz menciona a localidade associada ao rio Fulda, Alemanha central, ou melhor, o monastério ou mosteiro (*Coenobium*) beneditino de Fulda, fundado em 744, uma importante fonte dos documentos sobre a Germânia que têm sido mencionados aqui.

531 Assim, com a expressão "*qui videtur habitus potissimus*" Leibniz explicíta mais uma vez o hábito de tomarmos como nome o apelativo ou a denominação referente a um nome de rio, de floresta, localidade etc., no caso trata-se do rio "Sala francônico" mencionado mais acima, no §XXIII.

532 Novamente a menção a Carlos Magno (742-814) que foi rei dos francos entre 768 e imperador do ocidente (*Imperator Romanorum*) desde 800 até a sua morte em 814; trata-se da origem da dinastia Carolíngia (de Carlos), à qual ele deu o seu nome.

533 João [Johann] Pistorius, o jovem, (1546-1608) foi um historiador alemão e polemista. Filho do pastor protestante Johann Pistorius, o velho (1504-1583).

534 *Konigs-hofa* a partir de *konig*, aquele que rege, real, (vide **Brevis** p. 3 do original) e *hofa*, do proto-germânico *hufa* ou alto alemão *hof*, residência, corte, palácio, certamente querendo dizer residência de um nobre.

535 Leibniz se refere à parte do poema atribuído ao poeta saxão (*Poeta saxo*) ou aos poetas saxões (*Poetae saxones*), que não conseguimos saber quem são; poema que consta na **Monumenta germaniae historica**, 1826, p. 246 (ano 790, ind. 12, v. 17-22): "*Est aggressus iter Moinum navale per amnem / Ascenditque per hunc, donec prope moenia venit / Magna palatinae sedis, Salt nomine dicta. / Nascenti vicina Salae; nam fluminis huius / Rivus adhuc modicus haec ipsa palatia cingit,/ Vix raucum per saxa ciens resonantia murmur* (Sondou o caminho naval pelo rio Meno / e subiu

Ainda que alguns mantivessem que fora ocupado o Sala turíngio em lugar do Salafelda. Nota o poeta que os saxões foram recebidos ali e igualados aos francos por uma aliança perpétua para uma república comum.

XXVII Diz-se que as aldeias *Bodogeve* assim como *Wisogeve* têm suas denominações a partir do rio Boda, que corre no sopé dos montes *Harzicores*, e do *Wisera* (que os latinos [p 32] chamam *Visurge*), [designação] que convém muito bem. E fez parte da aldeia Bodogeve, a que depois se chamou aldeia *Hartegau*. De fato, frequentemente, mantendo-se os nomes das aldeias menores, são desprezadas as denominações (*vocabula*) das aldeias maiores, que designam províncias. Também, frequentemente, assim como o nome duma aldeia maior, antes tomado dum rio, será mantido o de uma parte pequena. Desse modo, com aldeia *Leingau* se disse a nossa Leina[536], depois que se manteve o nome somente da parte superior de Leina nas proximidades de Gotinga. Já *Windogeve* não posso fazer [voltar] a designação (*designare*) assim tão bem; talvez o rio Unstruta, que atravessa Turinga, naquele primeiro momento *Windrista* (quase com este mesmo nome um outro rio alimenta Hildésia, pois consta que

por ele, chegando próximo à muralha (*moenia magna*) da sede do paço imperial, chamada pelo nome Salt. / Nascida próxima ao Sala, pois que um braço (*rivus*) deste rio / conquanto de extensão regular circunda o próprio palácio, / apenas fazendo um ruído rouco reboando por entre as pedras)" (grifo nosso). O que virá a seguir se refere ao que é afirmado a partir da p. 260 (ano 803, ind. 10, v. 1 e ss.): "*Nobilis hic amnis longi certamina belli / Tandem Saxones inter Francosque peracti / Firmo perpetuae conclusit foedere pacis. / Augustus pius ad sedem Salz nomine dictam /* (...) *Saxones patriis et libertatis honore. / Hoc sunt postremo sociati foedere Francis, / Ut gens et populus fieret concorditer unus, / Ac semper regi parens aequaliter uni* (Este nobre rio enfim concluiu as batalhas de uma longa guerra / Havida entre saxões e francos / com uma estável aliança [ou federação] perpétua de paz. [Antonino] Augusto Pio junto ao assentamento chamado Salz (...) os saxões pela pátria e em honra da liberdade (...). Por isso, em suma, associaram-se em federação aos francos, para que se tornassem uma nação e um povo uno em concórdia, e sempre obedecendo igualmente a um único rei)" (grifo nosso).

536 Leibniz certamente está se referindo às cercanias do rio alemão Leine, às suas margens fica Hannover, pouco mais ao norte de Gotinga e próxima a Hildesheim (talvez associada a *Hildesia*), cidade cortada pelo rio Innerste), certamente por conta disso tudo "*a Leina nostra*"; o mesmo rio Leine também passa pelo estado alemão de Turinga ou Turíngia, que tem como rios mais importantes os mencionados Saale e Unstrut (*Unstruta*), bem como o Ilm, Werra e o Weiße Elsters (por conta da letra inicial W, talvez a conjectura de Leibniz se refira a um desses dois últimos vocábulos). Devemos prestar atenção ao fato que Leibniz lançará mais uma hipótese para a atribuição de nomes que faz corromper suas origens, ou seja, os nomes das aldeias (*pagus*) menores tomam o lugar dos das maiores, que anteriormente preservavam melhor os nomes de rios, florestas etc, que seriam sua origem, e, como será dito no §XXVIII, muitos se enganam ao falar que as antigas origens dos francos seriam propriamente essas cidades pequenas.

a letra *W* inicial é omitida frequentemente[537]) omitida [p. 33] a terminação [*rist*] se chama *Winda.*

XXVIII A partir destas principais ou maiores aldeias francas (de fato, muitas [aldeias] pequenas que estão contidas nas maiores), há a propensão de coligir os francos dos montes Harzicos, donde o Boda deságua (claro que não diretamente) no Elba; há ainda a tendência de que se difundiram até ao Meno, no qual o famoso Sala deságua; também, por conseguinte, que tiveram uma parte da região bunsviquense e halberstadense, bem como parte da Hássia, quase toda a Turíngia e parte da hodierna Francônia; também, certamente, que depois vieram à região dos longobardos, dos queruscos e dos catos, mas principalmente dos hermúnduros; ou ainda constituíram um só corpo com outros, aqueles que ainda não tinham saído por migrações anteriores. É então crível que um monte [ou tropa] de homens [p. 34] tenha vindo do Mar Báltico, cresceram mais ou menos como uma bola de neve e graças aos encontros, forçosa ou espontaneamente, foram agrupados[538]. Por conseguinte, tinham as fronteiras [seguintes]: ao sul, o Meno; ao norte, os montes Harzicos; ao oeste, o Visurge, reunido ao afluente Fulda; ao leste, o Sala, [na região da] Toringa, afluente do Elba, e depois o próprio Elba. E como alhures já mostrei, eles ocuparam principalmente a região dos hermúnduros, a quem propriamente convinha o nome de germanos; deste fato penso, como s. Jerônimo e outros notaram, que então os francos desde longa data tenham sido chamados germanos.

XXIX Depois da migração (*migratione*) a lugares mais longínquos, pensando em atravessar também o Visurge, os francos direcionaram o ânimo para ajuntar leis, que, escritas na língua pátria (*patrio sermone*) [p. 35], pudes-

537 Cf. **Brevis** p. 07 e 14 do original.

538 No **Brevis**, logo após mencionar Jordanes (p. 14 do orginal, cf. nota xxx) Leibniz já havia usado expressão semelhante, aqui "*globum hominun a Balthico mare venientium, instar pilae nivis in itinere, aliis sive per vim, sive sponte accedentibus crevisse*" lá "*Sane in Gothorum, ut in Cimbrorum Francorum Saxonumque migrationibus, credendum est venientes a remotis locis, instar pilae nivis crevisse, obviis vi vel sponte in expeditionem nomemque accedentibus* (Seguramente, quanto às migrações dos godos, assim como dos cimbros, dos francos e dos saxões, acreditou-se terem vindo de lugares remotos; cresceram mais ou menos como uma bola de neve e graças aos encontros, forçosa ou espontaneamente, foram agrupados em expedição e em nome.)", onde também já havia utlizado as expressões *juvenum globum* e *globus virorum* que traduzimos por "um monte [ou tropa] de jovens" e "um monte [ou tropa] de homens vigorosos". A seguir, concluindo a questão geográfica, Leibniz vai circunscrever a região de onde teriam vindo os francos segundo fatos atestados por várias autoridades.

sem compreender; donde nos preceitos ou *Malberges*[539] [temos] as relíquias em uso que designam os direitos civis mais elevados da ação prática (*summa rei capta*)[540]; (como o sinal (*vox*) *Malb.* A eles anexado dá a conhecer (*indicat*) a premissa para eles) para a versão latina, a única que temos, sobreviveram inserções, que, entretanto, faltam na edição lindebrogiana, e que foram omitidas em muitos códices manuscritos. Leem-se, contudo, em algumas [versões] antiquíssimas: Heroldo as editou a partir do **Códex de Fulda**. A partir disso se compreende que a Lei, como hoje a temos, é versão composta pelos francos, entrados já no solo romano, muito modificada e interpolada (*plurimumque mutatam et interpolatam*); mas seus antepassados já haviam dado alguma notícia de [que tinham adquirido] letra[541] e tinham assumido o costume de escrever, a partir do que tendo passado o Elba, aproximaram-se dos romanos. Assim, aquilo que [p. 36] ali sobrevive[u] da língua germânica (salvo alguns glossemas posteriores a outros que aparecem misturados) é o mais antigo de todos, anterior até aos próprios **Evangelhos Góticos** de Úlfila, compostos justamente após Constantino Magno[542], e conservados, em parte, no **Códice**

539 Leibniz certamente está se referindo à inscrição feita na Lei sálica que indicava o comentário ou *glosa* feita pelos francos.

540 Com a expresão "*summa rei capta*" talvez Leibniz esteja se referindo apenas a uma abreviação da expressão "*Summa rei, vel orationis capita, rei capta*", que quer dizer: o resumo ou essência do conteúdo presente na lei sálica ou nos preceitos em questão, apenas a algo como "em resumo a lei sálica...".

541 Procuramos manter a expressão "*iam literarum notitiam et scribendi*" para lembrar a "*is enim mos per populos, ubi primum literas accipiunt, ut semiliterati scriptores mira comminiscantur, partim aliorum populorum antiquas narrationes vel figmenta aemulantes, partim plebejas quasdam traditiones ad ea referentes quae in libris legunt* (De fato, depois de receberem as primeiras letras, é costume dos povos [imitar], a tal ponto que os escritores semi-letrados inventam coisas surpreendentes; por um lado imitando dos outros povos as antigas narrativas ou ficções, por outro lado imitando as tais tradições populares que lêem nos livros)" do **Brevis**, p. 15 do original; para compreener melhor do que se trata vale a pena ler os §§136-143 do **E.T.**

542 Constantino I, o Grande (*Flavius Valerius Constantinus Magnus*, 272-337), também conhecido como Constantino Arênteo, foi um imperador romano, proclamado Augusto em 306. Além de ter derrotado os imperadores Magêncio e Licínio, durante as guerras civis, teve sucesso contra os francos, alanos, visigodos e sármatas; foi por ele ter ali construído a residência imperial que recebeu o nome de Constantinopla, construída em Bizâncio e inicialmente chamada Nova Roma, cidade que veio a se tornar a capital romana do Oriente. Pouco antes dele nascer o império romano estava nas mãos de Públio Licínio Valeriano (*Publius Licinus Valerianus Augustus*, c.200-260), que será mencionado logo a seguir, imperador que governou durante a crise do terceiro século, Valeriano não teve sucesso nos combates ao Oriente, em um dos quais foi capturado, e pode ter sido morto por Sapor I, soberano do império Sassanida. É preciso estar atento ao fato que esse recuo no tempo também se associa a um recuo dos historiadores de tais impérios, como a menção a Vopisco evidenciará.

Argênteo (encontrado no vetusto Monastério de S. Ludugero nas vizinhanças dos werdenses de Westfália e levado para a Suécia). Ainda que sobejamente ele seja o mais antigo da Europa, também talvez seja do mundo, porque é o que hoje sobreviveu escrito em língua diferente daquelas familiares aos eruditos, isto é, da hebraica, da grega ou da latina.

XXX De acordo com escritores antigos, a partir dos quais se relembram os combates dos francos sob Valeriano [p. 37] Augusto e que se fizera a última migração no século terceiro depois de Cristo, estando já este [século] bem avançado. Flávio Vopisco[543] refere que Aureliano, que depois fora imperador, era governador [ou tribuno] em Moguncíaco[544], repeliu os francos que atacavam a Gália. Vieram, então, os francos para a região dos catos, dos sicambros[545],

543 Flávio Vopisco (*Flavius Vopiscus*, século III) foi, junto com Aelius Spartianus, Iulius Capitolinus, Vulcaius Gallicanus, Aelius Lampridius e Trebellius Pollio, um dos seis historiadores romanos da **História augusta** (nome atribuído no início do sec. XVII a uma coleção de documentos históricos sobre os imperadores romanos), era natural de Siracusa. São de sua autoria poucos documentos conhecidos escritos em latim: sobre Tácito (c.55-c.120), Firmo (?-c.273), Aureliano (c.220-275), Floriano (?-276), Proclo (c. 281), Probo (232-282), Saturnino I (?), Bonoso (c.281), Caro (c.230-283), Numeriano (c.253-284) e Carino (?-285). Leibniz se refere ao texto de Vopisco, "O divino Aureliano" (*Aurelianus*), **História augusta** (Pars I, 6, Tomo III, p. 204, a partir da tradução de Francisco Navarro y Calvo): "*idem apud Mogontiacum tribunus legionis sextae Gallicanae Francos inruentes, cum vagarentur per totam Galliam, sic adflixit ut trecentos ex his captos septingentis interemptis sub corona vendiderit* (Sendo tribuno da sexta legião gala, abateu completamente, próximo de Maguncia [*Mogontiacum*], aos francos que haviam invadido todo o império e assolado toda a Gália, ali matou setecentos e fez vender em subasta (em leilão) trezentos prisioneiros)". Os povos e regiões que serão mencionados a seguir não são referidos no texto de Vopisco.

544 Como já o mencionamos, cidade da Germânia, hoje Mainz.

545 Novamente mencionados, os sicambros ou sugambros (*Sicambri* ou *Sugambri*) formavam uma tribo germânica ocidental que parece ter sido mencionada a partir de 55 a.C., durante o período de conquista da Gália por Júlio César e início do Império Romano, se assentaram à margem direita do Reno entre os rios Ruhr e Sieg, na região que atualmente faz parte do estado alemão da Renânia do Norte-Vestfália (Nordrhein-Westfalen). O rio Sieg assim como a cidade de Siegen são assim chamados por causa dessa tribo. Em 16 a.C., eles derrotaram um exército romano liderado por Marco Lólio, o que ocasionou uma reação de Roma e ajudou a iniciar a série de guerras contra as tribos germânicas que duraram até o ano de 16. Em 11 a.C., eles foram forçados por Nero Cláudio Druso a se deslocar para a margem esquerda do Reno, onde parecem ter formado o componente central da confederação dos francos. Sua nova pátria estava localizada no que agora é a região de Guéldria (Gelderland) na Holanda, no baixo Reno. Os reis merovíngios reivindicavam sua descendência dos sicambros, que eles acreditavam ser originalmente uma tribo cita ou ciméria que antes habitou a foz do Danúbio, que mudou seu nome para "francos" em 11 a.C. sob a liderança de um certo chefe tribal chamado "Franko". Os merovíngios traçam suas origens sicambrianas a partir de *Marcomir I* (supostamente morto em 412 d.C.), último rei de Troia, mas essa lista de governantes não é aceita como histórica. De acordo com alguns registros, um líder tribal Marcomero precedeu a dinastia merovíngia em torno de 400 d.C., vide §§V e VIII.

dos brúcteros[546], dos camavos[547], dos ansibários[548] e de outros povos vizinhos, cujos assentamentos hoje são chamados pelos nomes de weteranvenses, hassenses, westfalenses, [e a partir de tais nomes] foram designados. Os sicambros (*Sigambri*) [foram assim designados por antes (*olim*) terem se assentado] nas vizinhanças do Siga (*Sigam*); os ansibários (*Amsibarii*) as vizinhanças do rio Amísio (*Amisium*); os camavos (*Chamavos*) naquela região onde hoje fica a cidade Ham[549], os francos tiveram assentamentos por esses lugares, [e] imediatamente depois infestaram [também] a margem romana do Reno.

XXXI Entretanto, os toringos, chegados inesperadamente, expulsaram os outros assentamentos, que sobraram na região dos hermúnduros, [p. 38] e ali fundaram um novo reino. Isso aprendemos da memorável citação de Gregório de Tours no liv. 3 [da **História dos francos**], segundo ele, Teodorico, rei dos francos, filho de Clodoveu, disse que outrora os toringos de forma muito violenta impuseram-se sobre os *parentes* (antepassados ou parentes?)[550], e in-

546 Brúcteros, povo germânico, habitante do território da moderna Vestfália.

547 Camavos, povo das margens do Reno.

548 Ansários, povo da Germânia.

549 Mantívemos o "foram assim designados (*designantur*) por acuparem", do período anterior, também por acreditarmos que se trata da questão das origens dos nomes de certos povos estarem associadas às raizes dos vocábulos que nomeiam – no período anterior lembrado com "*nominibus apellantur*" – rios, regiões ou cidades: *Sigambri* de *Sigam*; *Am[i]sibarii* de *Amisium* e *Chamavos* de *Ham*.

550 Leibniz parece manter a dúvida quanto à significação dessa palavra, pois que a palavra latina "parentes" é passível de uma dupla interpretação, a saber, pais, avós ou parentes consanguíneos. Pouco antes se trata, novamente, da obra de Gregorio de Tours (c.538-594), **Historia francorum**, livro 3, 7 (Bellum contra Thoringus – Guerra contra o povo Thoringo): "*Post Theudoricus non inmemor periurias Hermenefrede regis Thoringorum Chlothacharium fratrem suum in solatio suo vocat et adversum eum ire disponit, promittens regi Chlothachario partem praedae, si eisdem munus victuriae divinitus conferritur. Convocatis igitur Francis, dicit ad eos: 'Indignamini, quaeso, tam meam iniuriam quam interitum parentum vestrorum, ac recolite, Thoringus quondam super parentes nostros violenter advenisse ac multa illis intulisse mala. Qui, datis obsidibus pacem cum his inire voluerunt, sed ille obsedes ipsus diversis mortibus peremerunt et inruentes super parentes nostros, omnem substantiam abstullerunt, pueros per nervos femorum ad arbores appendentes, puellas amplius ducentas crudeli nece interfecerunt, ita ut, legatis brachiis super equorum cervicibus, ipsique acerrimo moti stimulo per diversa petentes, diversis in partebus feminas diviserunt'*" (Depois disso, Teodorico, que não tinha esquecido o perjúrio de Hermanfried rei da Turíngia, chamou seu irmão Clotário para auxiliá-lo e prepara-se para marchar contra Hermanfried [no 528], prometendo ao rei Clotário parte dos despojos, se a bondade de Deus lhes concedeu a vitória. Tendo assim reunido os francos, ele disse-lhes: 'Indignai-vos, peço-vos, tanto por esta injúria que padeço quanto pela morte de vossos pais; lembrai-vos de que os turíngios atacaram violentamente nossos antepassados, e fizeram-lhes muitos males. E estes, tendo-lhes dado reféns, desejavam entrar em paz com eles; mas eles fizeram matar os reféns por diferentes tipos de morte, e, retornando para atacar os nossos pais tomaram-lhes tudo o que tinham, as crianças penduradas nas árvores pelo nervo da coxa, mataram de uma morte cruel mais de duzentas meninas, ligando os braços ao redor do pescoço dos cavalos forçados por golpe de espinhos aflados, a afastar-se cada um para um lado, de modo que elas foram feitas em pedaços')".

ferira-lhes ainda muitas coisas cruéis, que recorda aos seus, a fim de animá-los contra o inimigo, e seguiu-se, então, a destruição do reino dos toringos, sobre isso resta ainda um poema de Venâncio Fortunato[551].

XXXII Os francos, contudo, já próximos ao Reno, muitas vezes atravessaram o rio, assolaram a Bélgica e as Gálias[552]. Mas avançaram na direção do Oceano Germânico[553], (admitidos, sem dúvida, em sociedade os frísios[554], os marsíacos[555] e os [p. 39] batavos) exerceram largamente a pirataria, também entraram pelo estreito de Gibraltar[556], e invadiram até a Hispânia Tarraconense[557]. Mas foram obrigados a retroceder para junto do Reno por Probo Augusto[558], [imperador] que infligiu a alguns deles uma grande derrota (*magna clade*).

551 Nascido no norte da Itália e tendo tido uma educação clássica em Ravenna, Venâncio Fortunato (*Venantius Honorius Clementianus Fortunatus*; c.530–c.600/609), em francês Venance Fortunat, bispo de Poitiers, foi um poeta e compositor de hinos latinos, por conta disso também foi uma importante figura histórica, com o objetivo de buscar patrocínio nas cortes da Gália merovíngia, escreveu poesia formal e informal para três dos irmãos reais, Sigibert, Charibert e Chilperic, e para muitas figuras influentes na vida eclesiástica e secular. Estabeleceu-se eventualmente em Poitiers, como amigo próximo da ex-rainha Radegund, de Agnes, abadessa da comunidade que recebera seu nome, e do principal historiador do período, Gregório de Tours. Suas obras foram publicadas em 1573. Leibniz certamente se refere ao **De excidio Thoringae** (**Sobre a ruína da Thuringia**), que integra as **Poesias misturadas** (**Poésies mêlées**) de Fortunato.

552 É interessante o uso que Leibniz faz aqui do termo *Gálias* no plural. Para fazer eco ao que Júlio César refere nos **Commentaria de Bello Gallico**, no início: "*Gallia est omnis divisa e partes tres: quarum unam incolunt Belgae, aliam Aquitani, tertiam qui ipsorum linguā, Celtae, nostrā Galli appellantur*" (I,1). César indica só a Gália ainda independente e porque enumera partes, não emprega a palavra *tōta*. Não fala da região dos *Alóbroges*, já submetidos por Domício, da *Cisalpina* nem da *Provincia*. No § XX, Leibniz se referiu à Gália Bélgica.

553 Com 'Oceano Germânico' Leibniz se refere ao que Tácito havia chamado de *Mare Suebicum*, ou seja, Mar dos Suevos, do povo germânico suevo, o qual depois seria chamado por Adão de Bremen de *Mare Balthicum*, Mar Báltico, que fica ao norte da Europa. Vale lembrar que o rio Reno cruza a Europa de norte a sul e ao norte deságua no Mar do Norte que encontra o Mar Báltico em Grenen, no extremo norte da península da Jutlandia, na Dinamarca, próximo à cidade de Skagen.

554 Frísios, habitantes da Frísia, ao norte da Germânia, entre o Reno e o Oceano (Países Baixos).

555 Não há qualquer referência a que povo fosse esse dos marsíacos.

556 Chamado de *hercúleo*, por estar posto entre as chamadas *colunas de Hércules*, entre a Espanha e a África.

557 A Hispânia Tarraconense (*Hispania Citerior Tarraconensis*) foi uma província romana da Hispânia, na península Ibérica, que suplantou a anterior Hispânia Citerior. A sua capital era a Colônia Júlia Cidade Triunfal Tarraco (*Colonia Iulia Urbs Triumphalis Tarraco*), a atual Tarragona (Catalunha, Espanha). Fazia fronteira a sudoeste com a Lusitânia e Bética e a nordeste com a Gália Aquitânia e Gália Narbonense. Depois da queda do Império Romano do Ocidente, a província seria dominada pelos visigodos e mais tarde parcialmente tomada durante a Invasão muçulmana da Península Ibérica.

558 Marco Aurélio Probo (em latim *Marcus Aurelius Probus*, 232-282) foi um imperador romano de 276 a 282, nasceu em Sirmio (atual Sremska Mitrovica, na província sérvia da Voivodina); como vários imperadores do século III, Probo chegou ao poder através de carreira militar.

XXXIII Depois [os francos] foram expulsos pelos saxões que sobrevieram pelo mar; os frísios, os caúchos[559], os queruscos[560], os varinos, [e] os dinamarqueses foram admitidos em seu nome; mantiveram muito tempo infestado o litoral galês e o britânico, de tal modo que também pelo nome deles fosse chamado *saxão*; e expulsaram os francos sálios [ou sálicos] ([agora] sem sombra de dúvida, antes assim chamados por causa da região *salageve* ou salagastos) da ilha batava, como Zósimo[561] aduz de memória.

XXXIV Mas estando cada dia mais e mais inclinados às coisas romanas; os francos, particularmente por que [p. 40] quase toda a nação (*gens*) começou a obedecer a um único rei, ao contrário se fortaleceram. Acho que isso foi feito no início [do governo] de Teodósio Magno[562], daí que Próspero Tiro escreveu nos **Fastos** (*Fastis*)[563] que *Príamo* (isto é, o Faramundo mais velho) *tinha reinado na França*, ou na parte da Magna Germânia, próxima ao Reno, desde a Mogúncia[564] até os batavos, onde a Tábula Peutingeriana

559 Caúchos, povo da Germânia, habitantes entre o Elba e o Ems.

560 Queruscos, povo germânico.

561 Zósimo (*Ζώσιμος*) foi um historiador de língua grega atuante em Constantinopla e ativo entre o final do século V e o início do século VI, escreveu a **Ιστορὶα νὲα** (**Historia nova**) em seis livros, Leibniz se refere ao livro III, (p. 130, 6, 15): "*οἱ δὲ ὑπό* ***Φράγκων*** *ὁμόρων αὐτοῖς ὄντων κωλυόμενοι διαβῆναι δέει τοῦ μὴ τῷ Καίσαρι δοῦναι δικαίαν αἰτίαν τῆς κατ' αὐτῶν αὖθις ἐφόδου, πλοῖα ναυπηγησάμενοι καὶ διὰ τοῦ Ῥή**νου** τὴν ὑπὸ* ***Φράγκων*** *ἐχομένην ὑπερβαλόμενοι γῆν ἐπὶ τὴν ὑπήκοον Ῥωμαίοις ὡρμήθησαν, καὶ τῃ Βαταβίᾳ προσσχόντες, ἣν δίχα σχιζόμενος ὁ Ῥῆνος νῆσον ποιεῖ πάσης ποταμίας μείζονα νήσου, τὸ* ***Σάλιων*** *ἔθνος,* ***Φράγκων*** *ἀπόμοιρον, ἐκ τῆς οἰκείας χώρας ὑπὸ* ***Σαξόνων*** *εἰς ταύτην τὴν νῆσον ἀπελαθέντας ἐξέβαλλον* (Sendo obstruídos pelos francos que moravam perto deles, e que tinham medo de dar a César uma ocasião justa de fazer outro ataque contra eles, eles construíram em pouco tempo alguns barcos, nos quais navegaram ao longo do Reno além do território dos francos, e entraram no império romano. Ao chegarem à Batávia, que é uma ilha, formada pelos braços do Reno, muito maior do que qualquer outra ilha fluvial, expulsaram os Sálios, povo descendente dos francos, que haviam sido expulsos de seu próprio país pelos saxões).

562 Teodósio Magno (347-395) ou Teodósio I, o Grande, foi um imperador romano desde 379 até sua morte. Promovido à dignidade imperial após o Desastre de Adrianópolis, primeiro compartilhou o poder com Graciano e Valentiniano II. Em 392 Teodósio reuniu as porções oriental e ocidental do Império, sendo o último imperador a governar todo o mundo romano. Após a sua morte, as duas partes do Império separaram-se definitivamente. Tudo indica que Leibniz está localizando na segunda metade do século IV os fatos supostamente narrrados pelo historiador Próspero Tiro ou s. Próspero da Aquitânia (c.390-c.465).

563 Como já mencionado, apesar de o livro **Fasti** não aparecer entre as obras de s. Própero, Eusébio Panfílio o cita no livro **Thesaurus temporum** (edição de 1658, p. 49). "*IV. Incursantes Pictos et Scotos Maximus strenue superavit. Priamus quidam regnat in Francia, quantum altius colligere potuimus* (4. Máximo superou vigorosamente os pictos e os escoceses que [o] atacavam. Certo Priamo reina [ou tinha reinado] na França, de quanto anteriormente pudemos coligir [ou reunir])".

564 Novamente, Mogúncia, hoje Mainz no sudoeste da Alemanha. Para compreender a menção a Príamo e Faramundo, e de Marcomer que virá logo a frente, é necessário ir aos §§IV e V.

(que parece ter sido composta naqueles tempos)[565] coloca a França. Com efeito, essas afirmações (*verba*) de Próspero, também negam que algo mais antigo do que aqueles [fatos] pudesse ser investigado; parecem indicar que, a partir disso, a França, não mais obedecia a muitas regras [ou leis] (*multis regulis*) como antes, mas [a partir de então] aderiram a um poder único (*in unius potestatem*). Quem escreveu as **Realizações dos reis francos** (*Gesta Regum Francorum*)[566] atribui a ele [, Faramundo, ser] filho de Marcomiro[567]; alguns acrescentam Genebaudo e Suno[568]; se bem que, de fato, o autor [p. 41] das **Realizações** (*Gestorum*) pretenda que este tivesse nascido de Antenor[569];

565 Tabula Peutingeriana é um mapa viário do Império Romano, hoje mantido na Biblioteca Nacional de Viena. O índice de rotas mostra Roma no centro de um círculo do qual partem radialmente as grandes estradas da Itália, daí que "todos os caminhos levam a Roma".

566 Leibniz se refere ao início do já mencionado (cf. §§ II e V) **Gesta regum francorum (Realizações dos reis francos) ou Liber Historiae Francorum (Livro da história dos francos)** (in **Monumenta Germaniae Historica**, tomo II, 1888 §4, p. 244).

567 Marcomiro, que parece ser o mesmo Marcomero ou Marcomer (c.346-404), foi um duque franco do final do século IV. Gregório de Tours o menciona na sua **Historia francorum**, junto com os duques Genobaldo e Suno. Gregório duvida que eles fossem chamados de reis. Eles cruzaram o Reno, assaltaram a província romana da Germânia e ameaçaram Colônia nos últimos anos do reinado do imperador romano do Ocidente Magno Máximo (383-388). Eles supostamente também lideraram os catos e os ampsivarianos. Segundo o próprio Leibniz, §V, Marcomero deve ter sido um antepassado de Faramundo, um ancestral da dinastia real dos merovíngios.

568 Quanto a Suno, trata-se de duque franco que invadiu junto com Marcomero a Germânia e devastou alguns distritos férteis, durante o reino de Teodósio I (347-395), quanto a Genebaudo I (ca. 245 - 289). Segundo a obra anônima **Liber historiae francorum (Livro da história dos francos)** era filho de Marcomero e o primeiro rei dos francos. Ou como afirma o próprio texto: "Muitas pessoas não sabem quem foi o primeiro rei dos francos. Apesar de Sulpice Alexander relatar muitas coisas sobre eles, ele não nomeia o primeiro de seus reis e diz que eles tinham duques: é bom, no entanto, relacionar o que ele diz sobre esses últimos chefes. Depois de dizer que Maxime, tendo perdido toda a esperança de preservar o Império, permaneceu em Aquileia, quase privado de tudo, acrescenta: 'Neste tempo [o ano 388] os francos, sob a liderança de Gennobaude, Marcomer e Sunnon, seus duques, fizeram uma irrupção na Germania e, cruzando a fronteira, massacraram muitos habitantes e, tendo devastado os cantões de grande fertilidade, levaram o terror à Colônia Agrícola'". (Gregorio di Tours, **Historia Francorum**, II, p. 22).

569 *[1] Alii quoque ex principibus, Priamus videlicet et Antenor, cum reliquo exercitu Troianorum duodecim milia intrantes in navibus, abscesserunt et venerunt usque ripas Tanais fluminis. Ingressi Meotidas paludes navigantes, pervenerunt intra terminos Pannoniarum iuxta Meotidas paludes et coeperunt aedificare civitatem ob memoriale eorum appellaveruntque eam Sicambriam; habitaveruntque illic annis multis creveruntque in gentem magnam. (...) [4] Illi quoque egressi a Sicambria, venerunt in extremis partibus Reni fluminis in Germaniarum oppidis, illucque inhabitaverunt cum eorum principibus Marchomire filium Priamo, et Sunnone, filio Antenor; habitaveruntque ibi annis multis. Sunnone autem defuncto, acciperunt consilium, ut regem sibi unum constituerent, sicut ceterae gentes. Marchomiris quoque eis dedit hoc consilium, et elegerunt Faramundo, ipsius filio, et elevaverunt eum regem super se crinitum. Tunc habere et leges coeperunt, quae eorum priores gentiles tractaverunt his nominibus: Wisowastus, Wisogastus, Arogastus Salegastus, in villabus quae ultra Renum sunt, in Bothagm , Salechagm et Widechagm. (...) [5] Mortuo quippe Faramundo rege, Chlodionem, filium eius crinitum, in regnum patris sui elevaverunt. ld temporis crinitos reges habere coeperunt. (...) Chlodione*

entretanto, Claudiano[570], lembrando os posteriores Marcomiro e Suno, indica que eram irmãos, conforme o juízo de Valésio, no livro 1, dos **Louvores de Estilicão** (*de laudibus Stiliconis*)[571], chamando: *irmãos por engenho e por amor ao crime*, não menos, evidentemente, do que por natureza.

XXXV Pois, [além de referir] Faramundo [o mais jovem], até aqui conhecido (evidentemente, segundo nossa afirmação) como nascido de Mar-

rege defuncto, Merovechus de genere eius regnum eius accepit, Regnavit Chlodio annis 20. Ab ipso Merovecho rege utiles reges Francorum Merovingi sunt appellati ([1] Também uns dentre os príncipes, como exemplo, Príamo e Antenor, com o resto do exército de doze mil troianos, entrando em barcos, afastaram-se e vieram até às margens do rio Tânai. Tendo entrado navegando pela Lagoa Meótida, chegaram às fronteiras da Panônia, perto da Lagoa Meótida, e começaram a construir uma cidade para um memorial para eles e chamaram-na de Sicâmbria. Ali moraram por muitos anos e tornaram-se uma grande nação (...) [4] Outros também saídos da Sicâmbria, vieram para as partes mais longínquas do rio Reno para as vilas germânicas, e ali moraram com seus príncipes, Marcomiro, filho de Príamo, e Suno, filho de Antenor; e moraram ali por muitos anos. Depois da morte de Suno, decidiram constituir um rei para si, a exemplo dos outros povos. Marcomiro lhes deu esse conselho, elegeram Faramundo, filho deste [de Marcomiro] e elevaram-no rei de longos cabelos. Então começaram a ter leis, que as nações anteriores trataram com estes nomes: Wisowasto, Wisogasto, Arogasto, Salegasto; nas vilas que estão além do Reno, em Bothagm, Salechagm et Widechagm. (...) [5] Tendo morrido o rei Faramundo, elevaram a Clódio, o cabeludo, seu filho, como rei no lugar do pai. Por esse tempo é que começaram a ter reis de longos cabelos (...). Tendo morrido o rei Clódio, Meroveco [talvez Meroveu] da mesma ascendência dele, recebeu o seu reino. Clódio reinou por 20 anos. É do rei Meroveco que os rei dos francos são chamados de merovíngios. Na mitologia grega, Antenor (em grego antigo *Ἀντήνωρ*) era um conselheiro do rei Príamo de Tróia, que durante o assédio à cidade advogou por uma solução pacífica entre gregos e troianos. Antenor apoiava a solução do conflito com um duelo entre Páris e Menelau. Foi um personagem troiano que profetizou que os aqueus recuperariam Helena de Tróia. Tem entre os troianos um papel semelhante ao de Nestor entre os aqueus: o de um ancião sábio, experimentado e prudente. Casou-se com Téano, filha de Cisse, com quem teve Acamante. Antenor é o fundador mítico de Veneza e de Pádua). In **Monumenta Germaniae Historica**, tomo II, 1888 §§1-4, p. 244.

570 Claudius Claudianus (c. 370 -c. 404 a.D.), no De consulatu stilichonis, liber primus, v. 232 e s., p 364, temos: "*Verso 232: Ultro quin etiam devota mente tuentur / victorique favent. quotiens sociare catervas / oravit iungique tuis Alamannia signis! / Nec doluit contempta tamen, spretoque recessit / auxilio laudata fides. provincia missos / expellet citius fasces quam Francia reges, / quos dederis. acie nec iam pulsare rebelles, / sed vinclis punire licet; sub iudice nostro / [v. 240] regia Romanus disquirit crimina carcer: / Marcomeres Sunnoque docet; quorum alter Etruscum / pertulit exilium; cum se promitteret alter / exulis ultorem, iacuit mucrone suorum: / res avidi concire novas odioque furentes / [v. 245] pacis et ingenio scelerumque cupidine fratres* (Mais ainda, dedicado ao seu conquistador, este povo oferece suas armas em sua defesa. Quantas vezes a Alemanha implorou para juntar suas tropas e juntar forças com as de Roma! Tampouco ficou irritada quando sua oferta foi rejeitada, pois, embora sua ajuda fosse recusada, sua lealdade foi louvada. É mais provável que Provença expulsará o governador que enviares, do que a terra dos francos expulsará o governante que lhes deste. Não derrotar os rebeldes no campo, mas puní-los com correntes é agora a lei; sob nosso juiz, uma prisão romana realiza um inquérito sobre os crimes dos reis. Marcomero e Sunno dão provas: o exilado em Etrúria, o outro, proclamando-se vingador do exílio, caiu sob as espadas de seus próprios soldados. Ambos estavam ansiosos para despertar a rebelião, ambos odiavam a paz – verdadeiros irmãos no caráter e no amor comum ao crime)".

571 Estilicão ou Flávio Estilicão (*Flavius Stilicho*, 350/360 - 408) foi um mestre de soldados (*magister militum*), romano de origem bárbara, patrício do Império Romano do Ocidente e cônsul.

comiro, também Clódio[572] [como nascido] de Faramundo[573] relata o mesmo autor das **Realizações** (*Gestorum*). Sobre Clódio (*Clodionis*), aquele Clógio para Sidônio[574], que possivelmente seja o mesmo nome, o qual [nome] de *Clodoveu* (*Clodovaei*) ou de *[C]Hludovico* (*[C]Hludovici*), vulgarmente [se diz] *Clóvis*. Clódio, contudo, invadiu a Bélgica e avançou até Atura (*Atrebatum*)[575], mas foi expulso por Aécio[576]. Prisco apurou que dois dentre os filhos dele combateram contra o reino, um favoreceu os romanos e outro favoreceu Átila[577]. [P. 42] Meroveu[578], que pouco depois começou a reinar, tanto parece que excluiu aos

572 Clódio (c. 392-447 ou 449) (*Chlodio, Chlodion, Clodion, Clodius, Chlogio, Clodian, Clógio, Chlodovechus, Chlodovecus, Chrotechildis, Chlotachurius, Chlotachurius, [C]Hludovic, Hludovic, Hlodowig* etc), Cabelos Longos ou o Cabeludo, foi um rei semi-lendário dos francos salianos ou sálicos da dinastia merovíngia (426-447), um dos povos germânicos que constituem a liga dos Francos. O seu sucessor foi Meroveu, de quem a dinastia herdou o nome. A parte lendária diz que seu pai foi o duque Faramundo e sua mãe Argota, da Turíngia. Seu avô deve ter sido Marcomero, duque dos francos.

573 Aqui seguimos a correção de Echart tanto com relação à pontuação quanto à mudança do nome, ou seja, ao invez do termo latino Marcomiro da versão de 1715, que parece não fazer sentido aqui, preferímos o Pharamundo da de 1768, ao que finalizamos a oração ou frase com *Gestorum*.

574 **Caio Sólio Apolinário Sidônio** será mencionado novamente no §XXXVI.

575 Atura ou Aire-sur-l'Adour é uma comuna francesa na região administrativa da Aquitânia, no departamento Landes. Era conhecida como Atura ou *Civitas Aturensium* durante o período romano; Atura também foi indicada com nomes variados por autores diferentes: Adura, Aturum, Aeria, Aena, Aria, Atrebatum, Heria; que também foi chamada *Vicus Iulii*.

576 Aécio ou Flávio Aécio, em latim *Flavius Aētius* (396-454), às vezes chamado simplesmente de Aécio, foi duque, patrício e general romano, cognominado "o último dos Romanos" por causa de seu destemor e bravura em campo de batalha. Figura influente em todo o Império Romano do Ocidente durante o governo de Valentiniano III, defendeu a prefeitura pretoriana da Gália contra os francos e burgúndios, depois contribuiu para a derrota de Átila nos Campos Cataláunicos. Foi assassinado por ordem do imperador Valentiniano III. Já mencionado, Prisco de Pânio foi um historiador e sofista bizantino do séc. V. Ele acompanhou Maximiniano, embaixador de Teodósio II, à corte de Átila, o Huno, em 448. Foi autor de um memorável trabalho, a **História Bizantina**, a qual provavelmente cobria o período de Átila a Zenão I (433-474). Somente fragmentos desse trabalho restaram, em grande parte preservados na obra **Gética** de Jornandes (ou Jordanes) que já tem sido mencionada.

577 Átila, o Huno (406-453), também conhecido como Praga ou Flagelo de Deus, foi o último e mais poderoso rei dos hunos; governou o maior império europeu de seu tempo desde 434 até sua morte. Suas possessões se estendiam da Europa Central até o mar Negro, e desde o Danúbio até o Báltico. Durante seu reinado foi um dos maiores inimigos dos impérios romanos Oriental e Ocidental: invadiu duas vezes os Bálcãs, esteve a ponto de tomar a cidade de Roma e chegou a sitiar Constantinopla na segunda ocasião. Marchou através da França até chegar a Orleãs, antes que o obrigassem a retroceder na batalha dos Campos Cataláunicos (Châlons-sur-Marne) e, em 452, conseguiu fazer o imperador Valentiniano III fugir de sua capital, Ravena.

578 Novamente, Meroveu (c.411-c.458) é o lendário fundador da dinastia merovíngia de reis francos. Ele foi rei dos francos sálios nos anos posteriores a 450. Sobre ele não existem registros contemporâneos e há pouca informação nas histórias posteriores dos francos. Gregório de Tours registra que possivelmente ele tenha sido filho de Clódio. Ele supostamente liderou os francos na Batalha de Châlons (ou Batalha dos Campos Cataláunicos) em 451. De acordo com uma lenda, Meroveu foi concebido quando a esposa de Clódio encontrou um Quinotauro, um monstro marítimo que podia mudar de forma enquanto nadava.

dois [filhos de Clódio], [quanto] é verossímel que era de outra estirpe, pois deu nome à família dos reis que o seguiram. Também poderia, todavia, ser da descendência de Clódio, como diz o autor das **Realizações [dos reis dos Francos]** (***Gestorum***), naturalmente pelas mulheres, filho talvez da irmã ou [mesmo de] algum outro parente.

XXXVI Sidônio[579] relembra que ele seja um dos excluídos que protegeu as regiões, naturalmente, as romanas, é isso crível, também que cujas núpcias [foram] com uma virgem de ascendência senatorial. Donde eu preferiria [conduzir até a] estirpe de Carlos Magno[580], ao contrário do que o afirma Bucécio (*Buccetio*)[581] e os que o seguem, [que conduzir até] uma família romana através de uma linhagem masculina. Assim, Arnulfo[582] seria de origem senatorial, mas somente por meio da inserção de seu matrimônio. Ninguém duvida que de Meroveu nasceu Childerico, pai de Clodoveu.

[P. 43] **XXXVII** Muitos estabeleceram que Clódio fixou assentamento na Bélgica, e Valésio[583] também inclina-se a isso, e aduz em prova a citação

579 Conferimos as **Epistolas** e o **Carmina**, de sua autoria, e não conseguimos saber exatamente ao que ou a qual parte Leibniz está se referindo, ou seja, não conseguimos saber exatamente onde Sidônio, escritor romano que também será mencionado mais uma vez no §XXXVIII, teria dito tal coisa e a quem estava se referindo propriamente. De qualquer modo, quanto a Sidônio ou Caio Sólio Apolinário Sidônio (*Gaius Sollius Sidonius Apollinaris*; 430- c.486), trata-se de poeta, alto funcionário do Império Romano, bispo e santo da Igreja Católica, foi o autor individual sobrevivente mais importante da Gália do quinto século. A amplitude de seus conhecimentos o fez centro da vida pública de sua época.

580 Mais uma explicitação daquele desejo de Leibniz de levar ao mais profundo as origens das casas europeias ou mesmo da Europa germânica.

581 Parece se tratar de um bispo (*Buccetius episcopus*) e que teria escrito uma **História genealógica da França**, certamente um genealogista como o francês *Scévole de Sainte-Marthe* (1571-1650), mas não conseguimos saber ao certo de quem se trata, o que de fato teria escrito ou quando teria vivido, de qualquer modo Leibniz o cita também em outros trabalhos.

582 Para traçar a linha sucessória anterior a Carlos Magno Leibniz não podia deixar de mencionar Arnulfo (dentre outros, Arnoul, Arnould, Arnoulf, Arnulf, Arnulfus) de Metz (c.582-640/1), bispo franco de Metz e conselheiro do palácio merovíngio da Austrasia, que veio a se tornar um santo da Igreja Católica. Como fica evidente, sua genealogia é discutível, parece que foi filho de Bodogisel ou mesmo de Arnoaldo, este seu predecessor na sede episcopal; antes de se tornar bispo teria tido dois filhos com a aristocrata Doda – daí a virgem de ascendência senatorial mencionada acima –, Clodulfo de Metz (605-697), que o sucessedeu como bispo e também é considerado santo, e Asegisel (602-679), pai de Pepino de Heristal (c.645-714), resultado de seu casamento com Bega (?-693), filha de Pepino de Landen. Pepino de Heristal é o bisavô de Carlos Magno, é a partir dele e de seu avô Arnulfo – que não era de uma família real por nascimento, mas só por casamento –, portanto, que tem início as origens da dinastia Carolíngea.

583 Quanto ao historiador francês Henri Valois (em latim *Henricus Valesius*) ou a Adrien Valois ou ainda Adrien de Vallois (*Hadrianus Valesius*), senhor de La Mare, cf. §I e notas mais à frente.

de Salviano, do livro 5 de **O governo de Deus** (*De Gubern. Dei*)[584], em que os francos são nomeados entre os romanos, [mas] seria melhor [dizer] entre as nações romanas do que entre os próprios [romanos]; e Sidônio no livro 1 das **Ep.**[585] 1 diz que [são as nações] dos sicambros, dos alanos e dos gelonos[586], que se assentaram na Gália, [durante] o principado de Honório[587], eram zombados pelos gauleses por causa da estupidez e temidos por causa do carácter violento; também nas **Ep.**, onde diz que o Direito Romano [fora] recentemente abolido nas terras belgas, [assim] como a língua latina. Mas o sepulcro de Childerico, encontrado nas vizinhanças de Tórnaco[588], sustenta essa opinião.

XXXVIII Mas há de reconhecer que Sidônio[589] e outros escritores romanos por muito tempo ainda falavam a respeito dos francos como [p. 44] transrenanos. E deste modo Daniel[590], escritor de ingênio e doutrina não

584 Salviano (*Salvianus* ou *Saluianus*) foi um escritor cristão do século V, nascido provavelmente em Colônia Agripa (moderna Colônia) entre 400 e 405. Morreu em Massília (moderna Marselha) na década de 490 e é conhecido também como Salviano de Massília (*Salvianus Massiliensis*). **De gubernatione Dei (O governo de Deus)**, a obra magna de Salviano, foi publicada provavelmente depois de 439, mas antes de 451, pois Salviano fala dos hunos, não como inimigos do império, mas como soldados nos exércitos romanos (vii. 9). Na obra, que se apresenta uma valiosa, ainda que preconceituosa, descrição da vida na Gália romana no século V, Salviano lida com os mesmos problemas que estimularam a eloquência dos já mencionados santo Agostinho e Paulo Orósio: 1º por que estas misérias estavam acontecendo ao império? 2º Poderia ser, como diziam os pagãos, por que sua época havia abandonado os deuses antigos? 3º Ou era, como ensinava a doutrina semi-pagã de alguns cristãos, que Deus não interferia constantemente no mundo que criara (i. 1)? 4º Com os primeiros, Salviano não discutia (iii. 1) e aos últimos, respondia afirmando que “assim como um navegador jamais deixa o leme, assim também Deus jamais remove seus cuidados do mundo”. Daí o nome do tratado **O governo** [constante] **de Deus**.

585 Novamente supostamente **Ep[istolas em IX livros]**.

586 Gelonos, povo da Cítia.

587 Honório ou Flávio Honório (*Flavius Honorius*; depois *Imperator Caesar Flavius Honorius Pius Felix Augustus*) foi um imperador romano do ocidente já nos anos finais do império, além de ter sido uma peça chave no declínio de Roma. Seu reinado foi marcado pelo saque de Roma em 410, entre outros eventos trágicos.

588 Tórnaco, cidade da Gália Bélgica, hoje Tournai.

589 Segundo Eckhard trata-se do livro 8, Ep. (**Ep[istolas em IX livros]** 3). O próprio Valesius também cita os poemas de Sidônio (cf., por exemplo, p. 179).

590 Leibniz se refere ao seu contemporâneo o famoso jesuíta Padre Gabriel Daniel (1649-1728) que, em 1690, já havia escrito contra a doutrina cartesiana dos turbilhões no seu livro **Voyage du monde de Descartes** e, em 1694, respondido às **Lettres au provincial** de Blaise Pascal (1623-1662) com o titulo **Entretiens de Cleanthe e d’Eudoxe sur Le lettres proviciales**, onde se pronunciava quanto à doutrina cartesiana da inteligência dos animais e a favor dos jesuítas; foi mencionado algumas vezes por Bayle em seu **Dicionário Crítico**, mas é certamente por conta de sua obra **História da França a partir do estabelecimento da monarquia francesa (Histoire de France depuis l’établissement de la monarchie française)** que ele é lembrado aqui, esta obra foi publicada a primeira vez em 1713, pouco antes, portanto, da finalização do **De origine**, é

vulgares, guarda para Clodoveu o louvor de ter levado o império dos francos para além do Reno. Concordo com Valésio [de que se tratava dos] aremóricos (gauleses, isto é, [aqueles que se encontravam] aquém do Loire (*Ligerim*)[591] próximo ao mar, antes aparentados com os romanos), [e que] não foram povos peculiares, chamados por Procópio[592] de *arbóricos*, que se submeteram aos francos, como julga certo homem celebérrimo com muitos [outros]. E Zósimo fabricou o assunto, que no livro 6[593] chama de armóricos (*Armorichos*). Segundo

já desde seu início que o nome de Clovis aperece; o P. Daniel, como geralmente era mencionado, escreveu também uma **Histoire de la milice française**, publicada somente em1721.

591 Do francês *Loire* ou do latim *Liger;* vocábulo que dá nome à região *Pays de la Loire*, é o nome do maior rio da França, o qual desemboca no Oceano Atlântico e tem origem nas regiões do monte Gerbier de Jonc, Macisso Central e departamento de Ardeche. Em seu **Rerum francicarum usque ad Chlotharii senioris mortem**, Adrianus Valesius menciona tal rio muitas vezes, inclusive fazendo referência a outros historiados, como na passagem seguinte: "***Gregorius*** [Gregório de Tours] ***in libro II*** [da **História dos francos**] *scribit multos memoriae tradere Francos, digressos finibus Pannoniae, primum circa ripas Reni incoluisse: deinde transito Reno in Toringiam immigrauisse, ibique Reges crinitos ex nobilitate de lectos, qui pagis aut ciuitatibus praeessent, creauisse: ac Chlodionem Regem Francorum virum fortissimum ac nobilissimum in castro quodam Toringiae nomine Dispargo sedisse. eodemque tempore partem Galliae a Reno ad* ***Ligerim****, id est ad meridiem versus sub ditione Romanorum fuisse; ultra Ligerim Gothos, trans Rhodanum Burgundiones coluisse. Chlodionem vero, ut praemiſſi exploratores perspectis regionibus tuta omnia renuntiauissent; fusis fugatisque Romanis, opidum Camaracum cepisse: eoque in opido paullisper constitisse: inde usque ad Suminam flumen omnia occupauisse* (Gregório no livro II escreve que muitos francos, dispersos pelas fronteiras da Panônia, planejaram que, primeiramente, habitariam nas cercanias das margens do Reno; que, depois, atravessado o Reno, imigrariam para a Toríngia, e aí criariam os reis de cabelos longos assinalados pela nobreza, para que governassem vilas e cidades; e que Clódio, rei franco, homem de muita beleza e nobreza, estaria aquartelado numa fortaleza da Toríngia de nome Dispargo; que, por esse mesmo tempo, ficaria uma parte da Gália, desde o Reno até o Ligero [hoje o rio Loir], isto é, ao sul, sob domínio dos romanos; para além do Ligero habitariam os Godos, para lá do Ródano viveriam os Burgundiões; que Clódio, no entanto, para que os exploradores, enviados para observar a região, anunciassem tudo com segurança, tendo solvido e posto em fuga os romanos, capturaria a cidade de Camaraco [hoje Cambray], nessa mesma cidade se estabeleceria, dali até ao rio Somena [hoje Somme] a tudo ocuparia)". Valesius, **Rerum francicarum usque ad Chlotharii senioris mortem**, 1646, livro III p. 128, grifo nosso. Sobre a menção que Valesius faz do principado de Honório, lembrado por Leibniz no §XXXVII, cf. livro **Rerum francicarum usque ad Chlotharii senioris mortem** VIII, p. 477.

592 Como já dissemos, Procópio de Cesaréia, historiador bizantino do séc. VI, é considerado por muitos como o último historiador da antiguidade tardia, cujas obras **História das guerras** (*Polemon* – onde trata da Guerra Persa, Guerra Vândala e Guerra Gótica) e **História secreta** (*Anecdota* – onde relata aquilo que não estava autorizado a escrever em suas obras oficiais) parecem constituir a principal fonte escrita de informações sobre o reinado de Justiniano. Adrianus Valesius diz que "*Quos ego Arboricos, vel Arborychos ignoro nomine appellatos a* ***Procopio****, non alios quam Armoricos esse indicarique arbitror* (Eu mesmo desconheço quais [povos são esses] chamados arbóricos ou arbórycos por Procópio; penso que não sejam nem se indiquem outros que não os Armoricos)" **Rerum francicarum usque ad Chlotharii senioris mortem** livro VI, p. 278.

593 Leibniz lembra a menção particularmente feita a Zozimo e a seu livro por Velsius no livro IV do **Rerum francicarum usque ad Chlotharii senioris mortem**, p. 161, quanto aos "*Armoricianos sive Armoricos*"; onde, além de Zózimo, também é lembrado Jordane já muitas vezes mencionado aqui. Quanto ao **História nova**, de Zózimo, obra escrita em grego, em seis livros, sobre o reinado

suspeito Procópio tomou arbóricos (*Arborichos*)[594] de um vocábulo um pouco corrompido (*corrupto*). Mas discutir tais coisas não é o objetivo deste trabalho. Basta-nos aqui ter disposto as origens e as migrações dos francos até ao Reno.

do imperador romano Augusto (r. 27 a.CA.-14 d.CA.) até o ano de 410, e é uma das mais importantes fontes para o conhecimento dos eventos do século IV e do início do século V); lá temos: "*οἵ τε οὖν ἐκ τῆς Βρεττανίας ὅπλα ἐνδύντες καὶ σφῶν αὐτῶν προκινδυνεύσαντες ἠλευθέροσαν τῶν ἐπιχειμένων βαρβάρων τὰς πόλεις, καὶ ὁ Ἀρμόριχος ἅπας καὶ ἕτεραι Γαλατῶν ἐπαρχίαι, Βρεττανοὺς μιμησάμεναι, κατὰ τὸν ἴσον σφᾶς ἠλευθέροσαν τρόπον, ἐκβάλλουσαι μὲν τοὺς Ῥωμαίους ἄρχοντας, οἰκεῖον δὲ κατ᾽ ἐξουσίαν πολίτευμα καθιστᾶσαι* (Os bretões, portanto, pegaram em armas e se lançaram em empreendimentos perigosos para sua própria proteção, até que libertaram suas cidades dos bárbaros que os sitiavam. De maneira semelhante, toda a Armórica, com outras províncias da Gália, se movimentou do mesmo modo; expulsar os magistrados ou oficiais romanos, e erigir um governo, por assim dizer, de seus próprios)." p. 322, 5, 10.

594 Leibniz se refere ao já mencionado vocábulo grego '*Ἀρβόρυχοι*' – daí *arborychi, arborichi, arborichos, armoricos* –, utilizado por Procópio em **De bello gotthico**, I, 12 (pp. 63-4, Ed. Weberi, na edição Guilielmi Dindorfii, 1833, vol. II - Procopius of Caesarea, Wars, ed. G. Dindorf, De Bellis, 1-11, CSBB, X (Bonn, 1833-38)).

VI

"História, Política e Linguagem na Modernidade: uma outra introdução à controvérsia Leibniz e Locke"[595]

William de Siqueira Piauí e Daniel Soares Silveira[596]

595 Com algumas alterações que dizem respeito principalmente à parte III, trata-se de palestra apresentada na XIX Semana de Filosofia da Universidade Federal de Sergipe (DFL-UFS), "A Filosofia e seu ensino: 25 anos de reabertura do curso de Filosofia UFS", em novembro de 2018.

596 Respectivamente, PIAUÍ, W. S., professor do departamento de Filosofia da UFS e líder do Grupo de Estudos de Filosofia da Linguagem (GEFIL-UFS), e-mail: piauiusp@gmail.com, e SILVEIRA. D. S., mestrando em filosofia junto ao PPGF-UFS, é membro do grupo de Ética e Filosofia Política da UFS, e-mail. daniel.ss777@hotmail.com.

Considerações iniciais

O que pretendemos em nosso artigo é ensaiar um outro tipo de introdução à controvérsia Locke-Leibniz que associe os temas História, Política e Linguagem; para tanto, vamos esclarecer, em primeiro lugar, em que medida a pesquisa etimológica de Leibniz no livro III, cap. I-III, dos **Novos ensaios** muda o foco principal da argumentação de Locke dos **Ensaios sobre o entendimento humano** para um ambiente distinto do da arte de inventar, descobrir e de raciocinar, ou seja, opera certa recusa não só de seu convencionalismo e nominalismo mentalista como de sua semiótica, por conta de o inglês não ter sabido diferenciar aquelas "artes" da investigação etimológica e mesmo histórica, em segundo lugar, pretendemos recuperar a consideração sobre a figura de Adão feita por Filmer na obra **Patriarca** e a recusa de Locke no **Ensaio sobre o verdadeira origem, extensão e fim do governo civil** para o estabelecimento do poder político para, por fim, avaliar a recuperação de tal discussão e a defesa da monarquia alemã por parte de Leibniz, o que faz voltar, a partir de investigação histórico-etimológica, os termos em que Locke havia recusado Filmer e mostra a força política da investigação histórico-etimológica no que diz respeito à constituição de certa narrativa em que os alemães, ou os europeus ao menos, deveriam ocupar o centro.

I Parte
Leibniz e a recusa da semiótica de Locke

Gostaríamos de iniciar nossa fala a partir desde já de uma afirmação feita por Leibniz na parte da obra que será nosso objetivo discutir nesse início, a saber:

> Contudo, visto termos pressa de encerrar esta pesquisa acerca das palavras (*mots*) e de voltar às coisas, não quero entreter-vos mais [Locke], embora acredite realmente que as línguas (*les langues*) constituem o melhor espelho do espírito humano (*le meilleur miroir de l'esprit humaine*), e que uma análise exata da significação das

> palavras (*analyse exacte de la signification des mots*) ajudaria, melhor que qualquer outra coisa, a conhecer as operações do entendimento (*les opérations de l'entendement*). (LEIBNIZ, 1984, [**N.E.**, livro III, cap. VII, Sobre as partículas], p. 263).

A afirmação acima foi muitas vezes repetida especialmente quando a questão é entender o que Leibniz pensava sobre o problema clássico em filosofia da linguagem referente à significação das palavras e sua associação com o modo como os modernos pensaram o entendimento ou a razão. O que tal afirmação supõe é que há uma relação bastante estreita entre uma pesquisa ou análise da significação exata das palavras e as operações do entendimento, supõe que as línguas seriam o espelho do espírito humano, por isso, da alma, da mente, do entendimento, da razão e mesmo do conhecimento. Mas o que tais afirmações querem dizer e em que medida a relação entre as línguas naturais e a história pode nos ajudar a compreendê-las? Eis as questões que pretendemos ao menos começar a responder a partir de agora.

Primeiramente, e com relação à obra que Leibniz está considerando, um leitor desavisado pode pensar que se trata de suposição idêntica à que faz Locke já no início do Livro III de seu **Ensaio sobre o entendimento humano** de 1690 (doravante **Ensaio**), a saber:

> Pode ajudar-nos a aproximarmo-nos da origem das nossas noções e de nosso conhecimento (*the original of all our notions knowledge*) observar que nossas palavras dependem de ideias sensíveis comuns; [...] se remetêssemos os nomes às suas respectivas nascentes, constataríamos que, em todas as línguas (*language*), todos os nomes que representam coisas que estão diante dos sentidos surgem primeiro *das ideias sensíveis.* Podemos assim supor, até certo ponto, qual derivação e qual gênero de noção se encontravam na mente (*minds*) dos pioneiros das línguas; e como a natureza, mesmo na nomeação das coisas, sugere aos homens, inadvertidos, a origem e o princípio de todo o conhecimento (*the originals and principles of the all their knowledge*). [...] pois todas as nossas ideias se originam ou em

> objetos sensíveis de fora, ou em nossa experiência da operação de nosso próprio espírito (*operations of our own spirits*), da qual temos consciência (*conscious*) dentro de nós mesmos. (LOCKE, 2012 [livro III, cap. I, §5, Das palavras ou da linguagem em geral], p. 434-5).

Ou seja, para Locke uma pesquisa ou análise da significação exata das palavras e as operações do nosso espírito ou mente, nosso entendimento, e nosso conhecimento, deve partir da afirmação da dependência das palavras com relação às ideias sensíveis, daí objetos sensíveis de fora, ou da nossa experiência das operações de nosso próprio espírito ou mente; em consequência, em todas as línguas (*language*) todos os nomes que representam coisas que estão diante dos sentidos surgem primeiro das ideias sensíveis, o que podemos constatar ao remeter os nomes às suas respectivas nascentes (fontes ou origens), o que nos permitiria supor qual a derivação e qual gênero de noção se encontravam na alma, mente ou espírito dos que primeiro utilizaram línguas (*language*) e como, mesmo na nomeação das coisas, a natureza sugere aos homens a origem e o princípio de todo o conhecimento. Vale repetir que tudo isso é afirmado com relação àquele objetivo de aproximarmo-nos da origem das nossas noções e de nosso conhecimento, ou seja, tal pesquisa ou análise da significação exata das palavras, principalmente dos nomes, nos aproximaria da origem das nossas ideias e das operações da nossa mente, o que está em pleno acordo com o objetivo geral do **Ensaio** e atesta a centralidade do livro III ou da investigação sobre a linguagem.

Ora, mas isso não quer dizer o mesmo que supor um espelhamento das línguas ou da linguagem com as origens das nossas noções e operações da mente ou espírito humano, portanto, Leibniz e Locke não estariam de pleno acordo sobre esse ponto? A resposta de Leibniz é categórica:

> Acontece que nossas necessidades nos forçaram a deixar a ordem natural das ideias, pois esta ordem seria comum aos anjos e aos homens e a todas as inteligências em geral e deveria ser seguida por nós, se não considerássemos absolutamente nossos interesses[597]: foi

597 Leibniz certamente faz lembrar Calvino **Comentário sobre os Cinco livros de Moisés**, cf. NEF, 1995, p. 113.

> preciso, então, ater-se àquela [ordem] que as ocasiões e os acidentes à qual nossa espécie está sujeita nos forneceu; e esta ordem não dá **a origem das noções**, mas [fornece], por assim dizer, **a história das nossas descobertas**[598] (LEIBNIZ, 1984 [**N.E.**, livro III, cap. I, Das palavras ou da linguagem em geral], p. 213, grifo nosso).

Ou seja, se as línguas naturais ou históricas constituem o melhor espelho da nossa mente ou do espírito humano devemos enfrentar o problema que elas parecem estar sujeitas ao que nos desviou de uma espécie de língua universal, no sentido de uma língua de todas as inteligências, elas guardam de algum modo a sujeição às necessidades e aos interesses a que estiveram sujeitos as almas, mentes ou espíritos humanos, a nossa espécie, isto é, possuem elementos associados ao ocasional e acidental e à perda das origens daquelas noções base do nosso conhecimento do ponto de vista das inteligências em geral; portanto, o que nos resta com relação à análise da significação exata das palavras a partir das línguas naturais ou históricas é buscar determinar a história das nossas descobertas. Todavia, antes de nos adiantarmos nesse sentido devemos resolver ao menos parte de um incômodo que certamente deve ter surgido naqueles leitores que sempre viram em Leibniz o filósofo da língua universal ou da linguagem como cálculo.

Vale lembrar, no sentido daquele incômodo, no entanto, que antes da afirmação que mencionamos acima, Leibniz já havia advertido inclusive que:

598 Mais uma prova da unidade sistemática da investigação da linguagem empreendida nos **N.E.**; contra NEF (1995, p. 112 e 2000, 13), todavia, aqui fica claro a diferença de investigações e necessária "falta" de unidade de "pensamento" que se associariam à linguagem matemática ou lógica e às línguas naturais ou históricas, estas envolvem o ocasional (acaso) e acidental ou envolvem o arbitrário e indefinido, por isso a recusa da semiótica de Locke e a afirmação de certa falta de lugar da ciência das etimologias e dos usos das línguas, ou como dirá Leibniz no livro IV, cap. XXI: "*car la science de raisonner, de juger, d'inventer paraît bien différente de la connaissance des étymologies des mots et de l'usage des langues, qui est quelque chose d'indéfini et d'arbitraire*". Além disso, Nef acerta apenas parcialmente quanto à afirmação que os **N.E.** seriam uma obra acabada na área de linguagem, melhor seria mencionar o **Brevis**, seja como for, erra ao supor a necessidade de unidade dos projetos de Leibniz, com relação às línguas naturais e artificiais e quanto à relação entre história, dinâmica e lei de continuidade, especialmente por não ter lido o último capítulo dos **N.E.**, o que esperamos deixar claro na presente parte. Chamamos a atenção do leitor para o fato que as traduções dos textos de Leibniz serão feitas por nós tomando em conta as mencionadas entre parênteses, várias delas dizem respeito aos textos que fazem parte da presente coletânea.

> Creio que, de fato, sem o desejo de nos fazermos entender jamais teríamos formado linguagem (*langage*)[599]; mas, uma vez formada, ela ainda serve ao homem para raciocinar por si mesmo, tanto pelo meio que as palavras [ou expressões (*mots*)] lhe dão de se recordar dos pensamentos abstratos quanto pela utilidade que encontramos quando nos servimos de caracteres e de pensamentos surdos para raciocinar[600]; pois seria preciso tempo demais se fosse necessário tudo explicar e sempre substituir as definições no lugar dos termos. (LEIBNIZ, 1984 [**N.E.**, livro III, cap. I], p. 212).

Ou seja, primeiramente, o que faz a diferença entre a linguagem dos homens e a de quaisquer animais é que somente a nossa espécie deseja se fazer entender, e depois de criada a linguagem humana, ou os idiomas, ou seja, depois de perdida aquela linguagem universal ou das inteligências em geral, é que a linguagem especialmente pelo uso que faz de caracteres pôde servir ao homem para raciocinar, o que deve ser considerado como principal se o que estamos tentando entender se refere a quais as operações do nosso entendimento ou razão. Quer dizer, além de tudo, que se podemos formular linguagens ou línguas artificiais muito similares às dos cálculos que fazemos em Aritmética, em Álgebra e Combinatória, que servissem melhor aos homens para raciocinar, tal invenção é tardia e sua investigação, o que fará Leibniz recusar a semiótica de Locke no último capítulo dos **N.E.**, deve ser feita em

599 Se pensarmos na "Carta de Leibniz a Des Bosses (31/07/1709)" (cf. referências bibliográficas), eis talvez um dos motivos, com relação à faculdade de linguagem, da descontinuidade evolutiva da raça humana com relação aos outros animais: somente os homens possuem o desejo de se fazerem entender.

600 Cf. **N.E.**, livro IV, todo o cap. VII, especialmente § 10, quando Leibniz discute a não imediatez da verdade "dois mais dois são quatro". Eis, novamente, a prova da unidade sistêmica da investigação não de "pensamento" sobre a linguagem empreendida por Leibniz nos **N.E.**, o que mais uma vez comprova a pertinência da sistematização feita em seu último capítulo. A investigação sobre as línguas históricas, que são um misto de convenção e natureza, ou seja, o estudo da filologia ou das etimologias das palavras e uso das línguas, e que associa a história das línguas com a das nações, não deixa de atentar para a diferenã dos fundamentos de uma língua artificial que significaria pensamentos abstratos, concepções interiores abstratas, pensamentos surdos ou vazios de intelecção, não deve deixar de considerar aquilo que tem mais a ver com a ciência de raciocinar, de julgar e inventar associada à Lógica e às Matemáticas e, se não nos enganamos, é esse o grande tema de seu livro IV. Sobre a expressão "pensamentos surdos" cf. a nota 31 do livro II e 2 do livro III da tradução dos **N.E.** para o espanhol feita por Echeverría Ezponda que, ambas, deixam claro tratar-se de analogia com os caracteres surdos da Álgebra.

separado da das línguas naturais ou históricas que contém muitos equívocos e que se relacionam ao indefinido e arbitrário.

Portanto, é justamente aquela recusa das bases da investigação empreendida por Locke que leva Leibniz a também recusar a divisão das ciências proposta ao final do **Ensaio**, ou como ele mesmo dizia:

> Esta divisão [em filosofia natural, filosofia prática e semiótica (ou doutrina dos signos)] já gozou de renome entre os antigos, pois na lógica eles englobavam também, como fazeis vós [Locke], tudo o que relacionamos com as palavras e com a explicação dos nossos pensamentos (*pensées*): *artes dicendi*[601]. Todavia, existe uma certa dificuldade nisso. Com efeito, a ciência de raciocinar, de julgar e de inventar parece muito diferente do conhecimento das etimologias das palavras e do uso das línguas, que constitui algo de indefinido e arbitrário (*d'indéfini et d'arbitraire*). (LEIBNIZ, 1984 [**N.E.**, livro IV, cap. XXI, A divisão das ciências], p. 428).

Ou seja, a crítica mais geral de Leibniz a Locke foi que, além de inglês não compreender o quão longe se pode ir com o estudo etimológico, como veremos, ele teria confundido elementos das línguas naturais ou históricas, dos idiomas, daquilo que envolve algo de indefinido e arbitrário ou o ocasional e acidental, com elementos diretamente associados ao que costumávamos chamar de lógica ou mesmo matemática, entendidas como ciências de julgar, de inventar e de raciocinar; associados ao que teria sido criado bastante tempo depois e que se relacionaria ao auxílio que as línguas prestaram ao homem para raciocinar, seja porque as palavras ou expressões lhe permitem se recordar dos pensamentos abstratos, seja porque sugeriu a utilização de caracteres e de pensamentos surdos para raciocinar; dito de outro modo, Locke teria confundido o indefinido e arbitrário das línguas naturais históricas com o que faz a base de línguas artificiais como as utilizadas na Aritmética, Álgebra e Combinatória, línguas artificiais que, por não poderem conter elementos indefinidos e arbitrários,

601 "Artes de falar", ou seja, Gramática, Retórica e Lógica ou Dialética, referência ao *Trivium*.

podem desempenhar o papel de cálculo; o que certamente prejudicará a teoria da significação do inglês especialmente quando o assunto for matemática ou lógica, ou seja, especialmente com relação ao que faria o pano de fundo do livro IV de seu **Ensaio**. Ainda com relação ao espelho do espírito humano e aquela perda das noções originais referentes, agora sim, às línguas naturais ou históricas vale lembrar que para Leibniz:

> No entanto, a maior parte [da origem ou raiz primeira dos vocábulos] é arrastada pelo tempo; assim, as antigas e as primitivas (*nativae*) significações (*significationes*) são modificadas ou obscurecidas pelas numerosas versões (*translationes*). De fato, [e contra Locke,] as línguas nem surgiram ***ex instituto*** [nem], por assim dizer, foram estabelecidas por convenção; mas certo ímpeto natural nascido dos homens, dos sentimentos (*affectus*) e paixões (*motus*) que se ajustam aos sons [as fez surgir][602]. Eu excluo [dessa caracterização] as ***línguas artificiais***[603] [...]. Mas, nascidos pouco a pouco conforme a ocasião, os vocábulos surgem nas línguas a partir da analogia do som emitido (*vox*) com os sentimentos (*affectus*); de algum modo a sensação é comparada com a coisa. Tenho para mim que não foi de outro modo que [mesmo] ***Adão*** atribuiu nomes. (LEIBNIZ, 2012 [**Brevis**], p. 2 do original).

602 Como já o indicamos, nos **N.E.** (livro III, cap. II, § 1) Leibniz retoma essencialmente parte da mesma questão, ou seja, se a linguagem é "por natureza" ou "por convenção"; questão que havia sido enunciada no diálogo **Crátilo** (383 a) de Platão (427-347 a.C.) e reaparecia no **De Interpretatione** (16a 20) de Aristóteles (385-322 a.C.). Assim como o personagem Crátilo, lá Leibniz defendia que a linguagem é também, mas não só, "por natureza" e contra Locke que, assim como Hermógenes, defendia que a linguagem é apenas arbitrária (*ex instituto*); tanto aqui, quanto nos **N.E.**, fica explícito o fato que Leibniz admite a existência da arbitrariedade e casualidade junto à necessidade natural da determinação dos significados das palavras.

603 om isso Leibniz afasta do presente texto um vasto campo, no qual ele próprio trabalhou muitíssimo, da discussão sobre as línguas artificiais e sua relação com as matemáticas e lógica ou com a arte de inventar e julgar; levando em conta o que é dito no **N.E.** IV, XXI, a diferença entre as investigações é que as etimologias das palavras e do uso das línguas envolvem o arbitrário e indefinido; mais abaixo ele também afastará a parte da longa discussão sobre a origem adâmica das línguas que dizia respeito a uma significação essencial, como para, dentre outros, Jacob Boehme (1575-1624), Johannes Rouchelin ou Reuchlin (1455-1522), Philipus Aureolos Theophrastus B. Von Hohenheim ou simplesmente Paracelso (1493-1541), e passará a tomar como ponto de partida as línguas que teriam como origem os filhos de Noé e que permitiriam pensar a significação de um ponto de vista natural como a partir da língua teutônica. Sobre o que queremos dizer com natural, vide a nota seguinte.

Ou seja, para além da discordância parcial com o Hermógenes de Platão, e a partir deste com Locke, diferentemente das artificiais, que podem desempenhar o papel de cálculo e por isso mesmo são de fundamental importância para compreender as operações do entendimento humano associadas ao raciocínio, as línguas naturais ou históricas são um misto de convenção e natureza e o espelhamento com o espírito humano, se ele existe, se daria principalmente por conta de terem sido geradas a partir de certo ímpeto natural e o mesmo pode ser dito de Adão, e esta última consideração se liga a questões da ordem da teoria política da época que farão retornar, agora a partir de estudo histórico-etimológico, algumas das afirmações feitas por Filmer como veremos na próxima parte. Mas, voltando ao que dizíamos, desse modo, as línguas naturais ou históricas teriam origem nos sentimentos (*affectus*) e paixões (*motus*) que se ajustam aos sons, ou seja, da analogia do som emitido (*vox*) com os sentimentos (*affectus*) e paixões (*motus*)[604].

Vejam que a *análise das palavras* (*l'analyse des mots*) das línguas naturais ou históricas que pretende empreender Leibniz nos capítulos I a III do livro III dos **N.E.** tem pouco a ver com a investigação da origem das noções mais básicas que se encontrariam em nossa alma, mente, espírito, razão e de nosso conhecimento no sentido que o toma Locke, por isso o alemão faz duas distinções fundamentais: (I) devemos diferenciar (1) a investigação que diz respeito às línguas artificiais que podem desempenhar o papel de cálculo da (2) das línguas naturais ou históricas, do que já tratamos, e (II) devemos diferenciar a investigação (3) dos aspectos materiais da (4) dos aspectos formais das palavras, ou como precisa o próprio Leibniz, diferenciar (3') os aspectos materiais das palavras referentes a línguas específicas dos (4') aspectos formais

604 Ou como afirmava para Sparvenfeld: "Como não existe nada sem razão [ou motivo], não duvido nem um pouco que quando os homens deram nomes às coisas, eles só fizeram seguir suas paixões (*passions*) e imaginações (*imaginations*) quando o objeto as excitava e quando não as tinham expressas por sons (*sons*) que tinham relação com isso; imagino que não só Adão, mas também os outros homens, com frequência, quiseram *onomatopeizar* (*onomatopoiein*) quando encontravam novos objetos e, embora acredite que muitas palavras vêm de uma língua primitiva, [acredito] que muitas outras tenham sido inventadas a partir do encontro de nações e raças" **L'harmonie des langues**, edição apresentada, traduzida e comentada por Marc Crépon. Paris: Éditions du Seuil, Janeiro 2000, carta XX, p. 163.

referentes à significação que é comum às diversas línguas[605] (LEIBNIZ, 1984 [**N.E.**, III, II], p. 221-2).

Assim, podemos tirar uma conclusão parcial de tal encadeamento de afirmações; do ponto de vistas de Leibniz, deve haver diferenças fundamentais entre determinar o espalhamento entre as línguas e o espírito humano bem como o tipo de auxilio que poderíamos ter para conhecer as operações do entendimento (I) se partirmos de línguas naturais históricas, os idiomas, e (II) se partirmos de línguas artificiais que podem desempenhar o papel de cálculo; as primeiras conservam elementos arbitrários e indefinidos que impedem o cálculo e das quais se pode dizer:

> Nos é desconhecida a língua de Adão, ou pelo menos sua significação, que alguns[606] pretendem conhecer como também [quanto aos aspectos formais] poder intuir as essências das coisas nos nomes impostos por ele [Adão]. Ainda que as línguas [naturais ou históricas, os idiomas] sejam sumamente úteis para raciocinar, estão submetidas, entretanto, a inumeráveis equívocos e não podem cumprir a função de cálculo, isto é, não podem revelar os erros de raciocínio através da formação e construção das palavras [...]. E na verdade

605 "§ 2. FILALETO. Este plano (*dessein*) é de consequência, mas agora está na hora de deixar o [aspecto] **material das palavras** e de voltar ao **formal**, isto é, à significação que é comum às diferentes línguas" justamente com relação ao aspecto formal se revelará o desacordo profundo entre Leibniz e Locke, tendo em vista que para o alemão as semelhanças ou similitudes têm sim realidade e é nelas que se fundam os agrupamentos, os gêneros ou espécies. Quanto ao que, vale lembrar, em primeiro lugar, que é só no **Ensaio** III, III, parágrafo §13, que Locke mencionará o termo latino '*similitude*', traduzido por Leibniz pelo francês '*ressemblance*'; em segundo lugar, esquecendo da própria crítica a Locke, será essa a resposta contrária dada pelo próprio para aqueles que viram em Leibniz um nominalista, como Benson Mates em **The Philosophy of Leibniz: Metaphysics and Language** e Frédéric Nef em **Leibniz et le langage**, grandemente disfarçada de incompreensão das consequências de um nominalismo mentalista que Locke havia extraído de sua argumentação. A resposta última de Leibniz aparecerá ao final dos **N.E.** III, III, §14, a saber: "que os homens reúnam tais ou quais ideias ou não, e mesmo que a natureza as reúnam atualmente ou não, isto não faz nada para [ou em nada afeta] as essências, gêneros ou espécies, visto que não se trata senão de possibilidades que são independentes de nosso pensamento", de pleno acordo com o conhecimento intuitivo que o deus leibniziano tem da essência de todas as coisas, as que a tem, obviamente, ou de sua ciência de simples ou pura inteligência ou, inclusive, do que se pode conhecer referente à região dos possíveis ou palácio dos destinos.

606 Certamente trata-se de recusa do ponto de vista de Boehme e outros já mencionados, mas é preciso tomar cuidado e não ir longe demais quanto à recusa da importancia da figura de Adão para Leibniz, como nos parece que faz Nef em 1995, p. 114 e 2000, p. 17-23.

esta admirável vantagem a oferece até aqui unicamente os signos empregados por aqueles que se dedicam a Aritmética e a Álgebra, em que todo o raciocínio consiste no uso de caracteres e onde o erro é igual aos de cálculo. (LEIBNIZ, 1982 [Olaso (org.), Signos e cálculo lógico], p. 189)[607].

E somente das segundas, ou seja, das artificiais que podem cumprir o papel de cálculo, se pode dizer:

> E ainda que recentemente alguns homens eminentes tenham imaginado certa língua universal ou característica universal, segundo a qual [inclusive quanto aos aspectos formais] se ordenam perfeitamente todas as noções e coisas [...], contudo, ninguém alcançou a língua ou característica na qual estão contidos o método para inventar [ou descobrir] e o método para julgar [ou avaliar], isto é, a língua [artificial] cujas notas ou caracteres garantiriam o mesmo que a notação aritmética dos números assim como a notação algébrica das magnitudes tomada em abstrato. E como Deus forneceu ao gênero humano estas duas ciências, parece que quis nos advertir especialmente de que **em nosso entendimento** se escondia um segredo muito mais importante do qual essas ciências são só a sombra. [...] Como me dediquei com bastante intensidade a esse estudo me encontrei forçosamente nessa admirável ideia que **se pode descobrir certo alfabeto dos pensamentos humanos e que mediante a combinação das letras desse alfabeto e a análise das palavras formadas dessas letras podiam descobrir-se e julgar-se, respectivamente, todas as coisas**. (LEIBNIZ, 1982

607 "*Lingua Adamica vel certe vis ejus, quam quidam se nosse et in nominibus ab Adamo impositis essentias rerum intuire posse contendunt, nobis certe ignota est. Linguae vulgares etsi plurimum prosint ad ratiocinandum, attamen innumeris aequicotationibus sunt obnoxiae, Nec officium calculi facere possunt, nempe ut errores ratiocinationis ex ipsa vocabularum formatione et constructione detegi possint, tanquam soloecismi et barbarismi. Quod sane admirabile beneficium hactenus solae praestant notae Arithmeticorum et Algebristarum, ub ratiocinatio omnis in usu characterum consitit et idem est error animi que calculi*". (LEIBNIZ, GP VII, pp. 204-5).

> [Olaso (org.), História e elogio da língua ou característica universal], pp. 165-6-7, grifo nosso)[608].

Assim, as línguas que espelhariam aquela face do entendimento, que explicitariam tal segredo, não são propriamente as naturais ou históricas; mais um motivo para recusar a semiótica proposta por Locke no último capítulo do **Ensaio**. Obviamente, tendo em vista a questão que nos colocamos aqui, não é propriamente de tal característica universal ou línguagem artificial que pretendemos tratar, na verdade o que queremos intensificar é a reabilitação da figura de Adão na discussão sobre as línguas naturais ou históricas e as consequências políticas de tal reabilitação. De qualquer modo, e para que não restem dúvidas que mesmo os aspectos sintáticos associados às preposições ou algo que o valha das línguas naturais ou históricas também se associam àqueles elementos arbitrários e indefinidos, gostaríamos de encerrar este movimento com a seguinte afirmação de Leibniz:

> Será bom, todavia, considerar **esta analogia das coisas sensíveis e insensíveis** que serviu de fundamento aos **tropos**: é isso que se entenderá melhor ao considerar um exemplo muito importante tal qual é o que fornece o uso das **preposições**, como **a**, **com**, **de**, **diante de**, **em**, **fora**, **por**, **para**, **sobre**, **em direção a** [...]; e como estas analogias são extremamente variáveis e de maneira alguma dependem de algumas noções determinadas, disso resulta que as línguas [naturais ou históricas, os idiomas,] variam muito no uso destas **partículas** e dos **casos**, que as preposições governam, ou mesmo nos quais elas se encontram

608 *Et quanquam dudum egregii quidam Viri excogitaverint Linguam seu Characteristicam Universalem, qua notiones atque res omnes pulchre ordinantur et cujus auxilio diversae nationes animi sensa communicare et quae scripsit alter in sua quisque* língua *legere queat, nemo tamen aggressus est linguam sive Characteristicen, in qua simul ars inveniendi et judicandi contineretur, id est cujus notae sive characteres praestarent idem quod notae arithmeticae in numeris et Algebricae in magnitudinibus abstracte sumtis; et tamen videtur Deus, cum has duas scientias generi humano largitus est, admonere nos voluisse voluisse, latere in nostro intellectu arcanum longe majus, cujus hae tantum umbrae essent. [...] Cui studio cum intentius incumberem, incidi necessário in hanc contemplatione admiandam, quod scilicet excogitari posset quoddam Alphabetum cogitationum humanarum, et quod literarum hujus Alphabeti combinatione et vocabulorum ex ipsis factorum analysi omnia et inveniri et dijudicari possent. Hoc ego deprehenso mirifice exsultavi, puerili quidem gaudio, nam tunc rei magnitudinem non satis capiebam.* (LEIBNIZ, GP VII, pp. 184-5).

> subentendidas e virtualmente compreendidas. (LEIBNIZ, 1984, [**N.E.**, livro III, cap. I, As palavras ou a linguagem em geral], p. 214).[609]

Não parece possível determinar universalmente o espelhamento de tais variações, como pretendiam a Gramática de Port Royal ou o inatismo de tipo chomskyano (ao menos o pensado até 1982), que esperavam, a partir de investigação das línguas naturais ou históricas, determinar a gramática universal da mente ou razão humanas. Esclarecido isso, passemos a discutir o quão problemática era a reabilitação da figura de Adão com relação à obra de um Filmer, ao que, depois, passaremos a problematizar, mesmo que de modo introdutório, que papel desempenha o estudo das línguas naturais e históricas, o estudo das etimologias, quando se trata de fazer história e quais as consequências para a controvérsia Leibniz-Locke do ponto de vista político.

II parte
Locke e o patriarcalismo de Filmer

Gostaríamos de iniciar esse segundo movimento lembrando algumas das teses de Filmer e a resposta que recebeu de Locke quanto ao papel que a figura de Adão e sua linhagem podiam representar para a teoria política da Época.

Antes de apresentar sua teoria positiva da origem e extensão do poder civil, John Locke (1632-1704) dispõe-se a refutar sir. Robert Filmer[610], autor

609 A extrema variabilidade daquelas analogias e a falta das noções determinadas quando se trata das línguas naturais ou históricas deveriam afastar o inatismo linguístico de Leibniz seja da **Gramática de Port Royal** de Arnauld e Lancelot seja da **Linguística cartesiana** de Chomsky, mas principalmente do que afirmava Locke do **Ensaio**, III, VII, §7.

610 Robert Filmer (1588-1653) foi um dos principais autores da corrente política do patriarcalismo; segundo Silva, "Essa corrente foi denominada de patriarcalismo por advogar que o poder real consistia apenas em uma extensão do poder paternal, cuja finalidade era assegurar aos reis um domínio absoluto, acima de tudo e de todos, inclusive das leis" (2013, p. 33). Nesse sentido, os súditos seriam como crianças regidas por seus pais e somente poderiam dispor de algum bem pela concessão dos monarcas. defensor da origem divina do poder dos reis, argumentava que os primeiros reis também foram pais de família. Filmer redigiu diversos escritos nos quais procurou analisar e refutar autores como John Milton, Thomas Hobbes, entre outros. Sua principal obra, o **Patriarcha or the natural power of kings**, foi escrita provavelmente em 1637-8, mas foi publicada apenas postumamente, em 1680.

do livro **Patriarcha**, obra na qual defende o direito divino e natural dos reis governarem, da mesma forma como um pai teria o direito de governar seus filhos. Filmer tinha por objetivo estabelecer o poder político como derivado do paterno, além de negar a liberdade natural dos homens e defender a monarquia absolutista como a forma de governo legítima, com o rei estando por direito natural acima das leis positivas. Com esse intuito, ele recruta passagens bíblicas, sobretudo do **Gênesis**, como então era comum nas disputas políticas. As obras de Filmer, em especial o **Patriarcha**, voltaram a ser impressas e discutidas pelos realistas quando a crise de Exclusão[611] se acentuou na Inglaterra, por volta de 1679-80.

O autor do **Patriarcha** argumentava que Deus havia concedido a Adão propriedade sobre toda a terra, bem como autoridade ilimitada sobre sua descendência. Para Filmer, o poder político deriva do poder paterno, desse modo, assim como um pai possui domínio e autoridade natural sobre os seus filhos, o rei, que seria como o pai do povo, dispõe da mesma autoridade em relação aos seus súditos; também considerava que os primeiros monarcas teriam sido pais de família, a exemplo de Adão, Noé e Abrão etc., ou como ele mesmo dizia:

> Este senhorio, que Adão possuía sobre o mundo inteiro, pela criação e que os patriarcas desfrutavam por direito de descendência, foi tão grande e amplo quanto o mais absoluto domínio que qualquer monarca possuiu desde a criação. Pelo poder de vida e morte, sabemos que Judá, o pai, pronunciou sentença de morte contra Thamar, sua nora, por ter se prostituído. [...] Estes atos, de julgar em casos de pena capital, de fazer guerra e concluir acordo de paz, são as principais características da soberania, os quais são encontrados em qualquer monarca[612].

611 A crise se deu entorno de uma lei apresentada pelo partido *Whig*, Lei de Exclusão (*Exclusion Bill*), com a pretensão de excluir James II, *Duke of York*, da linha de sucessão ao trono inglês, por ele ser católico. James II então era o próximo na linha de sucessão, já que seu irmão, rei Carlos II, não possuía herdeiros legítimos.

612 *This lordship which Adam by creation had over the whole world, and by right descending from him the patriarchs did enjoy, was as large and ample as the absolutest dominion of any monarch which hath been since the creation. For power of life and death we find that Judah, the father, pronounced sentence of death against Thamar, his daughter-in-law, for playing the harlot. [...] These acts of judging in capital causes, of making war, and concluding peace, are the chiefest marks of sovereignty that are found in any monarch* (FILMER, 2004, p. 7).

Como podemos observar na passagem acima, Filmer sustenta que o direito dos monarcas advém do fato de serem herdeiros de Adão e dos primeiros reis, os quais eram pais das primeiras famílias das quais se originaram as nações, o que conferia a eles autoridade régia sobre o povo[613]. Sua soberania os permitiria, entre outras coisas, aplicar pena capital, fazer guerra ou fechar acordos de paz com outros povos. Dito isso, o poder político, para Filmer, seria derivado do poder paterno. A partir desse fundamento, não restariam dúvidas de quem estaria com a razão nas disputas entre o rei e os súditos, nem se esses últimos poderiam impedir um príncipe, o qual possuiria direito hereditário ao trono, de assumir a coroa e de exercer domínio absoluto sobre o reino.

Locke, provavelmente sob a influência de lorde Anthony Ashley, o primeiro conde de Shaftesbury[614], teria começado a escrever os **Dois tratados sobre o governo** justamente com o intuito de refutar Filmer e estabelecer a origem do poder civil sobre outros fundamentos[615]. Um ponto de importância capital, para Locke, era não deixar dúvidas de que a autoridade política não derivaria do poder paterno e, portanto, não teria sido transmitida em linha de sucessão de Adão até os últimos reis; mas sim, do **consentimento** entre homens livres, os quais decidiriam viver, por vontade própria, sob um regime político. Esse direito de escolher viver em um determinado regime político estaria fundado na liberdade e igualdade naturais dos homens[616].

613 "[...] de fato, não apenas Adão, mas os patriarcas que a ele sucederam, tiveram, por direito de paternidade, autoridade real sobre seus filhos (*indeed not only Adam but succeeding patriarchs had, by right of fatherhood, royal authority over their children*)" (FILMER, 2004, p. 6).

614 Lorde Anthony Ashley Cooper (1621-1683), tornou-se o primeiro conde de Shaftesbury em 1672; foi uma das figuras políticas mais importantes de seu tempo na Inglaterra, defendia os interesses do Parlamento e de seu partido *Whig*, nas disputas com o rei Carlos II. Locke trabalhou para lorde Ashley, primeiro como médico particular, e posteriormente como secretário e conselheiro político. Laslett acredita que Locke tenha começado a escrever os **Dois tratados** sob influência de Shaftesbury, o qual, sem dúvidas, exerceu enorme influência no pensamento político de Locke. Ainda segundo Laslett, Locke e Shaftesbury trocaram diversos livros, incluindo de Filmer, quando Locke começara a escrever sua obra sobre o governo.

615 Segundo Laslett, nas concepções de poder político e paterno, "Leibniz aparentemente incluía numa mesma classificação os **Dois tratados** e o **Leviatã**, em contraste com o **Patriarcha**, e não tinha a menor dúvida de que Filmer era o alvo de Locke no livro todo" (LOCKE, 2005, p. 101). Laslett também defende que Filmer seria o alvo de Locke no livro todo, ainda segundo esse comentador, seria comum leitores dos **Dois tratados** confundirem críticas de Locke a Filmer como sendo feitas a Hobbes.

616 "Sendo todos os homens, como já foi dito, naturalmente livres, iguais e independentes, ninguém pode ser privado dessa condição nem colocado sob o poder político de outrem sem o seu próprio *consentimento*" (LOCKE, 2005, II, § 95).

Assim, para estabelecer as bases de sua teoria política, tendo em vista a influência que o **Patriarcha** obtivera no debate político de sua época, fazia-se necessário refutar essa obra, assim como fizeram antes dele outros autores do alinhamento político Whig[617]. Desse modo, Locke dedica seu **Primeiro tratado**[618] a cumprir esse fim e, no início do **Segundo tratado**, ele resume sua refutação de Filmer do seguinte modo:

> Tendo sido mostrado no discurso precedente[619], (1°) Que Adão não tinha, nem por direito natural de paternidade nem por doação positiva de Deus, autoridade alguma sobre seus filhos ou domínio sobre o mundo, como se pretende; (2°) Que, se ele a tivesse, seus herdeiros, contudo, não teriam direito a ela; (3°) Que, caso seus herdeiros a tivessem, por não haver lei da natureza ou lei positiva de Deus que determine qual é o legítimo herdeiro em todos os casos que possam surgir, o direito de sucessão, e consequentemente de deter o mando, não poderia ter sido determinado com certeza; (4°) Que, mesmo que houvesse sido determinado, ainda assim o conhecimento de qual é a linhagem mais antiga da descendência de *Adão* foi há tanto tempo completamente perdido que em todas as raças da humanidade e famílias do mundo não resta, a nenhuma mais que a outra, a menor pretensão a ser a casa mais antiga e a ter o direito de herança (LOCKE, 2005 [II, § 1], p. 379-380).

617 Partido liberal do qual Locke e Shaftesbury faziam parte. Os *Whigs* surgiram em meio à crise de exclusão, em 1680, defendiam uma monarquia constitucional e que o parlamento controlasse as prerrogativas do rei, além de tolerância política e religiosa, ver: (SILVA, 2013, p. 34).

618 Laslett defende que Locke começou a escrever o **Segundo tratado** antes do **Primeiro tratado**. Para esse comentador, Locke havia começado a escrever o Segundo tratado em 1679, mas com a publicação do Patriarca em 1680, viu-se obrigado a escrever o **Primeiro tratado**, com o intuito de refutar Filmer ponto por ponto. Diz-nos Laslett: "Não é preciso investigar a fundo para encontrar as razões que o levaram a isso. Foi a publicação do **Patriarcha**, em janeiro de 1680, juntamente com o enorme crescimento da influência de Filmer, que prosseguiu por todo aquele ano. A refutação que originalmente planejara se mostrava insuficiente, pois deixava de abordar a obra mais importante do homem a quem se propunha criticar e não continha a refutação frase a frase que, reconhecia, agora se fazia necessária" (LOCKE, 2005, p. 86).

619 O "discurso precedente" é o **Primeiro tratado sobre o governo**, no qual Locke segue o itinerário resumido por ele no início do **Segundo tratado**, só que de maneira detalhada e mesmo prolixa, com várias e longas citações de Filmer além de repetitivos argumentos contra o autor do **Patriarcha**.

Podemos notar que Locke procura refutar Filmer definitivamente. Ele não se contenta em refutar a base da teoria filmeriana quanto a Adão ter o direito natural e por doação divina a autoridade sobre sua descendência e domínio sobre o mundo; ao contrário, ele teria agregado novos e mais contundentes argumentos, cada um cobrindo a possível refutação que o anterior viesse a sofrer. Assim, caso os três primeiros fossem refutados, o quarto ainda permaneceria com sua força intacta, já que não obtém sua validade dos precedentes.

Certamente, Locke não acreditava ser possível que alguém remontasse a linhagem mais antiga de Adão e nem mesmo a de Noé, ou algum de seus filhos, devido à longa distância entre seu tempo e o dilúvio e a impossibilidade de existir documentos que de fato atestassem uma linhagem tão antiga; pois, no **Segundo tratado**, quando procura responder às críticas de que não existiria registro de sociedades que surgiram por consentimento entre homens livres, um dos argumentos utilizados por ele para responder a essa objeção é que no início das sociedades não haveria registro escrito e somente após um certo período, quando suas necessidades mais básicas estariam supridas, é que um povo começaria a estudar a história de seus fundadores[620]. Portanto, não existiriam documentos que comprovassem suficientemente qual a casa mais antiga e quem teria o direito de governar a humanidade como herdeiro legítimo de Adão.

Em uma outra passagem, ainda no **Segundo tratado**, quando retruca a objeção de que todos os homens nascem sob um governo e por isso não estariam livres para iniciar um novo, Locke argumenta supondo absurdo que, seguindo esse princípio, não poderia haver mais que uma única monarquia no mundo; diz-nos o filósofo *Whig*:

620 "O governo é, por toda parte, anterior aos registros, e raramente a escrita se introduz num povo antes que um longo período de sociedade civil tenha provido, por outras artes mais necessárias, segurança, conforto e abundância. E então começam os povos a estudar a história de seus *fundadores* e a procurar suas *origens*, após terem sobrevivido à lembrança de tais fatos – pois passa-se com as comunidades o mesmo que com as pessoas particulares, que costumam ignorar seu próprio nascimento e infância" (LOCKE, 2005, II, § 101). Eis o ambiente perfeito para as histórias fabulosas, o anterior à escrita e aos documentos, justamente o desafio que Leibniz pretende enfrentar a partir de ferramentas da etimologia e filologia ou do que hoje denominamos linguística histórica.

> De modo que, de acordo com este princípio deles mesmos, ou bem todos os homens, como quer que tenham *nascido*, são *livres*, ou bem **existe apenas um príncipe legítimo, um único governo legítimo no mundo. E então nada mais lhes compete fazer senão mostrar-nos qual seria este**. E, depois que o façam, não duvido que toda a humanidade concordará em prestar-lhe obediência (LOCKE, 2005 [II, § 113], p. 487, grifo nosso).

Assim, supondo o absurdo da afirmação que deve existir "apenas um príncipe legítimo, um único governo legítimo no mundo" ou, dito de outro modo, que os homens nasceram devendo obediência a um governo único que deveria remontar a Adão, resta que os homens nascem livres e podem escolher o governo ao qual vão se submeter. Se se aceita aquela origem única do governo, aparece, entre outros, o problema de qual seria a pessoa que tem direito a esse poder. Dito isso, já no **Primeiro tratado**, Locke afirma a esse respeito:

> E, por conseguinte, embora a submissão ao governo seja dever de cada um, dado que tal não significa senão a submissão às diretrizes e às leis dos homens que dispõem de autoridade para comandar, não basta converter um homem em súdito para convencê-lo da existência de um régio poder no mundo, mas deve haver meios de designar e conhecer a pessoa a quem esse régio poder pertence de direito; e nunca pode um homem ser obrigado em sua consciência a submeter-se a poder algum, salvo se lhe for dado saber quem é a pessoa que tem o direito de exercer esse poder sobre ele (LOCKE, 2005 [I, § 81], p. 290).

Assim, Locke certamente era contrario à tese que deveria existir apenas um monarca absoluto no mundo, a que todos as pessoas deveriam obediência. Na passagem acima, sua tentativa parece ser evidenciar que seguindo os princípios apresentados por Filmer, e por todo aquele que defenda que a origem do poder civil provém de um suposto direito de Adão a um poder absoluto sobre sua descendência e que esse fosse transmitido por linha de sucessão pelo direito de primogenitura, não poderia existir mais de um rei legítimo na terra, os demais não passando de usurpadores. De todo modo, caso essa fosse a origem e a forma de transmissão do poder civil, restaria àqueles que pretendem defender tal hipótese "mostrar-nos qual seria este" monarca, pois, sem poder saber qual seria a pessoa que teria esse poder régio, os homens estariam desobrigados de obedecê-lo.

III Parte
Da harmonia dos povos e das línguas ou da defesa da monarquia alemã

Gostaríamos de iniciar o terceiro movimento da nossa fala a partir de uma firmação feita por Leibniz na mesma parte da obra que tem sido nosso objetivo problematizar, a saber:

> Ora, todas estas línguas da Cítia têm muitas raízes comuns entre elas e com as nossas, e acontece que mesmo a arábica (sob a qual devem estar compreendidas a hebraica, a antiga púnica, a caldeia, a siríaca e a etíope dos abissínios) tem um número tão grande delas [, dessas raízes comuns,] e de uma concordância tão manifesta com as nossas [europeias] que não se poderia atribuí-la [, tal concordância,] meramente ao acaso, nem mesmo ao mero comércio, mas de preferência às migrações dos povos. **De modo que não há nada nisso que combata e que não favoreça preferivelmente a opinião da origem comum de todas as nações, e de uma** [única] **língua radical e primitiva**[621]. Se o hebraico[622] ou o árabe chegam mais perto disso, ela deve estar no

621 Não é a toa que esse estudo será a base para a resposta de Leibniz quanto a se podemos remontar ou não à língua de Adão, problema que será lembrado logo a seguir; em certa medida podemos, desde que não esqueçamos a ocorrência de eventos semelhantes ao dilúvio narrado no **Genesis** e que levemos em conta as migrações dos povos; como veremos, isso levará Leibniz a conclusões que vão contra o que Locke pensava em política.

622 Vale notar a segunda menção à língua hebraica e a arábica e à suposição que se o hebraico se aproxima mais daquela língua única radical e primitiva é porque esta deve estar muito alterada ou corrompida, o que atesta a apropriação da **Tora** que passará a integrar a **História Santa**,

> mínimo bem alterada, e parece que o teutão[623] tem mais preservado do natural, e (para falar a linguagem de Jacob Boehme[624]) da adâmica: pois, se tivéssemos a língua primitiva em sua pureza, ou conservado suficientemente para ser reconhecível, seria preciso que aí aparecessem os motivos das conexões, sejam físicas, sejam de uma instituição arbitrária, sábia e digna do primeiro autor[625]. (LEIBNIZ, 1984, [**N.E.**, livro III, cap. II], p. 218, grifo nosso).

Trata-se de uma afirmação feita no centro do capítulo II, daquele mesmo livro III, dos **N.E.**, e que atesta o que também está em jogo no modo como Leibniz conduz suas investigações etimológicas e filológicas. O que tal afirmação supõe é que há uma relação bastante estreita entre a existência provável de uma única língua radical primitiva, as migrações dos povos ou nações e que

outra maneira de atestar tal deslocamento pode ser verificada no papel secundário, ou seja, a ser completado pelo *fatum christianum*, que desempenhará o *fatum mahumetanum* no início dos **E.T.**, o que culminará na reorientação dos mitos dos §136-143, incluindo o papel secundário atribuído a Sem ou Cam em oposição a Jafé. Com isso não vemos como corroborar a afirmação de Nef, que inclusive confunde Cam com Set (1995, 113), para quem Leibniz estaria tentando se livrar dos elementos ideológicos associados em geral ao tipo de empreitada dos defensores do Hebraico como língua original, na verdade trata-se da construção de uma outra narrativa, outra ideologia, onde os filhos de Jafé, os celto-citas, ocupariam lugar central.

623 Povo germânico que invádiu a Gália com os cimbros e foi derrotado, na Batalha de Águas Sextias (*Bellum Aquae Sextiae*), pelo general romano Caio Mário (157-86 a.C.) nas proximidades de Aix-en-Provence em 102 a.C.

624 O já mencionado filósofo e místico alemão Jacob Boehme (1575-1624), considerado "o filósofo teutônico", foi, de acordo com Olga Pombo, responsável pela "teoria *Natursprache*" e, como outros linguistas de sua época, possuía "intuitos claramente comparativistas" na elaboração "de gramáticas e dicionários, majoritariamente multilíngues"; e dos trabalhos de seus contemporâneos, ela menciona o "**Dictionarium** de Ambrogio de Calepino (1535-1623) que, na sua edição de Basileia de 1590, compara 11 línguas diferentes e da **Pantaglossia** de Nicholas Claudio de Peiresc (1580-1637), onde são recolhidas amostras de cerca de 40 línguas". Cf. LEIBNIZ, 2012, p. 120. Vale lembrar que, agora, o retorno a Boehme se dá por conta da menção à figura de Adão, não naquele sentido da recuperação de uma significação que lembrasse a essência, mas, isso sim, da origem primeira das línguas.

625 Ou seja, mesmo que as línguas atuais tenham muito de mistura e sejam grandemente corrupções das mais antigas, ainda assim preservam razões ou motivos físicos que podemos associar a certo instinto natural ou primitivo que guia a formação dos vocábulos, isto é, aquilo que também deve ter dado origem às línguas mais primitivas ou que testemunham "uma relação entre as coisas e os sons e movimentos dos órgãos da voz" ou aparelho fonador; tal origem, portanto, só em parte diz respeito ao acaso (como a associação do vocábulo 'coaxar' a vida), escolha, e não pode ser considerada simplesmente *ex instituto*, trata-se em parte do natural ou daqueles motivos sensíveis enunciados mais acima. Contra Locke ou Hermógenes e em certa medida apenas com Crátilo, Leibniz vai agravar tal observação quando associar determinados sons a determinadas coisas ou fenômenos, como, dentre outros, o movimento violento, o ruído, a dureza, à letra 'R' e o movimento mais doce, lento, a diminuição ou a solvência à letra 'L'.

é possível, a partir de investigação da associação e história dos vocábulos, de suas raízes comuns, chegar a uma língua, um povo e uma raça originários, o que aponta para a Ásia dos germanos celto-citas, os descendentes de Adão; e não é sem consequência inclusive a menção aos hebraicos. Comecemos, pois, esclarecendo o tipo de remanejamento que Leibniz propõe com relação à questão lockeana da origem dos nomes próprios para a questão de qual seria a língua, povo e raça que seriam originários.

Algum tempo depois da finalização dos **N.E.**, já realizando aquele projeto de elaboração de um *ristretto* sobre os aspectos materiais das línguas naturais ou históricas, Leibniz afirmava:

> Dividiremos, não incorretamente, as línguas derivadas de uma [língua] antiga largamente difundida em duas espécies: as ***japéticas***, como assim foi chamada, e as ***aramaicas***. As japéticas se difundiram pela [região] setentrional [ou norte], as aramaicas [pela] meridional; de fato, considero toda nossa Europa [como pertencente à região] setentrional. Daí que se as setentrionais se referem a ***Jafé***, as meridionais, não sem razão, serão atribuídas aos descendentes de [seus] irmãos ***Sem*** e ***Cam***[626]. (LEIBNIZ, 2012 [**Brevis**], p. 4 do original).

É isso, principalmente, que o estudo das etimologias vai "mostrar", ou melhor, "provar", isso é, que o povo mais antigo da Terra e que falou a língua mais antiga tem sua origem em Noé, e seu filho Jafé teria se estabelecido mais

626 Alguns intérpretes e escritores cristãos – dentre eles o contemporâneo de Leibniz, John Milton (1608-1674), com o seu **O paraíso perdido** – identificaram o titã Jápeto (*Japetum*) da mitologia grega com Jafé (*Japhetum*), o filho de Noé, com base na similaridade do nome e na tradição bíblica que considerava todos os povos do mundo pós-dilúvio como descendentes dos três filhos de Noé, isso é, de Sem, Cam e Jafé. Na tradição bíblica, da **História Santa**, o que servirá de hipótese básica para Leibniz explicar as migrações e mudanças dos vocábulos, os descendentes de Jafé teriam se dispersado nas margens do Mediterrâneo da Europa e da Ásia Menor, ao norte de toda a Europa e em uma parte considerável da Ásia; por isso, Jafé é considerado o ancestral dos diferentes ramos da grande família indo-germânica. Por outro lado, Jápeto, na mitologia grega, era um dos titãs filhos de Urano e Gaia, segundo a **Teogonia** de Hesíodo, uniu-se a Clímene (em Pausânias, ela se chama Ásia), filha de Oceano, e teve com ela quatro filhos: Atlas ("suportar"), Prometeu ("pensamento previdente"), Epimeteu ("pensamento tardio") e Menécio ("poder condenado", ligado à raiva e imprudência). É das línguas jaféticas ou japéticas, como quer Leibniz, que derivariam a língua dos citas e a dos celtas, consequentemente, delas derivam todas as línguas europeias e primeiramente a dos germanos ou germânicos.

ao norte ou naquele lugar que Leibniz considerava ser a Ásia germânica celto-cita; também foi propriamente ele, Jafé, quem deu origem ao povo europeu. Ou seja, além do aspecto em parte formal quanto aos nomes próprios das línguas naturais ou históricas se referirem ao geral ou à espécie mais baixa (à similitude), serem apelativos ou termos gerais, a investigação etimológica que suporta tal afirmação também permite concluir que os germanos são, mesmo contra os hebraicos descendentes de Sem, ou seja, os semitas e mesmo os camitas, os descendentes diretos de Jafé-Noé; os germanos seriam, pois, o povo mais antigo da terra pós dilúvio.

Certamente é esta uma das ideias mais importante a ser observada para todo aquele que quiser compreender o que faz a base do tipo de história que Leibniz defende mesmo nos **N.E.**; associado ao que é dito no capítulo de título "A fé e a razão, bem como os seus limites distintos" (livro IV, cap. XVIII) dos **N.E.** e no "Discurso [preliminar] sobre o acordo da fé com a razão" dos **E.T.**; em primeiro lugar, trata-se de tomar a **Bíblia**[627] como um livro de história,

627 "E os saxões que atravessaram a Grã-Bretanha nos deixaram livros ainda mais antigos. Têm-se alguma versão ou paráfrase do começo do **Gênesis** e de algumas outras partes da **História Santa** (*l'Histoire Sainte*), feita por um [tal de] Caedmon, sobre a qual Beda já mencionou. Mas o mais antigo livro, não apenas das línguas germânicas, mas de todas as línguas da Europa, exceto a grega e a latina, é aquele do Evangelho dos godos do Ponto Euxino, conhecido sob o nome de **Codex Argenteus**, escrito em caracteres bem particulares, que foi descoberto no antigo monastério dos beneditinos de Verden, na Vestfália, e foi levado para a Suécia, onde é conservado como se deve com o mesmo zelo que o original dos Pandectas em Florença, ainda que esta versão tenha sido feita pelos godos orientais e em um dialeto bem afastado do germânico escandinavo: mas isso é porque se acredita com alguma probabilidade que os godos do Ponto Euxino (Antigo nome do mar Negro) vieram originalmente da Escandinávia, ou ao menos do mar Báltico". Certamente é esta uma das ideias mais importante a ser observada para todo aquele que quiser compreender o que faz a base do tipo de história que Leibniz defenderá, associado ao que é dito, no livro IV, cap. XVIII dos **N.E.** e no Discurso [preliminar] sobre o acordo da fé com a razão, dos **E.T.**, em primeiro lugar, trata-se de tomar a **Bíblia** como um livro de história, a História Santa, especialmente do momento em que finda o dilúvio e os três filhos de Noé passam a ser considerados as origens de todos os povos da Terra, em segundo lugar, trata-se de se apropriar da narrativa da origem com a reorientação para Jafé, contra Sem ou Cam, e a defesa da hipótese que a língua hebraica se é das mais antigas, deve estar muitíssimo corrompida e não permite mais atestar sua associação às línguas ou povos celto-citas, ou seja, às origens germânicas ou ao filho de Noé Jafé. Eis a importância do **Codex argenteus** (**O livro de prata**), trata-se, para Leibniz, da fonte mais antiga das origens das línguas da Europa e que prova a maior antiguidade da língua germânica, e vale notar a passagem da 'língua alemã' para 'as línguas germânicas', da mais recente para as mais antigas; feito em letras prateadas, o **Codex argenteus** é a mais antiga tradução da **Bíblia** para a língua gótica. Criador do livro e dos caracteres dessa língua, o bispo Úlfilas (do gótico Wulfila, c. 310-383) – que escreveu cerca de 500 anos antes de Nithard e, segundo o prório Leibniz (cf. **De origine**, p. 36 do original) logo ao final do governo de Constantino I (272-377), o Grande – difundiu o cristianismo sob a forma do arianismo e foi considerado o apóstolo dos godos.

a História Santa (LEIBNIZ, 1984 [**N.E.**, III, II, §1], p. 216), especialmente do momento em que finda o dilúvio e os três filhos de Noé passam a ser considerados as origens de todos os povos da Terra; em segundo lugar, trata-se de se apropriar da narrativa da origem com a reorientação para Jafé, contra Sem ou Cam, e a defesa da hipótese que a língua hebraica se é das mais antigas deve estar muitíssimo corrompida e só permite atestar sua associação às línguas ou povos celto-citas, ou seja, às origens germânicas ou àquele filho de Noé, no caso Jafé, com dificuldade.

Os resultados práticos e políticos da hipótese que os germanos, via celto-citas e Jafé, eram o povo mais antigo e de tomar a **Bíblia** como um livro de história podem ser ditos, dentre outros, do seguinte modo. Como sabemos, a partir de 1685, Leibniz é nomeado historiógrafo da Casa de Brunswick ou, como muitas vezes é denominada, Casa de Hanôver, família para a qual começa a trabalhar, na verdade, em 1676. A ligação de seu trabalho com as aspirações políticas da família Brunswick pode ser exemplificada por ele ter sido encarregado, primeiramente, "de provar, através de genealogia, que a Casa de Brunswick se originara da Casa d'este, família de príncipes italianos", trabalho que ele conclui em 1690 e que faz, efetivamente, os Brunswick ascenderem de oito para nove eleitorados; do mesmo modo, algum tempo depois, também foi "encarregado de fornecer os argumentos referentes às pretensões de Georg Ludwig, bisneto de James I, portanto, membro daquela família, justamente ao trono da Inglaterra, cuja vacância observou-se um pouco antes da morte de Locke em 1700 com o falecimento de William, Duque de Gloucester" (LEIBNIZ, 1997, pp. 8-9), e associado à revolução gloriosa, argumentos que levaram, efetivamente também, George I ao trono da Grã-Bretanha de 1714 até sua morte em 1727.

Tudo isso e mais o conteúdo defendido nos §§ 136-143 dos **E.T.**, por conta da reorientação da mitologia ou da história fabulosa que produzem, devem ser suficientes para compreender o quão longe foi Leibniz no 'aprofundar' as origens do povo germânico e na justificativa de seu lugar frente a outras famílias ou Casas da Europa, é justamente o que permite compreender a afirmação feita pelo filólogo francês David-Étienne Choffin (1705-1775), *professeur de belles-lettres et de la langue françoise*, em seus **Entretenimentos literários** (**Amusements littéraires**) de 1772:

> Acredita-se que simples governadores de várias grandes províncias do vasto império de Carlos Magno teriam se tornado príncipes hereditários na sequência [ou seja, depois]; mas *M. Leibnitz* sustenta que eles nunca deixaram de ser [por hereditariedade] e, portanto, ainda enobrecem as **origens das maiores Casas** [da Europa]. Ele os empurra mais fundo neste abismo do passado, cuja obscuridade é muito preciosa para eles[628]. (CHOFFIN, 1772, p. 11, grifo nosso).

Comentário que chega a repetir parte do verbete "*Léibnitzianisme ou Philosophie de Léibnitz* (Leibnizianismo ou filosofia de Leibniz)" do tomo IX da **Encyclopédie** de Diderot e d'Alembert de 1765, a saber: "Acreditava-se que os governadores das cidades do império de Carlos Magno haviam se tornado, com o tempo, príncipes hereditários; Leibniz prova que eles sempre o foram."[629] (DIDEROT e D'ALEMBERT, 1751, p. 370, grifo nosso).

Ou seja, trata-se de defender as origens da monarquia alemã e acabar com os conflitos europeus, inclusive os religiosos, indicando a origem germânico-jafética última de certas famílias da Europa. A partir, portanto, da sugestão feita por Helmstadt[630] de investigar as antiguidades germânicas foi também

628 "*On croit que de simples Gouverneurs de plusieurs grandes Provinces du vaste Empire de Charle magne étoient devenues dans la suite des Princes héréditaires; mais Mr. de Leibnitz soutient qu'ils l'avoient toujours été, et par-là anoblit encore les Origines des plus grandes Maisons. Il les enfonce davantage dans cet abyme du passé, dont l'obscurité leur est si précieuse*". E não devemos deixar de considerar o incômodo que deve ter causado aos franceses a obra de Leibniz **De origine francorum**, obra também realizada segundo aquele estudo histórico-etimológico.

629 "*On croyoit que des gouverneurs de villes de l'empire de Charlemagne étoient devenus, avec le temps, princes héréditaires; Léibnitz* ***prouve*** *qu'ils l'avoient toujours été*". Cf. também **De origine** §XV.

630 "[...] como mostrou o professor de Helmstadt; ele, desde há muito tempo, incumbiu-se, não sem sucesso, de me encorajar a me ilustrar nas antiguidades das línguas germânicas" (LEIBNIZ, 2012 [**Brevis**], p. 08 do original). Acreditamos que se trate de Johann Georg von Eckhart (ou Eccard, 1664-1730), historiador e linguista alemão, foi assistente de Leibniz a partir de 1694. Graças aos seus esforços, Eckhart foi nomeado professor de história em Helmstadt em 1706. Após a morte de Leibniz se tornou bibliotecário e historiador da Casa de Hanover. Juntamente com Leibniz, ele é considerado um dos fundadores da moderna historiografia na Alemanha. Tal era o volume de trabalhos feitos sobre a língua alemã até aquele momento que Eckhart, enquanto professor em Helmstadt, escreveu uma **História dos estudos etimológicos da língua germânica** (**Historia studii etymologici linguae germanicae hactenus impensi**, Hanover, 1711).

com esse objetivo geral que Leibniz organizou, e os estudos etimológicos fizeram a base de muito deles, três grandes compilações de historiadores das coisas germânicas; isto é, com o que se costumou chamar de a **Coleção dos historiadores de Brunswig (Collection des Hitoiriens de Brunswig)** ou **Compilação dos escritores de Brunswick (Recueil des ecrivains de Brunswick)**[631] Leibniz chama atenção para a obra em três volumes que foram publicados em 1707, 1710 e 1711 e com o total impressionante de quase de 3.500 páginas, daquele que é certamente seu trabalho mais importante como historiador, trata-se de uma coleção do que teriam afirmado vários historiadores de Brunswig ou da casa de Hanôver, mas não é só esse seu conteúdo, evidentemente. Para dizermos apenas o básico e como já o indicamos, é sabido que desde propriamente 1676 Leibniz passa a trabalhar como bibliotecário para a família Brunswick e podemos dizer que foi por conta, principalmente, de ter de escrever a sua história que ele passa a colecionar vários livros, dicionário, traduções, mapas e tudo mais que possa auxiliar a tecer uma "História do povo germânico" que encadearia príncipes hereditários até terminar naquela família. Como alguns cronistas antigos, Leibniz pretendia iniciar sua obra tratando da origem da Terra ou mesmo do mundo e, nesse sentido, sua produção mais importante certamente foi a **Protogaea: uma teoria sobre a evolução da terra e a origem dos fósseis** (publicada apenas em 1749), que depois deveria ser seguida de considerações tecidas a partir das conexões entre as línguas e as nações, ou seja, daquela parte da História, Cronologia, Genealogia, Etimologia, Filologia e Geografia que aparece no cap. III do livro III, cap. I-III, dos **N.E.**, no **Brevis** (1710) e no **De origine** (1715), mas que, obviamente, são corroboradas por uma série de antigos monumentos, especialmente associados à História Santa, e opiniões de autoridades de várias áreas que são apresentadas em vários textos[632]. Nessas obras, mesmo sem ter terminado sua Crônica

631 Título original e completo: **Scriptores rerum brunsvicensium illustrationi inservientes, antiqui omnes, et reformatione priores: opus, in quo nonnulla chronica hujus, vicinarumque regionum, et urbium, episcopatuumque, ac monasteriorum, praesertim ostfaliae; res etiam atestinorum, longobardiae, et guelforum superioris germaniae; vitae item homimum illustrium, aut principum; omnia magno studio, sumtuque conquisita etc. continentur.**

632 Tais como, dentre outros, **Specimen historiae arcanae** (1696), **Historia arcana sive de vita Alexandri VI. Papae** (1697), as **Novissima Sinica nostri temporis illustratura** (1697 e 1699),

Universal ou a História dos Brunswick, Leibniz teria conseguido tratar do surgimento da Terra até o início da genealogia dos Brunswick ou da casa de Hanôver, provando que os germanos tinham origem nos celto-citas, os povos mais antigos da "Ásia" pós-dilúvio, e que aquela família começava em Carlos Magno em 769, continuada pelos imperadores descendentes dele e por cinco imperadores da família ou casa de Brunswick, isto é, Henrique I (da Germânia, 876-936), o Passarinheiro, os três Otões (Otão I, o Grande, 912-973; Otão II, o Velho, 955-983; e Otão III, 980-1002) e Henrique II (o santo Henrique, último monarca da dinastia otoniana do Sacro Império Romano-Germânico, 973-1024).

Considerações finais

Com efeito, para entender como tal projeto geral, do qual Leibniz apresenta apenas um breve plano (um *ristretto* ou *dessein*)[633] nos capítulos iniciais do livro III dos **N.E.**, atingia novamente as opiniões de Locke e mudava o eixo principal da controvérsia ali constituída, devemos nos voltar às afirmações feitas em outro ensaio, não mais o **Ensaio sobre o entendimento humano** (*An essay concerning human understanding*) que em seu livro III tratava principalmente e de um ponto de vista mais formal do problema da significação das palavras, mas sim à parte dos **Dois tratados sobre o governo**, ou seja, ao início da parte que tem por título **Ensaio sobre o verdadeira origem, extensão e fim do governo civil** (*An essay concerning the true original, extent, and endo f civil government*), onde o inglês afirmava ter mostrado, contra Filmer como já sabemos, 4 coisas, vale repetir:

Alberici monachi Trium fontium Chronicon (1699), **Accessiones historicae quibus potissimum continentur Scripores rerum germanicarum** (1700), **Information sommaire** dês **droits de sa majesté Le Roy de Prusse à pleine souverainité de Neufchatel et Valangin** (1706), mais os três volumes do **Scriptores rerum brunsvicensium** (1707-1711) e, dado que parecem apresentar a teoria da história de Leibniz, seus **Codex juris gentiu diplomaticus in quo tabulae authenticae actorum publicorum** (1693) e, aquele que seria seu suplemento, **Mantissa codicis** júris **gentium** (1700).

633 Para além do próprio título do **Brevis**, cf. [2] Carta a Sparvenfeld de 29 de janeiro de 1697 e **N.E.**, III, II, §2, p. 221.

> (1º) Que Adão não tinha, nem por direito natural de paternidade nem doação positiva de Deus, autoridade alguma sobre seus filhos ou domínio sobre o mundo, como se pretende; (2º) Que se ele tivesse, seus herdeiros, contudo, não teriam direito a ela; (3º) Que caso seus herdeiros a tivessem, por não haver lei da natureza ou lei positiva de Deus que determine qual é o legítimo herdeiro e todos os caso que possam surgir, o direito de sucessão, e consequentemente de deter o mandado, não poderia ter sido determinado com certeza; (4º) **Que, mesmo que houvesse sido determinado, ainda assim o conhecimento de qual é a linhagem mais antiga de Adão foi há tanto tempo completamente perdido que em todas as raças da humanidade e famílias do mundo não resta, a nenhuma mais que outra, a menor pretensão a ser a casa mais antiga e a ter o direito de herança**. (LOCKE, 2005 [**Dois tratados sobre o governo**], p. 379-80, grifo nosso).

No fim das contas, o trabalho que Leibniz foi contratado para fazer dizia respeito justamente à defesa da pretensão, que era a de muitas famílias, da Casa de Hanôver ou dos Brunswick (ou Brunswig) a serem a casa mais antiga da Europa (na verdade do mundo pós-dilúvio) e, dado que os alemães, os germanos vindos da Ásia celto-cita, descendem de Jafé, ou seja, são a raça mais antiga da Terra, também ter o direito de herança do trono de uma Europa reunida (reunida em termos de língua radical primitiva que sofrerá seu aperfeiçoamento no alemão pretendido por Leibniz, nação mais antiga e mesmo religião mais filosófica ou esclarecida), trabalho que será feito a partir da disciplina etimologia ou filologia, ou do que hoje chamaríamos de linguística histórica, tomando principalmente a **Bíblia** como um livro de história, a História Santa; o que faz voltar aquele suposto absurdo ou as bases do que Locke pensou ter mostrado justamente contra Filmer em sua obra **Dois tratados sobre o governo** também de 1690, especialmente o item 4.

Referências bibliográficas

FILMER, Robert. **Patriarcha and Other Writings**. Cambridge: Cambridge University Press, 2004.

CHOFFIN, David Étienne. **Amusements littéraires** (ou **Magasin de la belle litterature, tant en prose qu'en vers**). Brandebourg: Editora (?), 1772.

DIDEROT, Denis e D'ALEMBERT, Jean Le Rond. **Encyclopedie**. Paris: Briasson, David, Le Breton e Durand, 1751.

LEIBNIZ, G. W. **Die philosophischen Schriften (GP)**. C. I. Gerhardt. Berlin: Weidmann, 1860-1890 (reprint Hildeshein: Olms, 1960, 1961 e 1978).

_________. **Escritos filosóficos**. Edit por Ezequiel de Olaso. Buenos Aires, Charcas, 1982.

_________. **Novos ensaios**. Trad. João Baraúna. São Paulo: Abril Cultural, 1984.

_________. **Nouveaux essais**. Paris: Flamarion, 1990.

_________. **Nuevos ensayos sobre el entendimiento humano** (ed. J. Echeverría), Alianza: Madrid, 1992.

_________. **Protogaea**. Trad. Nelson Pappavero et. al. São Paulo: Pleiade/Fapesp, 1997.

_________. **Ensaios de Teodiceia**. Trad. William de Siqueira Piauí e Juliana Cecci Silva. São Paulo: Ed. Estação Liberdade, 2013.

________. "Carta de Leibniz a Des Bosses (31/07/1709) [sobre as almas, as enteléquias, as mônadas, a massa e o espaço]". Trad. William de Siqueira Piauí e Juliana Cecci Silva. *In*: **Theoria - Revista eletrônica de Filosofia**, v. 5, n. 12, p. 133-40, 2013.

LOCKE, John. **Dois tratados sobre o governo**. Introdução de Peter Laslett, trad. de Júlio Fischer. São Paulo: Martins Fontes, 2005.

________. **Ensaio sobre o entendimento humano**. Trad. Pedro Paulo Pimenta. São Paulo: Martins Fontes, 2012.

MATES, Benson. **The Philosophy of Leibniz: Metaphysics and Language**. New York: Oxford University Press, 1989.

NEF, Frédéric. **Leibniz et le langage**. Paris: PUF, 2000.

________. **A linguagem: uma abordagem filosófica**. Trad. Lucy Magalhães. Rio de Janeiro: Jorge Zahar, 1995.

SILVA, Saulo Henrique Souza. "Robert Filmer, John Locke e a controvérsia sobre a origem e a extensão da autoridade política". In: BALIEIRO, M. R; PEREIRA FILHO, A. J (Orgs.). **História e política no pensamento moderno**. Porto Alegre: Redes Editora, 2013, p. 33-48.

VII

“Brevíssima apresentação da Brevis Designatio de Leibniz”

Olga Pombo

O presente livro oferece a tradução em língua portuguesa do Brasil[634] de um importante texto de Leibniz: **Brevis designatio meditationum de originibus gentium ductis potissimum ex indicio linguarum**. Escrito em 1710, este texto faz parte de um conjunto de estudos que Leibniz dedicou às línguas naturais, nomeadamente, a **Dissertatio de Stylo Philosophico Nizolii** de 1670, a **Exhortation aux Allemands d'avoir à perfectionner leur Entendement et leur Langue, accompagnée de la proposition d'une Société en faveur de l'identité Allemande** (1679), as **Considérations Inattendues sur l'Usage et l'Amélioration de la Langue Allemande** (1679), o livro III de os **Nouveaux Essais sur l'Entendement Humain** (1703-4), e quatro textos tardios: a **Brevis Designatio**, de 1710, a **Epistolaris de Historica Etymologica Dissertatio** (1711-1712), a **De Origine Francorum** (1715) e as **Unvorgreiffliche Gedancken, betreffend die Ausubung und Verbesserung der Teutschen Sprache**, publicadas por Eccard em 1717, logo depois da morte de Leibniz.

Embora elaborados com distintos propósitos, estes textos estão todos atravessados, de forma direta ou por um caminho mais longo, por uma similar aspiração: compreender o passado das línguas naturais, a sua origem, as suas transformações e filiações, as relações históricas que as diversas línguas mantêm entre si; analisar as qualidades da língua alemã que, no século XVII, se encontrava impreparada para a discussão e exposição das ideias; comparar as suas determinações face às outras línguas europeias; identificar as características particulares que fazem dela um meio especialmente apto para a reflexão filosófica e defender a necessidade do seu aperfeiçoamento, numa palavra, fundamentar a tese da superioridade da língua alemã.

Tal vai implicar uma dupla tarefa à qual Leibniz dedicará incansáveis e prolongados esforços ao longo de décadas. Em primeiro lugar, a análise dos resultados das inúmeras investigações linguísticas, anteriores e suas contemporâneas, levadas a cabo por gramáticos, etimologistas, filólogos, estilistas, teólogos

634 Com pouquíssimas alterações, o presente texto foi publicado no volume 4 da revista **Kairos** de maio de 2012, no "Dossier: Leibniz – **Brevis designatio meditationum de originibus gentium ductis potissimum ex indicio linguarum**" onde constava nossa primeira tradução para língua portuguesa do **Brevis**, cf. http://www.saavedrafajardo.org/Archivos/kairos46.pdf.

e filósofos. E isto tanto no que diz respeito aos trabalhos mais especulativos – em Leibniz cruzam-se a reflexão teológica em torno da problemática da língua adâmica (Bibliander, Postel, ou Benito Pereira), a doutrina paracelsiana das signatura, as primeiras tentativas de explicação naturalista dos fenómenos linguísticos que têm lugar no século XVI (fundamentalmente Cardan, Ambroise Paré ou Joubert), e a teoria da *Natursprache* de Jacob Böhme (1575-1624), esse primeiro grande filósofo alemão como diz Hegel – como àqueles outros trabalhos que, no tempo de Leibniz, e já com intuitos claramente comparativistas, se realizam em torno da elaboração de gramáticas e dicionários, maioritariamente multilíngues[635], do estudo das etimologias, da classificação tipológica das línguas e da recolha empírica de dados sobre a diversidade das línguas. Entre todos aqueles estudos que a imensa erudição de Leibniz consegue abarcar, alguns dos quais realizados por seus correspondentes directos (veja-se o caso de Hiob Ludolf (1624-1704) ou Sparvenfeld (1655-1727)) e outros explicitamente referidos na **Brevis designatio** (por exemplo, os célebres orientalistas Adrianus Relandus (1676-1718) e Andreas Acoluth (1654-1704)), valerá a pena destacar os nomes de cinco filólogos cujas obras são especialmente relevantes: Justus Georg Schottel (1612-1676) que, em **Ausführliche Arbeit von der Teutschen Haubt-Sprache** de 1663, sugere a directa filiação do Alemão em relação à língua adâmica; Daniel Georg Morhofen (1639-1691) que, em **Unterricht von der Teutschen Sprache und Poesie**, de 1682, defende igualmente a antiguidade do Germânico; e, sobretudo, as obras de Johan Clauberg (1622-1665), **Collectanea Linguae Teutonicae**, de 1663, Gerardus Meierus (1646-1708), **Glossarium Linguae Saxonicae e Johan Schilter** (1632-1705), autor de um monumental **Thesaurus Antiquitatum Teutonicarum**, postumamente publicado.

Em segundo lugar, o desenvolvimento por Leibniz de vastas investigações etimológicas, filológicas, históricas e comparativistas visando compreender a origem, a história, as transformações e filiações das diversas línguas, em particular do Alemão. A extensíssima correspondência de Leibniz com missionários e diplomatas espalhados pela Europa, Ásia, Africa e América é disso

635 É o caso do **Dictionarium** de Ambrogio de Calepino (1535-1623) que, na sua edição de Basileia de 1590, compara 11 línguas diferentes e da **Pantaglossia** de Nicholas Claudio de Peiresc (1580-1637), onde são recolhidas amostras de cerca de 40 línguas.

prova eloquente. Refira-se, por exemplo, o caso de Bouvet (1656-1730), um dos mais importantes jesuítas das missões católicas francesas com quem Leibniz estabelece correspondência desde 1689 sobre a língua chinesa. De tal modo essa correspondência lhe parece importante que Leibniz dela publica mesmo uma selecção, em 1697, que intitula **Novissima Sinica**.

É justamente neste âmbito que deve ser entendida a **Brevis designatio**. Leibniz realiza aí um duplo movimento: estuda com detalhe as raízes históricas e as movimentações geográficas dos povos europeus com o objetivo de compreender as filiações das suas numerosas línguas e, inversamente, procura determinar a história antiga dos povos a partir do estudo das origens e transformações lexicais das suas línguas. Como escreve logo no início do texto: "visto que as origens dos povos [mais] remotos estão para além da História, as línguas, em seu lugar, são os monumentos dos [povos] antigos".

O texto inicia-se pela apresentação de um conjunto de teses relativas à natureza essencial das diversas línguas humanas. Uma primeira tese resulta do facto de as línguas serem os "monumentos dos povos antigos". Embora obscurecidas pelo tempo e confundidas pelas deslocações dos povos, as línguas antigas subsistem ainda hoje "nos nomes dos rios e das florestas", os seus vestígios são reconhecíveis nas "denominações dos lugares fundados pelos homens" e, em geral, em todos os nomes dos homens. De tal modo que Leibniz não hesita em assumir como axioma que "todos os nomes os quais chamamos de próprios foram, algum dia, denominações". Uma segunda tese diz respeito ao valor expressivo da onomatopeia. Enquanto fenômeno de reprodução fonética imitativa de sonoridades provenientes do mundo físico, ela constituiu um veículo privilegiado de acesso à compreensão dos mecanismos de sentido que operam nas diversas línguas naturais. Como Leibniz diz: "sempre que é possível penetrar até à raiz da onomatopeia, é isso que põe a descoberto a origem primeira dos vocábulos". Procedimento este que Leibniz ilustra mediante a análise de diversos exemplos de relações directas entre o som e a ideia (veja-se o exemplo da Letra K cujo sentido, como Leibniz escreve, "nós mesmos sentimos pelo sopro que rompe [violentamente] o obstáculo")[636]. A terceira

636 Registre-se que alguns destes exemplos, em especial os relativos à letra R, são os mesmos que Platão utiliza no **Crátilo** (cf. 426c-427c).

tese passa pela recusa explícitica da origem convencional das línguas. Como Leibniz afirma, "as línguas nem surgiram ex instituto nem foram estabelecidas por convenção". Ao contrário do que acontece nas línguas artificiais, por exemplo, de John Wilkins (1614-1672), cujos defeitos, noutros textos, Leibniz não se cansa de assinalar[637], as línguas naturais, isto é, nascidas "pouco a pouco conforme a ocasião", devem a sua existência a um "ímpeto natural nascido dos homens, dos sentimentos e das paixões". A posição naturalista de Leibniz é aqui formulada sem qualquer ambiguidade e em termos muito próximos aos usados nos **Novos ensaios**. Aí, Leibniz falava do "instinto natural" que, por exemplo, levava "os antigos germanos, celtas e outros povos com eles aparentados" a utilizar a letra R para significar um movimento violento[638]. Ora, justamente, essas analogias "entre o som emitido (*vox*) e os sentimenos (*affectus*)", esses isomorfismos entre sentimento e som, dão-se a ver como "vestígios amplamente disseminados das línguas antigas que subsistem nas línguas atuais". Estas, as "novas línguas" são formações "derivadas de uma língua antiga" que se vão constituindo por "mistura" e "corrupção" de acordo com os cruzamentos e as deslocações das diversas nações.

O texto dedica-se então, longamente, à descrição das complexas linhas de filiação que articulam os povos e as línguas europeias. Leibniz apresenta, de forma desenvolvida, as suas duas hipóteses filológicas fundamentais: 1) "as línguas derivadas de uma [língua] antiga largamente difundida" podem dividir-se em duas espécies fundamentais: "as japéticas que se difundiram pela região setentrional e as aramaicas que cobrem a região meridional"; 2) a origem celto-cítica dos diferentes povos europeus. Como escreve: "Os Gauleses vêm dos Germanos, os Germanos dos Cíticos embora, como já dissemos, as línguas tenham sido modificadas pouco a pouco durante um longo período de tempo

637 Referimo-nos à língua universal apresentada por Wilkins no seu célebre **An Essay towards a real character and a philosophical language**, publicado em 1668, sob os auspícios da Royal Society. Como Leibniz escreve "As objecções de Dalgarno e Wilkins contra o verdadeiro método filosófico servem unicamente para desculpar a imperfeição dos seus ensaios e dão apenas conta das dificuldades com que se defrontaram" (GP 3: 216). Para maiores desenvolvimentos sobre esta questão, cf. POMBO, Olga. **Leibniz e o Problema da Língua Universal**. Lisboa: JNICT, 1997:102-108.

638 "*Car il semble que par un instinct naturel les anciens Germains, Celtes et autres peuples apparentés avec eux ont employé la lettre R pour signifier un mouvement violent et un bruit tel que celui de cette lettre*". **N.E.**, III, II, § 1 (GP 5: 261).

e de numerosas migrações". Isto é, Leibniz integra-se na tradição filológica (Schreck, Boxhorn, Rudbeck) que faz da língua escandinava a origem de todas as línguas europeias, mas defende a necessidade de conjugar essa hipótese com a tese da anterioridade da língua celta (Cluverius, Schotellius). Porque "os homens da Europa vieram do Oriente seguindo, por assim dizer, o movimento do Sol, é evidente que avançaram a partir da Cítia". Mas – acrescenta Leibniz mais adiante – "a partir dos Cíticos, eu chego aos Celtas". Ora, os Celtas são os antepassados diretos dos Germanos. Leibniz acaba assim por atribuir à língua alemã um lugar central no quadro das línguas europeias. A **Brevis designatio** tem como resultado a identificação de um conjunto de razões históricas e filológicas nas quais Leibniz fundamenta a tese da superioridade da língua alemã.

É certo que, nos outros textos referidos no ponto 1, essa superioridade é analisada por Leibniz com maior detalhe. No entanto, e para lá das variações que Leibniz vai introduzindo de texto para texto[639], a língua alemã é invariavelmente louvada pelos dispositivos de sentido que a habitam, isto é, pela riqueza dos vestígios (adâmicos) que nela subsistem e pela naturalidade, clareza, profundidade, motivação do seu vocabulário presente.

São essas características que fazem da língua alemã um instrumento particularmente adequado ao exercício da razão. São essas características que garantem, pela sua presença, o acordo fundamental entre a Natureza e o Verbo que nas línguas naturais se opera. Características que, em última analise, decorrem da antiguidade que a **Brevis designatio** estabelece à língua alemã.

Resta acrescentar que a intensa actividade intelectual que Leibniz dedicou ao estudo das línguas naturais, em especial o Alemão, coexiste com o projecto de construção de uma língua filosófica universal.

A nosso ver, essas duas direcções da investigação linguística de Leibniz devem ser vistas, não como opostas ou contraditórias[640] mas, ao invés, como convergentes e complementares. Leibniz não procura constituir uma língua artificial porque parta de uma posição crítica face às línguas naturais e à sua

639 Sobre este tema, cf. POMBO, Olga. "Leibniz, Nizolius e o estilo filosófico", in **Palavra e Esplendor do Mundo**. Lisboa: Fim de Século, 2010: 175-191.

640 É o caso, por exemplo, de Knecht, **La logique chez Leibniz. Essai sur le rationalisme baroque**. Lausanne: L'Age d'Homme, 1981.

capacidade para funcionarem como instrumento de constituição e progresso do conhecimento[641]. Pelo contrário, Leibniz tem consciência da inesgotável capacidade cognitiva das línguas naturais. Elas não são apenas "os mais antigos monumentos do género humano" como Leibniz dizia nos **Novos ensaios (N.E.** III, IX, § 9), ou os "monumentos dos povos antigos" como repete na **Brevis designatio**. Elas são também o "espelho do espírito humano" (**N.E.** III, VIII, §6), isto é, o órgão próprio das nossas capacidades cognitivas, o instrumento que permite o conhecimento do mundo. Além disso, porque motivadas, as línguas naturais (e o Alemão em particular) detêm, desde os tempos imemoriais da sua origem, uma radical abertura ao mundo. O seu poder não reside apenas no jogo ilimitado dos enunciados possíveis no interior do sistema que as constitui. Ele consiste no reenvio, tanto do sistema como dos elementos que o compõem, ao mundo em que as línguas foram criadas e que nelas se exprime. Como Leibniz diz de forma claríssima em carta a Tschirnhaus de Maio de 1678, "não devemos temer que a contemplação dos caracteres nos afaste das próprias coisas; pelo contrário, ela conduz-nos ao seu interior" (GM 4: 461).

Nesse sentido, o projecto leibniziano de constituição de uma língua filosófica universal surge, não como independente, menos ainda como contrário, mas ao invés como de algum modo dependente, ou alicerçado, na compreensão dos mecanismos responsáveis por esse poder de revelação das línguas nacionais. O objectivo último das investigações linguísticas de Leibniz seria então investigar a origem motivada das línguas naturais, examinar os mecanismos responsáveis pela naturalidade do seu vocabulário (especialmente no caso do Alemão), a estrutura profunda que subjaz às suas particularidades gramaticais (investigações sobre a Gramática Racional) e aplicar essas descobertas à construção de uma nova língua filosófica dotada de uma similar, ou ainda maior, capacidade de revelação.

641 Apesar de a posição de Leibniz sobre as línguas naturais estar marcada por algumas ambiguidades, Leibniz não está ao lado de Bacon nem de Locke mas sim no prolongamento de Hobbes. Sobre esta questão remetemos de novo para o nosso POMBO, Olga (1997), em especial p. 173 e segs.

VIII

Nota introdutória ao *De origine francorum disquisitio*

Húdson Canuto

O livro **De origine francorum disquisitio** ou *A origem dos franceses* foi escrito por Leibniz em 1715. Ao que parece não havia nenhuma tradução, pelo menos não integralmente, para a língua portuguesa. E do que pudemos apurar nem para qualquer outra língua moderna. O fato de não aparecer traduzido poderia indicar uma pouca importância desse trabalho leibniziano. Mas não pudemos concordar com essa ideia e sempre tivemos presente que se tratava de um texto relevante para o pensamento do filósofo de Lípsia.

Sustentamos que o livro possa ser dividido em quatro partes. A primeira parte, que se estende do capítulo primeiro ao nono, pode ser considerada como sendo a origem da discussão do tema que ora trazemos à baila. Nessa parte, Leibniz se deterá na questão da origem dos franceses, mas não a considerando historicamente, senão criticando a ideia, que parecia difundir-se entre muitos eruditos de sua época e mesmo anteriores a ele, de que os franceses descendiam, para uns, dos troianos, para outros, de Alexandre Magno ou dos macedônios; sendo, pois, uma origem mítica ou mitológica.

Na segunda parte, que vai do capítulo décimo ao vigésimo, e que poderemos considerá-la mais historicamente comprovável e rastreável, Leibniz dará a descrição da migração dos francos pela Germânia. Nessa parte podemos ver a concordância do que Leibniz vinha teorizando e apresentando em textos anteriores como na **Dissertatio de stylo philosophico Nizolii** de 1670, em cartas a Sparvenfeld (duas de 1695 e outras duas de 1697), nos **Novos ensaios** de 1703, na **Brevis designatio** de 1710, e ainda nos **Ensaios de Teodiceia** também de 1710. O que Leibniz defendia era que os povos teriam uma origem comum e que esse povo primevo fizera uma migração desde o Oriente e em determinado momento se dividira indo povoar seja o sul que o oeste (isto é, a Europa inteira).

É na terceira parte, que se estende desde o trigésimo capítulo até o trigésimo sétimo, que Leibniz tratará dos franceses como se conheciam então.

E, por fim, a quarta e última parte, que abrange tão somente o trigésimo oitavo capítulo, e que traz uma espécie de conclusão da 'Dissertação' de nosso filósofo.

Um autor francês, Frédéric De Buzon, em seu texto "Leibniz étymologie et origine des nations" propõe uma divisão da qual discordamos, ficando isso patente na forma como acima apresentamos o texto; para esse autor o livro teria somente uma dúplice partição, indo do capítulo 1 ao 16 e do 17 ao 38.

Quando do início de nossa pesquisa de mestrado, interessava-nos o porquê de Leibniz ter escrito esse texto. Quais as motivações que tinha. Mas no correr das muitas leituras, estudos e discussões no GEFILUFS (Grupo de Estudos de Filosofia da Linguagem da Universidade Federal de Sergipe), pareceu-nos muito mais importante a questão do onde se poderia enquadrar esse livrinho dentro do *corpus leibnizianum.*

A luz lançada sobre isso veio-nos da esquematização que Leibniz propunha de como devesse ser o estudo sobre as línguas. Nos **Novos ensaios** (IV, XXI) e na **Teodiceia** (§§136-143), Leibniz, conforme pudemos depreender, apresenta uma estruturação esquematizada dos estudos linguísticos. Tal esquema é tripartido, abarca **etimologia, lexicografia** e **lógica**. A parte que mais nos interessa para inscrever o texto d'**A origem dos franceses** é a parte **etimológica**, em que Leibniz vislumbra ainda uma tríplice partição: **história natural, história fabulosa** e **usos das línguas**.

A história natural e fabulosa e sua importância para a compreensão das origens das línguas como conexão das nações podemos encontrar nos textos anteriormente referidos, a saber, as **Cartas a Sparvenfeld**, os **Novos ensaios**, a **Brevis designatio**, a **Teodiceia**, e a **Dissertatio de stylo philosophico Nizolii** (de que pretendemos, em breve, apresentar uma tradução, se não completa, mas pelo menos das partes mais significativas para a compreensão do que Leibniz entendesse sobre a importância das línguas, especialmente do alemão). Sem, contudo, neste trabalho, descurar o que estudiosos sobre a obra leibniziana disseram em seus estudos.

A primeira parte do texto é, a nosso ver, uma espécie de apresentação de certas histórias fabulosas, porquanto considere algumas das opiniões de que os franceses são oriundos, seja dos troianos que de Alexandre Magno, consoante já aduzimos antes. Leibniz mostrará que uma lenda não basta para fundar a história de um povo. Mostra como essa pretensão é, nas palavras dele mesmo, *ridícula.*

A partir da segunda parte, nosso filósofo tomará distância dessa história fabulosa (importante para estabelecer alguns conhecimentos sobre a filiação das nações através das línguas) para imiscuir-se na história natural através de dados e documentações que possam ser comprovados e aferidos. Aqui vemos claramente a vinculação que estabelece com outras obras suas em que deixa patente a ideia de que há um povo primigênio e cuja língua deixa traços nas nossas, ainda que possam parecer tão distintas e distantes. Disso dá uma eloquente amostra nos **Novos ensaios**, nos **Ensaios de Teodiceia** e também na **Brevis designatio**.

Considerando que a importância do livro de Leibniz **A origem dos franceses** foi só recentemente levada em consideração no que tange às questões que estamos aqui discutindo, a saber, quanto ao papel preponderante das línguas para estabelecerem-se as origens dos povos e tornar patentes as conexões que há entre as nações, convinha tecer um estudo sem qualquer pretensão de exaustão do tema, com o fito, entretanto, de propor que fosse um estudo inicial, e também estabelecer o texto latino, transcrevendo-o da edição de 1715, comparando-a com a de 1768, curada por João Jorge Eckard (sem levar em consideração alguns acréscimos ali contidos, além de apresentar a tradução integral em língua portuguesa dessa obra leibniziana, que encerra os trabalhos daquela parte chamada **Etimológica**.

O objetivo precípuo de nosso filósofo é, indubitavelmente, o de demonstrar a superioridade inclusive filosófica da língua alemã, conforme ele assevera na **Dissertatio de styllo philosophico Nizolii**: "Atrever-me-ia a asserir que nenhuma língua europeia é mais apta do que o alemão para testar e examinar as doutrinas filosóficas através de uma língua viva"[642]. Porquanto o alemão fosse, segundo ele, uma língua repleta de definições reais, o que causaria a inveja das demais línguas[643]. Sobre esse mesmo tema, isto é, o da superioridade da língua alemã, Leibniz retornará diversas vezes. A **Brevis designatio** tem como resultado a identificação de um conjunto de razões históricas e filológicas nas quais Leibniz fundamenta a tese da superioridade da língua alemã.

642 LEIBNIZ, 1840, p. 62: "*Illud tamen asserere ausim, huic tentamento probatorio atque examine philosophematum per linguam aliquam vivam, nullam esse in Europa linguam Germanicam aptiorem*".

643 Cf. LEIBNIZ, 1840, p. 62. "*quia Germanica [lingua] in realibus plenissima est et perfectissima, ad invidiam omnium caeterurum*".

Nos **Novos ensaios**, o filósofo de Lípsia afirmou ainda que "os antigos chamavam de celtas tanto os germanos quanto os gauleses"[644]. Mantendo a tese original que o motivava na busca das origens dos povos pelos vestígios das línguas.

De modo geral, Leibniz haverá de manter a tese de que a língua alemã é superior às línguas europeias, apresentada pela primeira vez "na **Dissertatio**, de 1670"[645].

Nos **Novos ensaios**, "após ter estabelecido a origem comum de todas as nações e a correspondente existência de uma língua primitiva comum, Leibniz defende a superioridade da língua alemã, na perspectiva da sua antiguidade"[646]. Nos **Novos ensaios**, portanto, o "carácter primordial do alemão é reforçado [...] pela demonstração de sua naturalidade"[647].

Tanto na **Brevis designatio** quanto n'**A origem dos franceses**, Leibniz apresenta as "migrações" do povo franco. Isso para ele era extremamente relevante, porquanto daí é que surgiriam as diversidades das línguas, posto que todas tivessem uma origem comum. De fato, sobre isso lemos nos **Novos ensaios** que há uma quantidade tão grande de semelhanças nas diversas línguas "que não se poderia atribui-la meramente ao acaso, nem mesmo ao mero comércio, mas de preferência às migrações dos povos"[648].

É, pois n'**A origem dos franceses** que Leibniz dará a fortuna das diversas migrações dos povos dos francos germânicos, corroborando a teoria da origem comum dos povos a partir dos germanos, que vem sustentando na **Dissertatio de stylo philosophico Nizolii**, nas cartas a Sparvenfeld, nos **Novos ensaios**, e também na **Brevis**.

Na migração dos povos, por conseguinte, Leibniz fará ver a importância que tinha a língua dos germanos (ou dos alemães) na formação da cultura europeia. Dessa importância o filósofo alemão terá como objetivo fazer decorrer

644 CECCI SILVA, 2014, p. 117. "*les anciens appelaient-ils Celte tant les Germains que les Gaulois*". (LEIBNIZ, 1846, p. 289).

645 POMBO, 2010, p. 183.

646 POMBO, 2010, p. 183.

647 POMBO, 2010, pp. 183-4.

648 CECCI SILVA, 2014, pp. 119-20: "*qu'on le saurait attribuer au seul hasard, ni même au seul commerce, mais plutôt aux migrations des peuples*". (LEIBNIZ, 1846. p. 290).

que é no povo alemão e na língua dos germanos que se deverá fazer a busca pela língua originária. Conquanto Leibniz deixasse claro que encontrar a língua primeva não seria uma tarefa fácil e cômoda, mas que, através da língua que mais se aproximasse dessa língua primitiva, o alemão naturalmente, seria possível reconstruir por aproximação a língua adâmica, que seria "a cifra de toda língua vernacular"[649]. Como Leibniz faz nos **Novos ensaios**, pelo testemunho dos antigos, equipara os germânicos e os gauleses com os celtas. E é daí que Leibniz estabelece que se possa conjecturar que isso resulte de uma origem comum de todos estes povos descendentes dos citas[650]. E, assim, nosso filósofo quererá vincular a língua germânica ao céltico, pois sendo esta última a base para as demais línguas europeias, como ele acreditava, duas coisas ficam patentes: primeiramente, que os povos têm uma origem comum; por fim, que essa origem comum reside nos povos germânicos.

Ancorado nisso, decorre naturalmente que para fortalecer ainda mais sua teoria das origens germânicas comuns de todos os povos e, por isso mesmo, da conexão das nações, Leibniz buscará provar que os franceses eram povos germânicos em sua origem. Todas as migrações dos francos que ele propõe no livro *A origem dos franceses* servem a ostentar o processo de evolução desse povo germânico até quando se assentam definitivamente na França. Onde prosperam e estabelecem reinos e dinastias.

Para corroborar suas ideias e teorias nosso filósofo costuma ser muito cuidadoso no que tange a admitir qualquer dito que se tenha propalado nos tempos mais antigos. Como, por exemplo, as fictícias origens que se atribuíam aos francos, como Leibniz apresenta criticando na primeira parte de sua dissertação, **A origem dos franceses**. Conquanto fosse uma ideia bem difusa, como deixa transparecer. Sua pretensão é científica. Seu compromisso é com a verdade. Para manter-se fiel a isso ele não hesitará em rejeitar esse expediente e buscará um princípio que melhor explique as conexões, conforme Leibniz aponta nos **Novos ensaios**, isso se fará buscando diligentemente o "encadeamento" das palavras[651].

649 NEF, 1995, p. 114.

650 Cf. CECCI SILVA, 2014, p. 118 (LEIBNIZ, 1846, p. 289).

651 Cf. CECCI SILVA, 2014, pp. 128-33 LEIBNIZ, 1846, pp. 292-4.

Conquanto lhe fosse muito tentador valer-se de origens advindas de Alexandre Magno ou de Troia para assentar aí a origem dos francos. Sua vinculação com a verdade era maior que a busca dessa fama fugidia.

Seu intento é dar bases sólidas a sua teoria para que não fosse facilmente derrubada. E é por causa disso que ele vai tentar fundamentar com afinco seu texto em bases mais firmes e estáveis. Tentará, pois, fazer isso, a partir da segunda parte do livro **A origem dos franceses**, como ficou já dito, em que buscará essa origem num povo determinado, os francos-germânicos, tentando fazer remontar tudo à migração deles das margens do mar Báltico até à chegada à França.

As dimensões reduzidas do livro a que nos referimos na Introdução deste trabalho, referia-se tão só e exclusivamente à materialidade do livro. Se, no entanto, considerássemos o texto quanto ao conteúdo, seremos compungidos a considerá-lo como um texto dotado de profundidade e perspicuidade muito grandes. Que é o que se tentou demonstrar neste trabalho de apresentação da tradução desse texto ao português. **A origem dos franceses** figura entre os textos leibnizianos em que se busca provar a origem comum das línguas, a conexão das nações e o parentesco que há entre os povos.

IX

"Leibniz e Benjamin: uma introdução à teoria tradicional da tradução ou às metafísicas da língua de saída e de chegada"[652]

Juliana Cecci Silva e William de Siqueira Piauí

652 Com algumas alterações, trata-se do artigo que publicamos em **O mutum: revista de literatura e pensamento**, n. 1, março de 2013.

Considerações preliminares

No que diz respeito a uma possível tradução, uma das perguntas que poderíamos fazer seria: Os **Nouveaux essais sur l'entendiment humain par l'auteur du systéme de l'harmonie préétablie** do filósofo alemão Gottfried Wilhelm Leibniz (1646-1716) são uma obra de arte? Acreditamos que se nos ativermos ao que o filósofo, também alemão, Walter Benjamin (1892-1940) diz no início de seu texto **Die Aufgabe des Übersetzers**, a saber: "se ela [a tradução] estivesse destinada ao leitor, também o original o deveria estar" (BENJAMIN, 2008 [**A tarefa do tradutor**], p. 83). Teríamos, pois, de nos perguntar primeiro: A obra **Novos ensaios** está destinada ao leitor? Ora, nos parece que essa obra está expressamente destinada a leitores, aos filósofos ingleses e aos empiristas em geral, e, mais especificamente, ao filósofo inglês John Locke (1632-1704)[653]; e pretende, de acordo com seu título, dar a conhecer, informar, comunicar, aos filósofos insulares o essencial quanto ao *sistema da harmonia preestabelecida* ou àquilo que o filósofo alemão costumava chamar mais propriamente de a sua *hipótese da harmonia preestabelecida*, a qual ele fez o personagem Teófilo afirmar em sua conversa com Filaleto (**N.E.**, livro IV, cap. III, §28). Nesse sentido, talvez pudéssemos dizer que está comprometida ou se auto-registra no âmbito da concepção burguesa de linguagem (BENJAMIN, 2011 [**Sobre a linguagem em geral e sobre a linguagem do homem**], p. 55).

Isso quer dizer que é necessário tomar algum cuidado quando se usa o texto de Benjamin para a discussão geral da tradução: nem todo texto é sagrado ou obra de arte! É necessário, no mínimo, problematizar os critérios que definem a informação a ser veiculada e até que ponto trata-se de um texto sagrado ou obra de arte a ser traduzida. Como vimos, os **N.E.** não parecem ser uma obra de arte no sentido oferecido naquele início (BENJAMIN, 2008, p. 82); além disso, indo ao final do texto de Benjamin, se pensarmos que os "grandes

653 Um leitor defunto. Leibniz chegou a adiar a publicação dos **Novos ensaios** (doravante simplesmente **N.E.**) por conta da morte do filósofo inglês. Os **N.E.** foram escritos em forma de diálogo, uma conversa entre os personagens Teófilo (amigo de Deus) e Filaleto (amigo da verdade), o primeiro defendia as opiniões de Leibniz e o segundo as de Locke, em geral repetindo apenas o que o inglês afirmava em seu **An essay concerning human understanding** (publicado em 1690). Quanto ao sistema da harmonia preestabelecida, cf. também **Monadologie**, § 80. Daqui em diante mencionaremos a obre de Benjamin também com a sigla **A.U.**

textos, e em mais alto grau os sagrados" (op. cit., p. 98) têm como característica "conter nas entrelinhas a sua tradução", novamente, os **N.E.** não parecem poder ser considerados um grande texto, menos ainda um texto sagrado e certamente não contém em suas entrelinhas a sua tradução, aquilo que faria o tradutor vislumbrar uma "língua pura" (*die reine Sprachen*) a partir do original (op. cit., p. 89)[654]; vale lembrar inclusive que Leibniz escreve os **N.E.** na língua francesa e tem como ponto de partida uma obra escrita na língua inglesa, ou seja, nem o que escreve nem o que lê está em sua língua materna, a alemã[655].

Contudo, dadas as características dos **N.E.**, não são certamente essas as questões que nos permitiriam comparar o que pensavam Leibniz e Benjamin, além disso, até onde pudemos saber, em nenhum momento dos **N.E.** a tradução de uma obra de uma língua para outra é a questão principal. Resta saber, todavia, se lá encontraríamos algo que permitisse uma possível e pertinente oposição, ou quem sabe um acordo, entre esses autores quanto à verdadeira natureza desse tipo de tradução.

Dito assim, se atentarmos para o que é afirmado ainda bem ao início da **A.U.**, poderíamos vislumbrar uma pergunta possível e pertinente; ou seja, se como quer Benjamin "a tradução tem por finalidade dar expressão à relação mais íntima das línguas umas com as outras" (op. cit., p. 83), o que dizer de uma obra que supõe um forte e amplo acordo entre as línguas e nações? De uma obra que, nesse sentido, seria ela mesma a expressão da possibilidade fácil e tranquila da tradução? Uma obra que teria sido escrita tendo em vista

654 Se lembrarmos o comentário que Derrida faz ao texto de Benjamin, para além do fato que a comunicação não é o essencial, o texto sagrado faz cessar a transferência óbvia, isso é, põe em cheque a noção comum de sentido, e por isso mesmo nos colocaria diante da essência da tradução (DERRIDA, 2006 [**Torres de Babel**], pp. 34 e 71).

655 No final do prefácio dos **Ensaios de Teodiceia: sobre a bondade de Deus, a liberdade do homem e a origem do mal**, doravante **E.T.**, que foi publicado cerca de 7 anos depois do término dos **N.E.**, Leibniz chega a mencionar seu estranhamento com a língua francesa: "*On a écrit dans une langue étrangère, au hasard d'y faire bien des fautes, parce que cette matière y été traitée depuis peu par d'autres, et y est lue davantage par ceux à qui on voudrait être utile par ce petit travail. On espère que les fautes du langage qui viennent non seulement de l'impression et du copiste, mais aussi de la précipitation de l'auteur, qui a été assez distrait, seront pardonnées; et si quelque erreur s'est glissée dans les sentiments, l'auteur sera des premiers à les corriger, après avoir été mieux informé: ayant donné ailleurs de telles marques de son amour de la vérité, qu'il espère qu'on ne prendra pas cette déclaration pour un compliment*". (LEIBNIZ, 1969, p. 49). Podemos dizer que, feita como resposta a Bayle e não mais a Locke, diferentemente portanto dos **N.E.**, esta obra estava dirigida principalmente aos filósofos do continente.

o que há de comum ao gênero humano quando se trata das várias línguas que ele criou na história, seus variados parentescos e que tomava como ponto de partida as conexões entre todos os povos ou nações que tiveram ou têm uma determinada língua? Eis que adentramos nos temas desenvolvidos no início do *Des mots*, isso é, nos objetivos que fazem o fundamento dos capítulos I a III, do livro III, dos **N.E.**: os aspectos mais materiais das palavras (*le matériel des mots*). Uma obra que estaria diretamente associada com essa peculiaridade da "vida linguística"[656].

Assim, os capítulos I e II do livro *Des mots* dos **N.E.** de Leibniz podem ser considerados, com bastante pertinência, o pano de fundo da seguinte afirmação de Benjamin:

> [...] aquela relação muito íntima entre as línguas, em que estamos a pensar, é a de uma convergência original [ou própria] (*einer eigentümlichen Konvergenz*), que consiste em as línguas não serem estranhas uma às outras, mas sim, ***a priori*** e sem pensar agora em todas **as relações [ou referências] históricas, aparentadas [mutuamente ou] umas com as outras** naquilo que querem dizer. (op. cit., p. 86, grifo nosso).

Se, pensando no que enunciamos mais acima, prestarmos atenção às opiniões aparentemente semelhantes de Leibniz e Benjamin, ou seja, que para ambos as línguas não são estranhas umas as outras (*die Sprachen einander nicht fremd*), mais ainda, quanto ao fato de elas serem mutuamente ou umas com as outras aparentadas (*verwandt*) e que justamente isso fundamentaria a possibilidade de tradução; a partir da presente citação da **A.U.**, a simples aparência se revela na própria advertência de Benjamin, qual seja: a relação muito íntima entre as línguas é a de uma convergência original ou própria (*einer eigentümlichen Konvergenz*) – com o que Leibniz concordaria –, *mas sim,* ***a priori*** – daqui em diante não mais – *sem pensar em todas as relações ou referências,* ou quem sabe ainda conexões, *históricas* (*historischen Beziehung*); e esse

656 No original o termo aparece negado "*des nicht sprachlichen Lebens*". BENJAMIN, 2008, p. 12.

final, precedido pela conjunção adversativa *sondern*, indica muito exatamente o limite da concordância aparente. Mas, para compreendê-lo adequadamente é preciso fazer uma pertinente parada.

Da transferência óbvia e da língua radical primitiva

Leibniz já havia se detido em um possível *a priori*, que poderia fazer compreender uma primeira tradução (*transfer*), ao tematizar as afirmações feitas por Locke em seu **An essay concerning human understanding**[657], quanto à *origem de todas as nossas noções e conhecimentos* e, a esse respeito, advertia:

> *C'est que nos besoins* [da nossa espécie] *nous ont obligés de quitter l'ordre naturel des idées, car cet ordre serait commun aux anges et aux hommes et à toutes les intelligences en général et devrait être suivi de nous, si nous n'avions point égard à nos intérêts: il a donc fallu s'attacher à celui* [ordem] *que les occasions et les accidents, où notre espèce est sujette, nous ont fourni; et cet ordre ne donne pas* ***l'origine des notions****, mais pour ainsi dire* ***l'histoire de nos découvertes****.* (LEIBNIZ, 1990 [livro III, I, §5], p. 215).[658]

657 "*It may also lead us a little towards* ***the original of all our notions and knowledge****, if we remark how great a dependence our words have on common sensible ideas; and how those which are made use of to stand for actions notions quite removed from sense, have their rise from thence, and from* ***obvious*** *sensible ideas are* ***transferred*** *to more abstruse significations, and made to stand for ideas that come not under the cognizance of our senses* (...)". LOCKE, 1952 [III, II, §5], p. 252 (A), grifo nosso. Cf. DERRIDA, 2006 [**T.B.**], p. 28.

658 A desatenção a essa afirmação, o que ela compreende e suas consequências, levou alguns comentadores a considerarem equivocadamente Leibniz como um nominalista, é o que afirma, por exemplo, Frédéric Nef em seu "Leibniz et le langage" (no **A linguagem: uma abordagem filosófica**, p. 115-6). De qualquer modo, essa afirmação também nos adverte a tomar algum cuidado ao comparar o modo como Leibniz pensava a linguagem e o modo como Agostinho pensava que aprendemos a falar. O "diálogo solitário" e, quanto a Locke, "a transferência" exigiam que o conceito de ideia e a noção de expressão fossem problematizados adequadamente; certamente parte dos motivos que levaram Leibniz a escrever seu texto *Quid sit idea*. Quanto ao problema da língua de Adão e sua associação à natureza mais própria das coisas, cf. todo o capítulo "A prosa do mundo" de **As palavras e as coisas** (especificamente, FOUCAULT, 2002, p. 49); cf. também MERLEAU-PONTY, 2002 [**A prosa do mundo**], p. 26 e DERRIDA, 2006 [**Gramatologia**], p. 93.

Ou seja, um *a priori* que dissesse respeito *à ordem natural das ideias* que constituiriam os objetos próprios, não de uma, mas *da* língua primitiva, está vedado à espécie humana, e o filósofo inglês estava enganado quanto à obviedade daquela *transferência*; além disso, se era dessa maneira que se pensava a significação da língua adâmica, que poderíamos associar à teoria mística da linguagem (BENJAMIN, 2011, 63), tal ordem estava perdida para todos nós, incluindo Adão. Leibniz teria, então, explicitado, mas talvez sem "coragem", por conta de seus compromissos metafísicos, de levar tal reflexão ao seu limite, os principais termos e lugares da crise do sentido[659].

De acordo com Leibniz, assumida tal impossibilidade, só restava então tentar reconstituir parte da história das nossas descobertas[660] no que diz respeito às várias línguas que a espécie humana criou; e aqui é preciso fazer algumas outras advertências, não mais a partir dos **N.E.**, mas de um texto escrito um pouco depois, o **Brevis designatio meditationum de originibus gentium ductis potissimum ex indicio linguarum**, de 1710; isso porque no **Brevis**, afirmava o alemão: "nascidos pouco a pouco conforme a ocasião [ou seja, por acaso], os vocábulos surgem nas línguas a partir da analogia dos sons emitidos (*vox*) com as paixões (*affectus*); de algum modo a sensação é comparada com a coisa (*qui rei sensum comitabatur*)[661]. Tenho para mim que não foi de outro modo que [mesmo] Adão atribuiu nomes (*nec aliter Adamum nomina imposuisse crediderim*)" (LEIBNIZ, 1710, p. 2). Essa afirmação completava a advertência feita um pouco antes no texto, a saber: "as línguas nem surgiram

659 Cf. DERRIDA, 2006 [**T.B.**], pp. 30-1.

660 O uso do termo "descoberta" e não "invenção", pelo filósofo que gostava de dizer que a lógica aristotélica é suficiente para julgar, mas não para inventar, certamente indica o afastamento da noção de convenção ou artificialidade dessa parte de suas investigações sobre a linguagem. Contudo, se pensamos no que dizia Benjamin, Leibniz, talvez ao contrário de Locke, parece não ter esquecido que as coisas só têm nome próprio, em seu sentido primeiro, em Deus, daí que as línguas nomeiam de fato utilizando apelativos, marcando sua distância da palavra de fato criadora. Cf. BENJAMIN, 2011, 61.

661 Vejam que a transferência não é tão óbvia, é difícil dizer exatamente como a sensação é comparada com a coisa, e como determinadas paixões parecem dar origem a determinados sons, em muitos casos obras do acaso; talvez por isso mesmo também era difícil dizer até que ponto o Aristóteles do **De interpretatione** devia ser considerado um convencionalista; cf. DERRIDA, 2006 [*G*], p. 13 e HEIDEGGER, 2003 [**O caminho para a linguagem**], p. 193. Nos **N.E.** Leibniz afirmava: "*Sans parler d'une infinité d'autres semblables appellations, qui prouvent qu'il y a quelque chose de naturel dans l'origine des mots, qui marque un rapport entre les choses et les sons et mouvemens des organes de la voix; et, c'est encore pour cela que la lettre L, jointe à d'autres noms, en fait le deminutif chez les Latins, les demi-Latins et les Allemands supérieurs*" (LEIBNIZ, 1990 [III, II, §1], p. 220).

ex instituto [nem], por assim dizer, foram estabelecidas por convenção; mas certo ímpeto natural nascido dos homens (*sed naturali quodam impetu natae hominum*); dos sentimentos e paixões que se ajustam aos sons (*sonos ad affectus motusque animi attemperatium*) [é que as fez surgir]". Ou seja, de uma só vez era necessário também recusar as opiniões de Crátilo e Hermógenes, extremos das opiniões que as línguas eram naturais ou que as línguas eram por convenção (ou *ex instituto*)[662], quando se trata de línguas derivadas o que temos é a mistura (*mêlé* – **N.E.** III, III, §1) da escolha e do acaso; por consequência, tinha de ser recusado o contemporâneo convencionalismo extremo de Locke. Tal afirmação também atingia o "mito" em que acreditava toda uma longa lista de autores que buscavam encontrar uma língua de ordem superior, em termos de associasção entre *vox* e essência ou substância, que havia sido utilizada por Adão, defensores da posição extremada que as línguas eram naturais ou dadas por Deus e partiam *da língua universal* primitiva, uma linguagem pura histórica associada a um acontecimento não babélico[663].

Voltando ao que dizíamos; nos **N.E.** parte do fundamento da unidade das línguas que permitiria compreender a unidade perdida das nações, isso é, sua história, era expresso do seguinte modo:

> [...] *n'y a rien en cela, qui combatte et qui ne favorise plutôt le sentiment de l'origine commune de toutes les nations, et d'une* ***langue radicale primitive****. Si l'hébraïque ou l'arabesque*[664] *y approche le plus, elle doit être au moins bien altérée, et il semble que le teuton a plus gardé du naturel,*

662 Cf. Platão, **Crátilo**, 383 a-b; 2001, p. 145.

663 Cf. DERRIDA, 2006 [**T.B.**], pp. 66 e 71; quanto à menção ao mito, cf. MERLEAU-PONTY, 2002, p. 27.

664 Quanto à qual língua seria a mais primitiva (aqui, hebraico ou árabe), na carta ao linguista sueco Johan Gabriel Sparvenfeld (ou Sparwenfeldt, 1655-1727) de 7 de abril de 1699, Leibniz afirmava: "é divertido ver como cada um quer tirar tudo de sua língua ou daquela pela qual tem afeição, Goropius Becanus e Rodornus da alemã (sem distinguir as novas inflexões daquilo que é da língua antiga). Rudbeckius do escandinavo, um certo Ostrocki do húngaro, este abade francês (que nos promete as origens das nações) do baixo bretão ou cambriano, Praetorius (autor do **Orbis gallicus**) do polonês ou esclavão; Thomassin, depois de muitos outros, e Bo[r]chart inclusive, do hebreu ou fenício, Ericus, alemão estabelecido em Veneza, do grego. E eu acredito, se um dia os turcos ou tártaros [se tornassem] eruditos ao nosso modo, que eles encontrarão em sua língua e em seu país palavras ou alusões das quais eles provarão com o mesmo direito que o senhor, [e defenderão, então,] que os Argonautas, Hércules, Ulisses e outros heróis foram deles, e que os deuses saíram de seu país e de sua nação. Eles encontrarão muitas passagens dos antigos favoráveis à sua hipótese".

et (pour parler le langage de Jacques Böhm[665]*) de l'adamique: car si nous avions* ***la langue primitive dans sa pureté****, ou asséz conservée pour être reconnaissable, il faudrait qu'il y parût les raisons des connexions soit physiques*[666]*, soit d'une institution arbitraire, sage et digne du premier auteur*". (LEIBNIZ, 1990 [livro III, cap. II, §1], p. 218-9, grifo nosso).

Querendo dizer, dentre outras coisas, que a conexão que serve de base para a ligação entre as nações tem um fundamento que compreende as línguas em geral e que, até certo ponto, permitiria pensar que mesmo a diversidade das línguas não foge ao "princípio de razão suficiente"[667] e à "harmonia preestabelecida", que parecem estar expressos em uma infinidade de onomatopeias conservadas nas línguas (LEIBNIZ, 1710 [*Brevis*], p. 2), evidências históricas daquela unidade das nações, perdida para a história, e da existência *d'une langue* histórica *radicale primitive.*

Certamente não é daquele *a priori* lockeano perdido, ou da língua superior, ou da língua radical primitiva e pura que estava falando Benjamin, mas é óbvio que ele conhecia a problematização que remontamos aqui, e que ela deveria fazer inclusive o pano de fundo de suas opções conceituais no desenvolvimento de **A tarefa do tradutor**. De qualquer modo, e como esperamos ter deixado transparecer, Leibniz certamente criticaria o fato de Benjamin ter abandonado tão rapidamente o solo fértil da "história", o *a posteriori*, tão rico em "analogias" entre as línguas, os costumes, os povos, os climas, as localidades, as nações e de consequências políticas tão determinates para a nação alemã. Na verdade, ao pensarmos tão só no título do **Brevis**, isso é, que Leibniz havia escrito um **Breve plano das reflexões sobre as origens dos povos traçado principalmente a partir das indicações [contidas] nas línguas**[668],

665 Leibniz menciona o filósofo e místico alemão Jacob Boehme (1575-1624); cf. também DERRIDA, 2006 [**T.B.**], p. 14 e 2006 [**G**], p. 94.

666 Sua apresentação de razões físicas e de instituição arbitrária fazem de Leibniz um misto de Crátilo e Hermógenes, assim como de nominalismo e realismo.

667 Também na carta a Sparvenfeld de 29 de novembro de 1697, Leibniz afirmava que "não existe nada sem razão".

668 No início da carta a Sparvenfeld de 6 de dezembro de 1695, Leibniz tematiza a *connexion des langues* e formulava uma de suas hipóteses gerais segundo a qual ela permitiria compreender a *connexion des nations*. O **Brevis**, e os **N.E.** já a havia afirmado, será a própria expressão dessa hipótese, nele Leibniz afirmará: "Visto que as 'origens dos povos' [mais] remotos estão para além da História, as

é fácil supor que seu autor teria criticado Benjamin por ter abandonado tão rapidamente aquilo que permitiria reconstituir parte da história perdida, ou seja, a *conexão histórica* das línguas, a qual permitiria compreender as origens dos povos; por ter abandonado tão rapidamente aquilo que parece ser a prova mais definitiva do que há de comum nas línguas a partir de seus parentescos (*apparentés – cognatae*), isso é, uma infinidade de onomatopeias que surgem do que há de mais íntimo e comum aos homens, seus instintos (*instinct naturel – naturalis impetus*), seus sentimentos ou paixões (*affectus*), aquilo que constituía as razões físicas (*raisons physiques* – **N.E.**, III, II, §1) daquelas conexões.

Mas certamente a distância entre ambos se dá principalmente porque o problema de Leibniz não é a tradução de uma obra de arte de uma língua para outra, mas a tentativa de encontrar ou criar a narrativa, a partir do suposto parentesco entre as línguas, de uma língua universal que tivesse por base a superioridade e anterioridade de determinado povo e língua, fábula antiga e mito ainda mais antigo; que tinha pelo menos dois objetivos principais: *destruir a torre de Babel* (**N.E.**, III, IX, §8, p. 267) e comprovar a antiguidade dos germanos na Europa (*Essais de théodicée*, II, §138); com o que certamente Benjamin não podia concordar. O primeiro objetivo também havia sido compartilhado por Locke, um dos principais objetivos de seu **Essay**, e o segundo tinha a ver com a defesa da hipótese de que os germanos tinham origem no filho de Noé Jafé ou, o que acaba por ser o mesmo, nos povos celto-citas, sendo uma das ramificações mais antigas da Europa[669], o que já havia esclarecido, fortemente

'línguas', em seu lugar, são os monumentos dos [povos] antigos" (LEIBNIZ, 1710, p. 1). A busca de evidências para a defesa da hipótese segundo a qual as origens das nações podem ser compreendidas a partir das línguas será o motivo de Leibniz pedir a Sparvenfeld, no final da carta de 29 de janeiro de 1697, que apresentasse um *risttreto* sobre o assunto. Além disso, no final da carta é mencionado um "além da história" que se associa à perda da unidade das línguas após a inundação, o dilúvio. Entendido como um plano ou projeto, o *Brevis* já havia sido anunciado no §2, capítulo II, do livro III dos **N.E.**, mas também podemos considerar parte de seu capítulo II como a elaboração daquele *ristretto*.

669 Nos **N.E.** essa tese também é afirmada do seguinte modo: "Assim, parece que por um instinto natural (*instinct naturel*) os antigos germanos, celtas e outros povos com eles aparentados (*apparentés*) empregavam a letra R para exprimir um movimento violento em um ruído que corresponde ao que se produz pronunciado esta letra". (LEIBNIZ, 1990 [*NE*, III, II, §1], p. 219); cf. também **Brevis designatio**, p. 2 do original. Os §§ 136-143 dos **E.T.**, são a própria expressão do que se pretende com a explicitação de tal parentesco; eles apresentam as evidências históricas, a partir do parentescos entre determinados vocábulos, para a defesa da hipótese segundo a qual as origens das nações podem ser compreendidas a partir do parentesco entre as línguas e que os germanos tinham origem nos povos celto-citas, sendo um dos povos mais antigos da Europa. Trata-se de uma série de considerações a partir do significado de determinados denominações (*apellationes*) e paixões

contra o que defendia Locke, a genealogia dos membros da Casa de Brunswick a ponto de elevá-los do ducado de Hanôver ao eleitorado do Sacro Império Romano e ao trono da Inglaterra. Por isso mesmo o segundo ponto gerava um amplo debate político, muitas vezes agressivo, e uma vasta produção nas áreas da história, cronologia, geneaologia, geografia, etimologia e filologia. De qualquer modo, todo o trabalho que Leibniz teve para manter tais teses também era suficiente para mostrar que não se tratava mais da época do **Crátilo** de Platão ou do **De interpretatione** de Aristóteles e que a discussão sobre a relação da linguagem com os estados, as afecções ou paixões da alma[670] e se as línguas eram naturais (opinião do personagem Crátilo) ou *ex instituto* (opinião do personagem Hermógenes e de Aristóteles) tinha que passar não só por investigações sobre o entendimento humano mas também pelas novas descobertas da etimologia e filologia, isso é, da história-geografia das línguas, o que fazia soarem também meio ridículas as observações tão rápidas, e sem qualquer menção a esta imensa produção, feitas pelo filósofo inglês John Locke, principalmente nos capítulos I, II e III do livro III de seu **Um ensaio sobre o entendimento humano** quanto aos aspectos materiais da linguagem.

As águas da teoria tradicional da tradução ou sobre a metafísica das línguas de saída

Voltemos ao ponto onde havíamos parado; a fim de fazer compreender as dessemelhanças de seu objetivo e ponto de partida com relação aos perigos da empreitada leibniziana, mesmo que muitas das observações feitas por Leibniz

(*affectus*) associados a determinadas letras que encontram respaldo em muitas autoridades (**E.T.**, § 142) em História, Filologia e Etimologia. A esse respeito, Leibniz trocou uma vasta correspondência com muitas das "autoridades" que viviam em sua época; Goropius Becanus e Adrianus Rodornius Scrieckius já haviam defendido a hipótese que os germanos estavam entre os povos mais antigos da Europa e encontraram a oposição de, dentre muitos outros, Matthaeus Pretorius (1635-1704), Louis Thomassin de Eynac (1619-1695), Samuel Borchardt (1599-1677), Paul-Yves Pezron (abade da Charmoye), Ericus Johanis Schroderus (c. 1608-1639), Olaus Johannis Rudbeck e Johan Gabriel Sparvenfeld (1655-1727).

670 ARISTÓTELES, 2010 [**De interpretatione**, 16a 5], p. 81. Como muito bem perceberam, dentre outros, Heidegger no início de **O caminho para a linguagem** e Derrida no início de a **Gramatologia**, era preciso reproblematizar os fundamentos de tal afirmação, isso é, intensificar a crise da velha noção de sentido e mesmo significado.

tivessem contribuído para a valorização da "história", advertia Benjamin: "nossa reflexão parece ir desaguar de novo na teoria tradicional da tradução" (op. cit., p. 86). É preciso ter cuidado, pois, quanto à verdadeira distância que separa ambos os alemães. Se, por um lado, Leibniz não estava explicitamente preocupado com o problema da tradução, por outro, o todo de suas investigações parecem fornecer as bases da teoria tradicional ou costumeira da tradução (*in die herkömmliche Theorie der Übersetzung*); ou seja, mesmo com aquele *a priori* perdido[671], referente à *ordre naturel des idées*, a empreitada leibniziana no sentido do *a posteriori*, referente à *histoire de nos découvertes*, era suficiente para fornecer os principais fundamentos teóricos do que se costumava entender por traduzir. E, também por isso mesmo, advertia mais uma vez Benjamin:

> Se aquilo que tem de afirmar-se na tradução é **o parentesco** entre as línguas (*die Verwandtschaft der Sprachen*), como poderia ela fazê-lo a não ser através da **transmissão, o mais exato possível, da forma e do sentido da obra**. É certo que aquela teoria **não saberia como dizer** em que consiste esta exatidão, não estaria, pois, em condições de dar conta do que é essencial numa tradução. (op. cit., p. 86, grifo nosso).

Não "saberia como dizer"? Ora, nesse sentido, podemos dizer que a empreitada de um Leibniz, sua busca pela origem das línguas e parentesco entre elas, apresentada nos três primeiros capítulos, do livro III (*Des mots*), dos **Nouveaux essais**, parece justamente oferecer as águas que faziam o fundamento de tal advertência e – se incluímos o que afirmava, dentre outros, em algumas das cartas ao linguista sueco Sparvenfeld, os §§ 136-143 dos **Essais de theodicée**, o **Brevis designatio** e o **De origine francorum**, ao encontrar o que há de comum nos homens e dai nas línguas, o parentesco entre as palavras

671 Vale lembrar que Leibniz defendia uma teoria do conhecimento, associada às línguas artificiais ou à *Characteristica universalis*, que praticamente fazia voltar aquele fundamento. No espírito do que temos dito até aqui, um resumo do projeto leibniziano de uma língua ou característica universal pode ser encontrado em DERRIDA, 2006 [G], pp. 93-101; projeto amplamente considerado, e de um ponto de vista totalmente diferente, no livro **Leibniz e o problema de uma língua universal** de Olga Pombo.

e as paixões de origem – encontrava ou explicitava o que supostamente há de essencial às línguas em geral e que permitiria, pois, aquela tradução tranquila e sempre possível entre elas. Será que podemos concluir que seria a isso que Benjamin chamaria de os fundamentos da teoria tradicional da tradução? Como confirmação de nossa opinião podemos lembrar, dentre outras, a fala de Haroldo de Campos para quem o "modo de reprodução (*Darstellungmodus*)" benjaminiano característico da tradução é independente de "todo parentesco etimológico ou histórico" (CAMPOS, 1981, 179)[672]; bem como a de Derrida para quem um "dos temas essenciais do texto [**A tarefa do tradutor**] é o parentesco das línguas em um sentido que não é mais tributário da linguística histórica do século XIX" (DERRIDA, 2006 [*Torres de Babel*], 28). De fato, a época e o modo de pensar de Leibniz ofereceram muitos pais para a linguística histórica do século XIX. Eis, novamente, a total pertinência de uma reavaliação daquela empreitada, de investigarmos quais são seus limites e até que ponto ela oferecia, ou também estava baseada neles, os fundamentos daquela visão de tradução; a justificativa de um volume como o que aqui apresentamos.

Em termos mais gerais e mais fundamentais, se pensamos no que Benjamin afirma na p. 86 da **A.U.**, talvez tenhamos de ir ao limite de afirmar que Leibniz inclusive sempre esteve comprometido com uma "teoria do conhecimento" que demonstrava, ou pensava demonstrar, a possibilidade da imitação muito semelhante àquela transferência primeira e óbvia afirmada por John Locke, e – associada ao fato que a linguagem também serve para raciocinar (**N.E.**, III, II, §2) – a busca pelo alfabeto dos pensamentos humanos por parte do filósofo das mônadas[673] seria a explicitação disso; mesmo apesar daquela tímida, e muitas vezes falsamente afirmada, impossibilidade do *a priori*[674].

672 Os textos de Leibniz que temos mencionado, especialmente o **Brevis**, permitiriam compreender as ideias mais básicas daquele jogo etimológico que Johann Wolfgang von Goethe (1749-1832) lembrava a partir da obra Karl Philipp Moritz (1756-1793); cf. CAMPOS, 1981, p. 184.

673 Não é sem mais, portanto, que Heidegger, ao lembrar o fato que Humboldt era um leibniziano defensor da noção de essência da linguagem como *energeia*, lembre a ***Monadologia*** e não o **Brevis designatio**; é nela que podemos encontrar uma reafirmação da metafísica do sentido a partir da total espontaneidade da mônada, cf. HEIDEGGER, 2003, pp. 195-9.

674 Mesmo que essa parte das investigações de Leibniz estejam diretamente associadas às línguas artificiais, às não históricas, ela certamente coloca o problema da fácil e tranquila tradução dos textos técnicos que, em geral, partem de uma língua grandemente construída artificialmente. Quanto à importância da separação entre as línguas históricas e artificiais, na p. 2 da versão original do *Brevis*, Leibniz afirmava: "Quantas vezes for possível penetrar até a raiz ***da onomatopeia*** o que

Em uma palavra, para Leibniz o conhecimento era objetivo, no sentido que podemos alcançar ao menos parte das *cópias* do real (mas agora *a priori* e que se manifesta no *a posteriori*, possível-real no efetivo-existente – N.E., IV, IV) especialmente quando se trata de línguas artificiais ou da *Characteristica universalis*, e é esse sem dúvida um dos principais problemas enfrentados nos N.E. a partir do capítulo III do *Des mots* e grande parte do livro IV, o *De la connaissance*; sendo este, o último lance leibniziano contra a *tabula rasa* de Locke; tais problemas devem, a partir desse capítulo III, ser interpretados sob a luz também das línguas artificiais ou *ex instituto*, da lógica e das matemáticas, por exemplo[675]. Assim, intelectos e instintos humanos comuns, pouca

põe a descoberto a origem primeira dos vocábulos. No entanto, a maior parte é arrastada pelo tempo; assim, as antigas e as primitivas (*nativae*) significações são modificadas ou obscurecidas pelas numerosas versões. De fato, as línguas nem surgiram ***ex instituto*** [nem], por assim dizer, foram estabelecidas por convenção; mas certo ímpeto natural nascido dos homens, dos sentimentos e paixões que se ajustam aos sons [as fez surgir]. Eu excluo [dessa caracterização] as ***línguas artificiais***, sobre as quais ***Wilkins***, o bastante engenhoso bispo de Chester, tinha uma excelente doutrina (que, todavia, como ele mesmo me disse, somente uma única pessoa – salvo ele próprio e Robert Boyle – tinha aprendido) a qual Golius, um juiz não sem valor, suspeitava ser a chinesa; [considerando] que possivelmente essa fora ensinada aos mortais por Deus". Leibniz faz referência a John Wilkins (1614-1672), teólogo, filósofo e secretário inglês da Real Society de Londres, foi autor de um manual de criptografia intitulado **Mercury, or the secret and Swift Messenger** (1641) no qual ele aperfeiçoava o método de George Dalgarno (1626-1687); também ficou famoso por propor um sistema para uma língua artificial filosófica de uso universal, o que é mencionado aqui; também se refere a Robert Boyle (1627-1691), célebre físico, químico e filósofo irlandês, escreveu, dentre outras obras, **The Sceptical Chymist** (1661); e a Jacob Golius (1596-1667), matemático e orientalista holandês, professor na Universidade de Leyde que colaborou na redação do **Novus Atlas Sinensis** (1655) de Martino Martini (1614-1661), cartógrafo, historiador e jesuíta italiano que foi missionário na China.

675 Se quiséssemos levar a metafísica leibniziana do possível-real no efetivo-existente associada aos fundamentos de sua noção de *Caracteristica universalis*, que pode inclusive ser considerada o ponto de partida das ideias que fizeram o pano de fundo da empreitada fregeana ou russerlliana, bastava nos atermos um pouco na seguinte afirmação feita já no livro IV dos *N.E.*: "Que um mais um faz dois, não é propriamente uma verdade, mas a definição de dois. **Embora haja isto de verdadeiro e de evidente que é a definição de uma coisa possível**. (...) *Definições*: 1) Dois são um mais um. 2) Três são dois mais um. 3) Quatro são três mais um. *Axioma*: Colocando em lugar dos números coisas iguais, a igualdade permanece. *Demonstração*: 2 mais 2 são 2 mais 1 mais 1 (em virtude da definição 1)...2+2. 2 mais 1 mais 1 são 3 mais (em virtude da definição 2)...2+1+1. 3 mais 1 são 4 (em virtude da definição 3)...3+1. Por conseguinte (em virtude do axioma) 2 mais 2 são 4. É o que se cumpria demonstrar". (LEIBNIZ, 1984 [cap. VII, § 6-10], pp. 330-4, grifo nosso). De qualquer modo para esse tipo de empreitada valeria a crítica daquele que já havia saído em busca dessas *Chimären*, ou seja, no §94 de suas **Philosophische Untersuchungen** L. Wittgenstein explicitava a base da maioria das metafísicas da lógica e da matemática ao afirmar: "*Die Tendenz, ein reines Mittelwesen anzunehmen zwischen dem Satzzeichen und den Tatsachen*" (A tendência de supor um puro ser intermediário entre o signo proposicional e os fatos). Era essa a tendência da metafísica leibniziana do possível-real e das verdades eternas que seriam o fundamento das verdades e objetos da lógica e da matemática; mas não é nosso objetivo aqui tratar das linguagens artificiais, as não históricas ou puramente convencionais.

contribuição no sentido da ampla diferença das histórias distintas dos mais variados povos, eis os primeiros fundamentos da tradução fácil e tranquila e do primeiro contrato, ou seja, do surgimento e defesa do império primitivo, violência colonial, da língua histórica que se pretendia universal (DERRIDA, 2006 [**T.B.**], p. 14-5)[676].

Se voltarmos um pouco e pensarmos – agora – com Derrrida e os filósofos da diferença, Leibniz não saberia reinventar a narrativa da torre de Babel sem tentar destruí-la; buscaria seu "sentido original único", desejaria, e ele o confessa nos **N.E.**, III, IX, §8, ultrapassar tal evento, ora buscando o parentesco entre as línguas, ora o alfabeto dos pensamentos humanos, ora as possibilidades reais no intelecto divino[677].

Leibniz gostaria, em certo sentido, de fazer cessar a história, se mover no, agora sim, "a-histórico" (DERRIDA, 2006 [**Gramatologia**], p. 94), no sem atrito; fazer expiar aquele pecado, anterior à Babel, que nos fez abandonar a

676 Dado que os germanos têm origem nos celtas, era preciso afirmar a precedência destes e é justamente o que Leibniz afirma no **Brevis**, do seguinte modo: "Dividiremos, não incorretamente, as línguas derivadas de uma [língua] antiga largamente difundida em duas espécies: as ***japéticas***, como assim foi chamada, e as ***aramaicas***. As japéticas se difundiram pela [região] setentrional, as aramaicas [pela] meridional; de fato, considero toda nossa Europa [como pertencente à região] setentrional. Daí que se as setentrionais se referem a ***Jafé***, as meridionais, não sem razão, serão atribuídas aos descendentes de [seus] irmãos ***Sem*** e ***Cam***. ***Jápeto*** também [foi considerado] aquele de quem Prometeu (o que fabricou os homens) [era] filho, além disso, e como já tinha conhecimento Homero, os mitólogos tinham-no colocado para Cáucaso, a aramaica (ou ***Arimi***) para os sírios". É, pois, das línguas jaféticas [*ad Japhetum referas*] que derivam a língua dos citas e a dos celtas, consequentemente, com considerável sentimento anti semita e camita, e apropriação da narrativa hebraica, derivam todas as línguas europeias, lembrando que os germanos poderiam ser considerados seus "parentes" mais próximos (cf. **E.T.**, II, §138). Cf. DERRIDA, 2006 [**T.B.**], p. 14. Também é preciso lembrar o seguinte, alguns intérpretes e escritores cristãos – dentre eles, o contemporâneo de Leibniz, John Milton (1608-1674) em seu **O Paraíso Perdido** – identificavam o titã Jápeto (*Japetum*) da mitologia grega com o mesmo Jafé (*Japhetum*), com base na similaridade do nome e na tradição bíblica que considerava todos os povos do mundo como descendentes dos três filhos de Noé. Na tradição bíblica, os descendentes de Jafé teriam se dispersado nas margens do Mediterrâneo da Europa e da Ásia Menor, ao norte de toda a Europa e em uma parte considerável da Ásia; por isso, Jafé é considerado o ancestral dos diferentes ramos da grande família indo-germânica. Jápeto, na mitologia grega, era um dos titãs filhos de Urano e Gaia; segundo a **Teogonia** de Hesíodo, uniu-se a Clímene (em Pausânias, ela se chama Ásia), filha de Oceano, e teve com ela quatro filhos: Atlas ("suportar"), Prometeu ("pensamento previdente"), Epimeteu ("pensamento tardio") e Menécio ("poder condenado", ligado à raiva e imprudência).

677 Cf. DERRIDA, 2006 [**G**], p. 93. No sentido da reapropriação da narativa hebraica, agora em termos da tradução que André Chouraqui fez do Gênesis I, 11, Leibniz não aceitaria que "palavras uniformes" estivessem se referindo ao fato que "a unidade original feita de diversidades degradou-se em uniformidades" e que essa seria a "causa da decadência e da queda"; ou seja, o contrário do que ele e boa parte dos filósofos pensaram até pelo menos o final do séc. XIX, total inversão do que de fato era santo.

ordem natural das ideias; gostaria de "negar o processo histórico" no sentido benjaminiano do termo, gostaria de encontrar aquela ordem natural perdida que era comum a nós e aos anjos, comum *à toutes les intelligences en general* e que fundaria a transferência absoluta inclusive no sentido de afirmar um livro de Deus (DERRIDA, 2006, p. 7-32 e 2014 [**A escritura e a diferença**], p.1-40). Já o dissemos: Leibniz buscava encontrar ou inventar também o alfabeto dos pensamentos humanos! O filósofo das mônadas procurava o que há de essencial nas mais variadas mudanças e transformações das línguas em geral, justamente contra a "vida mais própria da língua e das obras" (BENJAMIN, 2008, p. 87). O modo como Leibniz via a linguagem fazia da seguinte conclusão algo apenas temporário: "Se o tom e a significação dos grandes textos se alteram totalmente no decorrer dos séculos, também a língua materna do tradutor muda" (op. cit., p. 87). Era isso que ele gostaria de evitar. Língua Materna, universal e superior filosoficamente, mas que muda todo o tempo? Eis para Leibniz a aporia: tradução *versus* transmutação e língua materna *versus* língua viva. Não há passagem? *Tours* de Babel eternos, torre interminável, volteios sem fim. Portanto, duas visões bem diferentes de história e de tradução (transmutação), o próprio tema de **Força e significação** de Derrida e que, contra Deleuze de **A dobra**, não permite afirmar sem muitas resalvas que somos leibnizianos. Agora, é o "santo crescimento das línguas" "até o termo messiânico da história" (DERRIDA, 2006 [*T.B.*], p. 68).

Obviamente que, apesar do solo de nascimento e vida, há mais de comum entre um Benjamin e Derrida, que entre aquele e Leibniz. Como já havia advertido Heidegger (1889-1976), precisávamos renunciar a parte do que fundamentava as afirmações de um Humboldt (1767-1835) ou, como advertia Merleau-Ponty (1908-1961), precisávamos recolocar "a fala" na história ou repensar a "religião do homem" que fez a base de nossas considerações sobre a linguagem. Assim, o que Benjamin não podia deixar de reafirmar era, então, o processo de crescimento e devir, a santa renovação interminável das línguas em geral e nada melhor que fazê-lo criticando aquela tradição que havia nutrido seu solo, um solo a-histórico e de severa oposição aos judeus. De qualquer modo, parece só existirem duas opções extremas: ou tradução e original que tomam como ponto de partida o processo histórico inesgotável ou tradução de uma língua morta para outra língua morta, inclusive com contribuições de um modo equivocado de pensar a língua de chegada, original morto e tradução morta; eis na segunda parte da disjunção o sonho confesso da *teoria tradicional da tradução,* a metafísica das línguas de saída, que podiam vislumbrar seu principal fundamento na empreitada de um Leibniz, dentre muitos outros, e pouco importa agora se convencionalistas, naturalistas ou mistos.

Por isso mesmo Benjamin tinha de ser preciso: "Quando, na tradução, se manifesta o parentesco entre as línguas, isso dá-se de modo diferente do da vaga semelhança entre imitação (*Nachbildung*) e original (*Original*)[678]. É, aliás, óbvio que não tem necessariamente de existir semelhança (*Ähnlichkeit*) no parentesco (*Verwandtschaft*)". (op. cit., p. 87).

Novamente parentesco? Mas, como advertia o próprio Benjamin, agora seu significado deveria ser associado ao seu uso mais restrito (*engern Gebrauch*), sendo necessário rever sua ligação com o conceito de descendência ou ascendência, de origem (*Abstammungsbegriff*)[679]. Justamente contra o que fazia a base da seguinte afirmação:

> A palavra (*vox*) ***Mar*** ou ***Mare*** [foi] conhecidíssima dos antigos teutões (para os quais ***Mareschalcus***[680] é quem está à frente dos cavalos), atualmente elas subsistem entre os germânicos. Além disso, a própria palavra ***Mar,*** e outras aparentadas (*cognata*), foi conhecida dos antiqüíssimos tártaros (*remotissimis Tartaris*). O mesmo sentido foi conhecido (*eodem sensu cognita est*) a partir deles até os chineses (...)". (LEIBNIZ, 1710 [**Brevis**], p. 3 do original).

678 Se a pretensão de Benjamin é elevar a prática tradutória de um Lutero ou um Hölderlin é claro que é preciso discutir em que termos se dá a imitação do original, e ela não deve ser pensada a partir da vaga semelhança entre a imitação e o original; será preciso esclarecer qual a relação entre o original e a obra traduzida, de que modo eles se relacionam a ponto de podermos falar em imitação e transposição poética (*Umdichtung*). Como veremos adiante esse esclarecimento será feito a partir da noção de intencionalidade.

679 Cf. DERRIDA, 2006 [**T.B.**], p. 65.

680 Ainda hoje, quando se fala em "marechal" entende-se por este nome a patente mais alta da hierarquia militar, no entanto, sua etimologia remonta a significados que incluem "cavalo"; exemplos: "artesão encarregado das ferraduras dos cavalos", "oficial encarregado dos cavalos", "oficial responsável pelo comando de um exército (supõe-se que a cavalo)", "criado doméstico que cuida dos cavalos".

Ou seja, ainda em termos de sentido, Leibniz buscava o *cognatus* entre as palavras utilizadas por várias nações indo cada vez para o mais antigo, no sentido do mais próximo da primeira língua, o que é apresentado em muitas de suas obras, parentescos que poderiam provar inclusive o fato que o império germânico era o parente mais antigo das nações celto-cíticas e que certamente corroborariam a hipótese imperialista da tradução fácil e tranquila entre línguas ao menos de um mesmo tronco. Mas, se os aparentados (*cognata*) são a prova da conexão entre as línguas e da possibilidade fácil e tranquila da tradução, os falsos aparentados e a suposta corrupção não seriam a prova contrária? E a infinidade de dialetos? As diversas intencionalidades de cultura? Eis a própria fraqueza da hipótese geral. A imitação fundada no parentesco entre as palavras utilizadas por nações distintas, questão diretamente associada ao problema também político da ascendência das línguas europeias e dos termos nelas empregados, bem como à ideia de original ou primitivo, seriam as fontes daquele modo de pensar a tradução, e o empreendimento de Leibniz tinha, pois, tudo a ver com ele. "Mas apenas traços (*lineamenta*) ou vestígios (*vestigia*) são mesmo suficientes para corroborar tal hipótese?" Perguntaria um Derrida; ao que o mesmo responderia: "Eis parte importante das loucuras das línguas!"[681]

Mas agora, voltando a Benjamin, é necessário pensar a língua mãe e o processo histórico de outro modo. E na verdade é isto que muda principalmente: nossa visão da relação entre os parentescos e a história. A pergunta agora é a seguinte: "Em que plano podemos então encontrar o parentesco entre duas línguas, para lá do parentesco histórico" (op. cit., p. 88). Vejam que Benjamin parece de fato estar lendo Leibniz, é como se a superação daquele modo como

681 Cf. DERRIDA, 1996 [**Le monolinguisme**], p. 116-117 e o artigo "*Kafka et Derrida, L'origine de la loi*" de CRÉPON, Marc (In **O mutum: revista de literatura e pensamento**, n. 1, março de 2013). No **Brevis designatio** Leibniz afirmava: "Assim, a partir da mistura e da corrupção das outras é que nascem as novas línguas (...) e as repetidas corrupções, por fim, confundem todos os traços da origem das corrupções. Assim, não me admiro se o parentesco das nossas [línguas] com as línguas [daqueles povos] dos interiores da África e de todos [aqueles] da América não possa ser conhecido (*Nam novae facile linguae nascuntur mixtura & corruptione caeterarum,* [...] *& repetitae corruptiones corruptionum omnia tandem originis lineamenta confundunt. Itaque non miror sit interiorum Africae & omnium Americae linguarum cognatio cum nostris agnosci potest*)." LEIBNIZ, 1710, p. 3-4. Duas, pois, são as principais fontes da impossibilidade de remontar à origem da língua primeira, as inundações (dilúvios) e as corrupções a que são sujeitas as línguas na história, o que será remediado a partir do que é mais natural e que está conservado em línguas como a teutônica, contra a hebraica, e com o retorno ao filho de Noé Jafé, contra Sem ou Cam.

a história e a conexão entre as línguas eram pensadas fizesse o tempo todo o pano de fundo de sua argumentação. É justamente a partir daquele pano de fundo que Benjamin dá o salto, a saber:

> O parentesco supra histórico entre as línguas reside antes no fato de, em cada uma delas como um todo, se querer dizer[682] uma e a mesma coisa, qualquer coisa que, no entanto, não é acessível a nenhuma delas isoladamente, mas apenas à totalidade das suas intencionalidades que se complementam umas às outras: *à língua pura.* (op. cit., p. 88, grifo nosso).

Em termos benjaminianos, as "línguas complementam-se (*ergänzenden*) umas às outras em suas intencionalidades (*Intentionen*)", é esse o parentesco (*Verwandtschaft*) supra-histórico (*überhistorische*) entre as línguas que devemos buscar ao traduzir, mas ele se movimenta no infinitesimal do sentido, da circunferência. É preciso, pois, tomar muito cuidado com o sentido do termo língua pura (*die reine Sprache*), ele tem de estar associado ao supra-histórico, nunca definitivamente alcançado mas que, no que diz respeito às traduções, e não aos originais, deve, no sentido que é necessário, servir de orientação[683]. Ou como adverte Benjamin:

> A tradução, diferentemente da arte, apesar de não poder aspirar à durabilidade das suas criações, não renuncia a orientar-se no sentido de um último, definitivo e decisivo estádio do trabalho criativo da linguagem [: ***a*** língua pura]. Nela [, tradução], **o original sobe** até **uma atmosfera linguística por assim dizer mais alta e mais pura** (*höheren und reineren*), na qual é certo, não poderá viver eternamente – como nem sequer a alcança em todos os momentos da obra – mas para a qual aponta pelo menos, de forma milagrosamente acutilante, como para essa **região prometida e inalcançada da**

682 Cf. DERRIDA, 2006 [**T.B.**], pp. 15 e 18.

683 Cf. DERRIDA, 2006 [**T.B.**], pp. 51, 54 e 57.

> **reconciliação e da plenitude das línguas**. Nunca alcançará de forma total essa região, mas nela está aquilo que, numa tradução, é mais do que informação. (op. cit., p. 89, grifo nosso).

Vejam que o sentido aqui foi invertido, o *Stadium* mudou de lugar. Deixando de lado a busca da *Characteristica universalis*, se Leibniz problematizava a partir da história a busca da *langue primitive dans sa pureté* e não a podia encontrar por conta do tempo, dos dilúvios, das corrupções e a "supunha" a partir de uma protolíngua[684], aqui o final deve ser idealizado de fato, está no acima (*hinauf*) dai novamente *supra*, no supra sensível além da história, pois de saída supomos que ele não pode de fato ser encontrado; apenas aponta para a *região prometida e inalcançada da reconciliação e da plenitude das línguas*. Atualizamos, a cada vez, pois, a *reine Sprache* ideal na tradução, a partir do parentesco supra histórico (*überhistorische Verwandtschaft der Sprachen*). A obra (*das Original*) vive daquela atmosfera dinâmica que inclusive depende da sobrevida oferecida pela tradução[685], mas a tradução vive daquela ideia, das alturas, e nesse sentido se eleva criativamente (e não pode ser de outro modo, já que não há totalidade última nas línguas efetivas) a própria tradução (agora enquanto *uma* obra) àquelas alturas. Segundo Benjamin, isso foi o que os românticos bem compreenderam (op. cit., p. 90). Nesse sentido, diferenciado o fazer poético para o original, o tradutor, apesar de sua obra ter respirado uma atmosfera imóvel, muitas vezes pode ser considerado mais poeta que o poeta do original (op. cit., 90-1): a tradução é transposição poética (DERRIDA, 2006 [**T.B.**], p. 47)[686].

A tarefa do tradutor e o perigo da metafísica das línguas de chegada

Feitas as distinções entre a sua "teoria" e a *teoria tradicional da tradução*, afastados os pontos de partida que deram origem à linguística histórica do

684 Foi por isso que o brasileiro Joaquim Mattoso Câmara Jr., no seu livro **História da linguística** (1979, p. 26), viu no **Brevis designatio** de Leibniz a base da linguística histórico-comparativa.

685 Cf. DERRIDA, 2006 [**T.B.**], pp. 33, 38, 46 e 47.

686 Cf. também, CAMPOS, 1981, p. 180.

XIX, da empreitada de, dentre outros, um Leibniz; Benjamin enuncia, então, qual é a tarefa do tradutor:

> Ela consiste em encontrar na língua em que se está traduzindo aquela intenção por onde o eco do original pode ser ressuscitado. Trata-se aqui de uma característica da tradução que a distingue claramente da obra poética, pois que a intenção desta não visa a língua por si mesma e na sua totalidade, pretendendo apenas obter diretamente determinadas relações linguísticas. Porém, ao contrário do que acontece com a poesia original, a tradução não se encontra situada no próprio centro da floresta da língua, mas sim fora desta, e sem entrar nela a tradução invoca-a para aquele mesmo e único sítio onde o eco, através **da própria ressonância da obra**, pode transmitir-se a uma língua estranha. (op. cit., p. 35, rifo nosso)[687].

Mas não foi justamente à intensificação "da própria ressonância da obra", entendida com a única intensão a que se pode referir, que Derrida chamou atenção em seu pensamento da escritura? Como já havíamos feito notar, o ponto de partida é a intencionalidade (*Intention*) e agora sabemos que ela deve estar orientada principalmente para a língua da tradução, onde é necessário fazer ouvir o eco do original. De qualquer modo, o erro do tradutor não podia vir de outra má compreensão: fixar uma totalidade na língua em que está traduzindo. Parece-nos que se Leibniz buscava a origem das línguas, suas conexões e a partir disso a reforma da língua alemã, era justamente para fixar uma totalidade, nesse sentido diria também o tradutor que erra: *d'en couvenir pour detruire cette tour de Babel* (LEIBNIZ, 1765 [**N.E.**, III, IX, §8], p. 300). É justamente porque exigia o contrário disso que Benjamin lembra a fala de Rudolf Pannwitz (1881-1969), a saber:

687 Por conta da ambiguidade presente nessa parte do texto, preferimos adotar aqui a traduçao de Fernando Camacho, que se encontra na mesma obra já várias vezes citada.

> O erro fundamental de quem traduz é o de fixar o estado da língua própria, que é obra do acaso[688], em vez de a fazer entrar em movimento intenso por intervenção da língua estrangeira. Ele deve, mais ainda se traduzir de uma língua muito distante, recuar até aos elementos primordiais da própria língua, lá onde palavra, imagem e sonoridade se confundem. **Tem de alargar** e aprofundar a sua língua através da língua estrangeira[689]. Não se imagina até que ponto isso é possível, até que limite se pode transformar, como as línguas se distinguem quase só como os dialetos. Mas é claro que isto só é assim se encararmos as línguas verdadeiramente a sério, e não levianamente (op. cit. p. 96-7, grifo nosso).

Isso quer dizer que Leibniz encarava as línguas de modo leviano? Sua tentativa de colocar os germanos como parentes primeiros dos celtas ou filos diretos de Jafé, não é a própria expressão disso? E sua língua dos sábios que faria cessar a torre de Babel das chicanas filosóficas? E a oposição da língua idioma universal contra os dialetos? E sua associação com a alucinação europeia com relação à língua chinesa?[690] Uma língua como a teutônica ou como a chinesa, só em alguma medida o auxiliaria, só por um momento elas significavam expansão da sua, uma expansão para uma morte logo ali na frente, para a concretização de uma língua idioma poder universal. Uma expansão que pretendia uma totalidade imóvel, morta, que superaria a torre de Babel: defesa da fábula construtiva da língua filosófica do dizer bem, calcular, dominar, e de modo definitivo, alcançar o real, a natureza própria das coisas. Fazer para si um nome?[691] Excessiva confiança no não concedido! Para o Benjamin

688 Hipótese que Leibniz havia corroborado.

689 Não seria esse o lugar para arriscarmos dizer que um Guimarães Rosa tinha muitas vezes exatamente essa intenção sem, no entanto, estar fazendo traduções ou inventando mitologias (Sagas, Eddas ou Fábulas)? Sua criação não ia muito mais no sentido da multiplicação dos dialetos, quase individualizados diríamos, que de alguma totalidade morta da língua "portuguesa"?

690 Tudo isso fundado no "preconceito especulativo" e na "presunção ideológica"; cf. DERRIDA, 2006 [G], p. 93.

691 Além da ficção da pirâmide, enunciada ao final dos **Ensaios de Teodiceia** (a partir do § 405); muitas vezes já temos chamado atenção ao empréstimo que Leibniz faz da analogia da torre criada por Tomás de Aquino para sair do labirinto do livre e do necessário, a mesma metafísica que garante

de **Sobre a linguagem em geral e sobre a linguagem do homem**, faltava ao alemão uma teoria da linguagem adequada.

Ora, mas segundo o Benjamin de **A.U.**, se aquele, o de Leibniz, não era o modo adequado de pensar o parentesco entre as línguas e o fazer poético do original, ele podia reaparecer de forma invertida no fazer do tradutor, ou seja, o fazer tradutório pode pensar estar às voltas com *a* língua última de chegada; o tradutor pode justificar o não alargamento da língua em que ele traduz. Eis explicitada também uma fonte importante do imperialismo e das metafísicas da linguagem, agora da imposição e da metafísica da língua de chegada. Certamente, na tentativa de uma justificativa última de suas opções ou correções, muitas vezes injustificáveis, o tradutor, muitas vezes revisor, ultrapassa aquele limite da atmosfera imóvel onde ele costuma habitar e faz soprar um ar frio sobre a língua em que ele opera a tradução, passa a vigiar e tenta infligir imobilidade à língua de chegada[692]. Também era esse o motivo porque Benjamin advertia quanto ao perigo "que os portões de uma língua assim alargada e dominada se fechem, encerrando o tradutor no silêncio" (op. cit., p. 97).

Dito isso, só resta a Benjamin redefinir a tarefa do tradutor: "A tarefa do tradutor é a de redimir na língua própria aquela língua pura que se exilou nas alheias, a de libertar da prisão da obra através da recriação poética. Por ela, o tradutor quebra as barreiras apodrecidas da sua língua" (op. cit., p. 95-6). Eis o que, segundo Benjamin, perceberam muito bem, dentre outros, Lutero (1483-1546) e Hölderlin (1770-1843). Mas mesmo aqui é preciso compreender o que seria correr o risco máximo. Se o que Leibniz pretendia com seu alargamento do alemão podia ser considerado conduzir sua língua a uma totalidade morta, matar o original a partir da morte da língua original; o que Hölderlin se arriscava fazer em suas traduções de Sófocles era perder-se no tão largo da tradução a ponto de *perder-se no sem fundo das profundezas da língua*, se arriscava fazendo *o sentido precipitar-se de abismo em abismo*; dito de outro modo, a partir da língua estrangeira, o grego, de tal maneira Hölderlin fazia o

aquele empréstimo está, portanto, operando aqui; cf., dentreoutros, PIAUÍ, W. "Primeira crítica: a teologia desencontrada". In **Ágora filosófica**, ano 9, n. 2, 2009.

692 Claro que o ensino de línguas também é fonte de variadas formas de imposição; cf. DERRIDA, 2010 [**Força de lei**], 57, e mesmo o BAGNO, M. **Preconceito linguístico**. São Paulo, Parábola, 2015.

necessário, isso é, alargava e aprofundava o alemão, a língua de chegada, que arriscava matar de tanta vida a tradução, ia até ao limite do desejável.

Considerações finais

Isso quer dizer que se Leibniz procurava uma língua da verdade, no sentido de língua verdadeira (DERRIDA, 2006 [*T.B.*], p. 64), uma língua para filosofar adequadamente, alguma totalidade para bem dizer e fazer o computo geral das objeções (DERRIDA, 2006 [**G.**], p. 97), isso é, algo que fizesse cessar autoritariamente de uma vez por todas as chicanas filosóficas[693], ele poderia tê-la buscado na tradução, pois como dizia Benjamin:

> Mas se, de alguma outra forma, existe uma língua da verdade na qual se conservam, sem tensões e silenciosos, os últimos mistérios que constituem o objecto de todo o pensamento, então essa língua da verdade é – a verdadeira língua. E é precisamente essa língua, em cujo pressentimento e descrição reside a única perfeição a que o filósofo pode aspirar, que está oculta, de forma intensiva, nas traduções. [...] existe um *ingenium* filosófico cuja marca mais própria é a nostalgia daquela língua que se enuncia na tradução. (op. cit. p. 92).

Não era preciso tentar, e nem mesmo era possível, imitar a língua teutônica ou o que seria comum a Adão e os homens em geral, para chegar a uma totalidade eterna e morta. Sem entrar nos detalhes do que significaria esse *ingenium*, e sabemos que essa é uma questão importante, mas da qual não poderíamos tratar no momento[694], eis no que o fazer do tradutor e a busca do filósofo se confundem: a língua pura, nostalgia dos filósofos, se enuncia na tradução que não viverá eternamente. Não é à toa, pois, que queiramos fazer filosofia fazendo tradução, estaríamos tentando enunciar aquela língua

693 **N.E.**, III, IX, §8, p. 267.
694 Cf. DERRIDA, 2006 [*T.B.*], p. 28.

a partir da qual poderíamos de fato "filosofar"; isso porque *a tradução, com os germens* (sementes) *da língua pura, situa-se entre a poesia e a doutrina*; dai que a tarefa do tradutor também seja a de "levar à maturidade, na tradução, a semente (*os germens*) de uma língua pura" (op. cit., p. 92) o que nos possibilitaria formular doutrinas.

Mas é preciso que filósofo e tradutor não se deixem cair, ao menos não inconscientemente, no labirinto das metafísicas *da* língua de saída e *da* língua de chegada. Nem devem ou podem ser eternas as traduções nem as doutrinas; talvez por isso mesmo um Derrida, o eterno estrangeiro, evitava conceituar ou construir; não é exatamente o que fazem tradicionalmente o filósofo e o tradutor? Não devem ser eternas, especialmente quando a tradução ou doutrina se faz em uma língua que teima em deixar à margem de sua atmosfera viva os dizeres, dialetos e mesmo línguas de cerca de dois terços de sua ancestralidade, em *uma* língua, aqui sim, que insiste no estreitamento, uma língua da verdade que se recusa pensar uma linguagem verdadeira; mas isso seria outra história, todavia, colocaria o problema dos limites da "nossa" teoria da tradução, a altura da "nossa" torre. Além disso, as fábulas da língua primitiva nunca levaram a sério compreender a África ou a América[695], e o que nos disse o alemão Leibniz é a própria expressão de tal incompreensão.

Por fim, se traduzimos algumas poucas páginas de um Leibniz, que certamente não podem ser consideradas obras de arte, e evidentemente isso importa pouco para nós, ao menos foi e não foi inconscientemente que, taridores criminosos que somos, nos deixamos cair.

695 Talvez tenha a mesma fonte o "grande interesse" dos filósofos brasileiros pelas línguas europeias e nenhum pelas línguas das nações africanas e indígenas; e temos que confessar que, não sem consciência, esse continuaria sendo nosso negócio; se não fosse a contribuição dos estudos de áreas como a sociolinguística, por exemplo, que têm investigado as variedades linguísticas brasileiras a partir das várias línguas indígenas, das várias línguas das nações africanas que aqui chegaram por conta da escravidão associada aos "descobrimentos", bem como daquilo que poderíamos considerar minorias linguísticas europeias. De qualquer modo, é preciso abandonar a fábula do primeiro contrato, nosso primeiro império, o primeiro nivelamento-impedimento que fez "nossa" torre de Babel; que obviamente deve ser bem mais alta e autoritária que a outra. Será que toda a filosofia brasileira pode ser considera de ultramar? Quanto da significação e da *intencionalidade* indígena e africana, quanto de *alargamento* nós perdemos ao nos impedirmos a verdadeira tradução, ao reafirmar sempre tal nivelamento, que agora explicitamos a fonte? Era preciso mesmo filosofar apenas na língua idioma universal europeia?

Referências Bibliográficas:

ARISTÓTELES. **Órganon**. Trad. Edson Bini. Bauru: Edipro, 2010.

BENJAMIN, Walter. **A tarefa do tradutor** (quatro traduções para o português). Organizadora Lúcia Castello Branco. Belo Horizonte: UFMG, 2008.

BENJAMIN, Walter. **Escritos sobre mito e linguagem**. Organizadora Jeanne Marie Gagnebin. Rio de Janeiro: Duas cidades, 2011.

BÍBLIA. A. T. GÊNESIS (No princípio). Trad. [para o francês] e comentários de André Chouraqui; trad. para o português, Carlito Azevedo. Rio de Janeiro: Imago, 1995.

MATTOSO CAMARA JR., Joaquim. **História da linguística**. Petrópolis: Vozes, 1979.

CAMPOS, Haroldo. "Transluciferação Mefistofáustica". *In*: **Deus e o Diabo no Fausto de Goethe**. São Paulo: Perspectiva, 1981, p. 179.

DERRIDA, Jacques. **Força de lei: o fundamento místico da autoridade**. Trad. Leyla Perrone-Moisés. São Paulo: Martins Fontes, 2010.

DERRIDA, Jacques. **Gramatologia**. Trad. Miriam Chnaiderman e Renato Janine Ribeiro. São Paulo: Perspectiva, 2006.

DERRIDA, Jacques. **Le monolinguisme de l'autre**. Paris: Édition Galilée, 1996.

DERRIDA, Jacques. **Torres de Babel**. Trad. Junia Barreto. Belo Horizonte: UFMG, 2006.

FOUCAULT, Michel. **As palavras e as coisas: uma arqueologia das ciências humanas**. Trad. Salma Tannus Muchail. São Paulo: Martins Fontes, 2002.

HEIDEGGER, Martin. **A caminho da linguagem**. Trad. Marcia de Sá C. Schuback. Petrópolis: Vozes, 2003.

LEIBNIZ, Gottfried Wilhelm. **Brevis designation meditationum de originibus gentium ductis potissimum ex indicio linguarum**. Berlim: Miscellanea Berolinensia, 1710.

LEIBNIZ, Gottfried Wilhelm. **Ensaios de Teodiceia: sobre a bondade de Deus, a liberdade do homem e a origem do mal**. Trad. Juliana Cecci Silva e William de Siqueira Piauí. São Paulo: Estação Liberdade, no prelo.

LEIBNIZ, Gottfried Wilhelm. **Essais de théodicée: Sur la bonté de Dieu la liberté de l'homme et l'origine du mal**. Paris: GF-Flamarion, 1969.

LEIBNIZ, Gottfried Wilhelm. **La harmonie des langues**. Org. Marc Crépon. Paris: Deuil, 2000.

LEIBNIZ, Gottfried Wilhelm. **Nouveaux essais sur l'entendement humain**. Paris: GF-Flamarion, 1990.

LEIBNIZ, Gottfried Wilhelm. **Novos ensaios sobre o entendimento humano**. Trad. de Luiz João Baraúna. São Paulo: Abril Cultural, 1984.

LOCKE, John. **An essay concerning human understanding**. Chicago: The great books, 1952.

MERLEAU-PONTY. **A prosa do mundo**. Trad. Paulo Neves. São Paulo: Cosa & Naify, 2002.

NEF, Frédéric. **Leibniz et le langage**. Paris: Press Universitaires de France, 2000.

NEF, Frédéric. **A linguagem: uma abordagem filosófica**. Trad. Lucy Magalhães. Rio de Janeiro: Jorge Zahar, 1995.

PIAUÍ, William de Siqueira. **Realidade do ideal e substancialidade do mundo:** ***sobrevoando e percorrendo o labirinto do contínuo***. Tese de Doutorado. São Paulo: Departamento de Filosofia da USP, 2009.

PLATÃO. **Crátilo**. Trad. Carlos Alberto Nunes. Belém: EDUFPA, 2001.

WITTGENSTEIN, Ludwig. **Philosophical Investigation** (bilingue). Trad. G. E. M. Anscombe. Massachusetss: Blackwell Publishers, 1958.

X

"Leibniz e Darwin: uma introdução"[696]

William de Siqueira Piauí

696 Com poucas alterações, essa foi a palestra que apresentamos na III Semana Científica de Ciências Biológicas em Itabaiana, III Sebita – UFS, em julho de 2014, também na VIII Jornada Tomista de Pernambuco, UFPE, em agosto de 2013, e que publicamos com o título "Leibniz e Darwin: história, religião e biologia", In **Prometeus revista de filosofia**, v. 9, ano 9, 2016.

Considerações iniciais

Desde que o etólogo e biólogo evolutivo britânico Richard Dawkins (1941-) reacendeu o embate entre darwinistas e criacionistas, muito foi escrito de ambos os lados, infelizmente nem sempre com a atenção devida a importantes diferenças entre ficção, mito, religião, teologia, política, epistemologia, história, história natural e genética. De todo modo, ao menos uma coisa parece necessária diante desse acirrado embate que está longe de acabar: alguns critérios de diferenciação entre ciência e pseudociência devem assumir a primeira posição nos debates. Do nosso ponto de vista, pode ser que a história das ideias que influenciaram a ciência auxilie a pensar melhor a interferência, para nós perniciosa, de elementos de determinada universalista fé religiosa no discurso científico. Eis a utilidade e pretensão última do presente texto.

Nesse sentido, de saída, gostaríamos de dizer o seguinte: é evidente para nós que, sem recusar sua importância para ou sua influência na história, inclusive de suas interpretações, o **Gênesis** não deve ser considerado um livro de ciências ou tomado como narrativa histórica e isso nada tem a ver com as informações que ele fornece, pois, de fato, ele pode ocasionalmente afirmar algo que corresponda ao que a ciência mais recente estabeleceu ou descobriu, mas tem a ver com o modo como aquelas informações foram encontradas e com o comportamento esperado diante de seu caráter indiscutível de verdade inclusive histórica. Para dizer pouco, gostaríamos de começar perguntando: o que seria da investigação da natureza e mesmo de seu ensino se, a partir do que foi supostamente revelado a Moisés, já estivéssemos de posse da verdade última? Do mesmo modo, o que seria do embate entre cientistas e da dinâmica das academias se não houvesse diferença entre propor uma hipótese e receber misteriosamente a verdade última? E, para mudar um pouco o ambiente da pergunta: qual interpretação do que foi revelado a Moisés é de fato a verdade última? Qual literalismo bíblico? O que fazer com as diferentes religiões, mais ou menos tolerantes, que também têm conteúdo recebido misteriosamente? Extermínio do diferente?

Estamos sempre à beira do dogmatismo, da intolerância, da superposição de determinado povo, religião, revelação ou mito e, por isso, da guerra!

Quem sabe alguns dos mais fortes motivos para nos precipitarmos nas muitas formas de radicalismo e fundamentalismo seja justamente nossa paixão pela pseudociência e, arriscamos dizer, nosso pouco conhecimento de história, especialmente de história das ideias que, neste caso, influenciaram a ciência ou se constituíram como a narrativa única. Queremos manifestar aqui, em sentido largo, é claro, e com consciência dos muitos esclarecimentos que a defesa de tal posição pode exigir, que estamos comprometidos com um comportamento de tipo lakatiano como antídoto para tal paixão e pouco conhecimento[697].

Alguns dos motivos que nos levaram a falar mais uma vez sobre tal assunto podem ser ditos do seguinte modo: gostaríamos de contextualizar, enfatizando certa ultrapassagem – daí a associação com Darwin –, parte do que o filósofo alemão Leibniz disse em uma carta ao teólogo Des Bosses justamente quanto à possibilidade de existir a *series continua* dos seres vivos; contextualização que acreditamos fornecer dados históricos e o imaginário da época, ambos de alguma relevância para o embate entre criacionistas e darwinistas, ao menos para os mais ingênuos. Como esperamos deixar claro, muito do que se pensava e encontrava em "História Natural" assumia feições injustificáveis cientificamente, justamente por sua dependência de determinadas interpretações da cosmologia ou cosmogonia de Moisés; pensamento que esteve grandemente motivado por aquilo que chamaremos de elementos perniciosos da fé religiosa, os quais podem ser associados ao dogmatismo e à intolerância e que estariam baseados, todos eles, na presunção do sentido último das escrituras ou de determinado literalismo bíblico agressivo e, por isso mesmo, na superposição de determinado povo, religião, revelação ou mito.

Para nós, a associação do discurso científico a tais superposições, presunções e interpretações, apesar de elas realmente terem ocorrido na história, deve ser considerada afirmação de elementos pseudocientíficos de motivação político-religiosa e de nenhum modo deveriam interferir na direção, mesmo que temporária, para onde podem apontar as hipóteses cientificamente formuladas e suas corroborações; se é que, evidentemente, o que se está praticando

697 Sobre o que entendemos ser a opção lakatiana, conferir nosso texto "O falsacionismo popperiano: uma introdução", *in* MENNA, Sérgio Hugo (org.). **Conhecimento e linguagem**. Porto Alegre: Redes, 2013.

pretende ser considerado de confiança científica, ou seja, não mágica, não mitológica, não teológica, nem de revelação, nem espiritual etc. O contrário é, em geral, o fundamentalismo religioso, a guerra!

Da mesma maneira, a "crença" exagerada em uma hipótese científica, a superposição de uma determinada teoria ou a presunção de que ela teria alcançado desde sempre ou mesmo já a verdadeira e última natureza, a realidade ou o mundo real, pode nos precipitar no mesmo tipo de dogmatismo e intolerância mencionados e foi isso que nos obrigou, neste caso específico, a discutir o que a genética nascente pensava com relação à teoria de Darwin; ou seja, para equilibrar a balança, nos sentimos obrigados a falar um pouco do modo como esse inglês foi lido pelo programa de investigação da genética nascente; expressão de nosso comprometimento com o ponto de vista de Lakatos ou Popper.

Primeira Parte
Razão e Continuidade

Segundo o historiador da matemática Howard Eves (2004, p. 660) "A palavra *função* em sua forma latina equivalente[698] parece ter sido introduzida por Leibniz em 1694"; todavia, como em muitos livros de História da Matemática, Eves não chega a dar detalhes de onde, do porquê, sob quais circunstância se deu ou quais as consequências (especialmente as filosóficas) de tal introdução. Comecemos, pois, tentando responder algumas dessas perguntas.

Efetivamente, Leibniz utiliza o termo latino *function* já em um texto de agosto ou setembro de 1673, portanto, vinte e um anos antes do que afirmava Eves[699].O título do texto era **De methodi quadraturarum usu in seriebus**, isto é, **Sobre o método das quadraturas que se usa quando se trata de séries**. Para o que nos interessa, parte do texto era a seguinte:

698 Ou seja, o substantivo feminino de 3ª declinação *functio, functionis*.

699 Pode acontecer que uma investigação mais cuidadosa da publicação das obras completas de Leibniz faça recuar ainda mais essa data, mas foi o que conseguimos apurar até o momento.

> De fato, se uma determinada série pede outra série da qual a extremidade [se estabelece] pelas diferenças, as quais assumem os termos da série dada, então devemos procurar a figura na qual a linha em que os termos representantes da série dada façam a **função** (*functionem*) de suas partes a partir das aproximadas, como eu disse; e a partir da **aplicação** (*applicatis*) desta figura retangular com sua abscissa dividida pela metade teremos os extremos, com relação aos quais as diferenças serão os extremos da série dada. (LEIBNIZ, 2003 [**MS**, III tomo, sétima série], p. 252, grifo nosso).[700]

Trata-se da tentativa de oferecer um ou mais métodos para resolver problemas de cálculo (*problema calculi*) ou daquilo que naquela época Leibniz chamava de aritmética universal (*Arithmetica universalis*) e que se associavam à compreensão das séries. Certamente foi graças ao desenvolvimento de parte desse método que ele estabeleceu o resultado da série que foi motivo da disputa entre os matemáticos Guido Grandi e Alessandro Marcheti; série da qual ele trata em sua carta ao matemático francês Pierre Dangicourt no ano de sua morte, isto é, em 14 de novembro de 1716[701].

Também é verdade – e o que diremos a seguir pode nos ajudar a compreender algumas das consequências filosóficas da criação do conceito de "função" – que no mesmo ano em que publica seu revolucionário artigo sobre aquilo que daria origem ao cálculo diferencial e integral, o **Sobre uma geometria altamente oculta ou análise dos indivisíveis e infinitos**, ou

700 "*Nam si data serie quadam, alia quaeritur series, cuius termini pro diferentiis habeant terminos seriei datae; tunc quaerenda est figura in qua lineae terminos seriei datae repraesentantes faciant functionem portionum ex applicatis, quam dixi; et rectangula sub applicatis huius figurae in suam abscissam ductis dimidiata; erunt termini, quorum diferentiae erunt termini seriei datae*". Nesse ano, talvez no mesmo mês de setembro, Leibniz também publica o ***Methodis tangentium inversa seu de functionibus***; a afirmação feita acima mais o presente título parecem ser as mais antigas aparições da palavra latina *functio* nos textos do alemão.

701 O embate entre os italianos Alessandro Marchetti (1633-1714) e Luigi Guido Grandi (1671-1742) também se referia à mistura da matemática com elementos de certa forma cosmogônicos, a principal oposição entre ambos se referia à impossibilidade que do nada possa surgir algo, associada ao fato que a série mencionada, que levou o nome de Grandi, parece fazer surgir unidades ou mesmo o infinito a partir de determinadas frações que, quando tomadas em determinadas partes, ora totalizam "algo", ora totalizam "nada". Na carta mencionada a série é 1-1+1-1..., de extremos 1 e 0, portanto, aceitando aquele método, a "função" é (1+m)/2, cf. LEIBNIZ, 2012 ["**Carta de Leibniz ao matemático Dangicourt: sobre as mônadas e o cálculo infinitesimal**"], pp. 177-8.

seja, no ano de 1686, Leibniz delineia o significado mais amplo do conceito de função, a saber:

> [...] nada acontece no mundo que seja irregular (*irrégulier*), mas nem sequer tal se poderia forjar. Suponhamos, por exemplo, que alguém lance ao acaso muitos pontos sobre o papel [...]. Digo que é possível encontrar uma linha geométrica cuja noção seja uniforme e constante segundo uma certa regra (*une ligne géométrique dont la notion soit constante et uniforme suivant une certaine règle*), de maneira a passar esta linha por todos estes pontos e na mesma ordem em que a mão os marcou. E se alguém traçar, duma só vez, uma linha ora reta, ora circular, ora de qualquer outra natureza, é possível encontrar noção, regra ou equação comum a todos os pontos desta linha (*notion, ou règle, ou équation commune à tous les points de cette ligne*), mercê da qual essas mesmas mudanças (*ces mêmes changements*) devem acontecer. [...] Assim, pode-se dizer que, de qualquer maneira que Deus criasse o mundo, este teria sido sempre regular (*régulier*) e dentro duma certa ordem (*ordre*) geral.

Trata-se de parte do §6 de seu **Discurso de metafísica**. Começando pelo fim da afirmação, do ponto de vista de Leibniz, no mundo criado por Deus não poderia haver "emaranhado caótico", tendo em vista que tudo deveria ser "sempre regular" e estar "dentro duma certa ordem geral", ou seja, em tal mundo também não poderia haver "caos inextrincável"[702], outra expressão latina que fazia lembrar, para dizer pouco, a utilizada por Boécio quando tentava sair do *inextrincável labirinto*[703]; labirinto associado ao problema da reconciliação entre liberdade, onisciência divina e necessidade, o qual obviamente se relacionava com a questão se e até que ponto a natureza segue leis e que se tornou o primeiro problema a ser enfrentado pela lógica modal. Seja como for, Leibniz sempre retomará esses exemplos tirados da "matemática

702 "*Why are not all organic beings blended together in na inextricable chaos?*" (DARWIN, 1872, p. 407).

703 *Labirinthus inextrincabile*, cf. BOÉCIO, 1998 [**A consolação da Filosofia**, livro III], p. 90 e LEIBNIZ, 2013 [**Teodiceia**], p. 49.

pura" como meio para as meditações exatas que nos conduzem à "visão das ideias de Deus" e podemos dizer que o §242 da terceira parte da **Teodiceia**[704] é um dos melhores exemplos de retomada do §6 do **Discurso de metafísica**.

Na Idade Moderna, portanto, se existiu um conceito físico-matemático onde o mecanicismo e o determinismo alcançaram sua máxima expressão foi o de função; certamente o conceito filosófico ou filosofema – no que diz respeito aos limites entre Filosofia, Matemática e Física – mais importante que os modernos criaram e utilizaram; conceito que também fará a base da revolução da Lógica Moderna.

No caso em questão, função queria dizer uma *noção*, *regra* ou *equação* que subjaz a toda mudança *constante* e *uniforme*; dito em termos de avaliação pontual ou discreta, *regra* que mostra o que há de comum entre pontos que quando postos em uma linha a fariam assumir qualquer forma.

Claro que este não é o conceito de função que costuma figurar nos atuais livros de Matemática; ele é impreciso, vago, ainda não estão determinadas quais regras ou relações podem ser ditas bijetoras, injetoras ou sobrejetoras, ele estaria mais para uma ligação qualquer, uma aplicação (*applicatio*), àquilo que modernos como Leibniz chamavam de relação; ou seja, ainda não está determinado quais regras de uma análise pontual ou discreta podem de fato assumir a forma de uma função. Mas foi justamente essa imprecisão e vagueza que conferiram àquele conceito ainda mais consequências filosóficas. De qualquer maneira, aquele conceito também fazia a base de uma "disciplina" criada por Leibniz e Newton quase que ao mesmo tempo, o Cálculo Diferencial e Integral, em muitos casos associada ao problema dos infinitesimais; daí

704 "Não se deve admirar que eu me esforce por esclarecer essas coisas a partir de comparações tomadas da matemática pura, onde tudo segue conforme à ordem, e onde há meios de distingui-la por uma meditação exata que nos faça deleitar, por assim dizer, com a visão das ideias de Deus. Pode-se propor uma sequência ou *series* de números com aparência totalmente irregular, onde os números de forma variada crescem e diminuem sem que pareça ter ordem alguma; e, no entanto, aquele que souber o código cifrado, e que compreender a origem e a construção dessa sequência de números, poderá dar uma regra, a qual sendo bem compreendida, fará ver que a *serie* é totalmente regular e que de fato ela tem belas propriedades. Pode-se tornar isso ainda mais visível a partir das linhas: uma linha pode ter voltas e reviravoltas, altos e baixos, pontos de inversão e pontos de inflexão, interrupções e outras variedades, de tal modo que não se vê aí nem pé nem cabeça, sobretudo ao considerar apenas uma parte da linha; e, contudo, talvez se possa dar a equação e a construção dela, na qual um geômetra encontraria a razão e a conveniência de todas essas supostas irregularidades [...]". LEIBNIZ, 2013, p. 308.

também a designação Cálculo Infinitesimal. Não foi sem mais, portanto, que o alemão mencionou em carta ao suiço Johannes Bernoulli que tinha equacionado o problema da ação constante e uniforme da "gravidade" se valendo de sua nova criação, de sua nova "Análise dos infinitésimos"[705].

Dito assim, é claro que a noção de função estava por traz da expressão atualmente conhecida como energia cinética, ou seja, $Ec=(m.v^2)/2$, reafirmada por Leibniz no **Discurso de metafísica**, vale lembrar de 1686, agora no §17 do qual parte do título menciona se tratar de um "exemplo de *máxima subalterna* ou *lei da natureza*" – portanto, associada imediatamente à *noção, regra, equação* ou *função*. Trata-se de expressão que dá conta da queda dos corpos avaliada discreta ou pontualmente transformando, via função, sua ação em constante e uniforme, ou seja, contínua; lei cujo conteúdo ele já havia apresentado em muitos outros artigos e cartas onde discutia a diferença entre os conceitos de *vis viva* (ou *activa*) e *vis derivativa*[706]. Tais questões se relacionavam ao tema geral de determinação das reais forças que agem "*constante, uniforme* e *conservativamente*" na natureza, e exigiam que o alemão se posicionasse quanto a filosofias como a de Descartes, por isso mesmo quanto às de muitos cartesianos, a de Galileu, mesmo a de Huygens e muito especialmente quanto à de seu contemporâneo Newton, este último sendo considerado por nós (hoje) o que de fato equacionou a *lei da natureza* – daí *noção, regra, equação, função, máxima subalterna da natureza* – da força. De qualquer modo, para todos aqueles envolvidos em tal embate de ideias uma coisa certamente era verdade, todos os corpos eram de uma natureza tal que estavam sujeitos a leis e claro que tais filósofos estariam de acordo quanto a ser "função" a expressão matemática geral de tais leis da natureza.

705 Trata-se de uma carta de Leibniz escrita no dia 2 de setembro de 1694, carta endereçada a um de seus mais importantes correspondentes quanto a assuntos de matemática, ao suíço Johann ou Johannes Bernoulli (1667-1748), na qual aparece a expressão "função"; foi certamente ela que fez Howard Eves e muitos outros acreditarem que ali se encontrava a sua primeira aparição no ambiente da matemática. De qualquer modo, Leibniz trocou uma vasta correspondência com os suíços Jacob (1654-1705), Johann (já mencionado) e Nicolaus (1687-1759) Bernoulli; ela figurava no volume III da coletânea de textos sobre matemática, os **Mathematische Schriften**. A partir dessa obra, pode-se notar que a maior parte da correspondência, 275 cartas, é trocada com Johann e versa sobre diversas questões matemáticas.

706 Cf. JAMMER, 2001 [cap. 9], pp. 201-35.

Tal visão de mundo foi como que plasmada na afirmação, já há muito tempo ensaiada por ele mesmo, feita no prefácio da obra **Novos ensaios sobre o entendimento humano: pelo autor do sistema da harmonia preestabelecida**[707] do seguinte modo: "Nada se faz de repente, e uma das minhas grandes máximas, e das mais comprovadas, é que *a natureza nunca faz saltos*: o que eu denominei Lei da continuidade" (LEIBNIZ, 1984, p. 14)[708]. Um princípio geral, máxima ou lei da natureza, que Leibniz já havia enunciado em um artigo publicado na revista **Notícias da República das Letras** em julho de 1687. De qualquer modo, o alemão confessa mais uma vez (agora entre 1695 e 1704, não mais em 1686) ser, portanto, um defensor da opinião que nada acontece no mundo de modo descontínuo e sem regra, que não há caos inextrincável na natureza, ou seja, que está de pleno acordo com a famosa expressão latina, para ele uma máxima ou lei geral da natureza, *natura non facit saltum* ou *saltus.*[709]

Como vimos mais acima, tal princípio geral correspondia muito bem ao que Leibniz e muitos outros modernos vinham encontrando quando se tratava de fenômenos que de alguma forma podiam ser compreendidos a partir do cálculo criado por ele e Newton, o cálculo infinitesimal ou de fluxões; assuntos relacionados à dinâmica ou mecânica, em uma palavra, à Física[710]. Era esse o caso da questão da queda dos corpos que devia assumir a feição de regra ou equação, melhor dizendo, uma lei da natureza que podia ser expressa por uma função. Restava perguntar, então, se valia o mesmo para toda a natureza, ou seja, se tal máxima compreendia os organismos até os seres humanos.

707 Obra escrita como uma problematização e resposta ao **Um ensaio sobre o entendimento humano** do filósofo inglês John Locke (1637-1704).

708 "*Rien ne se fait tout d'un coup, et c'est une de mes grandes maximes et des plus vérifiées que la nature ne fait jamais des sauts: ce que j'appelais la loi de la continuité*". (LEIBNIZ, 1990, p. 43).

709 Tal expressão, apesar de na maioria das vezes ter sido repetida na sua versão latina, parece remeter ao grego Cassius Maximus Tyrius, para nós apenas Máximo de Tiro, que viveu no século II da nossa era.

710 Tal problemática e a adoção do axioma ou lei da continuidade se relacionam também com o modo como Leibniz entendia a divisibilidade da matéria, fazendo voltar ao pré-socrático Anaxágoras de Clazomena e contra os atomistas, divisível ao infinito, ou como ele mesmo dizia: "Não concordar com isto equivale a conhecer pouco a imensa sutileza das coisas, que envolve o infinito atual, em toda parte e sempre" (LEIBNIZ, 1984 [**N.E.**, prefácio], p. 14) ou "o Autor da natureza pôde executar este artifício divino e infinitamente maravilhoso, por ser cada porção da matéria não só divisível até o infinito (como os antigos reconheceram), mas estar ainda atualmente subdividida sem fim" (LEIBNIZ, 1983 [**Monadologia**, §65], p. 112).

Se nos mantivermos dentro dessa caracterização geral da filosofia de Leibniz e de seus contemporâneos, poderíamos dizer que ao menos parte do que Darwin fez foi generalizar ainda mais e de um modo particular aquela visão de uma natureza que muda de modo *constante* e *uniforme*, transferindo tal visão para o plano da História Natural, associada ao que ainda denominamos Biologia. Mesmo quanto a isto parece que o inglês já havia sido precedido, dentre outros, pelo botânico sueco Carlos Lineu (1707-1778)[711] que era um partidário da "grande cadeia ou série dos seres", a *scala naturae*, e, por isso mesmo, um fervoroso defensor do "gradualismo". Tanto é assim que Lineu foi um dos primeiros a defender que em botânica a natureza também não dá saltos, expressão que aparece no seu livro **Filosofia botânica** (de 1751) e que já havia sido afirmada no mesmo ambiente pelo inglês John Ray (1627-1705) em seu livro **Methodos Plantarum nova**[712] de 1682, livro que é anterior, portanto, mesmo ao **Discurso de metafísica** de Leibniz. De qualquer modo, e colocada nesses termos, a questão fazia lembrar a afirmação feita por Aristóteles em seu **História dos animais**, a saber:

> Assim, a natureza (*ἡ φύσις*) passa pouco a pouco (*μεταβαίνει κατὰ μικρὸν*) dos seres inanimados (*τῶν ἀψύχων*) até os dotados de vida (*τὰ ζῷα*), de maneira que esta **continuidade** (*τῇ συνεχείᾳ*) impede perceber (*λανθάνει*) a fronteira (*τὸ μεθόριον*) que os separa e que se saiba a qual dos dois grupos pertence a forma intermediária (*αὐτῶν καὶ τὸ μέσον ποτέρων ἐστίν*) [...]. Por outro lado, a passagem (*μετάβασις*) dos vegetais (*ἐξ αὐτῶν*) até os animais (*εἰς τὰ ζῷα*) é

711 **Philosophia Botanica**, Ed 1, 1751 capítulo III, § 77, p. 27. As obras escritas por Lineu foram: **Systema naturae** (1735), **Fundamenta botanica** (1736), **Flora lapponica** (1737), **Genera plantarum** (1735-1737), **Hortus Cliffortianus** (1737), **Flora Suecica** (1745), **Fauna Suecica** (1746), o já mencionado **Philosophia botanica** (1751), **Species plantarum** (1753), **Clavis medicinae duplex** (1766) e **Mundus invisibilis** (1767).

712 O **New method of plants** (*método* – no sentido de *via, caminho*). Leibniz certamente conheceu seus trabalhos ou opiniões; vale notar que John Ray também se interessava por Teologia natural; com relação ao que escreveu em 1691, o **The wisdom of God,** que parece ter sido a sua obra mais popular, obra na qual ele tentava explicar a adaptação dos seres vivos sem ir contra o **Gênesis**; em 1692 escreveu o **Miscellaneous discourses concerning the dissolution and changes of the world**; do mesmo modo ele se interessa por línguas, com relação ao que escreveu e em 1675 o **Trilingual dictionary, or nomenclator classicus**, dicionário que, por ser trilingue, certamente muito interessava a Leibniz.

> **contínua** (*συνεχής ἐστιν*) [...]. Com efeito, no que se refere a alguns seres que vivem no mar (*τῇ θαλάττῃ*), alguém poderia perguntar se pertencem ao reino animal (*ζῷόν*) ou ao reino vegetal (*φυτόν*) [...]. Nos seres se encontram diferenças mínimas (*μικρὰν διαφορὰν*) que colocam tal ou qual animal à frente de outro, e cada vez parecem mais dotados de vida (*ζωὴν*) e de movimento (*κίνησιν*). (ARISTÓTELES, 1992 [VIII, 588b 5], pp. 412-3, grifo nosso).[713]

A *scala naturae* e o gradualismo estariam associados ao que Aristóteles entendia por *continuidade* (*ἡ συνέχεια*) dos *seres vivos* (*τὰ ζῷα*), o que poderia ser generalizado para os organismos quem sabe até os seres humanos. De qualquer modo, a afirmação do estagirita não estava bem a gosto dos teólogos escolásticos, a não ser, talvez, se fossem reafirmadas a *impossibilidade de determinar exatamente qual a fronteira entre certas formas intermediárias*, no sentido que deveria existir uma *grande diferença entre algumas delas*; tal recuo parecia obrigar a defender, em nome do texto sagrado, alguma desordem ou/e descontinuidade; o que só poderemos esclarecer na próxima secção.

Voltando ao que dizíamos. Primeiramente, podemos atestar que Darwin era um seguidor do gradualismo ou continuísmo quando ele afirmava, dentre muitas outras, o seguinte:

> Como, de acordo com a teoria da seleção natural[714], deve ter existido um número interminável de formas intermediárias (*an interminable number of intermediate forms*) que ligaram [juntas] (*linking together*) todas as espécies em cada grupo por **gradações** tão sutis (***graduation** as fine*) quanto as nossas variedades existentes, [e] pode-se perguntar[: Por] que não vemos ao nosso redor esses elos que fazem a ligação[?] Por que os seres organizados não estão misturados em

713 A partir da tradução inglesa, teríamos algo como: "A natureza avança pouco a pouco desde o inanimado até a vida animal, de uma maneira que é impossível determinar exatamente, qual é o limite de demarcação, nem a que grupo pertencem as formas intermediárias" (ARISTÓTELES, 1952, p. 114-5). A qual pensamos estar mais próxima do que pretendia Aristóteles, daí o motivo de termos alterado o início da tradução de Júlio Pallí Bonet.

714 *The theory of natural selection* – que ele vinha defendendo nos outros XIV capítulos do seu livro **A origem das espécies**.

um emaranhado caótico (*inextricable chaos*)? (DARWIN, 2014, p. 528, grifo nosso)[715].

As gradações são sutis (*fine*) ou, como o próprio Darwin dirá um pouco mais a frente no texto, "a seleção natural [está] sempre pronta a adaptar os descendentes que variam lentamente para **preencher espaços desocupados ou pouco ocupados na natureza**" (p. 537, grifo nosso) e deve ter existido um número interminável ou infinito de formas intermediárias (*an interminable number of intermediate forms*) que ligam juntas (*linking together*) todas as espécies em cada grupo. Afirmação que marca de fato quão mais longe do que aos macacos devemos ir se queremos estabelecer as origens de nossa ancestralidade; os macacos seriam, na verdade, apenas os nossos parentes mais próximos, em uma linhagem que deveria remontar, passando talvez por monstros marinhos[716], às primeiras células, ou seja, aos primeiros *organic beings* (p. 407), os primeiros organismos.

Por isso mesmo, ao tomar conhecimento da hipótese geral de Darwin, o naturalista Charles Bunbury (1809-1886) teria escrito em seu diário que: "Por mais mortificante que possa parecer pensar que nossos ancestrais remotos eram águas-vivas [...] em termos práticos não fará muita diferença" (BROWNE, 2011, p. 80). Trata-se, pois, de encontrar uma teoria que solucione a questão deixada por Aristóteles, que explicite as leis que regem *a continuidade que impede perceber a fronteira que separa os organismos e faça saber a quais grupos pertencem as formas intermediárias*; obviamente, tendo como base a máxima geral da continuidade entre os organismos. Sem qualquer menção a supostas diferenças de alma entre eles ou a implicações teológicas da ligação sem salto do homem às bestas e aos vegetais, ou seja, a um suposto "*status* especial da humanidade".

715 "*As according to the theory of natural selection an interminable number of intermediate forms must have existed, linking together all the species in each group by gradations as fine our existing varieties, it may be asked, Why do we note see these linking forms all around us? Why ane not all organic beings blended together in na inextricable chaos?*" (DARWIN, 1876, p. 407).

716 Justamente o que temia Antoine-Joseph Dezallier d'Argenville (1680-1765) em suas obras; cf. LEIBNIZ, 1997, p. 52.

Portanto, em muitos sentidos em acordo com o espírito moderno, a teoria da seleção natural de Darwin buscava justamente equacionar aquilo que Aristóteles considerava "impossível perceber ou saber exatamente", ou como o próprio inglês parecia rebater:

> Como a seleção natural atua somente pela acumulação de variações ligeiras (*slight*), sucessivas (*successive*) e favoráveis (*favourable*), não pode produzir modificações grandes e súbitas; só pode atuar por meio de passos curtos e lentos. Assim o cânone (*canon*) *Natura non facit saltum* torna compreensível a regra (*theory*) que é confirmada por cada acréscimo novo ao nosso conhecimento (p. 536).[717]

As variações ao mesmo tempo sucessivas (*successive*) e ligeiras (*sligth*), termo este que pode muito bem ser associado ao sutil (*fine*) mencionado mais acima, nos conduziriam ao significado de variações menores e mais imperceptíveis, àquilo, portanto, que impediria os saltos. Mas sua verificação era indireta, ou seja, a partir da História Natural a teoria era "confirmada por cada acréscimo novo ao nosso conhecimento". A teoria da seleção natural atestaria, assim, a existência de variações contínuas e sucessivas também no plano dos vivos e não mais apenas no que dizia respeito ao movimento dos corpos. Afinal de contas, dizia o inglês: "Ninguém consegue explicar, porque" a seleção natural "deveria ser uma lei da natureza, se cada espécie foi criada de maneira independente" (DARWIN, 2014, p. 536).

É como se a lei de continuidade enunciada por Leibniz ou a "lei de fluxão" de Newton, que fazia a base dos fundamentos matemáticos dos **Principia**, também passassem a ser o fundamento da História Natural de Darwin. Dito de outro modo, para a pergunta, por ele mesmo formulada: "Por que não estariam os seres organizados misturados em um caos inextrincável?" (DARWIN, 2014, p. 528). A resposta oferecida, mesmo que não vejamos ao nosso o redor os elos que fazem a ligação, foi por que as espécies "variam lentamente para

717 O texto em inglês lembra muito mais o Leibniz dos **Novos ensaios**: "*Hence the Canon of 'Natura non facit saltum', which every fresh addition to our knowledge tends to confirm, is on this intelligible*". (DARWIN, 1876, p. 414).

preencher os espaços desocupados" (DARWIN, 2014, p. 537). Ou seja, por variações imperceptíveis e sucessivas, mas que seguem leis determinadas, por imperceptíveis "passos graduais" (DARWIN, 2014, p. 526) é inclusive possível prever (*even have been antecipated*) os resultados dessa variação contínua (DARWIN, 2014, p. 537); o que desembocaria, portanto, em um determinismo de tipo laplaciano[718] também na Biologia. Dito de outra forma, isso era o mesmo que afirmar a existência de leis diferenciais, como as encontradas a partir do cálculo criado por Leibniz e Newton[719], agora no plano da Biologia. E é justamente do que trata a obra de Darwin, isto é, se com os **Principia** foram equacionadas as leis do movimento (do fluxo) contínuo dos astros, com o **A origem das espécies** seriam explicitadas as leis do movimento contínuo (gradual e progressivo) da sucessão das espécies.

De qualquer modo, bem ao fim de sua obra, opinião à qual a vida e a correspondência dele mesmo depõem contra, Darwin afirmou: "Não vejo motivos sólidos para que os pontos de vista aqui apresentados possam abalar os sentimentos religiosos de qualquer pessoa" (DARWIN, 2014, p. 545). É do que passaremos a tratar a seguir: quais eram os sentimentos religiosos das outras pessoas?

Segunda Parte
Desordem, Fé e Descontinuidade[720]

Como sabemos, a partir de 1685, Leibniz é nomeado historiógrafo da Casa de Brunswick ou, como muitas vezes é denominada, Casa de Hanôver. A ligação de seu trabalho com as aspirações políticas da família Brunswick pode ser exemplificada por ele ter sido encarregado, primeiramente, "de provar, através

718 Para a discussão sobre o determismo, cf. nossos artigos "Ciencia, ética e religión", *in*: **Estudios contemporâneos sobre ética**. Argentina: Jorge Sarmiento-Universitas, 2008 e "Leibniz e a gênese da noção de espaço: lendo o §47 da última carta a Clarke", *in*: **Prometeus**, ano 6, n. 11, 2013.

719 Darwin se inclui em um projeto geral de ciência como o newtoniano, a ponto de lembrar o triunfo do seu compratiota com relação a Leibniz (DARWIN, 2014, p. 545).

720 Para toda esta seção, ler também nosso artigo "Leibniz e Benjamin: uma introdução às teorias tradicionais da tradução ou às metafísicas da língua de saída e de chegada", *in*: **O mutum**, número 1, v. 1, 2013.

da genealogia, que a Casa de Brunswick se originara da Casa d'este, família de príncipes italianos", trabalho que ele conclui em 1690 e que faz, efetivamente, os Brunswick ascenderem de oito para nove eleitorados; do mesmo modo, algum tempo depois, também foi "encarregado de fornecer os argumentos referentes às pretensões de Georg Ludwig, bisneto de James I [portanto, membro da família], ao trono da Inglaterra, cuja vacância observou-se em 1700 com o falecimento de William, Duque de Gloucester" (LEIBNIZ, 1997, pp. 8-9), argumentos que levaram, efetivamente também, George I ao trono da Grã-Bretanha de 1714 até sua morte em 1727. É difícil mensurar quão determinantes devem ter sido as hipóteses historiográficas supostamente "verificadas" por Leibniz para a defesa do pangermanismo. Vale lembrar, parte daquele outro "cristianismo" de dimensões muito mais assustadoras que qualquer dos radicalismos ou fundamentalismos islâmicos. De qualquer modo, podemos afirmar que Leibniz escrevia uma história repleta de elementos extraídos da **Bíblia** ou **História Santa** e que fundamentavam, não só em política, uma série de superposições que privilegiavam universalmente o povo alemão/germânico.

Assim, o trabalho de Leibniz de supervalorização do povo germânico, o qual os franceses depois chamaram de alemães, começava muito longe e era muito amplo. Na coletânea de textos que assumiram o nome de **Protogaea: uma teoria da evolução da terra e da origem dos fósseis**[721], escritos principalmente no tempo em que ele cuidava das minas alemãs da família Brunswick, podemos vê-lo formulando hipóteses que vão desde a origem do universo até a distribuição dos seres vivos e povos. Hipóteses que mantinham o início do **Gênesis** como elemento básico, ou seja, suas hipóteses mantinham, por exemplo, a precedência das trevas e da luz para a origem do planeta Terra ainda na sua forma ígnea, bem como a separação das águas e águas como causa do resfriamento da crosta terrestre e causa distante até do, dentre outros, dilúvio que teria feito a segunda origem de todos os povos do "nosso globo" retroceder até a família de Noé. Dilúvio lembrado nas "mais antigas narrações dos povos". Em poucas palavras, naqueles ensaios de Geografia Natural ou

721 A **Protogaea** foi publicada em 1749, todavia uma espécie de resumo dela já havia sido publicada nas **Actas Eruditorum** de 1693 e nos §§244-5 da **Teodiceia.** Publicada em 1710, Leibniz já havia explicitado nesta parte do que havia afirmado naquela obra.

Cronologia Universal se pretendia "vir ao encontro da piedade ao apoiar a fé nas Sagradas Escrituras e na tradição do dilúvio universal com argumentos naturais" (LEIBNIZ, 1997, p. 48).

Além de já mencionar a posição geográfica e situação geológica peculiares da Alemanha ou de já revelar seu interesse pela Cítia asiática, vale de Shinaar, citas, egípcios, nomes de montanhas e rios etc., desde então podemos ver Leibniz afirmando a existência de alguma desordem na criação em nome da precedência da Cosmogonia de Moisés: a infância do globo começaria com mais perturbações e passaria a ser mais estável (LEIBNIZ, 1997, p. 41). Na **Teodiceia**, aquelas origens e a aceitação de alguma desordem são enunciadas do seguinte modo:

> [...] vários dilúvios e inundações deixaram sedimentos, dos quais se encontram traços (*traces*) e restos (*restes*) que fazem ver que o mar esteve em lugares que são hoje os mais distantes. Mas essas perturbações finalmente cessaram, e o globo tomou a forma que nós vemos. Moisés [em *Gn* 1: 1-10] insinua essas grandes mudanças com poucas palavras: a separação da luz e das trevas indica a fusão causada pelo fogo; e a separação do úmido e do seco marca os efeitos das inundações. Mas quem não vê que essas desordens (*désordres*) serviram para conduzir as coisas ao ponto onde se encontram presentemente, que nós lhes devemos nossas riquezas e nossas comodidades[722], e que é por meio delas que este globo se tornou apropriado para ser cultivado por nossos cuidados? (LEIBNIZ, 2003, [§ 245] p. 309).

E pouco antes, isto é, no §242 daquela obra, Leibniz já havia retomado o que afirmara no §6 do **Discurso de metafísica**, ao que fazia seguir sua concordância com a "bela sentença de são Bernardo": *Ordinatissimum est*

722 Trata-se, pois, de desordens "pequenas" que contribuem para a ordem maior, ou seja, perturbações da natureza, inundações, terremotos, acidentes naturais de toda espécie que, por fim, conduziriam a algo melhor; o que pode ter como fundamento bons motivos ou boas razoes que Deus teria tido com relação ao que seria melhor para os homens.

minus interdum ordinate fieri aliquid"[723] (LEIBNIZ, 2013, [§ 243], p. 308). Assim, ao praticar uma história que vai de encontro à piedade e apoia a fé nas **Sagradas Escrituras**, dito de outra forma, que não deixa de manter a verdade da **História Sacra** da Terra ou da Cosmogonia de Moisés, temos de aceitar algumas desordens e, portanto, não vale pura e simplesmente aquela lei ou máxima segundo a qual *a natureza nunca faz saltos*[724]. Por isso mesmo, e tendo em vista seus princípios, a "Sacra Germânica História Universal" não pode obedecer simplesmente à ordem ou lei de continuidade, nela a razão suficiente pode estar relacionada com um motivo suficiente, justamente aquilo que fará enxergar uma ordem geral que pode ter motivos estéticos e morais; mas na verdade teológicos e políticos.

No mesmo ano em que escreve a **Teodiceia**, Leibniz escreve o **Breve plano das reflexões sobre as origens dos povos traçado principalmente a partir das indicações [contidas] na línguas** e um ano antes de sua morte a **Dissertação sobre a origem dos franceses**; baseado inclusive nos motivos que o levaram a recusar a semiologia de Locke por conta do arbitrário e indefinido que faz a base do conhecimento relacionado às etimologias das palavras e do uso das línguas, do tipo de história que elas envolvem (cf. **N.E.** IV, XXI); nestas obras ele atesta descontinuidades ou desordens com relação a história das línguas que têm outros motivos, mas que não deixam de atestar certo literalismo bíblico que privilegiaria os germânicos ao torná-los os descendentes diretos de Jafé, filho de Noé. Tais descontinuidades ou desordens se relacionavam, tanto com as miggrações dos povos, quanto, e talvez principalmente, com o fato de não ser contínua ou regrada a maneira como os povos associavam as palavras a seus sentimentos, ou seja, a constatação das ocasionais, ou seja, arbitrárias e indefinidas, aceitação de certas "analogias do som (*vox*) com os" seus "sentimentos (*affectus*)", suas paixões e imaginações (LEIBNIZ, 2012, p. 127); ou como Leibniz já havia mencionado ao linguista suíço Sparvenfeld:

723 "Ordenadíssimo [de extrema regularidade] é que às vezes aconteça algo menos ordenadamente".

724 Não é verdade, portanto, que Leibniz tenha de fato defendido que existia uma cadeia em linha reta de espécies sucessivas; mais à frente isto ficará ainda mais claro.

> Como não existe nada sem razão [ou motivo], não duvido nem um pouco que quando os homens deram nomes às coisas, eles só fizeram seguir suas paixões (*passions*) e imaginações (*imaginations*) quando o objeto as excitava e quando não as tinham expressas por sons (*sons*) que tinham relação com isso; imagino que não só Adão, mas também os outros homens, com frequência, quiseram *onomatopeizar* (*onomatopoiein*) quando encontravam novos objetos e, embora acredite que muitas palavras vêm de uma língua primitiva, [acredito] que muitas outras tenham sido inventadas a partir do encontro das nações e raças. (LEIBNIZ, 2000, p. 165).

Certamente, a partir de parte daqueles documentos levantados para realizar aquelas duas tarefas encomendadas pela família de Brunswick e de uma vasta correspondência com historiadores, linguistas, viajantes, geógrafos, cronologistas, tradutores e mesmo biólogos da época é que Leibniz escreveu o **Brevis designatio** e o **De origine francorum**. Além daquelas associações obrigatórias com a **Sagrada Escritura**, agora aqueles elementos políticos ficavam evidentes; isto é, a investigação da origem e conexão dos povos, dos encontros das nações e raças, a partir das origens e conexões entre as línguas deve assumir a verdade do dilúvio universal e certa maior relevância de Jafé; daí a pouca importância de remontar propriamente à língua de Adão, bastando apenas mencionar o princípio geral ou natural que permitiria chegar até ela e que se manteve mesmo depois do dilúvio[725]. Mas aquela investigação também deve conduzir à precedência do povo germânico na Europa, daí a importância de fazer associar os germânicos aos celto-citas (ou celto-cíticos) e estes aos filhos de Noé. Ou como dizia o próprio Leibniz:

725 Duas, pois, são as principais fontes da impossibilidade de remontar à origem da língua primeira, as inundações (dilúvios) ou acidentes naturais e as corrupções a que estão sujeitas as línguas na história. Mesmo tendo suposto uma protolíngua, a busca da língua primitiva em sua pureza (*langue primitive dans sa pureté*), talvez a língua de Adão, não podia chegar a termo por conta do tempo, dos dilúvios, das corrupções, ou seja, pelos muitos saltos que a História Natural de fato apresenta. Assim, apesar de tudo estar sujeito ao princípio de razão, nem tudo está simplesmente sujeito à lei de continuidade, dito de outra forma, nem tudo é necessidade geométrica.

> [...] a partir dos citas, eu chego aos ***celtas***; quase toda a Europa foi ocupada pelos citas; eles se estenderam até o mar Mediterrâneo e o oceano, pelo estreito de Cádiz que é comum a ambos. Sabe-se que, outrora, uma parte dos povos germânicos habitou toda a extensão até o Tánais, mas foram separados pelos vênedos ou antas; não faz muito tempo que as relíquias dos germanos ainda subsistiam em meio ao Quersoneso táurico[726], provavelmente, então, nem foram completamente extintas. Ali, em seguida, os germanos [foram] fragmentados devido as migrações, os eslavos se retiraram de todas as regiões para o Elba, entretanto, a maior parte deles por fim retornou para o mar Báltico e para quase toda a Vístula. [...] [Assim,] olhando as origens mais antigas, [...] os germanos [vêm] dos citas e, como já dissemos, certamente podemos acreditar nisso, embora as línguas tenham sido modificadas pouco a pouco durante um longo período de tempo e de numerosas migrações. (LEIBNIZ, 2013, p. 138-9).

E Leibniz já havia afirmado que: "Tudo aquilo que nas línguas setentrionais é comum, poderíamos chamar de ***japético***, mas também costumo chamar de ***celto-cítico***" LEIBNIZ, 2013, p. 131). Afirmação que tinha como ponto de partida a seguinte divisão:

> Dividiremos, não incorretamente, as línguas derivadas de uma [língua] antiga largamente difundida em duas espécies: as ***japéticas***, como assim foi chamada, e as ***aramaicas***. As japéticas se difundiram pela [região] setentrional, as aramaicas [pela] meridional; de fato, considero toda nossa Europa [como pertencente à região] setentrional. Daí que se as setentrionais se referem a ***Jafé***, as meridionais, não sem razão, serão atribuídas aos descendentes de [seus] irmãos ***Sem*** e ***Cam***. ***Jápeto*** também [foi considerado] aquele de quem Prometeu (o que fabricou os homens) [era] filho, além disso, e como já tinha conhecimento Homero, os mitólogos

726 Quersoneso táurico é o mesmo que dizer Península da Criméia, região do Sul da Rússia. Tânais é o antigo nome do rio Don, na Áustria.

> tinham-no colocado para Cáucaso, a aramaica (ou ***Arimi***) para os sírios[727]. (LEIBNIZ, 2013, p. 129)

De volta, portanto, à **Sagrada Escritura** com o ganho óbvio que os alemães/germânicos deveriam de fato governar toda a Europa, ou seja, justificando o fato que se Georg I era o rei da Grã-Bretanha, então seu reino ainda não era do tamanho devido. Superposição evidente de determinado povo, religião, narrativa, revelação ou mito; mas falta falar um pouco mais dos mitos.

A força da argumentação desenvolvida por Leibniz se pretende tal que ela quer corrigir mesmo as licenças poéticas de muitos mitólogos, por isso mesmo na **Teodiceia**, vale lembrar do mesmo ano que o **Brevis designatio**, o alemão vai dizer que restava "provar que um antigo deus ou herói dos germanos foi chamado de Herman, Ariman ou Irmin" (LEIBNIZ, 2013, [§139] p. 232) parte dos mais antigos deuses a partir dos quais teria surgido o nome, passando por "*hermanni*", "germanos". E também havia "autoridades para todos esses significados". Leibniz chega a confessar o prazer que teria sentido quando acreditava "encontrar nas mitologias dos deuses algum traço da antiga história dos tempos fabulosos", histórias que confirmavam também a precedência dos heróis ou deuses germanos; prazer talvez semelhante ao deleite associado às meditações que o conduziam às ideias matemáticas de Deus.

Por fim, aquelas desordens e descontinuidades reconhecidas a partir da investigação das etimologias das palavras e usos das línguas já haviam levado Leibniz a afirmar, contra Locke e quanto à origem de nossas noções que "foi preciso, então, ater-se àquela [ordem] que as ocasiões (*les occasions*) e os

727 Alguns intérpretes e escritores cristãos – dentre eles o contemporâneo de Leibniz, John Milton (1608-1674), com o seu **O Paraíso Perdido** – identificaram o titã Jápeto (*Japetum*) da mitologia grega com Jafé (*Japhetum*), o filho de Noé, com base na similaridade do nome e na tradição bíblica que considerava todos os povos do mundo como descendentes dos três filhos de Noé, isso é, Sem, Cam e Jafé. Na tradição bíblica, os descendentes de Jafé teriam se dispersado nas margens do Mediterrâneo da Europa e da Ásia Menor, ao norte de toda a Europa e em uma parte considerável da Ásia; por isso, Jafé é considerado o ancestral dos diferentes ramos da grande família indo-germânica. Por outro lado, Jápeto, na mitologia grega, era um dos titãs filhos de Urano e Gaia, segundo a **Teogonia** de Hesíodo, uniu-se a Clímene (em Pausânias, ela se chama Ásia), filha de Oceano, e teve com ela quatro filhos: Atlas ("suportar"), Prometeu ("pensamento previdente"), Epimeteu ("pensamento tardio") e Menécio ("poder condenado", ligado à raiva e imprudência). É das línguas jaféticas (ou japéticas, como quer Leibniz) que derivam a língua dos citas e a dos celtas, conseqüentemente, delas derivariam todas as línguas europeias.

acidentes (*les accidents*) à qual nossa espécie nos forneceu" "e esta ordem não dá a origem das noções, mas [fornece], por assim dizer, a história das nossas descobertas". Ocasiões, acaso, e acidentes? Nem parece mais o físico-matemático falando; História e Física, então, deviam ser bem diferentes e, como vimos, naquela os elementos teológicos e políticos contaminam totalmente as hipóteses, eis aquele aspecto pernicioso da fé religiosa universalista se intrometendo na pratica da história.

Mas o que mais nos interessa indicar é justamente uma bastante determinada descontinuidade mencionada naquele "documento de história", a **Bíblia**, que muitos utilizavam quando se tratava de buscar uma fonte de ao menos parte da História Natural e que, é o que esperamos mostrar, acabará por revelar "motivos bem sólidos" para que os pontos de vista defendidos por Darwin abalassem os sentimentos religiosos e filosóficos de muitas pessoas, incluindo autoridades da igreja (católica ou protestante).

Terceira Parte
criacionismo e darwinismo

Agora sim, e isso é o fundamental, a adoção do axioma *Natura non facit saltum* em História Natural e História de um ponto de vista mais geral conduziria a uma oposição bastante peculiar com a verdade revelada que também já havia sido sentida por Leibniz; ela aparece em uma carta de 31/07/1709 endereçada ao jesuíta belga Bartholomeu Des Bosses (1668-1738), um importante teólogo e matemático com quem ele trocou uma vasta correspondência nos anos de 1706 a 1716, período em que certamente já havia terminado de escrever os **N.E.** e está escrevendo os **E.T.**, o **Brevis** e o **De origine francorum**. No momento em que recebe a carta mencionada, Des Bosses estava traduzindo para o latim a obra de Leibniz, já muitas vezes mencionada, cujo título completo era **Ensaio de Teodiceia sobre bondade de Deus, a liberdade do homem e a origem do mal**, obra que continha um capítulo de título "Discurso sobre o acordo da fé com a razão". Obra relacionada com, dentre outros, o motivo político da reunião dos cristãos da Europa, mesmo que tal união intensificasse muitas das animosidades contra ateus, outras religiões e muitos outros povos. Para o que nos interessa, a questão central da carta é justamente a de que a lei de continuidade ou a máxima segunda a qual *natura non facit saltum* não pode ser adotada quando o assunto é a origem da alma humana; ou seja, se adotássemos tal máxima indiscriminadamente e especialmente para esse caso, a razão estaria em contradição manifesta com a revelação. Em termos do próprio Leibniz, a questão era a seguinte:

> Está estabelecido entre os filósofos que as faculdades de sentir e de raciocinar não constituem (*facere*) almas diferentes em nós; mas que estão em (*inesse*) uma mesma alma. Donde minha surpresa que isto o imobilize [Des Bosses]. [...]. Eu achei mais apropriado adicionar **um grau novo** às almas sensitivas, do que ocultar nas sementes (*seminibus*) inúmeras almas racionais que não alcançariam a maturidade da natureza humana. Ainda que alguém me apresentasse um modo natural dessa **elevação [de grau]** eu não diria que esse modo foi adicionado miraculosamente. Portanto, você [pode] ver que isso foi dito por mim *preferencialmente de modo hipotético*. A alma [humana – intelectiva e sensitiva –] nasce da alma [humana] [...]. (LEIBNIZ, 2013, p. 134, grifo nosso).[728]

Para dizer rapidamente, Leibniz recua aqui diante daquele axioma e mantém a diferença de grau, o salto, entre a alma humana (sensitiva e intelectiva) e a dos outros animais (apenas sensitiva). Em primeiro lugar, o que estava estabelecido entre os filósofos podia ter como fonte comum o texto daquele que foi a razão para os escolásticos, a saber:

> Todavia, a situação é praticamente a mesma (*παραπλησίως*) no que se refere à alma (*ψυχήν*) e[m comparação com] as figuras (*σχημάτων*):

728 No original temos: "*Constat inter Philosophos, facultatem sentiendi et ratiocinandi in nobis non facere diversas animas, sed eidem animae inesse. Unde miror Te hic haerere. Eandem materiam a diversis Entelechiis adaequate informari, non est cur dicamus. Gradum novum addi Animae sensitavae congruentis putavi, quam animas rationales innumeras latere in seminibus quae non perveniant ad maturitatem humanae naturae. Si quis ostendat modum naturalem exaltationis, non dicam, hunc modum addi miraculose. Vides ergo haec a me dici per modum hypotheseos preferendae. Animam ex anima nasci, si id Traducem apellas, explicabile non est, et longe absum ab his talis concipiunt*".

> e é que sempre no elemento seguinte da série (ἐφεξῆς) se encontra potencialmente (ὑπάρχει δυνάμει) o [elemento] anterior, tanto no caso das figuras (τῶν σχημάτων) [geométricas] como no caso dos seres animados (τῶν ἐμψύχων); por exemplo, o triângulo (τρίγωνον) está contido no retângulo (τετραγώνῳ) e a faculdade vegetativa (θρεπτικόν) está contida na sensitiva (αἰσθητικῷ). Portanto, em relação com cada um dos viventes (καθ' ἕκαστον ζητητέον) deveremos investigar qual é a alma própria (τίς ἑκάστου ψυχή) de cada um deles, por exemplo, qual é a das plantas (τίς φυτοῦ) e qual é a do homem (τίς ἀνθρώπου) ou [qual é a] da fera ([τίς] θηρίου). E deveremos, além disso, examinar por que razão se encontram em série (ἐφεξῆς) do modo descrito. Sem que se dê a faculdade vegetativa (θρεπτικοῦ) não se dá a sensitiva (αἰσθητικὸν), mesmo que a vegetativa (θρεπτικὸν) se dê separada da sensitiva (αἰσθητικοῦ) nas plantas (φυτοῖς). (ARISTÓTELES, 1988 [II, 3, 414b 25-415a 5], p. 56).

Encontramos o outro elemento fundamental da *scala naturae* que agora torna graduada a série das almas dos seres animados, dos seres que possuem alma, isto é, suas almas estão *em série* (ἐφεξῆς) "gradual". Assim, desde o **Sobre a alma** de Aristóteles estava estabelecido certa gradação "descontínua" entre os tipos de alma, ao menos é assim que o leram os escolásticos. Portanto, aquelas exigências que mencionamos na primeira parte se transformam na reafirmação, forçada ou não, de que a **História dos animais** ou parte da diferença de gênero dos seres vivos que ela estabelecia tinha de estar submetida a certa descontinuidade entre os tipos de alma: vegetativa, sensitiva e intelectiva. E será este o primeiro passo, convertido "esse" Aristóteles em razão, para evitar o desacordo entre razão e fé ou, o que é o mesmo, para evitar parte das implicações teológicas associadas a ligar imediatamente (de modo contínuo) o animal homem àquelas formas ou gêneros de seres vivos (plantas e feras) e fazer perder o "*status* especial da humanidade" (BROWNE, 2011, p. 80).

Em segundo lugar, para não mencionarmos os longos e complexos comentários ao **Gênesis** de um Agostinho, Leibniz se mantém fiel ao menos à parte do que fazia a base da afirmação feita por Pedro Abelardo (1079-1142) em seu **Comentário ao *De interpretatione* de Aristóteles**, ou seja, ao seguinte literalismo bíblico:

> [...] fariam nascer (*seminaria*) nas coisas uma natureza não obtida da criação divina, que no sétimo dia [Deus] completou as formas de todas as espécies [inclusive a humana], nas quais estão as sementes (*semenaria*) de [todos] os futuros [animais]; a partir do que, por conseguinte, nenhuma espécie nova seria criada" (ABELARDO, 1919 [**Logica ingredientibus**], p. 420)[729].

Com efeito, para não por em contradição razão e revelação, História Natural e História Santa, lembrando inclusive a solução adotada por Copérnico, o filósofo que dizia que este é o melhor dos mundos possíveis, inclusive no que diz respeito à sua contínua evolução, acaba por afirmar que se em algum momento ele falou de continuidade evolutiva entre as almas, uma continuidade que apagasse a distinção entre almas apenas sensitivas e almas sensitivas e intelectivas, entre espécies distintas, foi *apenas de modo hipotético* (*per modum hypotheseos preferendae*).

Assim, a descontinuidade e separação entre almas sensitivas e intelectivas de um lado e almas apenas sensitivas de outro se ajustavam perfeitamente ao tipo de história que vinha sendo praticada e que, neste caso, tinha como fundamento a verdade revelada que estabelecia a criação do homem, a saber: "Deus disse: 'Fervilhem as águas um fervilhar de seres vivos e que as aves voem acima da terra'". – até aqui nenhuma contradição com as afirmações feitas por Darwin – "Houve uma tarde e uma manhã: quinto dia" (Gn 1:20-24). Mas, logo em seguida "façamos o homem à nossa imagem, como nossa semelhança [...]. Houve uma tarde e uma manhã: sexto dia".

Era também com essa descontinuidade por semelhança com o divino e dessemelhança com os outros animais e por conta de a criação do homem ter sido realizada em outro dia, o sexto e não o quinto, que a adoção mais irrestrita por parte de Darwin da máxima *natura non facit saltum* se mostrava em desconformidade com a verdade da fé, História Santa, e a verdade da razão,

729 *"seminaria in rerum natura non habere ex illa Dei creatione, quae die septimo specierum omnium formas complevit, in quibus seminaria futurorum posuit, unde iam amplius nullam novam speciem criaret".*

História Natural. E era certamente por isso que Darwin se viu obrigado a recomeçar; pois, se admitir essas verdades era o mesmo que afirmar que "cada espécie foi criada de maneira independente" – o que era afdirmado mesmo por Arist´teles por conta da diferença das almas –, então ninguém conseguiria explicar porque a seleção natural deveria ser uma lei da natureza (DARWIN, 2014, p. 536). Ora, mas isso era justamente o que dizia a Bíblia e Aristóteles. Trocando em miúdos, em nome de uma História Natural oposta à História santa, Darwin continuou exatamente de onde também Leibniz havia recuado.

Assim, o princípio geral e filosófico que mostra a oposição da hipótese darwiniana com a verdade revelada e com a filosofia da história que a sustentava é o de que, mantida a existência das almas, *deve existir continuidade de evolução entre as almas dos animais em geral.* Darwin teria encontrado muitas evidências que o levavam forçosamente a defender a hipótese de que somos muito mais semelhantes aos animais do que gostaríamos de admitir, que talvez não sejamos mais do que os pardais. Portanto, com Darwin, nosso universo ameaça deixar de ser antropocêntrico, na verdade ameaça deixar de ser judaico-greco-cristão e fazer desaparecer as bases daquela narrativa que permitia afirmar a Sacra Germânica História Universal[730]. Talvez fosse interessante investigar em que momento, depois de Darwin, uma discussão distante dos termos eurocêntricos ou judaico-greco-cristãos quanto aos direitos dos homens, dos animais e do planeta foi impedida de surgir. Arriscaríamos o palpite de que foram as histórias de cunho espírito-absolutistas – que colocam os europeus ou anglo-saxões não mais no começo, mas no fim – que reorientaram aquela "força". Se diminuirmos seu suposto impacto, poderíamos parafrasear Hawking[731] e dizer que Darwin trouxe, com as consequências políticas de tal deslocamento, a questão do começo dos seres vivos para o domínio real da ciência, vale lembrar, para o domínio real da História Natural.

De todo modo, se Leibniz não tivesse afirmado os princípios que orientavam a Sacra História da Terra, o capítulo dos N.E. de título "Fé e razão, bem como

730 Pelos mesmos motivos o darwinista Dawkins ameaça a Sacra Anglo-Saxã História Universal. Quanto às histórias de cunho espírito-absolutistas, arriscaríamos outro palpite: que elas não deixam de ser Sacra Universal História Européia; e, para quem está nas Américas mais ao sul, as trocas dos nomes de lugar ou da ordem dos termos não deve chegar a entusiasmar.

731 HAWKING, 2000 [**Uma breve história do tempo**], p. 27.

seus limites distintos" e o da **Teodiceia** de título "Discurso da conformidade da fé com a razão" – que em grande medida representam a reafirmação da opinião de Lactâncio, Boécio, Abelardo e Tomás – perderia todo seu sentido. Mas o que dizer do todo daquele projeto teológico-político? No fim das contas, a filosofia alemã/germânica que insistia em manter a compatibilidade entre determinada verdade revelada (certo literalismo bíblico) e determinada verdade de razão (a matemática do século XVIII ou o Aristóteles dos escolásticos) podia sustentar o seguinte plano geral: em primeiro lugar, alemães/germânicos reinando ao centro da Europa, inclusive com o direito biblicamente assegurado de escravizar os filhos de Cam e mesmo os de Sem, especialmente se Canaã pudesse estar lá para os lados às vezes do Egito, outras da Índia, outras do Oriente Médio, outras do Extremo Oriente ou quem sabe ainda das Américas, especialmente mais ao centro ou ao sul; em segundo lugar, o Homem reinando ao centro da Natureza e inclusive, para não falarmos das "atrocidades" contra todos os tipos de animais e plantas – na verdade contra todo o planeta –, com o direito psicológico ou psiquiátrico assegurado sobre homens que se assemelhassem muito a feras. Nosso globo? Declaração Universal dos Direitos dos Homens? Tolerância? Máscaras dos séculos XVII e XVIII.

Do nosso ponto de vista, se essa filosofia não pode ser acusada de matar Deus, ela certamente se vincula a muitos dos motivos que crucificaram Jesus, e parece que o termo filosofia cristã não lhe cai muito bem. "Dai, pois, a César o que é de César e a Deus o que é de Deus"?

Assim, para não falarmos de sua visão positiva de história – bem menos ameaçadora, diga-se de passagem, que a Sacra Européia História Universal –, podemos dizer que "os motivos bem sólidos" para que os pontos de vista defendidos por Darwin abalassem os sentimentos religiosos de praticamente todos que seguiam uma religião ou história baseada na **Bíblia**, a maioria esmagadora da Europa e que incluía principalmente grande parte dos filósofos que sempre estiveram a serviço das igrejas católica e protestante, na verdade teólogos, se baseavam por fim em qualquer interpretação pouco literal do começo do **Gênesis**[732] ou que desprezasse uma vastíssima literatura (que muitas vezes indife-

732 Quanto aos enfrentamentos que Darwin teve com as interpretações literais da Bíblia, ou seja, com certo literalismo bíblico, cf. BROWNE, 2011, p. 77.

renciava ficção, mito, religião, teologia, política, e história) que fundamentava as muitas Histórias Sacras. Gostaríamos de dizer com Kuhn, ao menos para efeito da presente fala, que com Darwin fica explícita uma quebra de paradigma que, infelizmente, teve grande parte de suas forças redirecionadas, é verdade; com ele, as bases de quase toda a literatura europeia anterior eram de alguma forma recusadas. Quanto tempo mesmo tivemos de esperar pelos hipócritas leitores?

Quarta parte
"Eppur salta la natura e si mescola in un labirinto inestrincabile"

Claro que a força do positivismo de um Comte, da Astronomia Social, também pode ser encontrada ali; não bastasse o sucesso da obra de Newton **Principia**, a adoção também por parte de Darwin da máxima *natura non facit saltum* garantia que não havia diferença significativa entre os métodos adotados pela Filosofia Natural, mesmo quando se tratava de História, neste caso História Natural. Contudo, duas coisas não têm sido consideradas com o devido cuidado; praticamente não encontramos mais historiadores que defendam a adoção daquela continuidade, mesmo os que praticam História Natural. Mais grave que isto, a biologia atual, ou seja, a genética baseada na investigação molecular, ou melhor, na decodificação do gene, e não na especulação histórica, parece ter sido obrigada a recusar a máxima *natura non facit saltum*, o que está mais de acordo com a visão geral que temos hoje daquela suposta Natureza.

Dito assim, ao menos duas obras escritas na segunda metade do século passado reavaliaram as teses defendidas por Darwin em sua **A origem das espécies**, são elas: **A lógica da vida** e **O acaso e a necessidade**. Na primeira delas, o prêmio Nobel de fisiologia e medicina de 1965, o francês François Jacob (que dividiu o prêmio com Jacques Monod e André Lwoff), resumia:

> A teoria da evolução resume-se essencialmente em duas proposições. Diz, em primeiro lugar, que todos os organismos, passados, presentes ou futuros, descendem de um só, ou de alguns raros sistemas viventes que se formaram espontaneamente. Afirma seguidamente

> que as espécies derivaram umas das outras pela seleção natural dos melhores reprodutores. **Como teoria científica, a teoria da evolução apresenta o mais grave dos defeitos: uma vez que fundamenta na história, não se presta a qualquer verificação direta.** (JACOB, 1985 [**A lógica da vida**], p. 23, grifo nosso).

Já a partir de uma teoria que não oferece o defeito da teoria de Darwin, ou seja, que não invoca o fundamento histórico, mas pretende oferecer verificação direta, o francês Jacques Monod, outro ganhador do mesmo prêmio Nobel, afirmava:

> [...] inscrito na estrutura do DNA, **o acidente singular** e, como tal, essencialmente imprevisível, vai ser mecânica e fielmente replicado e traduzido, isto é, ao mesmo tempo multiplicado e transposto para milhões ou bilhões de exemplares. **Tirado do reino do puro acaso, ele entra no da necessidade, das certezas mais implacáveis.** Pois é na escala macroscópica, a do organismo, que a seleção opera. (MONOD, 1976, p. 137, grifo nosso).

Como o próprio título do livro sugere, **O acaso e a necessidade**, a atual sequência do DNA da espécie humana teve origem em um acidente singular, o que quer dizer que, sem apelarmos para certo literalismo bíblico, a natureza dá sim saltos e podemos dizer que as sucessivas mutações que definem as condições iniciais que serão rejeitadas ou tornadas definitivas é que determinam a seleção natural, daí a "suposta evolução" das espécies.

A consequência de tal reviravolta não podia ser outra, como explicitava o companheiro de Monod na obtenção do Nobel:

> [...] depois da constituição da física do século XVII, o estudo dos seres vivos encontrou-se perante uma contradição. E desde esse momento não deixou de aumentar a oposição entre, de um lado, a interpretação mecanicista do organismo e, do outro, a evidente finalidade de certos fenômenos como o desenvolvimento de um ovo até o estado adulto ou o comportamento de um animal. (JACOB, 1985 [**A lógica da vida**], p. 15).

Foi justamente parte da história de tal contradição que contamos nas seções anteriores; faltou falar do que se opunha ao mecanicismo, o que talvez façamos em outro momento. Seja como for, para explicar o que havia de revolucionário na genética nascente, o mesmo François Jacob afirmava "com a descrição da hereditariedade como um programa cifrado numa sequência de radicais químicos [o DNA], a contradição desapareceu" (JACOB, 1985 [**A lógica da vida**], p. 16). O que, em consonância com o que fazia o título do livro de Jacques Monod, se associava com a seguinte constatação geral e impedimento: "Para cada indivíduo, o programa resulta de **uma cascata de acontecimentos, todos contingentes**. A própria natureza do código genético [ou DNA] impede qualquer alteração deliberada do programa por efeito da sua ação ou do meio ambiente" (JACOB, 1985 [**A lógica da vida**], p. 15, grifo nosso). Eis uma daquelas reviravoltas da ciência que deveria chamar a atenção dos darwinistas ortodoxos, os mesmos que não conseguem ter uma atitude mais lakatiana ou popperiana com relação à biologia. Por outro lado, também diante de tal reviravolta, os cristãos ainda defensores da verdade da Escritura Sagrada ou da desgastada Teologia Natural gostariam de dizer:

> Vemos agora como as provas genéticas levam à visão bíblica da origem dos seres vivos. Os detalhes diferem, mas os elementos essenciais dos relatos da Genética e bíblico do **Gênesis** são idênticos: a cadeia de acontecimentos que levou o surgimento do homem começou de forma súbita e contingente [...]. Para o cientista que viveu confiando no poder da razão, a história termina com um pesadelo. Ele escalou as montanhas da ignorância; está preste a conquistar o pico mais alto; ao escalar com esforço a última pedra, é saudado por um bando de teólogos ou filósofos que há séculos estão sentados lá[733].

Mas isso poderia fazer voltar ou dar novas forças àquela, para dizer pouco, politicamente incorreta "Sacra Européia História Universal"; politi-

733 Evidentemente, estamos aqui parafraseando a afirmação feita pelo astrônomo Robert Jastrow; utilizamos a tradução de Vera Ribeiro que consta no livro **Einstein e a religião: física e teologia**, p. 189, de Max Jammer, publicado pela editora Contraponto do Rio de Janeiro em 2000.

camente incorreta inclusive no sentido que neste caso voltaríamos àquelas superposições, dogmatismos, fundamentalismos, guerras etc. Mas faz tempo que é preciso superar tal estado de coisas!

De qualquer modo, o que aquelas obras estabeleciam pode ser incluído naquele grande pacote que será defendido por Ilya Prigogine (1917-2003) em, dentre outros, **O fim das certezas: tempo caos e as leis da natureza**[734]. Tendo em vista aquele pacote e a partir do que os franceses consideravam ser uma verificação direta, as hipóteses corroboradas em genética se referiam a fenômenos que pelo menos em sua primeira ocorrência eram de desequilíbrio, ou seja, instáveis e irreversíveis[735]; em franca oposição, portanto, àquela visão de mundo mecanicista à qual mesmo Darwin ainda se mantinha fiel. Graças a esse pacote e a toda a literatura mundial a ele associada foi que falamos em quebra de paradigma; o que, do nosso ponto de vista, também põe mesmo a Epistemologia Reformada em posição difícil[736]. Atualmente, nossa visão de mundo parece estar mais de acordo com a sentença *natura mixturat in inextricabilem caos* e ela se sustenta em toda uma literatura que, até certo ponto ao menos e ainda bem, dificulta a volta da Sacra História Universal.

Mas quem está com a "verdade última"? Eis uma pergunta que, sem as esperanças ou perigos da verdade última, preferimos responder com a manutenção saudável de vários programas de investigação rivais em Biologia, rivalidade sem guerra.

734 O russo Prigogine, naturalizado belga, também foi prêmio Nobel, mas de química e doze anos depois de François Jacob e Jaques Monod.

735 "A natureza apresenta-nos ao mesmo tempo processos irreversíveis e processos reversíveis, mas os primeiros são a regra, e os segundos, a exceção". PRIGOGINE, 1996 [**O fim das certezas**], p. 25. Também valeria a pena dar uma lida no livro **Criação imperfeita** de Marcelo Gleiser.

736 Não é suficiente argumentar com objeções de tipo *Great Pumpkin* contra um Plantinga, também devemos fazer lembrar as muitas atrocidades que foram cometidas em nome da "salvação das almas dos homens", ou seja, a falácia que o criacionismo e a História Sacra da Terra, partes fundamentais da apologética protestante, podem ter como fundamento uma epistemologia sem falhas e, com isso, fazer esquecer o fato que ela está comprometida com supostas verdades que causaram as mais terríveis guerras que o "nosso" planeta conheceu.

Considerações finais

Certamente uma analogia esclarecedora seria a de que a Biologia de Darwin está para a Genética de um François Jacob assim como a Mecânica Clássica de Newton está para a Física Quântica de um Heisenberg, e poderíamos dizer que os desenvolvimentos que Dawkins quer incorporar à teoria de Darwin, *mutatis mutandis*, se assemelham ao que Einstein incorporou à de Newton; também poderíamos inclusive buscar na Biologia recusas como a da Mecânica relacional de André Koch T. de Assis ou da Teoria das Cordas de Kaluza-Klein. Tal analogia é esclarecedora no sentido que todas as teorias mencionadas não devem ser consideradas apenas "modismos acadêmicos", mas programas de investigação rivais, sendo que seus conteúdos hipotéticos devem ser encarados como podendo cair a qualquer momento. Se pretendem estar na academia, os darwinistas têm de estar dispostos a aceitar tal possibilidade, a qual também devem observar os cristãos pouco importando se isso pode tornar "instável e vacilante" a sua fé (PLANTINGA, 1983, p. 72). Como base de todas aquelas teorias ou disciplinas estaria a ideia que impede parte do dogmatismo e da intolerância, segundo a qual nenhuma delas deve ser encarada como verdade indiscutível ou incontestável e ter como fundamento de suas hipóteses algum tipo de revelação ou mito também indiscutível ou incontestável. *Quem nunca se enganou atire a primeira pedra*!

Tendo em vista a forte ligação com aqueles elementos da fé religiosa que se associam ao dogmatismo e à intolerância – baseados todos eles na presunção do sentido último das escrituras ou literalismo bíblico agressivo, por isso mesmo, na superposição de determinada povo, religião, revelação ou mito e tendo em vista que não pode obedecer àquele critério mínimo –, só nos resta recusar a ideia de que o criacionismo possa ser uma opção de fato científica ou possa ser ensinado como tal, mas que ele pode sim ser apresentado como parte da história das ideias que estiveram associadas à ciência (talvez do modo como tentamos fazer aqui), desde que a história a ser ensinada não seja unicamente à judaica-greco-cristã ou, o que é quase o mesmo, a "Sacra Europeia História Universal". Contra o que viram muito bem os Sulafricanos: "Só entre se for europeu!".

Também gostaríamos de dizer que, se as "teorias científicas" associadas à defesa do *design inteligente* se pretendem boas respostas para as investidas de Dawkins, elas deveriam impedir a associação com aqueles elementos da fé religiosa. Tal observação se torna importante principalmente se a "teorização" pretendida envolver "conceitos" como o de alma ou espírito que ha muito tempo são acompanhados de uma vastíssima literatura, em geral pseudocientífica, e que, ao menos até o momento, também não está fundada naquele preceito mínimo; o que pode, pois, representar alguma defesa daqueles elementos perniciosos da fé religiosa. Por fim, no caso das "teorias científicas" envolvendo alguma forma de design inteligente que se associa à noção de alma ou espírito, ainda é preciso que se saiam bem nos embates com os atuais resultados da neurociência, isto é, e para lembrar apenas um caso, que sejam capazes de responder ao menos às consequências do que levou Miguel Nicolelis a escrever a obra **Muito além do nosso eu**.

Esperamos que nossa fala, compreendendo a diferença de comportamento com relação à diferença dos lugares em questão, leve o estudante brasileiro a estar mais preparado para os debates que associam as religiões e as ciências, mas principalmente a certas narrativas históricas, que certamente encontrará na Universidade, mas sem perder a tranquilidade "espiritual" necessária para frequentar de modo adequado seu culto semanal, seja qual for o seu curso ou religião.

Bibliografia

ARISTÓTELES. **Acerca del alma**. Trad. Tomás Calvo Martinez. Madri: Gredos, 1988.

_______________. **History of Animals (Historia animalium)**. Trad. D'Arc Wentworth. USA: Encyclopaedia Britannica, 1952.

_______________. **Investigación sobre los animales**. Trad. Carlos García Gual e Julio Palli Bonet.Tomás Calvo Martinez. Madri: Gredos, 1992.

ABELARDO, Pedro. **Philosophische schriften** ("Die logica ingredientibus", Band 21). Münster: Bernhard Geyer, 1919.

BROWNE, Janet. **Charles Darwin**: o poder do lugar. Trad. Otacílio Nunes. São Paulo: Aracati/Unesp, 2011.

DARWIN, Charles. **A origem das espécies**. Trad. Carlos Duarte e Anna Duarte. São Paulo: Martin Claret, 2014.

DARWIN, Charles. **The origin of species**. Lodres: John Murray, 1876.

HAWKING, Stephen W. **Uma breve história do tempo**. Trad. Maria Helena Torres. Rio de Janeiro: Rocco, 2000.

JACOB, François. **A lógica da vida**. Trad. J. J.Serrano e M. J. Palmeirim. Lisboa: Dom Quixote, 1985.

JAMMER, Max. **Einstein e a religião**. Trad. Vera Ribeiro. Rio de Janeiro: Contra Ponto, 2000.

LEIBNIZ, G. W. "Breve plano das reflexões sobre a origem dos povos traçado principalmente a partir das indicações [contidas] nas línguas". Trad. William de Siqueira Piauí e Juliana Cecci Silva. In **Kairos**. n. 4, 2012, pp. 126-49.

______________. **Dissertação sobre a origem dos franceses** (*De origine francorum disquisitio*). Trad. Hudson Canuto. (no prelo).

______________. "Carta de Leibniz a Des Bosses (31/07/1709) [sobre as alms, as enteléquias, as mônadas, a massa e o espaço]". Trad. William de Siqueira Piauí e Juliana Cecci Silva. *In*: **Theoria - Revista eletrônica de Filosofia**, v. 5, n. 12, p. 133-40, 2013.

______________. "Carta de Leibniz ao matemático Dangicourt: sobre as mônadas e o cálculo infinitesimal". Trad. William de Siqueira Piauí e Juliana Cecci Silva. *In*: **Theoria - Revista eletrônica de Filosofia**, v. 4, n. 10, p. 174-179, 2012.

______________. "Duas cartas de Leibniz a Sparvenfeld (1695/1699)". Trad. William de Siqueira Piauí e Juliana Cecci Silva. *In*: **Cadernos Espinosanos** (no prelo).

______________. "Duas cartas de Leibniz a Sparvenfeld (1697/1697)". Trad. William de Siqueira Piauí e Juliana Cecci Silva. *In*: http://leibnizbrasil.pro.br/.

______________. **Discours de métaphysique suivi de Monbadologie et autres textes**. Trad. de Luiz João Baraúna. Paris: Gallimard, 2004.

______________. **Ensaios de Teodiceia**. Trad. William de Siqueira Piauí e Juliana Cecci Silva. São Paulo: Estação Liberdade, 2013.

______________. **Essais de théodicée**. Paris: GF – Flammarion, 1969.

______________. **L'harmonie des langues**. Paris: Éditions du Seuil, 2000.

______________. **Nouveaux essais sur l'entendement humain**. Paris: GF – Flammarion, 1990.

______________. **Novos ensaios sobre o entendimento humano**. Trad. de Luiz João Baraúna. São Paulo: Abril, 1984 (Os pensadores).

______________. **Protogaea**. Trad. Nelson Pappavero et al. São Paulo: Plêiade/Fapesp, 1997.

MONOD, Jaques. **O acaso e a necessidade: ensaio sobre a filosofia natural da biologia moderna**. Trad. Bruno Palma e Pedro P. S. Madureira. Rio de Janeiro: Vozes, 1976.

PIAUÍ, William de Siqueira e CECCI Silva, Juliana. "Leibniz e Benjamin: uma introdução às teorias tradicionais da tradução ou às metafísicas da língua de saída e de chegada". *In*: **O mutum – revista de literatura e pensamento**. (UnB) v. 1, pp.183-203, 2013.

PLANTINGA, Alvin. "Reason and belief in God". *In:* PLANTINGA, Alvin; WOLTERSTORFF, Nicholas (eds.). **Faith and rationality: reason and belief in God**. Virgínia: University of Notre Dame Press, 1983.

PRIGOGINE, Ilya. **O fim das certezas**. Trad. Roberto Leal Ferreira. São Paulo: Edusp, 1996.

Este livro foi impresso em papel Pólen Soft, tipologia
Linux Libertine Pro 10/16.